总主编

马 勇
教育部高等学校旅游管理类专业教学指导委员会副主任
中国旅游协会教育分会副会长
中组部国家"万人计划"教学名师
湖北大学旅游发展研究院院长，教授、博士生导师

编 委（排名不分先后）

田 里
教育部高等学校旅游管理类专业教学指导委员会主任
云南大学工商管理与旅游管理学院原院长，教授、博士生导师

高 峻
教育部高等学校旅游管理类专业教学指导委员会副主任
上海师范大学环境与地理学院院长，教授、博士生导师

韩玉灵
全国旅游职业教育教学指导委员会前秘书长
北京第二外国语学院旅游管理学院教授

罗兹柏　中国旅游未来研究会副会长，重庆旅游发展研究中心主任，教授

郑耀星　中国旅游协会理事，福建师范大学旅游学院教授、博士生导师

董观志　暨南大学旅游规划设计研究院副院长，教授、博士生导师

薛兵旺　武汉商学院旅游与酒店管理学院院长，教授

姜 红　上海商学院酒店管理学院院长，教授

舒伯阳　中南财经政法大学工商管理学院教授、博士生导师

朱运海　湖北文理学院资源环境与旅游学院副院长

罗伊玲　昆明学院旅游管理专业副教授

杨振之　四川大学中国休闲与旅游研究中心主任，四川大学旅游学院教授、博士生导师

黄安民　华侨大学城市建设与经济发展研究院常务副院长，教授

张胜男　首都师范大学资源环境与旅游学院教授

魏 卫　华南理工大学经济与贸易学院教授、博士生导师

毕斗斗　华南理工大学经济与贸易学院副教授

史万震　常熟理工学院商学院营销与旅游系副教授

黄光文　南昌大学旅游学院副教授

窦志萍　昆明学院旅游学院教授，《旅游研究》杂志主编

李 玺　澳门城市大学国际旅游与管理学院院长，教授、博士生导师

王春雷　上海对外经贸大学会展与传播学院院长，教授

朱 伟　天津农学院人文学院副教授

邓爱民　中南财经政法大学旅游发展研究院院长，教授、博士生导师

程丛喜　武汉轻工大学旅游管理系主任，教授

周 霄　武汉轻工大学旅游研究中心主任，副教授

黄其新　江汉大学商学院副院长，副教授

何 彪　海南大学旅游学院副院长，副教授

普通高等学校"十四五"规划旅游管理类精品教材
国家级一流课程配套教材
中央高校教育教学改革基金资助(2021G67)

文化遗产与自然遗产

主　编：李江敏
副主编：徐世球　鄢志武　柴海燕　梁玥琳

华中科技大学出版社
http://press.hust.edu.cn
中国·武汉

内 容 简 介

本书集科学性、知识性、启发性、生动性于一体，以世界遗产的源起与发展为导入，通过十二章内容，系统讲述我国古代建筑、古典园林、古城民居、古代皇陵、丝路石窟、道教圣地、生物景观、风景名山、水域风光、丹霞地貌、喀斯特地貌等世界遗产的资源特色与保护传承。力求透过文化与自然遗产核心价值，展现中国文化的内在精神。让学生在拥有品读文化遗产与自然遗产的鉴赏力的同时，形成保护文化与自然遗产的共识，增强文化自信。本书按照启发式逻辑，每章以学习目标和思政目标引领，通过知识框架和内容导入，图文并茂，详实讲述，辅之扫码学习的知识链接和阅读推荐拓展，最后以本章小结和课后练习巩固，以创新性和多元性吸引学生主动学习。不仅适合高等院校教学使用，而且对社会大众也具有科普研学价值。

图书在版编目(CIP)数据

文化遗产与自然遗产/李江敏主编.—武汉:华中科技大学出版社,2023.1(2024.7重印)
(读懂中国系列丛书)
ISBN 978-7-5680-8720-9

Ⅰ.①文… Ⅱ.①李… Ⅲ.①文化遗产-中国 ②自然遗产-中国 Ⅳ.①K203 ②S759.992

中国版本图书馆 CIP 数据核字(2022)第 168336 号

文化遗产与自然遗产
Wenhua Yichan yu Ziran Yichan

李江敏　主编

策划编辑：李　欢
责任编辑：洪美员
封面设计：廖亚萍
责任校对：王亚钦
责任监印：周治超
出版发行：华中科技大学出版社(中国·武汉)　　电话：(027)81321913
　　　　　武汉市东湖新技术开发区华工科技园　　邮编：430223
录　　排：华中科技大学惠友文印中心
印　　刷：武汉科源印刷设计有限公司
开　　本：889mm×1194mm　1/16
印　　张：18
字　　数：505 千字
版　　次：2024 年 7 月第 1 版第 2 次印刷
定　　价：69.80 元

本书若有印装质量问题，请向出版社营销中心调换
全国免费服务热线：400-6679-118　竭诚为您服务
版权所有　侵权必究

总　　序

习近平总书记在党的二十大报告中深刻指出,要实施科教兴国战略,强化现代化建设人才支撑。要坚持教育优先发展、科技自立自强、人才引领驱动,开辟发展新领域新赛道,不断塑造发展新动能新优势。这为高等教育在中国式现代化进程中实现新的跨越指明了时代坐标和历史航向。

同时,我国的旅游业在疫情后全面复苏并再次迎来蓬勃发展高潮,客观上对现代化高质量旅游人才提出了更大的需求。因此,出版一套融入党的二十大精神、把握数字化时代新趋势的高水准教材成为我国旅游高等教育和人才培养的迫切需要。

基于此,在教育部高等学校旅游管理类专业教学指导委员会的大力支持和指导下,教育部直属的全国重点大学出版社——华中科技大学出版社,在党的二十大精神的指引下,主动创新出版理念和方式方法,汇聚一大批国内高水平旅游院校的国家教学名师、资深教授及中青年旅游学科带头人,在已成功组编出版的"普通高等院校旅游管理专业类'十三五'规划教材"基础之上,进行升级,编撰出版"普通高等学校'十四五'规划旅游管理类精品教材"。本套教材具有以下特点:

一、深刻融入党的二十大报告精神,落实立德树人根本任务

党的二十大报告中强调:"坚持和加强党的全面领导。"党的领导是我国高等教育最鲜明的特征,是新时代中国特色社会主义教育事业高质量发展的根本保证。因此,本套教材在编写过程中注重提高政治站位,全面贯彻党的教育方针,融入课程思政,融入中华优秀传统文化和现代化发展新成就,将正确政治方向和价值导向作为本套教材的顶层设计并贯彻到具体章节和教学资源中,不仅仅培养学生的专业素养,更注重引导学生坚定理想信念、厚植爱国情怀、加强品德修养,以期落实"立德树人"这一教育的根本任务。

二、基于新国标下精品教材沉淀改版,权威性与时新性兼具

在教育部2018年发布《普通高等学校本科专业类教学质量国家标准》后,华中科技大学出版社特邀教育部高等学校旅游管理类专业教学指导委员会副主任、国家"万人计划"教学名师马勇教授担任总主编,同时邀请了全国近百所高校的知名教授、博导、学科带头人和一线骨干教师,以及旅游行业专家、海外专业师资联合编撰了"普通高等院校旅游管理专业类'十三五'规划教材"。该套教材紧扣新国标要点,融合数字科技新技术,配套立体化教学资源,于新国标颁布后在全国率先出版,被全国数百所高等学校选用后获得良好反响。其中《旅游规划与开发》《酒店管理概论》《酒店督导管理》等教材已成为教育部授予的首批国家级一流本科课程的配套教材,《节事活动策划与管理》等教材获得省级教学类奖项。

此外,编委会积极研判"双万计划"对旅游管理类专业课程的建设要求,对标国家级一流本科课程,积极收集各院校的一线教学反馈,在此基础上对"十三五"规划系列教材进行更新升级,最终形成"普通高等学校'十四五'规划旅游管理类精品教材"。

三、全面配套教学资源,打造立体化互动教材

华中科技大学出版社为本套教材建设了内容全面的线上教材课程资源服务平台:在横向资源配套上,提供全系列教学计划书、教学课件、习题库、案例库、参考答案、教学视频等配套教学资源;在纵向资源开发上,构建了覆盖课程开发、习题管理、学生评论、班级管理等集开发、使用、管理、评价于一体的教学生态链,打造了线上线下、课内课外的新形态立体化互动教材。

在旅游教育发展的新时代,主编出版一套高质量规划教材是一项重要的教学出版工程,更是一份重要的责任。本套教材在组织策划及编写出版过程中,得到了全国广大院校旅游管理类专家教授、企业精英,以及华中科技大学出版社的大力支持,在此一并致谢!衷心希望本套教材能够为全国高等院校的旅游学界、业界和对旅游知识充满渴望的社会大众带来真正的精神和知识营养,为我国旅游教育教材建设贡献力量。也希望并诚挚邀请更多高等院校旅游管理专业的学者加入我们的编者和读者队伍,为我们共同的事业——我国高等旅游教育高质量发展——而奋斗!

总主编
2023 年 7 月

前　言

大自然是神奇的、宏伟的、变幻莫测的,在沧海桑田的变迁中呈现出一个又一个令人惊叹的奇迹。人类祖先是勤劳的、伟大的、智慧非凡的,在漫长历史的进程中创造出无数独特而鲜活的文化。文化遗产与自然遗产是人类和大自然的杰作,是全人类共同的财富。1972年,联合国教科文组织通过《保护世界文化和自然遗产公约》,提出教育要增加国民对文化和自然遗产的赞赏和尊重。2021年,在中国福州举办的第44届世界遗产大会中,全面提出推动世界遗产教育,提出要将世界遗产教育作为促进学生全面发展的重要载体,推动相关知识和保护理念进课程、进教材。遗产教育对人才培养和公众文化需求满足都具有重要意义。

"文化遗产与自然遗产"课程建设,从2010年在中国地质大学(武汉)开设全校通识课至今已有十余年,可谓十年磨一剑。2010年获学校立项开课;2012年建设校级精品视频公开课;2015年建成省级精品视频公开课;2017年获学校立项建设MOOC;2018年获首届"最美慕课"全国一等奖;2019年获评湖北高校首批省级本科精品在线开放课程;2020年获评首批国家级一流本科课程;2022年入选国家高等教育智慧教育平台一流课程,选课人数超过3万。目前已在中国大学MOOC平台开课12次,据开课平台不完全统计,学习者有来自国内外177所高校学生,还有各行各业社会学习者,课程选课人数达36360人,有22所高校作为SPOC教学使用。课程不仅在教室和网络开展教学,也走进电视荧屏进行公共科普教育,2022年,"文化遗产与自然遗产"在武汉教育电视台《科学讲堂》栏目播出,让公众更好地了解和感受了遗产魅力。课程获得教育部高校旅游管理类专业教指委副主任和国家教学名师马勇教授高度评价,受到联合国教科文组织名录遗产地可持续旅游教席高度评价和报道。课程负责人李江敏教授受邀参加首届世界文化与自然遗产学术论坛并做关于"遗产教育与人才培养"的大会发言。

本教材作为首批国家级一流本科课程"文化遗产与自然遗产"的配套教材,集科学性、知识性、启发性、生动性于一体,适用于高等院校学生与社会大众学习与阅读。在章节安排和结构设计上逻辑清晰、主题鲜明,以世界遗产的源起与发展为导入,通过十二章内容,系统讲述我国古代建筑、古典园林、古城民居、古代皇陵、丝路石窟、道教圣地、生物景观、风景名山、水域风光、丹霞地貌、喀斯特地貌等世界遗产的资源特色与保护传承。力求透过文化与自然遗产核心价值,展现中国文化的内在精神。让学生在拥有品读文化遗产与自然遗产的鉴赏力的同时,形成保护文化与自然遗产的共识,增强文化自信。教材遵循启发式逻辑,每章以学习目标和思政目标引领,通过知识框架和内容导入,图文并茂,详实讲述,辅之扫码学习的知识链接和阅读推荐拓展,最后以本章小结和课后练习巩固。结构设计有利于学生系统掌握各章内容和知识点,以创新性和多元性吸引学生主动学习,教材中融入的思政元素也方便老师开展润物无声的课程思政建设。

本教材由"文化遗产与自然遗产"课程负责人李江敏担任主编,主讲教师徐世球、鄢志武、柴海燕、梁玥琳担任副主编。编委包括魏雨楠、郝婧男、黎鑫薇、杨赞、谢彤、尹春香、刘雨、管园苹、丁午阳、陈依芳、赵孟莹、刘建辉、杨萌萌、刘晶晶、张佳沛、冯涵瑞、李薇、高洁、柴亚朵、李荣坤、廖朝敏、胡孟姣、郑妮靖、武园伊、王青、伍青青、赵青青、王秀姗。

教材定稿,感慨万千!本教材的编写凝结了教师们多年的教学科研积累和团队成员共同的心血。感谢学校和学院十几年来对课程建设和教材出版的鼎力支持!感谢马勇教授、吴必虎教授、张朝枝教授、杨伦教授、余敬教授的悉心指导!感谢地大摄影协会张汉斌老师、戴薇老师的无私帮助!感谢所有提供图片和资料的同仁和朋友!感谢所有为教材编写提供参考文献和各

i

种帮助的专家学者！感谢华中科技大学出版社旅游分社李欢社长和洪美员编辑的辛苦付出！

　　本教材是2023年湖北省社科基金重点项目习近平文化思想研究专项"数字技术赋能荆楚文化品牌叙事机制与消费场景建构路径研究"、2024年度湖北省长江文化保护传承弘扬研究课题"长江国际黄金旅游带湖北段文化品牌建设与传播研究（HCYK2024Z07）"、湖北省高校人文社科重点研究基地——大学生发展与创新教育研究中心科研开放基金（DXS2024010）、国家级一流本科课程"文化遗产与自然遗产"（2020110479）、中央高校教育教学改革专项资金（2021G67）、教育部人文社会科学研究规划基金项目（19YJAZH046）以及2022年度湖北省长江国家文化公园建设研究课题（HCYK2022Y21）建设成果。

　　由于编者知识水平的局限性，本书在编写中难免存在不足和疏漏，真诚希望广大专家学者和读者批评指正，衷心感谢！

"文化遗产与自然遗产"MOOC课程
（中国大学MOOC平台）二维码

李江敏

2024年于中国地质大学（武汉）

目录

第一章　世界遗产总论　1
　第一节　埃及神光，世遗初现　3
　第二节　世界遗产，大美中国　8
　第三节　遗产保护，管理传承　14

第二章　中国文化遗产之脊：古代建筑　21
　第一节　惊艳世界，古代建筑　23
　第二节　盛世屋脊，巍巍故宫　34

第三章　中国文化遗产之巧：古典园林　48
　第一节　诗情画意，古典园林　51
　第二节　咫尺乾坤，苏州园林　60

第四章　中国文化遗产之韵：古城民居　66
　第一节　高墙深池，别样民居　68
　第二节　高原姑苏，古城丽江　74

第五章　中国文化遗产之秘：古代皇陵　80
　第一节　帝王权势，灵魂居所　82
　第二节　一扫六合，始皇雄兵　88

第六章　中国文化遗产之悠：丝路石窟　94
　第一节　驼铃古道，佛法东传　96
　第二节　丝路花雨，莫高佛窟　102

第七章　中国文化遗产之玄：道教圣地　　110
　　第一节　天人合一，养生之道　　112
　　第二节　治世玄岳，太和武当　　117

第八章　中国自然遗产之绝：生物景观　　127
　　第一节　亿年回眸，生物化石　　128
　　第二节　澄江探秘，生物爆发　　154

第九章　中国自然遗产之雄：风景名山　　164
　　第一节　造化神秀，仁者乐山　　166
　　第二节　五岳独尊，雄壮泰山　　174

第十章　中国自然遗产之灵：水域风光　　183
　　第一节　天地寄情，智者乐水　　186
　　第二节　瑶池人间，童话九寨　　198

第十一章　中国自然遗产之彩：丹霞地貌　　208
　　第一节　神秘红层，灿若明霞　　210
　　第二节　地学国粹，中国丹霞　　226

第十二章　中国自然遗产之奇：喀斯特地貌　　241
　　第一节　鬼斧神工，奇秀灵美　　243
　　第二节　立体地貌，南方喀斯特　　254

参考文献　　272

Chapter 1

第一章　世界遗产总论

学习目标

文化遗产与自然遗产是人类和大自然的杰作,它们共同构成了绚丽多姿的世界遗产,是我们宝贵的共同财富,保护与传承世界遗产是我们的共同使命。那么,何谓世界遗产?它们在历史的变迁中各自有着怎样的特点?世界遗产的价值在哪里?它们又将面临怎样的未来之路?本章将从世界遗产的源起与发展导入,讲述世界遗产的概念、分类、价值、功能,以及遗产的保护与管理,感受世界遗产的魅力,并深入了解中国的世界遗产。

思政目标

通过本章学习,全面认识世界遗产的价值,树立科学的遗产保护利用观,促进文化遗产与自然遗产的保护和传承,推进世界遗产可持续发展,助力文化建设,树立文化自信。

学习重点

1. 世界遗产的概念与分类。
2. 中国的世界遗产现状。
3. 世界遗产的主要功能与价值。
4. 遗产保护的原则与方法。
5. 中国遗产管理的理念与举措。

文化遗产与自然遗产

知识框架

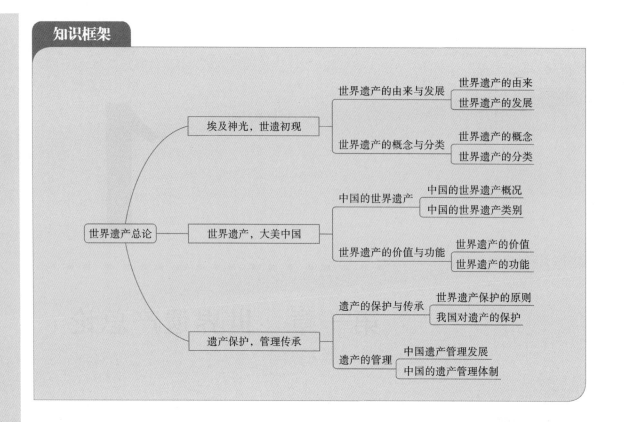

内容导入

推动文明互鉴 守护世遗瑰宝——第44届世界遗产大会

第44届世界遗产大会于2021年7月16日至31日在福建省福州市举办,这是我国第二次承办世界遗产大会,是我国在世界遗产领域承办的最高规格的国际会议。从34个新增项目,到"智慧碰撞"的多场边会,再到凝聚共识的《福州宣言》,为期16天的盛会为世界遗产保护事业留下了宝贵的财富。

本次新增的34个世界遗产中近一半项目来自中国、印度、伊朗等发展中国家,为改善世界遗产的代表性、平衡性释放出积极信号,多国跨境联合申报和系列遗产类型也实现增长。

我国申报的文化遗产项目——泉州:宋元中国的世界海洋商贸中心,凭借富有特色的海外贸易体系与多元社会结构,以及与东亚、东南亚经济文化的密切交往,顺利入选《世界遗产名录》,弥补了世界文化遗产中的东方海洋文明的空白。同时,重庆五里坡国家级自然保护区通过边界细微调整的方式成为世界自然遗产"湖北神农架"的一部分("湖北神农架"已于2016年在第40届世界遗产大会中入选《世界遗产名录》)。目前,我国共拥有文化遗产39项、自然遗产14项、文化与自然双重遗产4项。

为保护世界遗产不懈努力的信念凝聚起了最广泛的共识——具有里程碑意义的《福州宣言》应运而生。《福州宣言》强调,要妥善应对各种传统和非传统的挑战,保护世界遗产是全人类共同的责任;呼吁加大对有需要的国家,特别是非洲和小岛屿发展中国家的支持,以建立具有平衡性、可信度和地域平等代表性的《世界遗产名录》。

以"文明古国""礼仪之邦"著称的中国,一直是世界遗产保护的自觉践行者,也是世界遗产合作的积极推动者。世遗大会传递了更多的中国声音:长城被世界遗产委员会评为保护管理示范案例;中国将与联合国教科文组织共同建立世界遗产教育平台,帮助发展中国家培养遗产保护的专业人才。古老的东方大国,在走向文化强国的征程中,将在世界遗产保护领域奉献更多的中国智慧和中国经验。

资料来源 《光明日报》2021 年 8 月 2 日

第一节 埃及神光,世遗初现

一、世界遗产的由来与发展

倘若地球是一本书,那肯定充满了奇妙无比的故事,大自然的鬼斧神工,人类创造的文明,都为这本地球百科增添了精彩绝伦的画面。人类社会与自然世界的联系愈发紧密。享用自然界物质恩赐的同时,人类也在世代经验、智慧的累积中创造了绚烂的文化与精神文明。随着全球范围的工业化、现代化进程不断加速,文化遗产与自然遗产的存续和保护面临严峻挑战。为了守护和共享世界的珍贵宝藏,1972 年在巴黎,联合国教科文组织(UNESCO)通过了《保护世界文化和自然遗产公约》,对全球的遗产进行统一的界定、保护和管理,以便国际社会达成共识,共同行动,守护世界遗产。

(一)世界遗产的由来

1. 阿布·辛拜勒运动的启发

努比亚地区孕育了古埃及文明,留下了大量的古建遗迹,以阿布·辛拜勒神庙最为典型,其考古价值不可估量。努比亚遗址濒临河畔,20 世纪初修建尼罗河阿斯旺大坝时,就存在被淹没的隐患。20 世纪 50 年代洪水暴发,政府决议再筑阿斯旺大坝:一来根除洪灾隐患,二来利用水力发电,节约资源。但如此一来,大量珍贵的历史遗迹将会被永远隐匿于水面之下;下游由砂岩构成的阿布·辛拜勒神庙等也会因吸水导致结构疏松而倒塌,古埃及文明的宝贵财富将不复存在(见图 1-1)。

埃及和苏丹政府面临着两难境地,为了守住遗迹群,他们一起向联合国求助。1960 年,联合国教科文组织发起"努比亚行动计划"。50 多个国家参与了这次国际保护行动,召集了 40 多个考古团体,募捐到 8000 万美元,用了数十年的时间,将阿布·辛拜勒神庙(见图 1-2)等大量珍贵历史遗迹精细剖分,搬运至更高的位置进行重新组装。其中,阿布·辛拜勒神庙被分割成 1700 多块,移向原西北方 208 米、垂直方向提升 65 米的新址上,按照原有的尺寸重新拼装。经过科学家们的精密测算,阿布·辛拜勒神庙依然保留了法老雕像独浴"神光"的奇观,只是时间各往后顺延了一天。

阿布·辛拜勒神庙的故事

这场拯救计划取得了巨大成功,不仅守护了阿布·辛拜勒神庙等珍贵历史遗迹,也彰显了国际联合行动的突出作用和保护人类遗迹的重要意义。这次难得的国际合作也激发了世界各地、各民族共同保护世界遗产的热情,促进了世界遗产事业的发展。

图 1-1　尼罗河畔（张汉斌　摄）

图 1-2　阿布·辛拜勒神庙（刘国宪　摄）

2. 环境恶化和人为破坏

随着时代的发展，全球工业化、现代化进程不断加速，人们对生活的物质要求不断提高。一方面，国家追求经济增长、社会扩张，尤其是在工业化早期，环境破坏十分严重。20 世纪中期多次发生世界级的环境公害事件，污染的惨痛后果激起了人们对环境问题的重视。另一方面，为了实现经济和社会的发展，人类过度改造自然，破坏了原有的区域环境和生态条件，导致遗产遭受破坏。另外，人们对各类遗产、遗迹的客观认识不足，保护意识淡薄，在自然遗产和文化遗产面临年久腐变或遭到人为破坏等威胁时，无法及时采取有效的保护手段和措施。20 世纪中后期，受阿布·辛拜勒运动的启发，更多国家认识到遗产的价值，无论是自然遗产还是文化遗产，都是民族、国家乃至世界人民的宝贵财富，是大自然的馈赠和祖先的智慧结晶，应当受到充分的尊重和珍视，应加强保护和传承。

（二）世界遗产的发展

1964 年，《威尼斯宪章》（全称《保护文物建筑及历史地段的国际宪章》）发布，呼吁保护历史建筑等遗址遗迹；1965 年，在美国华盛顿提出成立"世界遗产信托基金"，希望通过国际合作实现对世界宝贵的自然区和历史遗址的保护。越来越多的国家认识到，文化遗产与自然遗产之间是相互关联、相辅相成的，应当将两者结合起来共同保护。基于这些理念，联合国又促成了多次国际合作,成功拯救了意大利的威尼斯水城和巴基斯坦的摩亨佐·达罗遗址等,就此开启了遗产国际保护时代。1972年,各国在斯德哥尔摩共商世界环境问题,《联合国人类环境会议宣言》(简称《人类环境宣言》)号召世界人民联合起来共同应对环境问题,保护自然与杰出的文化成果,决议由教科文组织拟定一份国际公约,来规范世界遗产的各项工作。

世界各国的珍贵遗产面临着极大威胁,保护工作也难以开展。从遗产自身来看,或因年久腐变而自然损毁,或因社会、经济条件变化以及人为破坏而难以存续。从保护角度,遗产历经千万年形成,其起源、发展及演变具有复杂的内在规律,开展有效的保护和拯救需要深入的探索。这要求国家具备雄厚的经济实力、科学技术和设备支撑。然而,遗产所在国通常难以兼备这些苛刻的条件,资金、技术投入非常有限。每一处文化或自然遗产都是世界遗产的重要组成,任何破坏损毁都是全世界的遗憾和损失;世界各国有责任有义务开展国际合作、发挥集体性援助力量,共同保护具有突出普遍价值的遗产。因此,必须建立一个共识制度为世界遗产的保护提供科学化、标准化依据,《保护世界文化和自然遗产公约》应运而生。

1972年11月16日,联合国教科文组织第17届大会上通过《保护世界文化和自然遗产公约》(*Convention Concerning the Protection of the World Cultural and Natural Heritage*)(简称《世界遗产公约》)。《世界遗产公约》界定了文化遗产与自然遗产的概念,制定了评价标准、保护措施及申报程序等相关条款。这份具有深刻影响的国际准则文件,象征着世界遗产新时代的开端,"世界遗产委员会"和"世界遗产基金"也就此诞生。世界遗产大会每年召开一次,决议各个国家和地区申报的遗产是否入选《世界遗产名录》。1977年,第一版《实施〈世界遗产公约〉操作指南》(简称《操作指南》)发布,详细解读了《世界遗产公约》的各项内容,为具体实施提供了行为准则与依据,并且《操作指南》会根据现实情况定期修订,以更好地指导世界遗产保护与管理工作。截至2022年,《世界遗产公约》共有194个缔约国,《世界遗产名录》遗产总数量达1154处。其中,文化遗产897处,自然遗产218处,文化与自然双重遗产39处;另外,联合国教科文组织非物质文化遗产名录(名册项目共计677个)。

二、世界遗产的概念与分类

(一)世界遗产的概念

世界遗产是自然界和人类社会遗存下来的特殊宝藏,涵盖了人与自然共同发展进化的各种痕迹。《世界遗产公约》中规定:世界遗产是指被联合国教科文组织和世界遗产委员会确认的人类罕见、无法替代的财富,是全人类公认的具有突出意义和普遍价值的文物古迹及自然景观。世界遗产对民族、国家乃至世界都具有重要意义,是一个民族最独特、最鲜明的身份象征。

(二)世界遗产的分类

世界遗产丰富多样,主要包括文化遗产、自然遗产、文化与自然双重遗产、文化景观遗产、非物质文化遗产等类型(见表1-1)。

表1-1 世界遗产的分类

遗产类别	确立时间
文化遗产	1972年11月,由联合国教科文组织第17届大会上通过的《世界遗产公约》所确立
自然遗产	
文化与自然双重遗产	
文化景观遗产	1992年12月,于第16届世界遗产大会(美国,圣菲)提出、确立,并写入《世界遗产公约》
非物质文化遗产	2003年10月,联合国教科文组织通过了《保护非物质文化遗产公约》,由此正式确立

世界遗产委员会与世界遗产标志

1. 自然遗产

自然遗产是地球变迁、自然演化的见证者,是大自然给予人类和世界的宝贵馈赠,是世界遗产的重要部分。根据《世界遗产公约》,以下三项应列为"自然遗产"。

(1)从审美或科学角度看,具有突出的普遍价值的由物质和生物结构或结构群组成的自然面貌。

(2)从科学或保护角度看,具有突出的普遍价值的地质和自然地理结构以及明确划为受威胁的动物和植物生境区。

(3)从科学、保护或自然美角度看,具有突出的普遍价值的天然名胜或明确划分的自然区域。

判定世界自然遗产的标准有以下四点,满足内容之一者即可列入《世界自然遗产名录》。

①绝妙的自然现象或具有罕见自然美和美学价值的地区。

②是地球演化史中重要阶段的突出例证,包括生命记载和地貌演变中的重要地质过程或显著的地质或地貌特征。

③突出代表了陆地、淡水、海岸和海洋生态系统,以及动植物群落演变、发展的生态和生理过程。

④是生物多样性原址保护最重要的自然栖息地,包括从科学和保护角度看,具有突出的普遍价值的濒危物种栖息地。

2. 文化遗产

文化遗产是时代演变、社会更迭的亲历者,是历史留给人类的财富,是世界文明的结晶。按照《世界遗产公约》中的定义,"文化遗产"共包括文物、建筑群、遗址三类(见表1-2)。

表 1-2　文化遗产的类别与定义

类 别	定 义
文物	从历史、艺术或科学角度看,具有突出的普遍价值的建筑物、碑雕和碑画,具有考古性质的成分或结构、铭文、窟洞以及联合体
建筑群	从历史、艺术或科学角度看,在建筑式样、分布或与环境景色结合方面具有突出的普遍价值的单位或连接的建筑群
遗址	从历史、审美、人种学或人类学角度看,具有突出的普遍价值的人类工程或自然与人联合工程以及考古地址等地方

《操作指南》明确规定了以下六条判定标准,成为世界文化遗产需要至少满足其中一项。

(1)代表一种独特的艺术成就,一种创造性的人类天才杰作。

(2)能在一段时期内或世界某一文化区域内,对建筑艺术、纪念物艺术、城镇规划或景观设计方面的发展产生重大影响。

(3)能为一种已消逝的文明或文化传统提供一种独特的至少是特征的见证。

(4)可作为一种建筑、建筑群或景观的杰出范例,展现出人类历史上一个(或几个)重要阶段。

(5)是传统人类居住地、土地使用或海洋开发的杰出范例,代表一种(或几种)文化或人类与环境的相互作用,特别是当它面临不可逆变化的影响而变得脆弱。

(6)与具有突出的普遍意义的事件、生活传统、观点、信仰、艺术或文学作品有直接或有形的联系。世界遗产委员会建议本条标准与其他标准一起使用。

3. 文化与自然双重遗产

文化与自然双重遗产是同时具有突出世界意义的文化因素和特别世界价值的自然因素的

遗产,也称为"混合遗产"或"复合遗产"。双重遗产是文化与自然的有机融合,兼具两类遗产的特性,因此也需要同时满足成为文化遗产与自然遗产的标准。

4. 文化景观遗产

文化景观遗产是指被联合国教科文组织和世界遗产委员会确认的人类罕见、目前无法替代的文化景观。《世界遗产公约》中规定,文化景观遗产属于文化遗产,更重视人类与自然和谐共生,秉持可持续发展理念,代表着具有突出意义和普遍价值的"自然和人类的共同作品"。文化景观遗产折射出人类社会与大自然在环境变迁或社会、经济等因素作用下产生的时空交织痕迹,可以分为以下三类。

(1)人类有意设计及建筑的景观。其中包含出于美学原因建造的园林和公园景观,它们经常(但不总是)与宗教或其他纪念性建筑物或建筑群相结合。

(2)有机演进的景观。它们产生于初始的一种社会、经济、行政以及宗教需要,并通过与周围自然环境相联系或相适应而发展到目前的形式。这种景观反映了其形式和重要组成部分的进化过程。

有机演进的景观包括两种次类别:一是残遗(或化石)景观,代表过去某一时间内已经完成的进化过程(突发或渐进的),其显著特点在实物上仍清晰可见;二是持续性景观,它在当今社会与传统生活方式的密切交融中持续扮演着一种积极的社会角色,演变过程仍在其中,同时又是历史演变发展的重要物证。

(3)关联性文化景观。这类景观强烈地体现了与自然因素、宗教、艺术或文化的关联性,而不仅是实体的文化物证。实体的文化物证对它来说并不重要,甚至可以缺失。

文化景观能否列入《世界遗产名录》,主要依据文化遗产的标准,同时参考自然遗产的标准。主要考量其突出的普遍价值、在特定地理文化区域中的代表性以及体现这些地区核心和独特文化元素的能力;要求体现人类社会在其自身制约、自然环境提供的条件及内外社会经济文化力量的推动下发生的进化及时间变迁。

5. 非物质文化遗产

1997年11月,联合国教科文组织通过了"人类口头与非物质遗产代表作"决议,旨在保护民间传统文化。2001年,公布首批人类口头与非物质遗产代表作名录。2003年,《保护非物质文化遗产公约》问世,正式提出"非物质文化遗产"这一新概念,替代了"口头与非物质遗产"。非物质文化遗产是指被各社区、群体,有时是个人视为其文化遗产组成部分的各种社会实践、观念表达、表现形式、知识、技能及相关的工具、实物、手工艺品和文化场所。此次还设立了《人类非物质文化遗产代表作名录》。

非物质文化遗产是一个国家和民族最鲜活的历史文化体现,在各群体适应自然环境的互动中被创造而代代相传,并不断充实更新,为社区营造了持续的文化氛围,强化了群体对自身文化的认同,保护了文化的多样性。

非物质文化遗产包括以下方面。

(1)口头传统和表现形式,包括作为非物质文化遗产媒介的语言。

(2)表演艺术。

(3)社会实践、仪式、节庆活动。

(4)有关自然界和宇宙的知识和实践。

(5)传统手工艺。

评选非物质文化遗产要考量遗产的文化代表性及其在群体中维持文化多样性的重要程度,同时也要关注遗产的存续状态,面临消逝、急需保护的应优先考虑。评选非物质文化遗产主要有以下标准。

(1)参选作品应具备体现人类创造天才的特殊价值。

(2)是具有特殊价值的非物质文化遗产的集中体现。

(3)民间传统文化表现形式必须具有突出的历史、艺术、科学价值。

(4)符合教科文组织宣布非遗代表作的五项规则。包括:①遗产深植于文化传统或有关社区文化历史中;②对民间的文化特性和有关文化社区起到重要的积极作用;③在技术和质量上都非常出色;④对现代传统具有唯一见证的价值;⑤因缺乏抢救和保护手段、加速演变、城市化趋势或适应新环境文化的影响而面临消失。

由于非物质文化遗产的无形性、文化性和区域性,以及不同国家和民族特色、历史渊源、文化特性乃至社会、国情的差异,各个国家纳入的非遗项目并不完全相同,因此对于非物质文化遗产的具体分类和评判标准也并不一致。

第二节 世界遗产,大美中国

一、中国的世界遗产

(一)中国的世界遗产概况

1972 年,《世界遗产公约》诞生,标志着世界遗产事业科学实施的开始。为了保护重要的遗产,推进与国际社会的文化交流与合作,我国于 1985 年正式加入《世界遗产公约》。抱着守护人类文明的责任感,中国开始向联合国教科文组织申报世界遗产项目:周口店北京人遗址、长城、故宫、秦始皇陵及兵马俑坑、莫高窟 5 项文化遗产以及泰山这项文化与自然双重遗产,终于在 1987 年敲开了我国的申遗大门,正式拉开了我国世界遗产事业的序幕。

自此,我国世界遗产事业蓬勃发展(见图 1-3)①,且先后承办两届世界遗产大会(2004 年,苏州,第 28 届;2021 年,福州,第 44 届)。截至 2023 年,我国拥有 57 处世界遗产,其中文化遗产 39 项、自然遗产 14 项、文化与自然双重遗产 4 项。在积极申遗的同时,中国也非常重视参与世界遗产的国际事务,不断在世界舞台发挥中国力量,先后在 1991—1997 年、1999—2005 年、2007—2011 年、2017—2021 年 4 次当选世界遗产委员会成员国。

图 1-3 1987—2023 年中国世界遗产总数变化情况

---

① 原定于 2020 年召开的第 44 届世界遗产大会推迟到 2021 年,因此图中跳过了 2020 年。

2003年10月17日,联合国教科文组织第32届大会通过了《保护非物质文化遗产公约》。2004年,中国加入,为我国非遗的保护与传承工作开创了前进道路。截至2022年,我国昆曲、端午节、送王船、中国传统制茶技艺及其相关习俗等43个项目被列入《世界非物质文化遗产名录》,我国成为目前世界上拥有世界级非遗数量最多的国家。

我国拥有丰富且齐全的世界遗产,涵盖了古建筑、园林、古城民居、皇家陵园、洞窟石刻、文化景观、地质景观、水域景观、生物保护区、风景名胜区等。绚丽丰富的世界遗产反映了中国优质的自然环境、悠久的历史文明及生物多样性和文化多样性。在我国的广袤大地上,世界遗产星罗棋布,数量众多且分布广泛,又各具特色。我国南北地域之间尤为显著,金戈铁马的雄浑和人文睿智的哲理共同糅合形成独特风貌,时刻向世界传递着中国世界遗产的魅力。

我国一直积极申报世界遗产,一方面加强与国际社会的沟通联系,及时获取国际动态,履行保护世界遗产的承诺与责任;另一方面,也是为了提高国内遗产保护管理工作的科学性,为传承中华文明和保护自然资源做出贡献。

(二)中国的世界遗产类别

1. 中国的世界文化遗产

我国现有39项世界文化遗产,其中包括6项文化景观遗产(见表1-3)。中国历史源远流长,中华文化鲜明独特,造就了丰富而鲜活世界文化遗产,在历史、艺术、美学、社会学、人类学等方面都表现出突出的价值。

表1-3 中国的世界文化遗产名单(39项)

项　　目	所在省份	批准时间
周口店北京人遗址	北京	1987年
长城	辽、吉、冀、京、津、晋、蒙、陕、宁、甘、新、鲁、豫、鄂、湘、川、青	1987年,2002年
莫高窟	甘肃	1987年
明清故宫(北京故宫、沈阳故宫)	北京、辽宁	1987年,2004年
秦始皇陵及兵马俑坑	陕西	1987年
承德避暑山庄及其周围寺庙	河北	1994年
曲阜孔庙、孔林和孔府	山东	1994年
武当山古建筑群	湖北	1994年
拉萨布达拉宫历史建筑群(含罗布林卡和大昭寺)	西藏	1994年,2000年,2001年
丽江古城	云南	1997年
平遥古城	山西	1997年
苏州古典园林	江苏	1997年,2000年
北京皇家园林—颐和园	北京	1998年
北京皇家祭坛—天坛	北京	1998年
大足石刻	重庆	1999年
明清皇家陵寝(明显陵、清东陵、清西陵、明孝陵、明十三陵、盛京三陵)	湖北、河北、江苏、北京、辽宁	2000年,2003年,2004年
皖南古村落—西递、宏村	安徽	2000年
龙门石窟	河南	2000年

续表

项　目	所在省份	批准时间
青城山—都江堰	四川	2000 年
云冈石窟	山西	2001 年
高句丽王城、王陵及贵族墓葬	吉林、辽宁	2004 年
澳门历史城区	澳门	2005 年
殷墟	河南	2006 年
开平碉楼与村落	广东	2007 年
福建土楼	福建	2008 年
登封"天地之中"历史建筑群	河南	2010 年
元上都遗址	内蒙古	2012 年
大运河	京、津、冀、鲁、豫、皖、苏、浙	2014 年
丝绸之路：长安—天山廊道的路网	（中国部分）河南、陕西、甘肃、新疆	2014 年
土司遗址	湖南、湖北、贵州	2015 年
鼓浪屿：历史国际社区	福建	2017 年
良渚古城遗址	浙江	2019 年
泉州：宋元中国的世界海洋商贸中心	福建	2021 年
文化景观遗产		
庐山国家公园	江西	1996 年
五台山	山西	2009 年
杭州西湖文化景观	浙江	2011 年
红河哈尼梯田文化景观	云南	2013 年
左江花山岩画文化景观	广西	2016 年
普洱景迈山古茶林文化景观	云南	2023 年

2. 中国的世界自然遗产

我国自然资源丰富独特、雄浑绝美，目前共有 14 项世界自然遗产（见表 1-4），是目前世界上拥有自然遗产数量最多的国家。

表 1-4　中国的世界自然遗产（14 项）

项　目	所在省份	批准时间
武陵源风景名胜区	湖南	1992 年
九寨沟风景名胜区	四川	1992 年
黄龙风景名胜区	四川	1992 年
云南三江并流保护区	云南	2003 年
四川大熊猫栖息地	四川	2006 年
中国南方喀斯特	云南、贵州、重庆、广西	2007 年，2014 年
三清山国家公园	江西	2008 年
中国丹霞	贵州、福建、湖南、广东、江西、浙江	2010 年
澄江化石遗址	云南	2012 年
新疆天山	新疆	2013 年
湖北神农架	湖北、重庆	2016 年，2021 年

续表

项　　目	所在省份	批准时间
青海可可西里	青海	2017 年
梵净山	贵州	2018 年
中国黄(渤)海候鸟栖息地(第一期)	江苏	2019 年

3. 中国的世界文化与自然双重遗产

成为世界文化与自然双重遗产的要求极为苛刻,必须兼备文化与自然两方面的突出品质和价值。目前,全世界文化与自然双重遗产共有 39 项,我国共有 4 项(见表 1-5)。

表 1-5　中国的世界文化与自然双重遗产(4 项)

项　　目	所在省份	批准时间
泰山	山东	1987 年
黄山	安徽	1990 年,2012 年
峨眉山—乐山大佛	四川	1996 年
武夷山	福建、江西	1999 年,2017 年

4. 中国的非物质文化遗产

2001 年 5 月,我国"昆曲"项目成功入选联合国教科文组织颁布的首批"人类口头与非物质遗产代表作"。2003 年,颁布《保护非物质文化遗产公约》后,我国非遗申报工作全面开展,在 2009 年共入选 25 项,获得巨大丰收。截至 2022 年,我国共有 43 项非物质文化遗产项目入选《联合国教科文组织非物质文化遗产名录(名册)》(包括:人类非物质文化遗产代表作 35 项、急需保护的非物质文化遗产名录 7 项、优秀实践名册 1 项),是世界上入选数量最多的国家(见表 1-6)。

表 1-6　中国世界非物质文化遗产(43 项)

项目名称	批准时间	项目名称	批准时间
人类非物质文化遗产代表作		蒙古族呼麦歌唱艺术	2009 年
昆曲	2001 年	南音	2009 年
古琴艺术	2003 年	热贡艺术	2009 年
新疆维吾尔木卡姆艺术	2005 年	中国蚕桑丝织技艺	2009 年
蒙古族长调民歌	2005 年	龙泉青瓷传统烧制技艺	2009 年
中国篆刻	2009 年	宣纸传统制作技艺	2009 年
中国雕版印刷技艺	2009 年	西安鼓乐	2009 年
中国书法	2009 年	粤剧	2009 年
中国剪纸	2009 年	花儿	2009 年
中国传统木结构建筑营造技艺	2009 年	玛纳斯	2009 年
南京云锦织造技艺	2009 年	格萨(斯)尔	2009 年
端午节	2009 年	侗族大歌	2009 年
中国朝鲜族农乐舞	2009 年	藏戏	2009 年
妈祖信俗	2009 年	中医针灸	2010 年

续表

项目名称	批准时间	项目名称	批准时间
京剧	2010年	黎族传统纺染织绣技艺	2009年
中国皮影戏	2011年	中国木拱桥传统营造技艺	2009年
中国珠算	2013年	麦西热甫	2010年
二十四节气	2016年	中国水密隔舱福船制造技艺	2010年
藏医药浴法	2018年	中国活字印刷术	2010年
太极拳	2020年	赫哲族伊玛堪	2011年
送王船	2020年	优秀实践名册	
中国传统制茶技艺及其相关习俗	2022年	福建木偶戏后继人才培养计划	2012年
急需保护的非物质文化遗产名录			
羌年	2009年		

二、世界遗产的价值与功能

国家每年投入大量的资源去申请世界遗产认证,除了因为世界遗产具有代表鲜明的文化特色、绝妙的自然景观等直接意义,更是因为世界遗产还具有许多重要的价值和功能,能在经济、社会、生态和科教等方面产生巨大效益。

(一)世界遗产的价值

1. 文化价值

文化价值主要在文化遗产中体现。文化遗产是世代祖先在适应自然、繁衍生息的过程中不断累积、发展、融合成的物质与精神文明,是人们实践经验的总和,是传统文化、社会习俗的具体表现和有机载体,生动、鲜活地反映了各民族独特的生产生活经历,是一个民族最纯正、最真实的文化体现。文化遗产上镌刻着深深的历史印记,是人类发展历史变化的重要佐证,补充了文字记载的历史,有助于人们更科学地梳理历史、更全面地了解和认识历史。

2. 审美价值

文化遗产承载了不同历史文化时期的审美特点,具有重要的美学艺术价值。风格迥异的古代建筑、美轮美奂的古典园林、宏伟壮观的遗址遗迹、巧夺天工的历史文物、精彩纷呈的表演艺术、精湛非凡的手工艺技能等都能激发人们的审美愉悦和艺术想象。这些历史见证物和艺术创造品,让人们更深入地了解当时的历史背景、事件和百姓的生活习俗、思想感情,展示了各民族的地域风情、生活风貌和审美情趣。

自然遗产中,既有高山流水等大美景象,也有虫鸟鱼兽等万千生物。无论这些自然遗产表现为何种形态,它们都有一个共同特征,即具有审美价值:山美、水美或森林美……同时,由于历史积淀、人类活动参与,许多自然遗产与文化相融合,在自然元素外还蕴含着丰富的历史元素,自然美与人文美交相辉映,审美价值极高。

3. 生态价值

生态价值主要体现于自然遗产。自然遗产不是孤立存在的,而是与生物群落及无机环境共同构成一个整体,形成生态系统的多样性。一方面,自然遗产有助于调节与平衡生态环境、稳定生态系统,起到防风固沙、蓄洪防旱、稳定气候等作用,维护着生态安全,从根本上降低了自然灾害发生的可能性;另一方面,自然遗产还能保护生物多样性。自然遗产地往往也是重要的生态保护区,孕育着丰富的动植物资源,有许多珍稀甚至是濒危物种尤其保护区型的自然遗产地更是实实在在的自然物种基因储藏库。

4. 科学价值

文化遗产是不同历史时期最直接的见证。历史遗存能反映当时的科技发展和生产力水平，为推断不同时代的社会、经济、军事、文化状况提供直接参考，为历史研究提供可靠证据。历代人类祖先对生存技巧、社会经验的积累和再创造也潜藏着科学意味。这些技艺、技能可能没有典籍记载，但流传于民间，存在于世代百姓生活之中。不同的民族、族群繁衍生存在不同的地理环境下，形成显著差异的生产生活方式，但都凝结着与自然和谐相处的各种技巧，体现了人类生生不息的生活向往和无穷无尽的智慧探索。一些较为科学的方法、技能等，至今仍能为人们所使用和传承。

自然遗产见证了地球演变，同样具有重要的科学价值，如地质遗迹为人类研究地球演变规律提供了重要依据，古生物化石为研究动物进化过程提供了可靠参考等。自然遗产在生物学、地质学、地理学、人类学、社会学、环境资源学等科学领域都具有极高的科研价值。

5. 旅游价值

旅游是为了求新、求知，为了追求愉悦、休闲放松，丰富体验和感受。种类繁多、内容多元的世界遗产恰好可以实现旅游者的这些需求。首先，因地理区域、文化背景不同，遗产地各具特色，能为旅游者提供不同的文化体验。其次，世界遗产具有丰富且深厚的人文或自然内涵，可以让人们更直观地了解社会、历史、地理、地质、生物等方面的新奇知识。最后，世界遗产能够为旅游者提供审美愉悦，可以使人们在休闲娱乐的同时，领略人类社会的历史变迁和大自然的鬼斧神工。

(二)世界遗产的功能

1. 经济功能

世界遗产不仅仅是一个名号，更是一份殊荣，是对遗产地卓越的文化遗产或自然资源及其突出价值的高度认可。世界遗产极具吸引力的旅游价值决定了其经济功能。遗产旅游蓬勃发展，快速激活相关产业动能，可以大幅度拉动地方经济发展。获得世界遗产的认证，遗产地就能够将其打造成世界旅游品牌，成为旅游的一个亮点，造福一方人民。世界遗产的经济功能是全方位的，发展遗产旅游，不仅能够吸引企业投资，为当地居民提供更多就业岗位，还能够增加政府税收，优化产业结构，持续推进地方经济发展。

2. 社会功能

联合国教科文组织指出"遗产具有社会价值，表达了人类的身份和归属"，世界遗产是宝贵的社会财富，时刻发挥着充实精神文明的重要作用。文化遗产赋予人们深刻而又生动鲜活的体验，具有重要的社会作用。作为群体文明的具象表征，文化遗产是民族自信和文化自信的有力支撑，是社会历史的有机载体，有助于推动国家精神文明建设。而自然遗产对维持生态稳定、调节气候、防治灾害具有重要作用，也为人们提供了休闲、康养、度假的场所和机会，其社会功能不言而喻。

对于文化遗产，人们应当尊重文化差异、维护文化多样，营造文化共同繁荣的社会氛围。对于自然遗产，人们要保护遗产地的生态系统、守护生物多样性，维持适合自然遗产长久存续和稳定发展的环境条件，实现人与自然的和谐相处。让每个社会成员都能自觉去认识、喜爱世界遗产，吸引更多人亲身参与世界遗产的保护工作。

3. 科学功能

基于世界遗产的科学价值，科学功能可以说是世界遗产最基础也最重要的功能。世界遗产是人类认识历史、认识世界的重要参考，通过科学探测分析，掌握遗产的起源和演变，能够更深入地理解人类和世界的发展规律。在科学领域，由于世界遗产的纵向连续性和横向广泛性，为科学研究提供了丰富的思路和角度，人们既可以依据时间尺度探索发展演变规律，也可以依据空间尺度探索彼此之间的横向联系。世界遗产与科学密不可分,既能为科研提供巨量资源,又促进了科学探索的发展,这充分彰显了其科学功能。

4. 教育功能

世界遗产的教育功能不言而喻。在滚滚历史长河中仍能完整留存的文化遗产,为还原不可见的历史真相提供了可能,促使人们更好地认识历史、了解社会文明。文化遗产背后蕴含着历史、文学、艺术、哲学、宗教等多方面的知识,可以丰富人们的精神生活,提高大众的知识水平和审美情趣。深厚的历史文化、灿烂的文明可以启迪人、教育人、熏陶人。

自然遗产也具有重要的科普教育价值,通过对自然遗产的宣传和介绍、游览和体验,可以使人们更加了解大自然,学习更多的环境知识和遗产保护知识,培养人们的环保理念。特别是一些自然遗产地还建立了博物馆,向游客讲解知识、传递审美,实现了教育与科普功能。

世界遗产还会对遗产地产生积极的保护作用。申遗时,遗产地必须引入先进理念,学习前沿技术和管理手段,结合现实需求,努力促进遗产地的保护和管理与国际接轨。申遗成功会急剧提高遗产地知名度,让遗产获得更多的关注,遗产地的各项工作也会受到多方的监督,在推动旅游发展、提升经济的同时,为遗产戴上了资源的保护罩,确保了世界遗产的可持续发展。

第三节 遗产保护,管理传承

世界遗产是人类历史文明的象征,是大自然的特殊礼赠,是不可再生的珍贵资源,保护独一无二的世界遗产是每个人的责任与义务。世界遗产资源的保护、传承与管理应当从国情出发,遵循"保护第一、科学规划、合理开发、永续利用"的总方针,确保开发与保护协调统一,实现世界遗产的可持续发展和利用。

一、遗产的保护与传承

(一)世界遗产保护的原则

"真实性"和"完整性"是世界遗产两大核心理念,是评判世界遗产的根本原则,也是衡量遗产价值的标尺。这两大理念在世界遗产保护的整个过程中始终扮演着重要角色,是世界遗产保护必须遵循的重要原则。

1. 真实性原则

"真实性"(Authenticity)一词最初产生于博物馆领域,描述物品本身与其获得赞誉的匹配程度。之后,该词在《威尼斯宪章》(*Venice Charter*,1964)中再次出现,在欧洲社会形成一些共识,用于指导文物古迹的保护与修复,因此,真实性主要围绕着文化遗产而讨论。"真实性"在世界遗产领域内的界定和使用主要有以下依据。

(1)《奈良真实性文件》(*Nara Document Authenticity*,1994)提出:明确遗产的产生、特征,把握其根本来源和内在意义,是进行全面的真实性评价的重要前提;文化遗产在艺术、历史、社会和科学等方面的特殊度和代表性也不可忽视;它们根植于群体社会之中,呈现出某种特定形式,在物质和非物质层面真实存在。

(2)《操作指南》中规定,文化遗产入选《世界遗产名录》要具备至少一项突出普遍价值,同时符合真实性标准。主要表现在以下方面:

①外形和设计;
②材料和实质;

③用途和功能；

④传统技术和管理体系；

⑤位置和环境；

⑥语言和其他形式的非物质遗产；

⑦精神和感觉；

⑧其他内外因素。

2. 完整性原则

"完整性"(Integrity)一词源自拉丁语，表示尚未被人扰动过的原始状态。"完整性"在遗产领域的运用起源于《世界遗产公约》，这一理念侧重于自然遗产，是评价自然遗产价值、划定遗产保护范围的重要准则。《操作指南》中对自然遗产的完整性有具体表述，其核心是要包括自然遗产本身及其周边密切关联的空间范围，包括以下几点。

(1)对于地球历史阶段重要实证的遗产地，必须包括自然环境中全部或大部分相互联系、依存的因素。

(2)对于各类生态系统以及证实了动植物群落进化演变等重大生物过程的遗产地，必须具有足够规模以及确保维护生态系统稳定和生物多样性的必要元素。

(3)对于具有突出美学价值的自然现象或是地理区域，必须包括保持遗产美景所必需的关键地区。

(4)对于重要的自然栖息地，必须包括生物生存必备的环境因素和为避免人类影响所预留的足够范围的缓冲空间。

另外，自然遗产地的物理构造和重要特征必须保存完好，生物物理过程和地貌特征应相对完整，囊括所有能体现遗产价值的因素，并保证其受到的内外消极影响可控。

3. 真实性与完整性原则的完善

世界遗产的早期规范中，真实性主要评判文化遗产，完整性多用于自然遗产，两种原则简单分割使用是受两者产生背景的差异所影响。国际文物保护与修复研究中心(ICCROM)和国际古迹遗址理事会(ICOMOS)负责世界文化遗产的评定，国际自然与自然资源保护联盟(IUCN)负责世界自然遗产的评定，因此两者的评定标准呈现出显著的学科差异。随着世界遗产事业的发展和实践经验的积累，人们愈发认识到对文化或自然遗产的研判不会只涉及真实性或完整性其中一方。就自然遗产而言，可以视真实性为完整性的前提条件，在自然遗产原始原生的基础上，才能去探讨完整性这一更为强化的标准。而对于文化遗产的完整性，一是遗产域的完整(有形的)，需要保证建筑、遗址等内容和结构完整及与周边环境的整体性；二是文化域的完整(无形的)。关于两者界定的不足，2005版的《操作指南》进行了校改，将真实性、完整性共同纳入"突出的普遍价值"的综合判据之下。业内对于真实性与完整性的理解和应用不断发展及完善，在遗产的认证和保护上逐渐形成科学全面、综合立体的标准和依据。

(二)我国对遗产的保护

我国世界遗产数量持续增加，不仅表明我国遗产资源丰富、价值突出，更反映我国世界遗产保护的重大成果和显著成效。我国始终坚持遗产保护，但现阶段综合管理体系还不够成熟，仍需要一段较长的发展期，需要更深入全面的探索和尝试。

自1985年12月加入《世界遗产公约》，我国不断探索保护世界遗产的正确道路，通过制定法律法规、开展监测监督、推动公众参与等保护政策，基于分设管理机构、完善法律体系、加强科技支持等手段，基本建立起符合中国国情的世界遗产保护制度。

目前，中国遗产保护体系大体可概括为"三纵三横"。"三纵"是指纵向上，中国遗产保护划分为世界级、国家级、地方级(主要是省级)三个层次。"三横"是指依据管理部门的不同，大体分为三个系列：一是文旅部、文物局等相关文化管理和文保部门（主要负责管理可移动文物、文保单位与非遗）；二是住房和城乡建设管理部门（涵盖文化、自然和文化与自然双重遗产）；三是国土资源、生态环境、林业、海洋、农业等环境资源管理部门（包括自然保护区和自然遗产地等）。我国遗产的保护体系自上而下、一脉相承，整体框架较为清晰完备，保护范围也相对完整；但面对跨区域、综合性的遗产地时，保护和管理工作还有待加强和完善。

1. 自然遗产的保护情况

我国自然遗产保护的基本方针是"科学规划、严格保护、统一管理、永续利用"。根据资源类型和遗产地的特点，我国建立了各级各类自然保护地，至2019年共有1.18万处，占国土陆域面积的18%。自然保护地分为国家公园、自然保护区、自然公园三类。国家公园是对某一区域自然生态系统整体保护的一种模式，汇聚了最独特的自然景观、最丰富的生物种群，以及最精华的自然遗产，是自然遗产地真实性与完整性的典型代表。目前，我国已完成10个国家公园体制试点建设，包括三江源、大熊猫、海南热带雨林等。自然保护区是保护典型的自然生态系统及珍稀濒危野生动植物物种的天然集中分布区，是具有特殊意义的自然遗迹。自然保护区范围内分布有3500多万公顷天然林和约2000万公顷天然湿地，保护着90.5%的陆生生态系统类型、85%的野生动植物种类、65%的高等植物群落。截至2019年底，国家级自然保护区总数达474处，面积约100万平方千米。自然公园则保护着重要的自然生态系统、自然遗迹、自然景观，具有生态、观赏、科学等价值，主要包括风景名胜区、森林公园、地质公园、海洋公园、湿地公园等。

自然资源是自然遗产的本质，自然遗产是具有突出价值的自然资源及其集合体，保护自然遗产也是在保护自然资源和生态系统。1956年，首个国家级自然保护区"鼎湖山"诞生，我国自然保护地从无到有、从单一到复合、从陆地到海洋，体量不断扩大，体系逐渐健全。此外，空间技术被广泛应用到自然遗产的保护中。中国已利用遥感卫星进行了多年监测：一是监测遗产地保护状况和周边环境变化，避免和遏制人为对自然遗产地的破坏；二是监测自然遗产地生态灾害情况，尽可能减少自然遗产地危机和灾害的发生，当危机和灾害不可避免时，可迅速把握遗产地的灾害动态，减小损失。

2. 文化遗产的保护情况

文化遗产保护包括物质文化遗产保护和非物质文化遗产保护。物质文化遗产保护遵循"保护为主、抢救第一、合理利用、加强管理"的基本方针。非物质文化遗产保护应"保护为主、抢救第一、合理利用、传承发展"，体现了非遗活化发展、活态传承的文化特性。保护文化遗产的过程中，我国始终把真实性与完整性放在同一高度，重视法律约束和科学指导，坚持协调文化遗产保护与经济社会发展之间的矛盾，牢牢把握着"统筹规划、分类指导、突出重点、分步实施"的核心，在尽可能保证文化遗产真实完整的前提下，最大限度地发展和开发，形成价值转化。

中央设立国家文物保护专项资金，接连开展了一系列重要文物及遗址维护修缮工程，包括故宫、长城、避暑山庄、布达拉宫、大足石刻等。我国大力推进科技创新实践，发挥学科融合、产业融合力量，纵向深入、横向拓宽学术研究，理论与实践互促发展。受益于科技、网络的进步与发展，更是为了实现对文化遗产多角度、全方位的保护和管理，我国一直努力探索世界文化遗产监测平台的建设和利用。

另外，为鼓励广大群众认识遗产，了解遗产保护知识、增强保护意识，我国自2006年起，将每年6月的第二个星期六设立为"文化遗产日"（2017年起调整为"文化和自然遗产日"）。2009年，国家文物局创设主场城市活动机制，每年"文化和自然遗产日"都会选择一座城市举办不同主题的主场城市活动（见表1-7）。这些活动为社会参与遗产保护搭建了有效平台，实现了社会成员共担遗产保护责任、共享遗产保护成果的美好目标。

表 1-7 "文化和自然遗产日"活动主题一览表

年　份	活　动　主　题
2006 年	保护文化遗产,守护精神家园
2007 年	保护文化遗产,构建和谐社会
2008 年	文化遗产人人保护,保护成果人人共享
2009 年	保护文化遗产,促进科学发展
2010 年	非遗保护,人人参与
2011 年	文化遗产与美好生活
2012 年	文化遗产与文化繁荣
2013 年	文化遗产与全面小康
2014 年	让文化遗产活起来
2015 年	保护成果全民共享
2016 年	让文化遗产融入现代生活
2017 年	文化遗产与"一带一路";非遗保护——传承发展的生动实践
2018 年	文化遗产的传播与实践;多彩非遗 美好生活
2019 年	保护文物革命 传承红色基因;非遗保护 中国实践
2020 年	文物赋彩全面小康;非遗传承 健康生活
2021 年	文物映耀百年征程;人民的非遗 人民共享
2022 年	文物保护:时代共进 人民共享;连接现代生活 绽放迷人光彩
2023 年	文物保护利用与文化自强自信;加强非遗系统性保护 促进可持续发展
2024 年	保护文物 传承文明;保护传承非遗 赓续历史文脉 谱写时代华章

3. 遗产的保护与文化传播

随着数字化技术应用,我国遗产的保护与文化传播从纪录片向舞蹈诗剧、综艺等多元形式发展。2008 年,《世界遗产在中国》首次用系列纪录片综合展示了我国绚丽多姿的遗产资源;2011 年,《中国记忆》则展示了不同历史时期具有典型意义的文化遗产。这为全国乃至世界人民打开了一扇扇了解中国大好河山和灿烂文化的门,在潜移默化中鼓励观众认识和保护世界遗产。2021 年,中央广播电视总台推出 4K 超高清纪录片《人类的记忆——中国的世界遗产》,从人们的保护与传承行为切入,将宏大叙事与个人故事讲述相结合,展示了我国遗产的科学、美学和历史文化价值。《中国微名片·世界遗产》采取"沉浸式"微纪录方式,选取了我国一些内容丰富、特征鲜明的世界文化、自然遗产地,利用艺术性手法记录风景和生活,借助趣味性叙述和个人化体验,将遗产地的故事娓娓道来。此外,还有许多不同题材的遗产纪录片,针对某个地区、某项遗产或展示遗产保护的相关工作,如《大河之北·世界文化遗产》《重返刺桐城》《大足石刻:石头上的世界》《我在故宫修文物》等。

各种新鲜有趣的文化传播方式不断被创造。舞蹈诗剧《唐宫夜宴》《只此青绿》演活了文物藏品,《洛神水赋》创新表达了"中国节日",文博节目《国家宝藏》为博物馆开创了藏品阐释与展示的新方法,文化综艺《万里走单骑——遗产里的中国》揭开了遗产的面纱,为观众讲述世界遗产鲜为人知的不朽秘密。世界遗产的价值需要通过传播来激活,只有融合科技和媒体手段发掘世界遗产内涵,以创新方式连接世界遗产与公众,才能更好地促进公众认识和了解世界遗产,树立正确的遗产价值观,实现全社会对遗产的保护与传承、弘扬与发展。

二、遗产的管理

(一)中国遗产管理发展

我国于 1985 年正式成为《世界遗产公约》缔约国,世界遗产事业稳步推进。经过近 40 年的发展,我国世界遗产管理取得明显进步。以世界遗产和管理环境之间的关系出发,结合社会经济条件、科学认识水平和管理形态的角度,大致可以将我国世界遗产的管理划分为三个时期:传统起步期、转型过渡期和现代发展期。

1. 传统起步期

客观上说,从中华人民共和国成立至1990年前后,我国的遗产管理都属于传统起步期。中华人民共和国成立后,我国对历史文化遗迹有了初步的保护意识,建立了自上而下的管理机构和机制来保护历史文化遗迹。这一时期,管理思想偏重于保护,并以技术管理为主,由国家财政拨款、安排专员将这些遗产作为国家财产进行被动保护。但由于经费不足、专业人员紧缺,保护管理效果不佳。这一阶段,受到经济条件、认知水平和社会意识的限制,自然与文化遗产的价值无法呈现,公众难以主动认识和了解世界遗产的真面目。

2. 转型过渡期

经济体制改革后,我国遗产管理思想和模式开始转型。这时,我国经济体制由计划向市场化逐渐演变,世界遗产的管理也由传统管理向现代管理思想过渡,由稳定环境中的管理向动态环境中的管理转变。在转型过渡期,人们逐渐认识到遗产旅游带来的巨大经济效益,管理体制逐渐向旅游开发方向倾斜。这一时期,我国遗产管理还没有吸纳融合现代开放式管理思想,是我国由传统管理向现代管理的一个过渡时期。

3. 现代发展期

我国进入社会经济快速发展阶段后,世界遗产管理具备了充分的物质保障和相对成熟的管理思想与体制,由此进入现代发展期。随着经济水平不断提高以及保护意识的增强,我国在世界遗产管理方面投入了更多的人力、物力和财力,学习和借鉴国内外科学管理思想和体制的成功经验,经过不断的探索和试错,初步建立了一套符合中国国情的世界遗产管理体制,并继续发展和完善。

(二)中国的遗产管理体制

遗产管理要努力接轨科学管理,处理好当代利用与后续发展间的关系;强化系统思想,促进世界遗产管理一体化;顺应社会发展,及时更新遗产管理思想和方式,实施具有前瞻性的管理举措。要科学规范管理制度、程序,妥善协调遗产开发利用和保护传承之间的关系,避免过度损耗,充分发挥遗产资源的重要价值。要建立健全行之有效、适合我国国情的世界遗产管理体制。

1. 我国世界遗产管理的立法情况

法律具有强大的监督力和执行力,是我国文化、自然遗产保护的重要手段和坚实根基。我国有关遗产保护的法律自上而下包括宪法、其他法律、行政法规与地方法规等,在不同层次上规范了遗产管理,为全国各地开展遗产保护相关工作提供了根本依据和参考。

《中华人民共和国宪法》第9条第2款规定:"国家保障自然资源的合理利用,保护珍贵的动物和植物。禁止任何组织或者个人用任何手段侵占或者破坏自然资源。"第22条第2款规定:"国家保护名胜古迹、珍贵文物和其他重要历史文化遗产。"第26条第1款规定:"国家保护和改善生活环境和生态环境,防治污染和其他公害。"这些都从根本上为我国开展遗产保护工作提供了参考和方向。

在我国,与文化、自然遗产保护相关的现行法律主要包括:《中华人民共和国文物保护法》《中华人民共和国非物质文化遗产法》《中华人民共和国环境保护法》《中华人民共和国城乡规划法》等。

为顺应新时代、新思想的转变,解决现实问题,我国政府颁布了一系列条例、方案和意见,如《世界自然遗产、自然与文化双遗产申报和保护管理办法(试行)》《中华人民共和国自然保护区条例》《风景名胜区条例》《历史文化名城名镇名村保护条例》《建立国家公园体制总体方案》《关于加强文物保护利用改革的若干意见》《关于建立以国家公园为主体的自然保护地体系的指导意见》《关于进一步加强非物质文化遗产保护工作的意见》等。

2. 中国世界遗产管理的新探索

联合国教科文组织肯定了遗产保护和传承在促进文化交流、消除贫困、促进社会经济发展与环境保护等方面的重要作用;2015 年,《2030 年可持续发展议程》中强调要"进一步努力保护和捍卫世界文化和自然遗产"。2021 年 7 月 16 日,习近平主席在致第 44 届世遗大会的贺信中指出,世界文化和自然遗产是人类文明发展和自然演进的重要成果,是促进不同文明交流互鉴的重要载体。保护好、传承好、利用好这些宝贵财富,是我们的共同责任,是人类文明赓续和世界可持续发展的必然要求。中国践行新发展理念,本着对历史负责、对人民负责的精神,认真履行《保护世界文化和自然遗产公约》,不断提高遗产保护能力和水平。中国愿同世界各国和联合国教科文组织一道,加强交流合作,推动文明对话,促进交流互鉴,支持世界遗产保护事业,共同守护好全人类的文化瑰宝和自然珍宝,推动构建人类命运共同体。

2019 年 6 月,国务院印发《关于建立以国家公园为主体的自然保护地体系的指导意见》,强调要建立分类科学、布局合理、保护有力、管理有效的以国家公园为主体的自然保护地体系,确保重要自然生态系统、自然遗迹、自然景观和生物多样性得到系统性保护,提升生态产品供给能力,维护国家生态安全,为建设美丽中国、实现中华民族永续发展提供生态支撑。2020 年 12 月,生态环境部印发《自然保护地生态环境监管工作暂行办法》用以指导各级生态环境部门监管职责;构建了监管制度体系,明确了监管工作的责任分工、具体内容和工作流程。我国大力推进自然保护地体系改革,目前正在积极制定《国家公园法》《自然保护地法》等。自然遗产并非自然保护地的一种法定类型,而是各类自然保护地的保护对象;建立科学可行的法律制度,能有效地管理自然保护地和自然遗产,充分发挥其重要价值。

习近平总书记提出"坚持保护第一、让文物活起来、文物保护靠科技"等重要论述,要求"走出一条符合国情的文物保护利用之路"。2021 年 10 月,国务院印发《"十四五"文物保护和科技创新规划》,强调保护第一,确保文物安全;推动"五业并进"(古遗址古墓葬、文物古迹、革命文物、馆藏文物、社会文物),统筹协调科学研究与保护;加强文物人才队伍建设;国内国际双向发力,加强文化交流;多方协同凝聚合力,健全社会力量参与机制。2021 年 9 月,《关于在城乡建设中加强历史文化保护传承的意见》指出要建立完善保护传承的管理体制,做到在城乡建设中系统保护、利用、传承好历史文化遗产,延续历史文脉。这是自 1982 年建立历史文化名城保护制度,首次以中央名义印发的关于城乡历史文化保护传承的文件。

让文化遗产活起来,总书记这样说

2021 年 5 月,国务院公布了第五批国家级非遗代表性项目名录 185 项、扩展名录 140 项。至此,五批国家级非遗代表性项目共计 1557 项。同月,文旅部印发《"十四五"非物质文化遗产保护规划》,强调要进一步加强非遗系统性保护,健全非遗保护传承体系,提高非遗保护传承水平,加大非遗传播普及力度,促进非遗保护事业持续平稳发展。同年 8 月,国务院《关于进一步加强非物质文化遗产保护工作的意见》,再次强调要做好非物质文化遗产保护传承和传播普及工作,并对各项工作提出了明确要求。

在遗产的管理与保护上,我国积极响应时代要求,努力践行新发展理念,为世界遗产事业不懈奋斗;出台了一系列政策、规划指导遗产保护与管理,不断补全、完善法律规章体系。我国积极推动遗产及保护理念的传播与推广,号召全国各族人民共同参与精神文明和生态文明建设;激发人民群众的文化自信,提升文化认同感,在可持续、绿色发展的根本理念下传承中华民族伟大的物质与精神文明。

本章小结

在漫长的历史进程中,人类社会与自然世界的联系愈发紧密,人类在自然恩赐中凭借世代经验和智慧的累积,创造了辉煌的物质和精神文明。但随着全球范围工业化、现代化进程加速,给文化与自然遗产的存续和保护带来了严峻挑战。阿布·辛拜勒运动促使人们开始认识、了解、保护和管理这份珍贵财富。1972年《保护世界文化和自然遗产公约》诞生,人们对世界遗产的概念、分类及评判标准达成共识。世界遗产主要包括文化遗产、自然遗产、文化与自然双重遗产、文化景观遗产和非物质文化遗产。世界遗产具有历史文化、审美、生态、科学、旅游等价值,在经济、社会、科学和教育方面发挥了重要功能。遵循保护世界遗产的真实性与完整性两大原则,中国已经初步建立遗产的保护和管理体系,未来还将不懈努力,坚守可持续发展理念,守护人类的共同财富、传承优秀中华文化。

课后练习

一、简答题

1. 世界遗产主要分为哪些种类,确立依据是什么?
2. 目前,我国共拥有多少项世界遗产,各个类型分别有多少?请谈谈你最了解的世界遗产。
3. 我国是如何保护文化遗产和自然遗产的?在遗产管理中都采取了哪些方法和举措?

二、实训题

结合你熟悉的世界遗产地,谈谈其在遗产保护、管理或开发中采取了哪些有效的手段和措施,遗产地现在还面临着哪些问题,以及为什么会存在这些问题,这些问题又该如何解决。

Chapter 2

第二章　中国文化遗产之脊：古代建筑

学习目标

古代建筑是中国文化遗产之脊，是文化遗产的重要组成部分。中国古代建筑之美无处不在，无论是雕梁画栋、恢宏大气的宫殿，还是曲折幽深、素净淡雅的庭院，一砖一瓦、一木一石都诉说着古代建筑的精妙绝伦。本章我们将了解中国古代建筑的发展变化、基本特征、基本构件，领略其独特魅力。我们将以中国古代建筑的代表——北京故宫为切入点，探索其建筑特色、装饰特色及其建造历史，熟悉和掌握故宫文化遗产的保护管理现状与活态传承的创新路径。

思政目标

通过本章学习，引导学生充分认识中国传统文化保护传承的重要价值，明确科学保护和创新活化融合发展的理念，展示中华文化坚守本根又不断与时俱进的生机与活力。

学习重点

1. 中国建筑遗产的现状、保护传承理念和举措。
2. 中国古代建筑的主要特点和基本构件。
3. 故宫建筑的特色。
4. 故宫文化遗产的活态传承路径。

知识框架

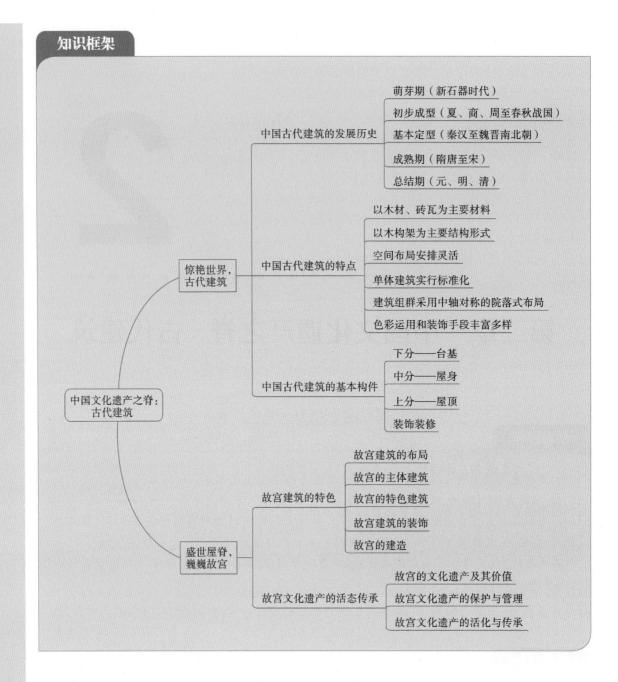

内容导入

故宫建筑文化遗产的保护与活化

　　故宫是一座皇宫，更是一座博物馆，是世界文化遗产圣地，它赓续弘扬了中华五千年文化，贯通了古代中国的传承记忆。近年来，故宫博物院在文物保护与利用、数字化建设、文创产品开发等方面不断探索和尝试，取得了丰硕成果。

　　故宫是我国现存规模最大、保护最完整的木质结构古建筑群；在古建筑的保护与修缮上，故宫博物院下足了功夫。2015年12月，故宫"养心殿研究性保护项目"启动，这是故宫古建筑维修保护历史上第一次被确定为"研究性保护项目",目的在于完整地保护和传承故宫建筑文化的内涵和价值,留住传统建筑的精髓。

在"数字故宫""活力故宫"理念的指导下,故宫博物院紧跟时代脚步、借助科技力量,开启了故宫文化遗产的活态传承大门。故宫展览以原状陈列与专题陈列相结合的方式进行,古建馆是常设的展馆之一,在其中,人们可以领略紫禁城建筑的营造之道和艺术之美。基于VR技术的广泛应用,故宫推出了"V故宫"项目,为游客带来沉浸式参观体验。随着故宫开放程度的提高和数字化技术的深入应用,"全景故宫""云游故宫"也应运而生,云游故宫成为观众游览故宫、体验故宫文化的一种新方式。不仅如此,故宫还推出了一系列App,其中,"紫禁城600"是一款聚焦于故宫古建筑文化展示的体验式App,进一步助力故宫建筑文化的传播和传承。

600多岁的故宫正年轻。文化和科技融合、文化形式创新,故宫博物院努力用更加生动有趣的方式讲述故宫故事,为人们提供一种接触、体验故宫文化的新路径。故宫在文化遗产领域树立了良好的示范效应,为活态传承文化遗产提供了范例;同时也吸引更多年轻人参与进来,主动传播与弘扬传统文化。期待未来故宫能继续带来更多新的尝试。

第一节 惊艳世界,古代建筑

中国建筑特色鲜明、风格独特,从古至今延绵不绝、自成一派。中国建筑体系是中华民族世代智慧、经验和实践的凝结,是数千年来各族文化交流融合形成的辉煌瑰丽的艺术结晶。在有实物可考的发展史中,中国建筑活动的开端可追溯至史前社会。地形地貌、自然环境、族群文化等方面的差异使不同地区形成了丰富多样的建筑特色。但在漫长的社会发展中,中国古建筑不断融合、演化,最终成熟,塑造了以木构架为主要承重结构、采取建筑搭配组合的院落式布局的独特建筑体系。

一、中国古代建筑的发展历史

随着历史发展,人们渐渐从游牧生活向定居生活转变,定居需要居所,建筑由此产生。于是,当原始农业开始出现时(新石器时代初期),原始的建筑活动也随之展开。纵观中国古代建筑的发展历史,大体可分为以下五个阶段。

(一)萌芽期(新石器时代)

周口店北京人遗址证明四五十万年前的旧石器时代,中国原始人就产生了寻找牢固稳定居所的意识,懂得借助天然岩洞遮风避雨、栖身居住,北京、湖北、辽宁等多地均发现原始人居住过的崖洞。除了直接利用天然洞穴,他们还会人工挖掘窖穴,多是上小下大的"袋形穴"。

到了新石器时代,由于南北方的气候差异,建筑式样基本按照南北特点分为两种不同体系。黄河流域,地穴、半地穴式房屋逐渐演变为地面建筑,支木构架为基,塑黄土泥为墙,覆草泥为顶。稳定了居所后,古人类聚居生存繁衍逐渐形成氏族部落,以西安半坡遗址和临潼姜寨遗址为典型,它们已经形成围绕房屋的聚落形态。而长江流域,气候潮湿、多沼泽地,常有洪水、虫兽之患,因此由巢居逐渐发展成架空的木结构干栏式建筑,以河姆渡遗址为典型。

(二)初步成型(夏、商、周至春秋战国)

夏、商以来,木结构技术精进良多,造出了斧、刀、锯、凿等工具用来制作木结构零件。夯土技术已初步形成,夯土可以砸实湿土、提高泥土强度,规避黄土湿陷的弊端,以筑造更高大的台基和墙壁来支撑高大的建筑。夯土技术要求低、取材方便快捷、便于施工,是一项不可缺少的基础建筑技术,从古代一直沿用至今。

西周时期,木构架在房屋结构中占据重要地位,陶瓦作为屋顶,彩绘装饰出现。此时,夯土、木结构等建筑技术,建筑材料的选择、加工,建筑外观设计、平面布局,以及色彩、装饰的搭配和运用等,都具备了基本形制。中国古代建筑以木构架支撑、榫卯接合、院落式布局的典型特点,在西周基本形成,中国古代建筑即将进入新的发展时期。

春秋战国时期,各国都城常划分为小城(宫城)和大城(居民区)。宫城内的主要宫殿多为两层以上建筑,随阶梯状夯土台逐层建屋,称"台榭"。战国出现了多种砖瓦,墙壁绘有彩画,壁柱壁带有金铜玉饰。在河北平山县北灵山下中山王墓中发现的刻有规划图的铜板堪称中国最古老的建筑图,证明在战国时期,大型建筑已按规划设计图进行建造。

(三)基本定型(秦汉至魏晋南北朝)

秦汉时期是中国古代建筑发展的第一个高潮:房屋构造基本定型,典型的建筑特征已经显现,木结构建造技术也趋于成熟。秦朝建立,全国各地的建造技术、建筑艺术空前融合,庞大、奢华的秦始皇陵足以体现。西汉建筑规模和体量明显扩大,对称式布局初现。东汉时期,柱梁式、穿斗式和密梁平顶式三种主要木结构形式皆已出现,能建造独立的大型多层木结构楼阁。西汉出现的砖石拱券结构在东汉更盛,石祠、石阙和石墓等建筑可以只用砖石材料搭筑,呈现出"秦砖汉瓦"的时期特点。

三国时期,曹魏都城邺城开辟了一种独特的城市布局——地块方正、中轴对称、分区明确,这种布局对后世产生了深刻影响。魏晋南北朝时期,砖瓦制作水平提高、形态丰富、使用频繁,一些金属材料也用来加工装点建筑。这一时期,木结构建造技术显著提高,建筑材料应用更为丰富,建筑样式更加多变,又因佛教传入而大建寺塔,塔与传统木结构楼阁逐渐相结合,出现了许多塔式建筑。

(四)成熟期(隋唐至宋)

隋唐时期是建筑发展史上承前启后的重要阶段。对内吸收前代成果,对外交流融合外来新鲜思想,大大推动了中国古代建筑的发展,一个独立完整的建筑体系基本形成,中国古代建筑进入发展成熟期。这一时期,砖的应用更为广泛,砖墓、砖塔数量增加;琉璃质量大幅提升、使用更多;开始以"材"为单位计算木材使用量和设计房屋,建筑架构比例和样式更加标准化、规范化;建筑设计、预制和施工水平也达到空前高度;雕刻装饰大量运用起来,与建筑主体相互呼应,独具一格。

唐代建筑留存至今的只有四座木建筑和若干砖石塔。四座木建筑以五台山南禅寺和佛光寺大殿较为重要,其建筑特点是单体建筑的屋顶坡度平缓,出檐深远,斗拱比例较大,柱子粗壮,多用板门和直棂窗,风格庄重朴实。砖石塔方形居多,也有多边形和圆形,有单层、多层,以及楼阁式、密檐式等,形式不一但都具有鲜明的中国风格。

宋代时,建筑设计更为精密,以"材"和面阔为模数。北宋建筑的规模较小,建筑趋向细腻、纤巧但装饰考究富丽;宫殿园林亭台楼阁式样多变、结构复杂。宋代在唐代基础上对建筑构件的标准、操作方法和工时用料的估算制定了严格标准。李诫《营造法式》归纳了建筑实践中的方法和教训,是北宋政府为管理宫室、坛庙、官衙、府邸等建筑工程而编撰的一部综合性建筑文献,也是当时建筑设计、结构、用料和施工的"规范"。南宋时期,建筑体量更小,基本属浙江地方风格,但苑囿及园林十分精美。

(五)总结期(元、明、清)

元、明、清时期是中国建筑的总结阶段,建筑布局更为成熟。元大都参考了汉族都城的传统模式,整体规划详细、规模宏大、布局完整。这一时期,南北建筑差异增大:北方建筑粗犷、构架灵活,南方风格秀雅、构架严谨。边疆(西藏、新疆等)地区的建筑风格向内陆地区不断扩散,中原文化和边疆文化碰撞交流,相互影响;藏传佛教和伊斯兰教的宗教文化和建筑艺术传播,许多城市陆续兴建了佛塔等各式宗教建筑。

明清时期是中国古代建筑最后的发展高峰,成果留存也最丰富完整。明代,皇室和地方建筑都大量使用砖瓦材料,作为军事防御建筑的长城使用了砖石包砌,琉璃瓦的生产数量和技艺远超前朝。这一时期的民间建筑百花齐放,种类多样、形制丰富,更加追求质量和美观。民族建筑也得到长足发展,民族风格和地域特色更加凸显。清代则延续了这种风格,建筑外观设计更加严谨,木结构的使用类型较为局限,但这也促进了建筑进一步标准化,建筑组群有机协调、建筑布局更加完善。另外,明中后期,造园之风大盛,城市山林般的宅旁园广受推崇,基于大量造园经验编撰了《园冶》这部园林著作,开启了清代造园事业新篇章。清代新创了诸多皇家园林,私家园林也层出不穷、风格迥异,彰显着古代造园艺术的最高水平。

中国建筑体系发展稳定、特征突出,是延绵时间最长且从未中断的独立建筑体系,流传地域广泛、发展潜力强,能适应不同地域需求。中国建筑与欧洲建筑和伊斯兰建筑并称世界三大建筑体系。同时,中国古代建筑更是不同地区、不同民族最传统真实的文化象征,承载着深厚的社会文明,深刻地反映了地域差异和民族个性,是人们认识和发掘区域文化的重要途径。

二、中国古代建筑的特点

中国古代建筑自成一派,在实践创造和交流融合中形成了独树一帜的鲜明特点,它初成于商周,绵延不绝,续至清末,跨越 3000 多年之久。中国建筑体系在变化中发展,在发展中稳定,也经历了巅峰和低潮,或欣欣向荣,或停滞衰落,建筑风格的变化则更加五彩纷呈。在发展过程中,中国古代建筑体系发展的根基不断巩固,核心特点不断完善,大致可概括为以下六个方面。

(一)以木材、砖瓦为主要材料

中国的古代建筑被称为"土木的史书",木材和砖瓦是中国古代建筑最常用的建筑材料。木构架建筑之所以能作为主流类型被长期广泛地使用,是因为它与其他种类相比,具有取材方便、适应性强、抗震性好、施工快捷、便于修缮、成本低廉等优点,更适宜中国的地理环境和资源特征。木材质地较轻软,也便于加工和运输,因而木材成为中国古代建筑的主要材料。而黏土砖瓦的产生和应用则弥补了木材的缺陷,相比木材,砖瓦具有更好的耐火性和阻隔性,同时强度大、硬度大、耐磨抗压,使用的年限长。

(二)以木构架为主要结构形式

中国古代建筑以木构架为主要结构方式。木构架是屋顶和屋身的骨架,用木材作为立柱、横梁、顺檩等主要构件,构件之间再以榫卯相吻合,形成富有弹性的框架,以此承托屋顶或楼层之重。木构架做工巧妙,构造灵活。可以说,中国古代建筑应用、组合木材的技术,无论在高度、跨度,以及抗风、抗震等稳定问题上都代表了当时的先进水平。中国古代木构架主要结构包括柱、梁、枋、檩等,主要有抬梁式、穿斗式和井干式三种形式。

1. 抬梁式构架

抬梁式构架(见图 2-1)在春秋时期已初步形成,是中国古代建筑木构架的主要形式,使用范围广泛,主要盛行于中国北方地区。抬梁式即在台基上立柱,柱上沿进深方向架梁,梁上安短柱,柱上再架短梁,如此叠加若干层,在最上层架上立脊柱,形成一组梁架。几组梁架由枋连接,梁上再搁置檩,与枋平行,由此构成房子的框架。抬梁式建筑结构复杂、做工细致、结实牢固、经久耐用。这种结构方式的优点是室内少柱、空间大,可以加大建筑物的面阔和进深;同时更有气势,也可美化造型。因此,宫殿、坛庙、寺院、王府等大型建筑物常采用抬梁式构架,遗存至今最古老的唐代建筑五台山佛光寺大殿就是抬梁式建筑的典型代表。但其缺点是柱、梁等用材较大,消耗木材较多。

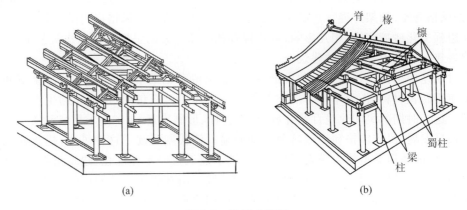

图 2-1　抬梁式构架

2. 穿斗式构架

穿斗式构架(见图 2-2)是由柱距较密、直径较细的落地柱直接承檩,在柱与柱之间沿房屋进深用一种叫"穿"的枋木,把柱子组成排架,再用檩横向连接成一个整体。这种构架施工简便,使用木材较少,节省木料,而且其网状的构造很牢固,抗风、抗震性能好。但柱、枋较多,室内空间分隔,相对局促,且较难建成大型殿阁楼台,所以我国南方地区和体量较小的殿堂楼阁多采用这种形式。

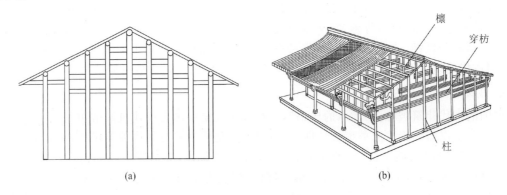

图 2-2　穿斗式构架

在实践中,人们总结了抬梁式和穿斗式构架的优缺点,将两者结合使用,即两头靠山墙处用穿斗式构架,而中间使用抬梁式构架这种混合式框架(见图 2-3)。混合式框架下,房屋的木构架形式和施工手段更为灵活多样,兼顾稳定牢固的同时,保证了室内空间的需求,也更加节省木材木料。

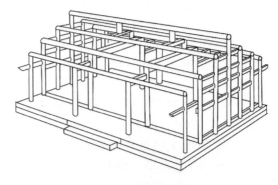

图 2-3　混合式框架

3. 井干式构架

井干式构架(见图2-4)是一种最原始、最简单的房屋结构,不用立柱和大梁。其以圆木或方木连接成框,将木料平行向上叠置,转角处木料端部相互交叉,形成墙壁;最后在左右两侧壁上立矮柱承脊檩构成房屋,屋顶用原木做成。现有遗址遗存表明,在中国商代墓椁中,井干式构架已有所应用。井干式构架结构简单,易于建造;但又因其构造形式简陋,所以耗费木材较多,在绝对尺度和开设门窗上受到很大的限制;其通用程度不及抬梁式和穿斗式构架,一般山地林区使用较多。

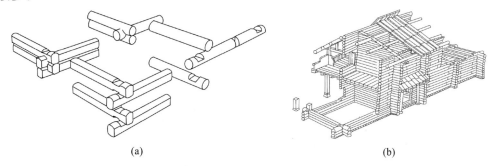

图 2-4 井干式构架

(三)空间布局安排灵活

中国古代建筑采用框架结构,承重与围护结构独立。屋顶由木构架承重,墙体只起围护作用;外墙遮阳防寒,内墙分割空间。外墙上可以任意开门窗,室内可以不设隔墙,也可以用木材装修,灵活分隔,改变室内空间大小、形状。分隔方式可实可虚。实隔如屏门、板壁等,可以把室内隔为数个部分,以门相通。虚隔可以采用各种形式的花罩、博古架、太师壁等,半隔半敞,无须门窗;空间上既有一定分隔,又不会完全阻挡视线,可自由通行,实现隔而不断(见图2-5)。虚、实结合中形成空间的巧妙分隔,相互连通又互不干扰。大型房屋还可以竖向分隔,房屋中部做单层高厅,左、右、后侧做两层,增加阁楼、回廊等。

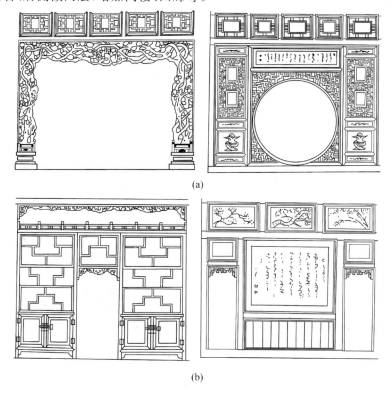

图 2-5 隔断方式示意图

(四)单体建筑实行标准化

建筑单体有长方形、六角形及正方形等多种平面形式,与建筑物立体形象密切相关。但无论单体建筑规模大小,一般都由三个主要部分构成:下部的台基、中部的屋身、上部延伸的屋顶(见图2-6)。建筑单体以"间"为单位(两道屋架之间的空间为一间),采用模数制设计方法。各种单体建筑的形式、尺度、用料、构件乃至彩画都是标准化的,并按礼制规定来应用;每间房屋的面阔、进深和构件的断面尺寸,至南北朝后期已产生模数制,到宋代则更为精细完备。

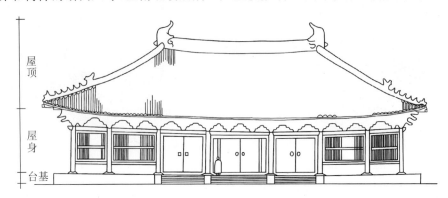

图 2-6　中国古代建筑的三个主要部分

模数制标准有助于简化设计、加快施工、提高建筑质量及估算工料,使建筑群保持相对一致的比例风格。我国木构架房屋能够大量而快速地进行设计和施工也得益于此。宋代《营造法式》和清代《工程做法则例》都是当时官式建筑在设计和施工备料等各方面的规范与经验总结。

(五)建筑组群采用中轴对称的院落式布局

木构架建筑规模宏大,不只依靠单体建筑体量,而是以组合体呈现;中国古代的宫殿、寺庙、住宅等,都是由若干单体建筑结合组群。所谓建筑组群,就是建筑单体在平面上的布局。中国古代建筑体系的平面布局遵循着一种简明规律:以庭院或天井为中心,若干座单体及相关建筑环绕其组成"院落",再以若干院落单元组成不同形式、规模更大的组群(见图2-7)。组合中,主次分明,既减少了筑造庞大单体建筑的技术难度,又解决了建筑的功能需求。北京故宫、明十三陵等都鲜明地体现了这种组群原则,它是我国古代建筑的显著特点。

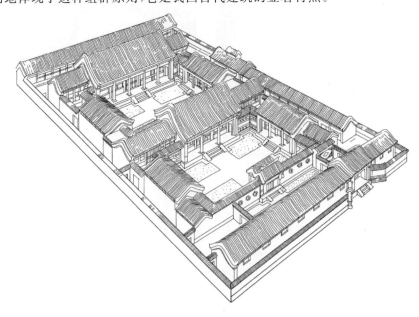

图 2-7　建筑组群的平面布局示意图

一个建筑群不管规模多大,都是与外界相对隔绝的封闭空间。建筑组群至少有一个庭院,受"居中为尊"思想影响,建筑群的总体布局多均衡对称,有明显的中轴线;单体建筑和院落沿纵、横轴线分布,按重要性依次向两边布置。这种布局不仅反映了中国古代社会的礼教和宗教制度,也彰显了中国传统文化严肃、方正、井井有条的理性精神。

(六)色彩运用和装饰手段丰富多样

中国古代建筑所用材料以木材为主,由于木材易受风雨侵蚀及虫蚁蛀蚀,为延长木结构的使用年限,人们在木材表面涂饰油漆,绘制各种图案,称为"彩画"。彩画多位于内外檐的梁枋、斗拱及室内天花、藻井,绘制精巧、色彩丰富。中国古代建筑色彩十分丰富,或色调鲜明、对比强烈,或色调和谐、纯朴淡雅。宫殿、坛庙、寺观等大胆使用朱红作为屋身的主要颜色,形成红墙黄瓦(或其他颜色的瓦)的鲜明搭配。不仅如此,建筑材料中也大量使用有色琉璃砖瓦,还在木材、砖墙上进行雕刻,在石面上进行浮雕装饰,呈现了中国古建筑装饰的多样性和巧妙性。

"雕梁画栋"正是我国古代建筑色彩运用丰富,彩绘壁画、匾牌楹联、雕刻雕塑等装饰手段多样的真实写照。在建筑艺术与绘画、书法和雕饰艺术的融合中,中国古建筑的意境更为深远,内涵更为丰富。

中国古代建筑孕育、发展于整个中华文化的背景之中,社会意识形态对其产生了深远的影响,建筑构造和装饰受到社会文化的制约。一方面,建筑的体量、结构、样式、装饰、色彩运用都表现出森严的等级制度,敬天祭祖的礼制思想、以家长为中心的家族思想等也在建筑中得到充分反映。另一方面,古代建筑重视平面布局的设计,注重建筑物的组合效果;注重与自然的高度协调,尊重自然;在艺术表现中追求中和、平易、含蓄而深沉的美。这也是中国传统文化"天人合一"思想在建筑艺术领域的体现。

三、中国古代建筑的基本构件

从外观上看,一栋古建筑分为三部分:台基、屋身、屋顶。根据部分各自的构成机能,古建筑构造即分为上、中、下三分,其中包含着对应的基本构件。

(一)下分——台基

台基又称"基座",是高出地面的建筑物底部,一般为砖石包砌的夯土平台。夏商时期出现的茅茨土阶是台基的雏形,随着夯土向砖石的材料转变,其构造也发生变化;隋唐时期,台基形式基本固定,至清代逐步完善和丰富,包括台明、台阶、栏杆、月台四个基本组成要素(见图2-8)。

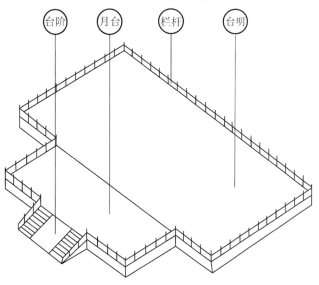

图 2-8 台基的组成要素

基于实用角度,台基最基础的功能就是承托建筑物、稳固屋基、防潮防腐。美学意义上,宽大的台基可以增强建筑造型的稳定感,从视觉上扩大建筑体量;在建筑组群中,台基可以壮大主建筑的整体形象,突出其威严和重要性。不仅如此,台基也是一种重要的等级标志,其高度、台阶数目象征着等级高低。台基按照等级大致划分为以下四种。

1. 普通台基

普通台基,一般用素土、灰土或碎砖三合土夯筑而成,高约1尺(1尺约为0.33米),是普通房屋台基的通用形式。

2. 较高级台基

较高级台基较普通台基而言,其高度更高,多采用砖石筑造,常配有汉白玉栏杆,主要用于大式建筑或宫殿的次要建筑。

3. 更高级台基

更高级台基即须弥座,又称"金刚座"。须弥座用作佛像或神龛的台基,用以显示佛的崇高伟大。中国古建筑用须弥座彰显建筑级别,一般用砖石砌成,上有凹凸线脚和纹饰,形体较复杂,配汉白玉栏杆,常用于宫殿和著名寺院的主殿等高级建筑。

4. 最高级台基

最高级台基由几个须弥座相叠而成,使建筑物更显宏伟高大,用于最高级建筑,如故宫三大殿和曲阜孔庙大成殿。

(二)中分——屋身

1. 柱

柱是最重要的承重构件,是建筑的"腿";它依据木构架形式相应排列,将建筑的荷载传递到下部。柱常用松木或楠木制成,置于石头或铜器为底的台上,用于支撑屋面檩条,形成梁架。柱以圆柱形最为常见,兼有方柱、八角柱、雕龙柱等,根据其支撑位置分为不同种类(见图2-9):最外侧靠近屋檐的叫"檐柱",四角的叫"角柱",屋脊正下方的叫"中柱",中柱在墙内叫"山柱",位于檐柱与中柱之间的叫"金柱"。

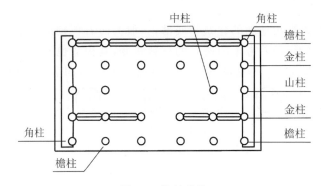

图2-9 柱的种类

2. 开间

四根木头围成的空间称为"间",是用来衡量建筑物空间的度量单位。建筑物迎面的间数称为"开间"或"面阔";纵深间数称"进深"。中国古代以奇数为吉祥,所以平面组合中绝大多数的开间为单数,且开间越多等级越高。一般9间为最高等级,北京故宫太和殿、太庙大殿为例外,开间达到11间。

3. 大梁

大梁又称"横梁",是架于立柱上最主要的一根木头,用以形成屋脊,是水平方向上承托屋顶重量的主要构件。它是中国传统木构建筑中的骨架主件之一,常用松木、榆木或杉木等制作。

4. 斗拱

斗拱是中国古代木结构建筑所特有的构件，是由斗形木块、弓形短木和斜置长木层层交叠、逐层向外挑出形成的上大下小的托座。其中，斗形木构件称为"斗"和"升"，弓形木构件叫"拱"和"翘"，斜置的叫"昂"，最底下的方木构件叫"坐斗"，总称为"斗拱"（见图 2-10）。

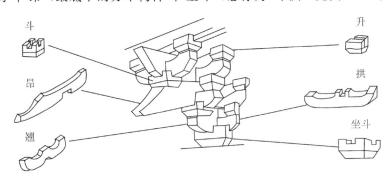

图 2-10　斗拱示意图

斗拱一般处于柱顶额坊之上、檐下或梁架、檩枋之间。它具有重要作用，最基础的就是支撑梁架重量、向柱传递荷载。另外，斗拱在檐下通过自身出挑，可以有效延伸外檐，减少木制柱脚受风雨侵蚀而糟朽。构造上，斗拱各个节点之间采用榫卯结构，也有效提高了建筑物的抗震功能。由于其优美华丽的造型，斗拱还兼具装饰功能，在墙身和屋顶之间形成过渡连接；再结合艺术处理，如雕刻、异型拱及彩画等，赋予了斗拱丰富绚丽的装饰效果。更重要的是，斗拱是封建社会中建筑等级的标志。斗拱出挑层数越多，说明等级越高。普通民宅一般不能用斗拱，只有宫殿、宗庙、陵寝、府衙等高级建筑中才使用。斗拱用材也划分为十一等，依据房屋大小、社会声望和社会地位高低等因素来选择。

5. 墙体

墙体是古建筑中的围护与分隔因子。外墙围护，隔绝风霜雨雪，减少太阳辐射，以维持室内温度稳定。内墙分隔，可以依据需求进行空间划分。墙体本身不承受上部梁架与屋顶的荷载，但能稳定柱网，提高建筑抗震刚度；同时，墙体的材料多为砖石、土坯等，防火耐火性能较好，在建筑防火方面有重要意义。

（三）上分——屋顶

中国传统建筑的屋顶也具有围护作用，可以抵挡太阳辐射或风霜雨雪，坡度利于排水，避免雨水积存。同时，屋顶在塑造建筑形象和彰显建筑等级方面发挥着重要作用，古建筑的美观和气势主要依靠它来体现。

中国古建筑屋顶形式多样、形态各异，以庑殿顶、歇山顶、悬山顶、硬山顶、攒尖顶五种形式为主。其中，庑殿顶、歇山顶、攒尖顶有单檐（一层屋檐）和重檐（两层及以上）之分；歇山顶、悬山顶、硬山顶可衍生出卷棚顶。

1. 庑殿顶

庑殿顶为四面斜坡，有一条正脊和四条垂脊，屋面稍有弧度（见图 2-11）。单檐庑殿顶多用于礼仪及宗教建筑的偏殿或门堂等；重檐庑殿顶则代表最高等级的屋顶样式，一般用于皇宫、庙宇中最主要的大殿，如北京太和殿、曲阜孔庙大成殿等。

2. 歇山顶

歇山顶是庑殿顶与硬山顶的结合，四面斜坡的屋面上部转折成垂直的三角形墙面。它由一条正脊、四条垂脊、四条戗脊组成，所以又称为"九脊顶"（见图 2-12）。普通歇山顶应用广泛，重檐歇山顶则用于规格很高的殿堂，如故宫保和殿、天安门等。

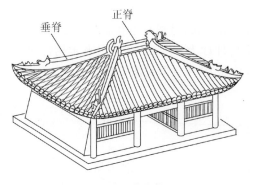

图 2-11　庑殿顶

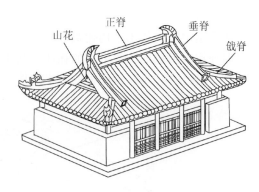

图 2-12　歇山顶

3. 悬山顶

悬山顶为屋面双坡，有一条正脊和四条垂脊，其特点是屋檐两侧悬伸出山墙之外，因此又称"挑山顶"（见图 2-13）。悬山顶是我国一般建筑中最常用的一种形式。

4. 硬山顶

硬山顶为屋面双坡，两侧山墙与屋面齐平或略高于屋面（见图 2-14）。其最大特点是简单、朴素，明清以后广泛地应用于我国各地的住宅建筑。

图 2-13　悬山顶

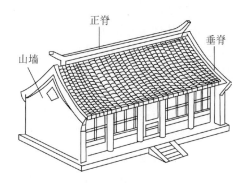

图 2-14　硬山顶

5. 攒尖顶

攒尖顶的平面为圆形或多边形，上为锥形，没有正脊，有若干屋脊交于上端，顶部有宝顶（见图 2-15）。此形式的屋顶一般多应用于面积不大的亭、阁、塔等类型的建筑。

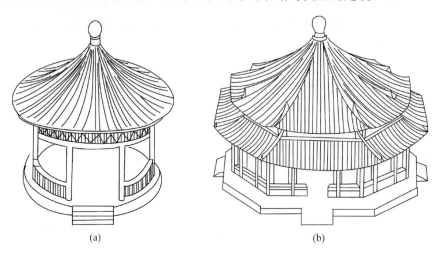

图 2-15　攒尖顶

6. 卷棚顶

卷棚顶为屋面双坡,无明显正脊,屋面前坡与脊部呈弧形滚向后坡,具有曲线所独有的阴柔之美。硬山顶、悬山顶、歇山顶可有带有正脊和不带正脊(即卷棚)两种做法(见图2-16)。

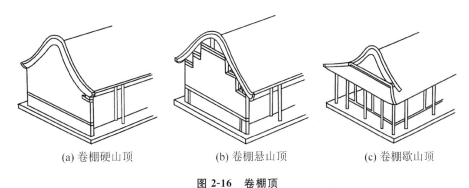

(a) 卷棚硬山顶　　　　(b) 卷棚悬山顶　　　　(c) 卷棚歇山顶

图 2-16　卷棚顶

7. 其他形式

中国古建筑屋顶还有扇面顶、盝顶、盔顶、穹窿顶等一些特殊形式(见图2-17)。

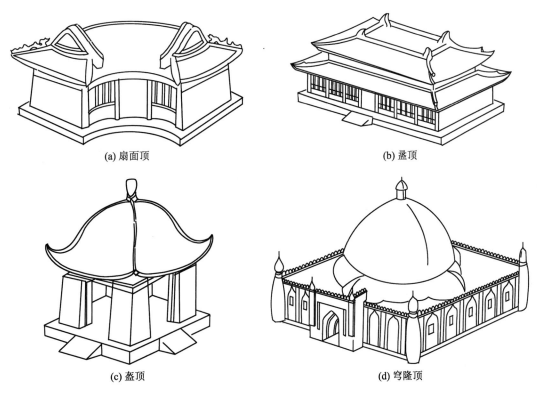

(a) 扇面顶　　　　(b) 盝顶

(c) 盔顶　　　　(d) 穹窿顶

图 2-17　屋顶的其他特殊形式

屋顶的形式、屋脊和瓦饰等均能反映建筑的使用性质、类别,建筑物主的身份、地位等,这些形制有着严格规定,绝不可逾越。建筑物屋顶重檐等级高于单檐,所以屋顶形式的等级依次为:重檐庑殿顶＞重檐歇山顶＞重檐攒尖顶＞单檐庑殿顶＞单檐歇山顶＞单檐攒尖顶＞悬山顶＞硬山顶。

(四)装饰装修

1. 木装修

木装修又称为"小木作",分内外两类。外檐装修主要指古建筑室外或分隔内外所用的木饰构件,如门、窗、楣子、栏杆等。这部分装修直接与室外接触,易受风吹日晒和雨水侵蚀,在用材、雕镂、花饰、做工等方面兼具实用性、耐用性和美观性。内檐装修置于室内,如用来分隔空间的木隔断、博古架、屏门,以及装饰性质的藻井以及木楼梯等。内外檐装修是中国传统建筑独特风格的重要体现。

2. 彩画

彩画是中国特有的一种建筑装饰艺术,最初是为了保护木构架,以防潮、防腐、防蛀;后来才突出其装饰性,同时体现建筑等级。彩画多绘于内外檐的梁枋、斗拱及室内藻井和柱头上,构图与构件形状密切结合、绘制精巧,且种类众多、题材丰富,山水、楼阁、花卉、人物皆可入画,历史典故、传奇故事也常常出现。

彩画初显于春秋时期,宋代以后已成为宫殿不可缺少的装饰艺术;清代则发展至巅峰,成果丰硕、遗存丰富。根据构图和画法,清代官式彩画主要分为和玺彩画、旋子彩画、苏式彩画三个等级。

和玺彩画仅用于皇家宫殿、坛庙主殿及堂、门等重要建筑,是等级最高的彩画。其主要特点是:中间的画面由各种龙凤图案组成,并补以花卉,构图严谨、图案复杂;画面两边用半圆形图案框起,大面积使用沥粉贴金,以青、绿、红三种底色为衬托,整体绚丽非凡,高贵奢华。

旋子彩画的等级仅次于和玺彩画。画面以简化的涡卷瓣旋花为主,也可画龙凤;画面两边用半圆形图案框起,是否贴金粉没有固定要求;一般用于次要宫殿或寺庙以及牌楼等建筑物。

苏式彩画的等级最低。大多采用红、土黄或白色等暖调画法,画面可以为山水、人物故事、花鸟鱼虫等,题材广泛,两边用被建筑家称为"包袱"的构件框起。苏式彩画是从江南民间的包袱彩画演变而来,又称"官式苏画",内容生动活泼、贴近生活,主要用于装饰园林和生活建筑以及四合院等。

建筑遗产的保护与传承

第二节 盛世屋脊,巍巍故宫

一、故宫建筑的特色

北京故宫始建于明永乐年间,是中国明清两代的皇家宫殿,史称"紫禁城"。故宫地处北京城中轴线的核心位置,总面积72万平方米,其中建筑面积达16万平方米,内有大小殿堂70多座、房舍9000余间。故宫是中国现存规模最大、保存最完好的木结构古建筑群。

紫禁城宫殿代表封建统治最高等级的"礼容",是封建礼制在建筑中的具象表征。从总图规划设计、建筑造型、装饰陈设等,处处反映出封建等级制度的森严。故宫整体建筑布局规整严谨、浑然天成,建筑材料华丽考究,整体构筑雍容华贵。

(一)故宫建筑的布局

作为中国古代宫殿建筑的典型代表,紫禁城建筑布局十分严谨,"礼"在其中体现得淋漓尽致。紫禁城总体布局中轴对称:既重视内外有别、公私分明,形成了"三朝五门"的基本格局;又重视"家国同构""前朝后寝"的政权建筑格局,塑造了"外有九室,九卿朝焉""内有九室,九嫔居之""左祖右社"的宫殿建筑文化(见图2-18)。

第二章 中国文化遗产之脊:古代建筑

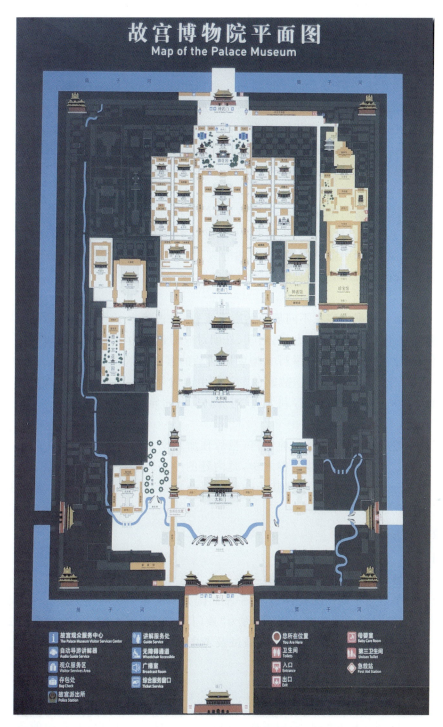

图 2-18　故宫博物院平面图

1. 前朝后寝

紫禁城主体建筑沿纵贯南北的中轴线,分为前后(南北)两个部分——外朝与内廷,间隔一道横街作为前后分界(援引古《礼经》中"前朝后寝"制度)。宫殿一要满足帝王处理政务的需求,二要提供日常生活起居空间。两种行为的活动范围,具有明确界限,严格遵循宫殿建筑的组合布局。"前朝后寝"(也称"前殿后宫")即成为宫殿的主要布局形式。所谓"前朝",即外朝,为帝王上朝治政、举行大典之处,建筑气势雄伟、体量宏大;"后寝",即内廷,是帝王和后妃们的生活居所，建筑布局严整紧凑、样式多变、装修富丽，反映了皇家奢华而严谨的建筑特点。

2. 左祖右社

左祖右社，又称"左庙右社"。崇敬祖先和提倡孝道是中国礼制中的重要思想；有土地才有粮食，"民以食为天"，因此要祭祀土地神和粮食神。宫殿中"左祖右社"的布局正反映了这些礼制思想。所谓"左祖"，是在宫殿左前方设祖庙。祖庙是帝王祭祀祖先的地方，因为是天子的祖庙，故称"太庙"。"右社"，即在宫殿右前方设社稷坛。"社"为土地，"稷"为粮食，"社稷坛"是帝王祭祀土地神、粮食神的地方。古代以左为上，所以左在前、右在后。宫殿的左边（东）设祖庙，右边（西）设社稷坛，左右对称，便成了中国宫殿的"标准配置"。如今，故宫左前方的劳动人民文化宫即是明清时的太庙；右前方的中山公园则是社稷坛。

3. 中轴对称

紫禁城建筑在北京城的中轴线上，南北取直，左右相对。我国古代宫室建造深受敬天祭祖的礼制思想约束，又有捍卫皇权的统治需要，十分讲究平分中轴的"公允中庸"之道、"左右对称"和"前后呼应"，以及"前朝后寝""左祖右社"的等级思想。高度集权、四方俯首的皇权威严都反映在其中，形成了既和谐流畅又独具匠心的建筑格局。

4. 三朝五门

帝王朝事活动会依据内容在不同规模的殿堂举行，自古确立了三种朝事活动的殿堂。所谓"三朝"，是指大朝、内朝、外朝。与大朝、内朝、外朝对应的建筑为太和殿（颁布政令）、中和殿（休息）、保和殿（殿试）。"五门"，即在举行大型朝事活动的宫殿庭院前，沿中线以五道门及辅助建筑构成四座庭院，作为其前导空间。故宫的"五门"由内向外依次为太和门（朝门）、午门（宫门）、端门（宫城前导门）、天安门（皇城门）和大明（清）门（皇城前导门）。

5. 三宫六院

"三宫"是指乾清宫（皇帝住所）、坤宁宫（皇后住所）、交泰殿（存放珍宝、礼品以及举办皇后生日庆典的地方）。"三宫"居于建筑群之中，是内廷的中心。"六院"是指位于"三宫"两侧的东路六宫和西路六宫，均为皇帝、后妃及其子女居住以及皇帝祭祀、习武等地方，因为这些建筑物都采用庭院风格，所以总称"六院"。

（二）故宫的主体建筑

1. 午门

午门是紫禁城的大门，也是最重要的一道门。它是皇帝下诏书、下令军队出征和军队凯旋献俘礼的地方。午门位于高高的城台上，是一座面阔九间的重檐庑殿顶大殿。午门城台下有三个门洞，在左右两侧和北边还各有一座门，称为"掖门"。正面中央的门是专供皇帝进出紫禁城使用。除皇帝外，皇后结婚入宫、举人接受殿试及考中前三甲者可经由此门。平时上朝，文武官进出东门，王公宗室进出西门。

2. 太和门

太和门是前朝的大门，是城内建筑群的入口。它坐落在单层汉白玉须弥座台基之上，环以白石栏杆，云龙望柱头；面阔九间，采用重檐歇山式屋顶。太和门前面，左右两侧各有一座青铜狮子，高 4.36 米，体现了太和门的气魄。因狮子性格凶猛，俗称"兽中之王"，所以常以它的形象置于大门两旁，起到守护皇宫的作用。

3. 三大殿

三大殿即太和殿、中和殿、保和殿三座宫殿。

太和殿自康熙三十六年（1697 年）重建保存至今已 300 多年，是我国现存古建筑中规模最大，建筑形制、装饰与陈设等级最高的殿宇。太和殿是皇帝登基，举行结婚典礼、寿辰庆典，重大节日接受朝贺和举办宴会的地方（见图 2-19）。

图 2-19　故宫太和殿（戴薇　摄）

其后是中和殿,明初始建称"华盖殿",是皇帝上朝前准备和休息的场所。中和殿采取亭式做法,为四角攒尖顶。平面为方形,殿身纵横各三间,所谓"明堂九室"。其四面不砌墙,满设门窗,便于采光,表"向明而治"之意。

保和殿为最后一殿,采用减柱法,面阔九间,殿内减柱为四间,为重檐歇山顶,比太和殿略低一级,是皇帝举行殿试和宴请王公宗室的殿堂。

这三座大殿共处在一座高 8.13 米的三层汉白玉石台基之上,组成了前朝中心,也是紫禁城的中心。其中,太和殿具有更重要的地位,是体量最大的一座宫殿,面阔 11 间,达 60.06 米,大殿本身高 26.92 米,加之台基,自广场地面至大殿屋脊共高 36.03 米,屋顶采用最高等级的重檐庑殿顶。除此之外,太和殿前的台基上还布置着铜龟、铜鹤、嘉量和日晷,象征着国家统一、江山永保和社会长治久安。

4. 乾清门和后三殿

乾清门是紫禁城后宫的大门,礼制上比太和门要低一等,面阔只有五间,石台基相对低矮,屋顶采用单檐歇山顶。门前两侧守护的铜狮子的体量和神态也没有太和门前的那么雄伟。但乾清门也是中轴线上的一座重要大门,所以特别在大门两侧加了两道影壁,呈"八"字形分列左右,它们和大门组成一个整体,增添了乾清门的气势。

后三殿是指乾清宫、交泰殿、坤宁宫。从殿堂形制、庭院大小、台基高低来看,后三殿都比前朝宫殿要低一个等级,这是传统礼制的要求,不能逾越和违反。

(三)故宫的特色建筑

古代宫殿建筑等大型建筑前多会修建一些辅助建筑作为装饰、标志或有特殊功用。这些建筑和古代宫殿一样,代表着中华建筑文明,成为传统建筑中的一种标志。

1. 华表

华表是古代设在宫殿、城垣、桥梁、陵墓前作为标志和装饰的大柱(陵墓前称"墓表")。华表一般为石制,柱身常雕有蟠龙等纹饰,上为方板和蹲兽。华表高耸,既体现皇家尊严,又给人美的享受,立于皇宫和帝陵之前,作为皇家建筑的特殊标志。

天安门前后各有一对汉白玉雕刻而成的华表,又称"望柱",由须弥座柱基、柱身和承露盘组成,其上石犼(读 hǒu,中国神话传说中北方食人之兽)蹲立,下横插云板,柱身雕刻云龙,端庄秀丽又庄严肃穆。

2. 石狮(或铜狮)

紫禁城宫殿大门前都有一对石狮(或铜狮),太和门前的铜狮体量最大(见图 2-20)。狮有辟

图 2-20　故宫铜狮（张汉斌　摄）

邪之用，又为"兽中之王"，所以彰显"尊贵"和"威严"。按照中国文化传统习俗，成对石狮系左雄右雌，也可从狮爪所踩之物来辨别雄雌。爪下为球，象征统一环宇和无上权力，为雄狮；爪下踩幼狮，象征子孙绵延，为雌狮。

3. 嘉量与日晷

嘉量是中国古代的一种标准量器，有统一度量衡之意，象征国家统一强盛。一般放置于宫殿前和重要场所，表示皇帝办事公正，是皇权的象征。

日晷是古时的计时器，在倾斜 50°的圆盘（晷盘）中心垂直装一根金属棒（晷针），针上指北极，下指南极，盘上刻有计算精密的时辰，利用地球自转，以指针投影的长短和方向指示时间。

4. 铜龟与铜鹤

在中国古代传说中，龟、鹤乃神灵，寿命长，宫殿前陈列象征"万寿无疆"。铜龟和铜鹤背项均有活盖，腹中空，与口相通。太和殿前的月台上摆有铜龟和铜鹤，举行大典时，于铜器内点上松香、沉香等香料，青烟袅袅吐出、香烟缭绕，寓"江山永固"之意。

5. 吉祥缸

吉祥缸是置于殿前盛满清水以防火灾的水缸，常为铜铸。吉祥缸又称"门海"，以喻缸中水似海，可以救火，故誉为吉祥缸。故宫里的吉祥缸，除了防火，也有一定的装饰作用。古时冬天都要在缸外套上棉套，覆上缸盖，下方石座内燃炭，以防冰冻，至天气回暖才会撤火。

6. 鼎式香炉

鼎式香炉，一般摆放在丹陛之上，"丹"是红色，"陛"指殿前台阶。鼎式香炉作为宫中陈列由来已久、造型多样，是在铜鼎上再置重檐式结构。每逢大典，炉内燃烧松柏枝及檀香，香烟缭绕，渲染神秘庄严的气氛。鼎的造型沉稳坚固，体现了国泰民安，象征着政权稳固，鼎也就成为国之重器。

7. 轩辕镜

大殿天花板正中向上隆起一个如伞如盖的蟠龙藻井（一种装饰，寓意防火），神龙俯首，口叼巨珠，六个小球环绕，称"轩辕镜"。据说轩辕镜是轩辕黄帝所制，为辟邪正统之器，蟠龙共同构成游龙戏珠。

8. 太平有象

大象，因其体大温驯而又威严，四脚立地、稳如泰山，所以在帝座旁立象，既彰显皇帝威严，又表明社会安定和政权稳固。象驮金瓶，内盛五谷或吉祥物，含"五谷丰登""吉庆有余"之意。

9. 角端与仙鹤

角端是古代传说中的神异之兽，能日行一万八千里、通晓四夷之语，置于帝座旁，显示"皇帝圣明"。仙鹤亦为传说神鸟，象征长寿，寓意"江山永世长存"。

10. 盘龙香亭

香亭，雏形为香炉，后为香筒，再演变为香亭。亭下盘内燃放檀香，青烟从镂空的亭身升起，恰如置身云雾间。因亭有安定之意，置于宫殿内，可表天下大治，国家安定稳固。

11. 吻兽

吻兽（见图 2-21）是指建筑在屋脊上的各种兽形构件，属于琉璃建筑艺术。这种艺术始于晋代，既体现封建等级观念，又兼顾美观、保护瓦钉、加固屋脊的功能。吻兽是避邪之物，传说可以守护家宅平安，冀求丰衣足食、人丁兴旺。

图 2-21　吻兽（张汉斌　摄）

因此不论建筑等级高低，戗脊端、角脊上均饰有龙来避邪，并以此显示宅主地位。佛教中奇数表清白，所以在屋脊上的吻兽多为奇数个。一般古建筑的最高级使用九只吻兽。但故宫太和殿（金銮殿）有十只吻兽，是中国宫殿建筑史上独一无二的，显示了其至高无上的重要地位。中和殿、保和殿等都是九只，其他殿上的吻兽数量按级递减。

（四）故宫建筑的装饰

建筑群的规划与布局、单体建筑样式，既能体现建筑的物质功能，也能显示其中的精神文明。但建筑及建筑群的形式和布局主要在环境、景观上给人们以崇高、宏伟、神秘或者是宁静、清幽的感受。如果要更鲜明地表现某种思想，或强化各种感受，就需要依靠建筑装饰的加持。

1. 紫禁城的色彩

走入紫禁城，人们最容易感受到四周的鲜艳色彩，红墙黄瓦是故宫的基调。蓝天映衬着黄屋顶，红墙、红门窗衬托着青绿的彩画，白色台基下是灰黑的砖地，蓝与黄、红与绿、黑与白构成强烈对比，浓烈绚丽的色彩彰显着皇家宫殿的宏伟与富丽（见图 2-22）。

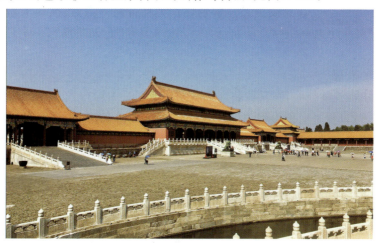

图 2-22　故宫的色彩（张汉斌　摄）

黄为土地之色,土为万物之本,在中国长期的农耕社会中,土地更具有特殊地位。所以自古以来,黄色被认为是正色,象征着中心之地。它居于其他诸色之上,是人们心中极高贵美丽的颜色。如黄色袍服为皇帝专用,皇帝专用的道路称为"黄道",黄色与皇帝有着紧密的联系。

红日带来温暖,火能烹制熟食,人类钻木取火,很早就认识了红色。考古学家在北京周口店的山顶洞内发现了用红色染过的贝壳和兽牙,经论证可能是原始人类的装饰品,这说明人类不仅认识还很喜爱红色。在中国古代,红装代表妇女的盛装,民间更以红色为喜庆。无论在朝廷还是民间,红色都代表庄重、喜庆、吉祥、欢乐。所以,紫禁城的建筑将黄色、红色当作装饰的主要色彩,这并非偶然,而是情理之中。

2. 龙的装饰

中国建筑装饰中常有龙的形象,紫禁城的宫殿上,龙饰更是随处可见(见图2-23)。龙代表了古代人类的一种神话意象或是原始人类无法认识和驾驭的某些超自然力量的化身。龙已成为中国古代一种类似图腾的标记,所以中华儿女都被称为"龙的传人"。

图 2-23　故宫的龙纹装饰(戴薇　摄)

史料记载,公元前206年,汉高祖刘邦取得政权,出身低微的他论证自己是龙的后代,自称"龙子"。从此之后,皇帝都以真龙天子自居。既然是龙的传人,真龙天子统治百姓自然符合天神之意,于是龙成了皇帝的象征。皇帝的衣服绣满龙纹称作"龙袍",皇帝的宝座满布雕龙称为"龙椅",皇帝所用器皿上也有龙纹装饰。紫禁城作为皇帝的宫殿,当然也大量应用龙的装饰。据统计,太和殿里外上下共有13844条龙,的确可称得上是"龙天龙地",一走进这座大殿,仿佛来到龙的世界。

3. 等级制度的表现

等级制作为中国礼制核心,在宫殿装饰中有颇多表现。中国古代有"阴阳"之说,天为阳,地为阴;男为阳,女为阴;数字中单为阳,双为阴……皇帝是皇宫的主人,当属阳,用多少龙纹装饰,必然要使用阳性数字中最高的。单数为阳,九为最大,于是就产生了帝王独享的台阶御道和宫殿前琉璃影壁上的9条龙,门上81(9×9)颗门钉也是皇宫正门的典型标志。故宫的建筑装饰中处处反映着封建社会的森严等级,突显了皇权的至高无上、不可侵犯。

(五)故宫的建造

明永乐四年(1406年),明成祖下令营建紫禁城,对于这样一项重大工程,首先要进行总体规划和建筑设计。它包括勘察地形、地质、环境,再结合朝政和居住需求,设计绘制出建筑图纸、制作房屋模型,经朝廷层层审查,最后获皇帝批准;接着估算材料和人工并核算成钱、粮,核准之后,正式开始建造。

建造第一步是采集材料。其中最关键的是木料,建造宫殿的木料要求质量好、尺寸大、数量多。当时木料多产在浙江、江西、湖南等地,砍伐的木材多经地方河道运至长江,经大运河北上,最后送至北京。如此从采伐地运抵京城有时需要三年时间,经长途水运的木材上岸后必须经过晾晒干燥后才能入库备用。除木料外,建造宫殿需要大量砖、瓦、石、灰等材料。城墙、地面、墙体都需要砖,且不同的砖大小和质量要求均不相同,总计需 8000 万块以上。

备料工作进行了近 10 年才开始大规模施工。当时调集了全国各地的 10 万名工匠和几十万名劳役,在这块 72 万平方米的工地上,全面展开了宫城的筑造:架设木构、建造墙体和屋顶、铺砌地面、安装门窗、雕梁画栋、加工雕镂。历时数年,紫禁城于明永乐十八年(1420 年)最终建成。1987 年,北京紫禁城被联合国教科文组织列入《世界文化遗产名录》,成为世界性的文化珍宝。

二、故宫文化遗产的活态传承

2016 年 3 月,国务院印发《关于进一步加强文物工作的指导意见》。2016 年 12 月,《国家"十三五"文化遗产保护与公共文化服务科技创新规划》发布。2021 年 11 月,国务院印发《"十四五"文物保护和科技创新规划》,明确提出要强化文物资源管理和文物安全工作、全面加强文物科技创新、提升考古工作能力和科技考古水平、强化文物古迹保护、加强革命文物保护管理运用、激发博物馆创新活力、优化社会文物管理服务、大力推进让文物活起来、加强文物国际交流合作、壮大文物人才队伍。正是国家科学性、前瞻性政策意见的引领,全国文物保护、建筑文化遗产的传承才能一直沿着正确的方向坚实稳固地前行。探寻故宫文化遗产保护管理的发展过程,也可以深刻地感受到这一点。

(一)故宫的文化遗产及其价值

北京故宫是世界上规模最大、保存最完整的木结构宫殿建筑群,是中华文化的高度凝结,汇集了上下五千年的智慧文明和传统文化,承载着中华民族最杰出的艺术审美和最高超的建筑技艺。昔日皇宫禁地,历经 600 余年兴衰荣辱,故宫既是收藏明清稀世瑰宝的秘密宝库,也是记录明清皇家宫廷的立体史书,是我国历史底蕴极其深厚、文化含量极其丰富的重大文化遗产之一。其价值主要呈现在三个方面。

1. 故宫的建筑文化

故宫建筑群具有卓越的艺术价值和历史功能。故宫富丽堂皇,威严绚丽,彰显着我国在建筑艺术上的非凡成就,北京故宫与凡尔赛宫、白金汉宫、克里姆林宫、白宫合誉为"世界五大宫"。

2. 故宫的文物藏品

故宫收藏了巨量的珍稀文物,统计达 100 万件以上,占全国文物总数的 1/6,是国内文物收藏数量最多、内容最丰富的博物馆。

3. 故宫的历史文化、宫廷文化

故宫曾作为国家的最高权力中心,历史积淀极其深厚,这里生活过的人和发生过的事,都曾在历史上产生过重大影响,留下了深刻的时光烙印。

总之,故宫是一个内涵丰富、体系完整的文化遗产系统。建筑、陈设、古木等不可移动文物与巨量藏品构成了故宫文化遗产的主体,与无形的历史氛围、文化底蕴共同组成了其建筑空间、园林景观和历史时空,在我国文化遗产中具有重要且典型的历史、艺术和科学价值。守护和传承好它们,就是保护了故宫的重要价值,延续了故宫的鲜活生机。

(二)故宫文化遗产的保护与管理

1. 故宫博物院

故宫博物院建立于1925年,是我国基于明清两朝的皇室宫殿建筑及文物收藏而成立的大型综合性博物馆,也是中国最大的古代文化艺术博物馆,现有文物1863404件(套)。这座特殊的博物馆,向公众敞开了帝王宫殿的大门。自故宫博物院成立以来,一辈辈故宫守望者艰苦奋斗、披荆斩棘,力求守护故宫建筑、珍贵文物及文化内涵的完整性,坚守博物馆人的义务与职责,逐步建立了"宫院一体"的博物馆格局和保护传承的综合管理体系。

成立之初,紫禁城共有三家博物馆,故宫博物院只是其中之一(还有古物陈列所和历史博物馆)。三馆并存,共同促进故宫文物、文化的挖掘和开发;但管理分散和利益主体不统一也导致故宫遗产的完整性难以保证。1928年,国民政府公布《故宫博物院组织法》;1929年,易培基院长提出了"完整故宫保管计划",故宫博物院迈入正轨。经历了文物南迁,克服了诸多现实困难后,1948年,古物陈列所最终回归,故宫博物院格局臻于完整。"完整故宫"理念是民国时期的重要成果,是故宫文化遗产重要的保护管理思想。1949年,中华人民共和国成立后,故宫博物院也始终遵循这一理念开展管理和传承工作,对故宫进行了多次修缮、清理和文物清点。

2. 平安故宫

进入21世纪,故宫博物院开展了两项重大整治保护工程。

一是2002年故宫博物院启动"故宫整体修缮保护工程";2003年,编制了《故宫保护总体规划大纲》指导修缮工作。这是故宫百年来最大规模的古建修缮工程,从2003年到2020年分三期逐步推进,总历时18年。此次工程系统整顿了故宫内外环境,加强了布局安排以及建筑、文物的保护,全面完善了各项设施。

二是2013年启动的"平安故宫"工程。这是一个涉及故宫整体安全的综合性大型工程体系,其目的是尽可能减少故宫存在的各种安全隐患和风险(如防火防盗、文物藏品自然损坏、库房管理、设施维护更新、游客安全等)。"平安故宫"工程重点部署了北院区建设、地库改造、基础设施改造、世界文化遗产监测、故宫安全防范、院藏文物防震、院藏文物抢救性科技修复保护七项重点工作。

实时监测是保护文化遗产的重要手段。一直以来,故宫博物院始终坚持对故宫遗产的综合监管,努力建设和完善相关制度与监测工具。从2008年以来,故宫就展开了文化遗产监测的筹建工作;2011年,故宫气象环境自动监测站建设完成,环境监测实现了自动化、智能化,为故宫环境的综合评估和风险预警提供了巨大帮助。随后,故宫世界文化遗产监测中心正式成立,开始了监测平台、监测系统、监测设施的持续建设。它将文物、建筑、室外陈设、古木等遗产要素与影响其价值表达和延续的环境、设施、雷击、观众等外界因素统一纳入监测范畴,相继建成了环境质量、白蚁、防雷、室内温湿度、观众动态、电力、室外陈设和文物建筑等多个监测系统,为故宫世界文化遗产监测总平台的建设打下了坚实基础。

2019年,故宫博物院提出"四个故宫"(平安、学术、数字、活力)建设体系。保护为主、平安为先、安全第一,"平安故宫"是最根本、最首要的任务。坚持实施"平安故宫"工程,为故宫的安全提供了稳定保障,为故宫博物院的发展奠定了基础。随着保护理念的成熟更新以及新科技的普及应用,监管设施逐渐完善、管理手段也更加全面有效,大大提高了故宫的开放程度和范围,让游客领略到了更多的故宫风采,保证了故宫文化遗产的完整保护、真实留存,实现人民共享。

(三)故宫文化遗产的活化与传承

1. 学术故宫

故宫博物院不仅仅是故宫文化遗产的守护者,更是故宫文化的研究者和探索者。"学术故宫"是支撑故宫建设、开拓文化传播的关键,引领着故宫博物院科学探索、学术探讨的前进与发展方向,有助于构建系统性、开创性的学术研究体系。

故宫博物院成立之初,众多学者共商故宫学术研究和科学探索事宜,逐步构建起故宫学术研究的框架和体系,为故宫博物院的学术事业奠定了高标准的基调。民国时期,故宫博物院开展各项文物整理及相关学术活动,出版了众多学术研究论文、书籍图册,整理了大量档案史料等。1949年后,随着经济社会不断发展,学术研究和人才资源的重要性愈发凸显,故宫博物院带领着故宫人实施了众多改革。1958年,故宫博物院创办了《故宫博物院院刊》;1971年,成立了故宫研究室;此后,积极引进高等院校人才,建立并不断完善学术机构设置和人才培养机制。

经过几十年的发展打磨,21世纪的故宫学术已形成基本范式、学术成果丰富、学术底蕴深厚。2003年,郑欣淼发起"故宫学"研究,次年即成立科研部门。其后,故宫又相继和清华、北大、浙大以及中国社科院等多家高校和科研所建立了教学协同机制。2012年,依靠多年学术积累和人才培养经验,在单霁翔的带领下组建了"故宫研究院"和"故宫学院"两个专用于学术研究与交流的非建制机构。故宫研究院是以创建"学术故宫"为宗旨、以服务"平安故宫"为指针所搭建开放式高端学术平台。故宫学院则作为训练学员和指导业务的教育基地,是我国首个依托博物馆资源建立办学的"学校",为博物馆发展提供了专业人才支持。2014年,故宫博物院成立明清官式建筑保护研究国家文物局重点科研基地,为中国官式古建筑营造技艺的保护和继承提供专业性、前瞻性的科学理念输出。

2. 数字故宫

在信息技术、新媒体的快速发展下,数字化、信息化成为时代新要求。故宫的保护与开发,故宫文化遗产的展示传播与价值再创造都离不开数字化技术的应用和信息化体系的建设。

(1)"数字文物"体系与信息化建设体系。

20世纪末,互联网、信息数字技术快速崛起,故宫博物院紧随智能数字化趋势,积极开展信息化工程和改造。首先,要完成文物的数字化采集、存贮和管理。从2005年起,故宫博物院系统开展数字摄影工作,采集重要文物影像。到2020年,故宫拍摄文物总计62.8万余件,保存136.3万余张文物影像,完成各种视频素材拍摄48.5万余分钟,分类整理了巨量藏品文物的数字化信息和资源,为"数字文物"体系打下了坚实地基。故宫博物院也非常重视内部管理信息系统建设,先后建成了办公自动化系统、业务管理平台、资源数据平台等行政管理平台。21世纪初,故宫博物院形成了以信息网络为底层支撑,数字资源采集为基础,数据管理利用为中枢,支持对内对外、线上线下各类应用的信息化建设体系,极大地推进了故宫文化遗产的保护和管理工作。

(2)数字化展示。

故宫作为中国重要的文化符号之一,其文化展示和传播的创新具有重要意义。故宫博物院前院长单霁翔强调依托数字技术是让故宫"活起来"的重要手段和途径。

2001年,故宫博物院官方网站上线。深耕发展20年,建立了中文、英文、青少年网站群,为国内外不同群体,尤其是青少年提供了全面认识和了解故宫历史、建筑、文化的渠道。2019年,官网平台上线"数字文物库",5.2万余件(套)文物的高清电子资源公开,观众在家就可以欣赏故宫藏品。故宫还推出了"全景故宫",观众可以借助VR沉浸式体验故宫实景,走进故宫暂未开放的隐秘空间,在网上身临其境地体会三维空间下的故宫建筑。特别是2020年以后,通过VR游故宫广受人们的喜爱和追捧,故宫博物院官网日均访问量超过30万人次。

如今,博物馆"云端化"、藏品电子化是博物馆发展的重要趋势。2020年,"云游故宫"全媒体平台应运而生,故宫博物院将多年积累的数字资料根据用户的兴趣和文化需求进行了数字化重组与再呈现。特别是近几年,互联网信息技术尤其是5G技术迅速发展,覆盖面更广、指导性更强的"数字故宫"理念由此诞生,大力推动了数字资源高效管理与利用。

自2020年以来,因线下活动的开展受到一定的限制,人们对于线上资源、数字资源的需求更为突出。"数字故宫"的建设和应用真正做到了让人们足不出户就能游在故宫、学在故宫、乐在故宫。目前,故宫已建成"数字故宫社区",实现了资源数据化向数据场景化、场景网络化向网络智能化的转变。

(3)文化传播。

新媒体平台的运用,为故宫博物院开辟了一条更快、更广的文化传播通路。除了官网,故宫还非常重视"三微一端"的建设和应用,延伸了故宫文化的辐射范围,编织了纵横交错的扩散网络,深刻影响了观众的日常生活和社交活动。

故宫博物院官方微博自2010年开通,截至2022年3月,粉丝数量已达1028.7万,视频累计播放量达1.49亿次。官方微博会发起各种互动话题,如"爱上紫禁城""每日故宫""新时代新故宫"等,观众可以就自己体验或感悟参与话题讨论。此外,还有故宫淘宝、故宫出版社等十多个下属微博账号,分别负责文创、出版和推广等具体事宜,形成了宣传矩阵,有效扩大了信息辐射范围。2014年,故宫推出官方微信公众号与小程序"微故宫",内容涵盖故宫信息、文物推荐、趣味话题以及展出动态等众多内容,为广大游客游览故宫全景、体验故宫变化开辟了更便捷的渠道,在提供高质量公共服务的同时宣传了故宫文化。2020年,故宫发布"数字故宫"小程序,进一步协调了故宫线上信息服务,海量数字资源可以一键检索、一站抵达,不用在微博、官网、App等不同的数字平台上反复加载。近年来,随着短视频的走红,故宫博物院也在抖音和哔哩哔哩上注册了官方账号,用短视频的方式进行宣传和科普。

与此同时,故宫博物院也在不断研发自营应用,包括参观导览、文化宣传与互动游戏等方面。截至2021年,故宫已出品系列应用10余部。《每日故宫》每天推出一款藏品,图文并茂,人们利用碎片时间就能增进对故宫及其文物藏品的认识;观众可以通过名为《韩熙载夜宴图》的App,从各个角度欣赏和品味这幅画,感受当年之情境;《紫禁城600》以故宫建筑遗产的展示和科普为主要内容。而互动游戏类App,如《皇帝的一天》《紫禁城祥瑞》等,则更受年轻人喜爱,在放松愉悦的同时,认识了解故宫知识和文化。在这方面,故宫博物院真的做到了"故宫出品,必属精品"的初心承诺,认真踏实地走好故宫文化遗产宣传推广和活化利用的每一步。2022年央视春晚中也少不了故宫文化的身影,依托故宫馆藏《千里江山图》所编排的舞蹈《只此青绿》再一次引发了广大观众对这幅传世名画以及故宫文化遗产的关注和热议;故宫西北角楼处也构筑起了《千里江山图》的立体景观雕塑"祥瑞丹青",群山绵延、河流蜿蜒,与远处的故宫角楼一起相映成趣、和谐自然。这些作品是对传统文化的深耕和弘扬,更是文化自信的体现,同时也反映出故宫文化遗产的独特价值和文化深度,促进了故宫文化的传播与弘扬。

(4)线下数字化展示。

2015年12月,故宫博物院端门数字馆正式开放;2017年10月,"发现·养心殿"主题数字体验展上线,观众可以身临其境地体验皇帝的工作和起居生活,了解皇宫内有关服饰、御膳、文物等各方面知识。故宫数字展览、数字展厅接待游客总计约16万人次。

故宫博物院一直坚持发展"V故宫"项目,充分发挥VR技术优势,提高人们的参与性和体验性。目前,《紫禁城·天子的宫殿》的VR系列影片已完成并上线了7部作品,包括《紫禁城·天子的宫殿》《三大殿》《养心殿》《倦勤斋》《灵沼轩》《角楼》《御花园》。观众可以通过VR鸟瞰环游故宫;体验模拟考古,深入故宫地下,发掘故宫秘密;了解故宫角楼"九梁十八柱七十二条脊"的巧妙;欣赏御花园一天之中的景色变换。

讲解服务是博物馆解说、科普的重要手段,完善的解说系统能够更快速、高效地向观众阐述历史内涵、传播文化知识。故宫博物院不仅提供了讲解员、导游、文字解说牌与陈列解说等传统式讲解服务,还增加了自动讲解器这一新型自助解说方式,覆盖了40多种语言类别,实现数字化智能讲解服务。

目前,故宫博物院仍在持续推进数字化工程,加快文物数字化存储和管理。针对部分极为珍贵的藏品,采用数字文物的方式,按照建造精度、色彩等要求3D还原和呈现文物真实面貌。另外,针对"非遗技艺"等抢救性记录拍摄也在积极筹备之中。故宫博物院立足于"数字故宫"的打造,希望通过数字信息的建设破除线上线下的资源壁垒,加强数字资源的利用与传播,促进数字服务的无缝衔接,深刻落实数字故宫社区生态布局。

3. 活力故宫

故宫始终坚持讲好中国历史、谱写未来故事。赋予文物"活"的灵魂和生命、努力建设"活力故宫"是故宫博物院的前进方向和本质追求,是故宫文化创新活态传承的重要途径。

(1) 陈列展览。

故宫博物院的成立,让昔日的皇宫禁地变成了人民的博物馆。为观众打开紫禁城的大门、实现文化遗产人民共享是故宫和故宫人的重要任务,陈列展览则是完成这一任务最基础也最关键的途径。随着故宫古建修缮与古物清点工作的进行,故宫可供展览的面积逐步扩大,为举办各类尤其是大型展览活动提供了便捷。据估算,2014年故宫博物院开放面积约52%,2015年扩大到65%,2016年则达到76%。2019年,故宫开放程度进一步提高。目前,故宫已开放了80%以上的区域,许多未曾踏足的区域、不见天日的文物终在世人面前揭开了神秘的面纱。

1949年后,故宫博物院深入调整了文物展览工作,丰富展出内容,协调展出方式,确立了原状陈列与专题陈列相结合这一独特的陈列展览格局。三大殿、后三宫及西六宫这些重要建筑延续原有宫殿布局,设计为宫廷史迹原状陈列,保留历史原貌,更能渲染真实的历史氛围。其他一些配殿,则将原有文物分类迁移于各个库房,房舍修缮完成后辟为文物陈列室,举办各类主题展览。这种布局思想和展陈格局一直沿袭至今,随着故宫开放程度的提高,博物院的展览内容和形式也依据时代要求和观众需求不断更新完善。专题专馆展览的主题更为丰富,囊括了古建、书画、陶瓷、雕塑、青铜器、钟表等十多个主题。官网上可以详细了解到故宫常设的专题专馆展览、特展、艺术家作品展和赴外展览等活动情况;部分场馆还开发了360°VR全景参观体验功能,在线上就能直接领略故宫馆藏风采。2020年是紫禁城建成600周年,故宫博物院举办了"丹宸永固"周年特展,带领人们穿越历史时空,领略故宫600年的风采和魅力。据统计,自中华人民共和国成立以来,故宫博物院内举办各类展览不少于600次,传承和延续了故宫文化遗产"活"的生命,激发了人民群众的文化自信,高度弘扬了中华民族的绚丽文化。

故宫博物院也非常重视国内外的文化交流。国内方面,故宫借助各类展览、学术合作等与港澳台地区保持着稳定的文化互动。国际上,故宫博物院与其他国家共同参与了多项展览活动和文物保护工作。2015年,故宫专门成立了中外文化交流研究所,为国际展览活动提供了学术支持,同时也与我国外交政策和文化走出去战略充分对接。近年来,故宫多次在海外举办文化创意展,带着美丽的中国文化,到过日本、比利时、韩国、澳大利亚、新加坡等多个国家,让故宫文化的魅力透过文创作品生动地展现在海外观众眼前。故宫依靠文物展览在世界范围内传播了优秀的中华文化、提升了中国软实力,极大地增强了海内外同胞的文化认同和文化自信。

(2) 故宫文创。

故宫文化创新的脚步从未停歇,600岁的故宫正年轻。故宫博物院不断更新文创形式、创作出版物,尝试各种营销模式,利用"文物+文创+品牌"的元素融合方式进行了文化推广。文化创意的构思与落实、创作产品的开发与营销为故宫文化的传播和遗产理念的弘扬开辟了一条重要渠道。故宫从"阳春白雪"转变成寻常百姓的"喜闻乐见"。

故宫文创牢牢把握人民群众的生活和审美需求,以馆藏文物为核心,以创新理念为依托,兼顾历史文化内涵和社会时代潮流,创造了"故宫"IP,研发了日常家居、文艺纪念、彩妆首饰、文具、食品等多种系列文创产品,广受人们喜爱。2008年,故宫文化服务中心和名为"故宫淘宝"的淘宝店铺成立,标志着故宫文创产业的开端。截至2020年,故宫研发的文创产品多达上万种,年度销售总额超15亿元。故宫文创品牌推广利用了主流的电商平台和新媒体渠道,借助电视广播、综艺节目讲述文物故事、揭秘产品的制作理念和工艺；依托新媒体平台建立互动拉近距离，快速广泛传播信息，提高品牌知名度；采用线上销售，利用电商平台海量用户基础，配合直观清晰的产品展示和介绍，充分激发观众的购买欲；实现品牌塑造、文化传播与产品营销的多赢战略。目前，故宫博物院在淘宝平台设有故宫淘宝、故宫出版社、故宫文创、朕的心意（故宫食品）、故宫文具等多家店铺；在京东平台也设有北京故宫文化服务中心、故宫文创、故宫出版社等多家旗舰店；微信小程序还上线了"故宫博物院文创馆"微商铺，公众可以简单快速地购买自己喜爱的商品。

故宫出版物也是故宫文化创意的一种重要形式，集艺术欣赏、历史文化、科普教育等多种功能于一体。近年来，《故宫日历》《宫里过大年》《喵 我在故宫过日子》《畅游故宫》等书籍屡受好评，社会效益与经济效益双丰收。除此之外，故宫博物院还尝试了多种文化创意的新形式。一是故宫博物院挑选和制作了集文物藏品、建筑风貌、书画、雕塑等27个主题的精美壁纸，供观众们收藏、下载和分享。二是故宫博物院与输入法联名，开发设计了"遇'键'故宫"主题皮肤，观众可以自由下载，为输入法添上故宫色彩。三是故宫与腾讯联合打造了主题漫画《故宫回声》，真实呈现了故宫文物南迁的历史经历。四是故宫博物院开发了十多款文化展示、体验、互动App。五是《故宫里的大怪兽之吻兽使命》等以音乐剧的形式，给孩子们带来了一场文化盛宴，激发了孩子们的好奇心和求知欲，以他们喜爱的方式传递着中国传统文化。

故宫博物院始终坚持文化创新，通过丰富的文化创意形式和多样的文创产品，深入解读文物背后的故事，赋予故宫文化新的时代价值和不竭的生命活力。以此形式，故宫中不可移动的建筑、文物甚至无形的文化遗产、文化氛围都转换成可以留存、传递的实体形式，让观众除了现场感受之外，还能"把故宫文化带回家"。

（3）故宫纪录。

2005年，是故宫博物院建院80周年，央视播出大型纪录片《故宫》，从建筑艺术、使用、馆藏文物和从皇宫到博物院四个方面完整地呈现了故宫富丽庄严的建筑和精美多样的文物，讲述宫墙内鲜为人知的人物故事、历史过往。2012年，历史纪录片《故宫100》讲述了故宫100个空间的故事，透过"看得见"的空间，演绎了宫殿建筑"看不见"的实用和美学价值，创建了一座超时空的影像博物馆。2015年，是故宫博物院建院90周年，《我在故宫修文物》在哔哩哔哩上线并迅速走红。2017年，"养心殿研究性保护项目"主题纪录片《故宫新事》上线，直观地为观众展示了古建筑修复时问题诊断、文物搬家、古建修缮的具体过程。2020年，是故宫博物院建院95周年，故宫发布"官式古建筑营造技艺"纪录片《八大作》，通过简短紧凑的内容，向观众呈现土作、石作、搭材作、木作、瓦作、油作、彩画作、裱糊作这"八大作"在建造、修缮中的工艺技法和应用实践。可以看到，故宫纪录片的视角从宏大严肃不断向轻快明朗转变，题材也更为丰富，常以小见大、专注于某一具体主题，塑造的故宫形象也从伟岸庄严变得亲和平民。

以故宫为主题或背景的综艺节目在保证文化内涵正确输出的前提下，会尽可能采用更年轻活力的表现形式。例如，文博探索类节目《国家宝藏》通过演绎历史故事，使观众共情，以此构建集体身份认同和文化认同；《上新了·故宫》则以故宫为空间隐喻、以历史文化为切入口，创作故宫文化创意衍生品。故宫文化与节目载体有机融合，延伸了故宫文化的传播链、扩大了故宫文化的受众群，在宣扬和传承故宫的优秀文化上发挥了重要作用。

从根本上来说，满足广大群众日益增长的精神需求和文化追求才是文物保护工作的核心，从文物出发，于人民落脚。故宫博物院始终以开放紫禁城、发掘故宫文化为目标，力图充分展现文物背后的智慧精华和文化内涵；故宫通过创新和改造，将晦涩难懂的文物本身转化为观众乐于接受和喜爱的内容，让文物和文化遗产与日常生活接轨；通过丰富多样的文化传播形式，如展览展示、文创产品、新媒体宣传、开放社会教育资源等传递中华优秀传统文化，塑造文化遗产的新时代内涵。故宫博物院始终坚持为文物注入"灵魂"、让文化遗产"活"起来，实现人民的遗产人民共享的根本准则，努力让600多岁的故宫永葆年轻、充满活力。

本章小结

中国古代建筑遗产是中国文化遗产的重要组成部分。传统建筑文化受到中国古代封建思想的影响,呈现出严格的等级制度。中国古代建筑以木结构为主要构架,具有室内空间安排灵活、重视单体建筑标准、采用中轴对称院落式布局、色彩和装饰多样等主要特征。单体建筑分为上、中、下三部分,由台基、柱、梁、斗拱、墙体、屋顶等基本构件组成。故宫是我国现存规模最大、保护最完整的木结构古建筑群。其建筑布局、建筑类型、装饰特色等都体现了我国古代建筑的最高水平,丰富而严谨。故宫博物院始终坚持对故宫文化遗产的保护与利用,紧随时代变化,努力拓展故宫文化遗产活态传承的方式和途径;努力践行"把一个壮美的紫禁城完整地交给下一个600年"的使命和责任。我们每个人都应当正确认识建筑文化遗产的价值、了解和掌握科学的保护方法、努力开创有效的遗产传承路径,保护文化遗产实现长久存续、繁荣发展。

第二章
阅读推荐

课后练习

一、简答题

1. 中国古代建筑有哪些典型的特征?
2. 中国古代建筑包含哪些基本构件?
3. 中国古代宫室殿堂建筑彩画等级分为哪几种?最高等级彩画是什么?
4. 故宫建筑布局的主要特点是什么?
5. 简述故宫文化遗产活态传承路径。

二、实训题

请你发散思维,谈一谈自己关于故宫文化遗产"活态传承"的想法,包括目前传承利用方式存在的不足、未来发展的新思路、"故宫模式"的可推广性等。这些方式对其他的建筑文化遗产的保护利用有什么借鉴意义呢?

第二章
参考答案

Chapter

3

第三章　中国文化遗产之巧：古典园林

学习目标

　　中国古典园林，素有"纳千顷之汪洋，收四时之烂漫"之说，因其独特的艺术风格而成为世界文化遗产的一颗明珠。中国古典园林形式多样，既有富丽堂皇、气势恢宏的皇家园林，也有小巧玲珑、明媚秀丽的私家园林，还有曲径幽深、清净风雅的宗教园林。多样的园林再现了我国古老灿烂的文明，是古代中国文化艺术、经济发展、哲学思想的综合反映。本章我们将回顾中国古典园林的起源发展历史，了解其特点与主要类别，学习中国古典园林的造园要素与构景手法。我们还将走进韵味悠深的苏州园林，感悟苏州古典园林文化，了解园林文化遗产旅游活态开发的路径。

思政目标

　　通过本章学习，引导学生了解中国古典园林，增强学生对中国园林文化及其重大成就的认识，培养爱国情怀，感悟中国古典园林"道法自然"的理念，正确看待中国传统生态智慧，强化对中国特色社会主义生态文明建设的理解。

学习重点

　　1. 中国古典园林的发展阶段。
　　2. 中国古典园林的总体特点。
　　3. 中国古典园林的主要类别。
　　4. 中国古典园林的造园要素与构景手法。

5. 苏州古典园林的艺术特色。
6. 园林文化遗产旅游活态开发的路径。

知识框架

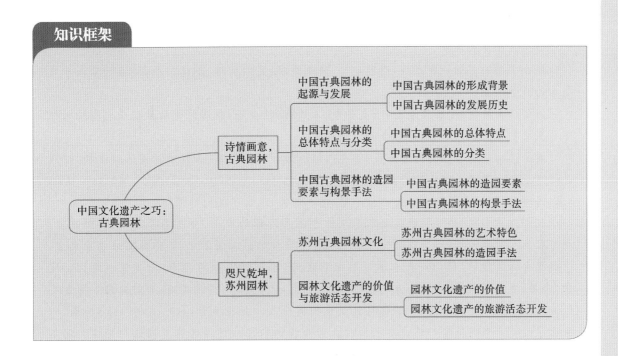

内容导入

网师夜花园，让姑苏之夜更"有戏"

网师园是苏州四大名园之一，也是世界文化遗产之一。白昼的网师园典雅娴静、精巧幽深，展现了江南园林独特的艺术特色与文化价值，却缺少几分夜晚独有的静谧与悠扬。1990年，网师园开放夜游花园，将昆曲、苏州评弹、丝竹民歌等苏州传统文化与园林景观相结合，营造别具特色的游园体验，成为苏州市经典旅游产品，联合国教科文组织曾将苏州"网师园夜游"项目推荐为特定旅游项目。2021年3月，历经30余年的沉淀与发展，网师园夜游全新升级，再现绝美园林夜景。

"网师园夜游"项目全新升级后，更加注重参与感及体验感的营造。借助全息投影、灯光艺术、互动装置等多样化科技手段，建立景中有戏、戏中有人、戏语声声、回味弥久的独特体验。将非遗表演艺术融入园林实景之中，结合装置艺术，通过空气香囊将香气结合动态的艺术形式挥散开来，为游人营造"形、声、闻、味、触"的全方位观演体验，实现戏语、传香、连韵。古典园林、传统艺术与现代科技的创新融合，生动呈现了网师园"小园极则"的夜色之美。

"网师园夜游"项目包含昆曲、昆舞、昆剧、评弹、古琴、笛箫演奏等9个节目，演出持续45分钟左右。独具特色的空间场景、差异化的演出形态和边游边走的观演模式，突破了传统的被动观演方式，由观众主动探索园林故事的线索，移步异景、十步一戏，带来沉浸式园林实景夜游体验。

步入万卷堂,清、细、雅的江南丝竹在耳边响起,古色古香的厅堂在柔和灯光的映衬下更显古朴雅致。面阔五间的带厢内厅撷秀楼,上演着苏州传统戏剧《十五贯·访鼠测字》。《十五贯·访鼠测字》是昆剧的经典之作,演员表演细腻入神,手、眼、身、法、步丝丝入扣,将娄阿鼠在庙里求签,却遇到了化装成测字先生的知府大人,迷迷糊糊自投罗网的故事活灵活现地展示在游人眼前。

梯云室里的苏州评弹表演,运腔婉转、说表细腻、吴侬软语、韵味悠长,给游人带来非常美妙的听觉享受。

沿回廊曲折,信步至集虚斋,一支昆舞《玉兰》惊艳全场,舞者优美的舞姿在光影的衬托下更显灵动柔美,给人以虚实结合的视觉享受。

看松读画轩中茶艺师选茗烹茶,茶香四溢。画师现场作画,一幅看松图清雅流畅,让人真切感受到古代文人雅士的诗情画意。

西部别院"殿春簃"中,一首箫诗吟唱《送人游吴》道出了吴地的繁华。

彩霞池东南端,通过高科技全息手段配合实景园林的古韵,全息实景昆剧《游园惊梦》把游客卷入时间的漩涡,带入数百年前古人月下赏戏的热闹场景中:小姐杜丽娘端庄大方,丫鬟春香活泼俏丽,好似一场春梦里的婉转娇啼,饱含着生命的润泽,独具艺术魅力。院中,山石、建筑多与墙身结合,互相依托,以诗立景,以景会意,简雅秀丽,彩灯勾勒下更是美轮美奂。"惊梦"悄然上演,柳梦梅与杜丽娘相携而来,"如花美眷,似水流年",是"游园"归来乏了的杜丽娘的美梦?还是游人面对春色如许的幻想?对岸两抹身影让人恍惚之间不知身在何处(见图3-1)。

图3-1　苏州网师园《游园惊梦》(李江敏　摄)

最后,丛桂轩中的古琴演奏吴门琴音《秋风词》道出了无限的相思相恋。

夜游园林,举步水竹云山,落座风花雪月,在月色朦胧中穿越旧时光,在光影摇曳中品味园林意趣。曲藏竹园、古琴叮咚、舞漫朱楼、水袖翩翩,移步景换之际,不仅能感悟苏州园林"静、远、曲、深"之意境,更能感受到历代园主于官场沉浮后归隐与博览群书后通达的精神境界。

第一节 诗情画意,古典园林

中国古典园林是中国古代灿烂文化的重要组成部分,从有文字记载的商周时期的"囿"算起,中国古典园林从萌芽、生成、发展、全盛到成熟经历了3000多年漫长的演变过程。中国古典园林如石刻的史书般真实客观地反映了中国历代王朝不同的历史背景、社会经济的兴衰和工程技术的水平,同时也凝聚了人们的自然精神境界,是中华民族自然观、人生观和世界观的综合体现。

一、中国古典园林的起源与发展

(一)中国古典园林的形成背景

1. 大自然的造化

中国园林体系作为世界三大园林体系之一,其"虽由人作,宛自天开"的独特艺术手法,在世界园林体系中独树一帜。中国古典园林师法自然、融于自然、顺应自然、表现自然,其形成与大自然的造化密不可分。中国国土辽阔,自然环境的地域差异显著,河湖众多,花草树木、鱼虫鸟兽等种类齐全,山岳、峰峦、平野、深谷、河湖、瀑布、热泉、海岛等壮丽秀美的景观具有独特的自然魅力,为园林的构建提供了丰富多彩的造园材料,也为中国园林提供了不竭的艺术源泉。

2. 社会历史的发展

园林的诞生标志着社会文明的进步,是社会财富积累的反映。一方面,由于社会历史发展阶段的不同,园林的形成与发展也体现出不同的时代特点。商周时期社会生产力低下,人们对世界充满了未知,为满足生活需求与祭祀天地的需要,园林的雏形——囿,应运而生。随着生产力的发展,人们开始追求物质生活与精神享受,园林也由最初单一的祭祀狩猎功能向休闲享乐功能拓展。另一方面,社会历史的更迭变迁也推动了园林种类的变化,为新型园林的出现提供了新的契机。如魏晋南北朝时期,社会环境动荡不安,众多文人士大夫选择归隐山林,私家园林日益兴盛,寺庙园林产生。

3. 人们的精神追求

人们对神话仙境、宗教信仰、田园生活和文艺浪漫的精神追求是园林形成的重要背景之一。神话传说反映了古人对未知的自然现象、世界起源等问题的哲思。古代园林中灵台、灵沼、灵囿等产生源于对神话仙境中神山、神池的效仿,并培育动植物以表达对神灵与自然的崇敬,祈求天下太平。儒、释、道三教作为中国主流宗教信仰,其传递的"君子比德""天人合一"等理念使人发现山水之美,通过园林景观的营造实现天与人的交互融合。此外,文学艺术也影响着中国古典园林的形成,山水文学、山水画的发展吸引着文人寻求现实生活中的山水胜境。总之,园林因理想而生,园林的形成是历史的必然。

(二)中国古典园林的发展历史

1. 萌芽期(夏、商、周至春秋战国)

随着夏朝的建立,我国由原始社会转变为私有制社会,农业、畜牧业、手工业均获得了一定发展,为后期园林的营造提供了技术支撑和物质保障。商朝出现了园林的雏形,叫"囿",如《诗经》毛苌注云"囿,所以域养禽兽也"。"囿"是指在一定地域范围内建筑围界,在其中种植草木和豢养飞禽野兽,以供帝王贵族开展狩猎观赏等园林活动的场所。

西周时期,由于先民对山水的自然崇拜,帝王贵族模拟圣山、圣池,修建了灵囿、灵台、灵沼等,既可供观天祭祀,又可用于田猎、登高、垂钓、赏景,具备游观等多功能的皇家园林崭露头角,又被称作"田猎型自然山水园林"。春秋战国时期,各诸侯国混战不休,封建礼教临近崩溃,思想领域百家争鸣,各诸侯不再受封建礼教束缚,竞相修筑离宫别苑,比囿更美的园林——苑诞生了。

2. 生成期(秦、汉)

秦始皇灭六国,一统天下,为凸显皇权的至高无上,建造了规模宏大、气势雄浑的皇家宫廷园林,以苑、囿为主的"宫苑型山水园林"开始出现。秦始皇时期建上林苑,上林苑由春秋战国时期的皇家苑囿扩建发展而来,规模宏大,是当时最大的一座皇家园林。上林苑内林木茂密,八川分流,奇珍异兽汇集,华美的宫室组群点缀其中,被誉为"天下第一宫"的阿房宫便建造于上林苑中。

汉朝时,汉武帝扩建上林苑,规模宏伟,宫室众多,增加多种功能和游乐内容,开创了"一池三山"的造园模式。汉武帝在长安建造建章宫时,宫中开挖太液池,并在池中堆筑"蓬莱""方丈""瀛洲"三座岛屿,效仿神话中东海里的三座仙山。"一池三山"的布局,有利于打破人们单调的视觉体验、丰富湖面层次,此后成为历代帝王营建宫苑时常用的方式。另外,汉朝地主庄园经济发达,贫富阶层差距悬殊,土地兼并现象严重,正如《汉书》中描述"富者,田连阡陌,贫者,无立锥之地",贵族、官僚、富商拥有大量土地,兴建园林,私家园林兴起。

3. 发展期(魏晋南北朝)

魏晋南北朝这一时期,时局长期动荡不安,政权频繁更迭,官僚统治削弱,佛教、道教、儒学、玄学百家争鸣,思想异常活跃。文人雅士不满封建礼教与现实黑暗,在儒、释、道思想的指引下,渴望从名山大川、自然风光中寻觅人生真理,寄情山水、崇尚自然成为社会一大思潮。除了归隐山林,田园生活也成为文人士大夫的现实选择,造园活动在民间兴起,涌现了大批饶有田园风光的私家园林。与此同时,佛教和道教的盛行,使得寺庙、道观大量涌现,宗教园林也开始勃兴。杜牧的《江南村》一诗中"南朝四百八十寺,多少楼台烟雨中",描绘的就是宗教园林的场景。这一阶段,园林艺术融入了佛、道、儒诸家的美学思想,将自然因素与人文因素有机结合,园林艺术水平极大提升,为中国山水风景式园林大发展奠定了基础。

4. 全盛期(隋、唐、宋)

隋朝二世而亡,唐朝建立。唐代国力雄厚,是我国封建社会中期的全盛时期,皇室造园活动较多,规模宏大。城内建大内御苑,如禁苑、兴庆宫等;城外建离宫行宫,如翠微宫、华清宫等,供皇室避暑、温泉疗养用,宫苑园林在唐代获得了较大发展。科举制的发展极大地激发了文人、士大夫的创造性,大批文人参与到园林营建活动中,使写意山水园林向更高水平跃进,文人园林发展达到一个高峰。这一时期,出现了自然园林式山居,最有名的是唐代诗人兼画家王维在辋川山谷营建的园林——辋川别业。

宋代商品经济发达,文化艺术繁荣,科学技术领先,在建筑技术、植物栽培技术、园林叠石技艺、园艺技术等方面均获得了长足发展。宋代园林延续唐代风格,规模虽然比较小,但设计更见别致,最著名的就是宋徽宗时期建造的皇家园林——艮岳。艮岳突破了秦汉以来皇家苑囿"一池三山"的模式,而以山水为主题营构园林,园中的建筑兼具使用与审美双重功能,珍禽异兽不再供狩猎之用,而用于增加自然情趣,成为园林景观的组成部分。

5. 成熟期(元、明、清)

元王朝统治中国不足100年,皇家园林建置不多,且均在皇城范围内,以大内御苑为代表,开阔空旷,体现着游牧民族的粗犷风格。元代在蒙古族的统治下,民族矛盾尖锐,汉族文人地位低下,民间造园活动整体处于低潮状态。

明代国力强盛,皇室将大量财力用于营造园林,皇家园林气势恢宏,帝王宫苑众多。同时,私家园林增多,园林技艺趋于精深,是园林发展最兴盛的时期。在继承唐宋写意山水园林优秀传统的基础上，明代园林营造更显精致，园林也开始盆景化、生活化、文人化。现存影响比较深远的园林如拙政园、留园等，大多是在这个时期修建而成。

到了清代，由于政治、经济、文化发展的不均衡和各地气候、人文条件的差别，私家园林逐渐分化，岭南园林的发展步入成熟阶段，在三大园林中凸显出来，形成江南园林、北方园林及岭南园林格局，表现出中国古典园林适应时代的发展，有从浓郁的文人风格向世俗化演变的倾向。

二、中国古典园林的总体特点与分类

（一）中国古典园林的总体特点

1. 源于自然，高于自然

中国古典园林以自然山水园林为代表，以"师法自然"为基本造园法则，最大化地利用原生态条件，在保持原质的基础上进行人工修缮，使之融为一体，彼此呼应，追求与自然的完美结合，力求达到人与自然的高度和谐，即"天人合一"的理想境界。从西周时期建灵囿、灵台、灵沼到明清时期园林繁荣发展，自然山水贯穿中国古典园林史的始终。自然界中，山与水是构成众多美丽景色的首要元素，中国有名山大川、山水菏泽无数，或山环水抱，或山水相映，皆是在山水的映衬下凸显自然之美。中国古典园林的造园艺术师法自然、崇尚自然、寄情山水的价值取向也深刻影响了中国园林的发展，形成了以山水为骨架，源于自然，表现自然，而又高于自然的自然式山水风景园林。中国古典园林营造取材于自然，讲究自然天成，叠山理水均以自然美为标准。

2. 建筑美与自然美的融糅

建筑是园林构园的基本要素之一，具有休闲游憩的使用功能和观景造景的审美价值。中国古典园林以自然景观为主要观赏对象，无论建筑多寡，无论性质、功能如何，建筑都需要顺应自然，与山石溪涧、花草树木、鸟兽鱼虫等自然要素协调。因山就势，随高就低，力求与山、水、花木这三个造园要素有机融合在一系列的风景画面之中，突出彼此协调、互相补充，限制彼此对立、相互排斥，将建筑隐于自然之中，使自然美因建筑而更富情趣。因此，中国古典园林中建筑的选址、布局、建筑体量、建筑材料等方面均以顺应自然为标准，强调建筑美与自然美的融糅。

3. 包含诗画的情趣

中国古典园林既能"静观"，也可"动观"，触类旁通地将各类艺术熔铸一体，从局部到整体，都包含诗情画意。园林中叠山理水、亭台楼阁、楹联碑帖、花草佳木等均以文人雅士之情趣，寓唐诗宋词之意境，精巧构建出一幅幅玲珑俊秀的园景。如拙政园引水入园，浚治成池的理水观来源于《闲居赋》中对"灌园鬻蔬，以供朝夕之膳……此亦拙者之为政也"的描述。园林中的许多景点名称借鉴了诗词文章的意境，如"月到风来亭"得名于韩愈的诗句"晚色将秋至，长风送月来"；"与谁同坐轩"取意于苏轼的"与谁同坐？明月清风我"。园林中的山石花木体现了园主的精神追求与生活诗意，如松柏之挺拔傲然、芭蕉之挥洒阔度、合欢之纤巧妩媚、杨柳之婀娜多姿，以及竹之潇洒风流、莲之亭亭玉立。园林的造园手法也与诗画艺术有着异曲同工之妙，讲究曲径通幽，近疏远隔，"藏"与"抑"成为园林艺术的一大要点。

4. 意境与涵蕴深远

游人获得园林意境的信息，不仅可以通过视觉感受，也能借助于文学创作、神话传说、历史典故等信号来感受，更可以通过听觉、嗅觉来感受。如十里荷花、丹桂飘香、雨打芭蕉、流水叮咚，都能以"味"入景，以"声"入景引发意境的遐思。造园者熟练运用各种艺术手法，独具匠心地营造出多姿多彩的园林景致，使园林的一山一石、一花一木都蕴含着深远的意境。主题多样、精致巧妙的花窗、脚下如锦缎般延绵不尽的铺路、墙角散落的独特小品都是园林意境的体现。此外，还选取最能够体现园林意境的文学性文字对园林景点特色进行高度概括，让游人了解园林意境，如拙政园的"荷风四面""雪香云蔚""待霜亭""海棠春坞"便是以只言片语点出了景物的主旨意趣。

(二)中国古典园林的分类

1. 按隶属关系划分

(1)皇家园林。

皇家园林是专供帝王与皇室成员休息享乐的园林。我国古代皇权至高无上,正所谓"普天之下,莫非王土"。皇家园林作为帝王居所,以规模宏大,多采用真山真水,园内建筑以色彩富丽堂皇、体形高大为主要特点,从而体现皇家威严,突显皇家气派。皇家园林在园林结构上有固定模式,一般由宫殿区、生活区和娱乐区三部分组成。现存的著名皇家园林有北京的颐和园(见图3-2)、北海公园,以及河北承德的避暑山庄等。

图 3-2　北京颐和园(李江敏　摄)

(2)私家园林。

私家园林为皇家的宗室外戚、王公官吏、富商大贾、地主等私人所有,多位于其府第宅院内部。私家园林受封建礼制的约束,规模与形式均与皇家园林区分开来,不得僭越,因此规模较小,园林内多为假山假水,建筑小巧玲珑,色彩淡雅素净,主要用于园主的修身养性、休闲娱乐活动。现存的私家园林有北京的恭王府,以及苏州的拙政园、留园、沧浪亭、网师园和上海豫园(见图3-3)等。

图 3-3　上海豫园(李涛　摄)

(3)宗教园林。

宗教园林是具有宗教意义,附属于宗教建筑、礼制祭祀建筑和陵墓建筑的园林。佛教寺院园林、道教宫观园林均属于宗教园林。其特点是通过园林艺术展示宗教思想,将宗教元素融入植物和建筑格局之中,与自然景观紧密结合。宗教园林的选址多为清旷静谧、景色优美的名山大川、深山郊野,具有公共性,对外开放,供人朝觐和游览。现存的著名的宗教园林有杭州的灵隐寺(见图3-4)、洛阳的白马寺等。

2. 按园林所处地理位置划分

(1)北方园林。

北方地域宽广,地形平坦,园林规模较大,且因大多为官僚、贵戚所有,建筑富丽堂皇。北方园林布局多采用中轴线、对景线,表现为"前朝后寝""轴线对称""一池三山""仿景缩

图3-4　杭州灵隐寺(戴薇　摄)

景"等特点。然而,受自然气象条件限制,河川湖泊、园石与草木花卉都较少,常以灌木造景,假山规模较小,河湖较少,多为"旱园",风格粗犷而秀美不足。北方园林比较著名的有一亩园、清华园、勺园、承德避暑山庄等。

(2)江南园林。

南方地区由于人口密集,园林范围小,且河湖、园石、常绿树较多,加之受诗文绘画的影响,追求园林的诗情画意,所以园林景致较细腻精美,以水景擅长,常通过叠石、理水来表现山水之美,水石相映。其特点为明媚秀丽、淡雅朴素、曲折幽深,但面积较小,略感局促。南方园林中又数扬州、苏州两地较为有名,如苏州的网师园、环秀山庄,以及扬州的个园等。

(3)岭南园林。

岭南园林因其地处亚热带,终年常绿,又多河川,所以造园条件比北方、南方都好。其特点是体型轻盈,强调山水的"自然特质",追求"以小见大";构筑精巧,装饰精美,精雕细琢,木雕、砖雕、漏窗等运用广泛;受西方文化影响,采用中西结合布局手法,极具开放性、兼容性和多元性。现存岭南园林,著名的有广东顺德的清晖园、东莞的可园、番禺的余荫山房等。

三、中国古典园林的造园要素与构景手法

(一)中国古典园林的造园要素

1. 山水之山——园林的"骨骼"

中国园林的主要标志为山水。山水是自然界中最引人注目的自然景观,是美的典型,几乎"无园不山,无园不水"。因为有了山水的存在,园林便具有林壑之幽美,溪流之灵动。园林是自然美和人工美相统一的艺术形象,山水也常被赋予人的品格,如"智者乐水,仁者乐山",孔子将泽及万民的理想和君子德行寄托于自然山水之中。中国古典园林的山大多用来比喻君主,因此,山就成了皇帝的精神拟态——成熟稳重、彰显大气风范,同时也含有长寿之意。所以,自北宋以来,皇家园林的山几乎都以"万寿山"为名。这种"人化自然"的哲理也导致了中国人对山水的尊重,借山水以寄意,借山水以抒情,山水景观的自然美与人文美足以称奇。

叠山是中国古典园林四大造园手段之一,即造园者运用土石营造小尺度的峰、峦、壑、谷、悬崖、峭壁等形象,构成园林中的山景,形成峰回路转、洞壑幽深的山林野趣。中国古典园林中的叠石造山技艺可以说是"虽由人作,宛自天开",是以大自然为师,对真山的艺术性再现。

山石美是形于外而聚于内。山石之所以具有审美价值,与其出于天然,古而有骨的内在特征有关。所谓"古",是指山石虽形态万千,但都历经多年的风吹浪激、日晒雨淋,在漫长的年月

中磨砺而成,是大自然鬼斧神工造就,天趣横生。山石还具有"瘦""透""漏""走""皱""丑"等品格。"瘦",是对石的总体形象的审美要求,即"壁立当空,孤峙无倚"。"透"为通过、穿过之意,指石孔相通。"漏"是指窍、孔、穴,主要强调石上有孔穴。"皱"为石面上的凹凸和纹理。"丑"则是相对美而言的。

假山峰石常被用作园林中的主景,或用于特置观赏。然而,园林山石的功能不单表现于此,还具有更为广泛的用途,在造园艺术中,假山石不仅可以构成主景,还可以用于分割空间、点缀空间,从而实现山重水复、层次分明、曲折幽深、小中见大的园林艺术之美。

2. 山水之水——园林的"血液"

水是中国古典园林中最具生机与活力的构景要素,是园林的血液。理水是中国古典园林四大造园手段之一,是古代造园者基于对自然河湖溪涧的艺术概括,以聚或分的方式构成湖海、池沼、溪涧、泉源等水体,并以山石点缀为驳岸、石矶、港汊,表现出水面的平远辽阔或水径的曲折幽邃。

无论是晴空万里还是烟雨蒙蒙,自然水景都是美丽动人的。水作为自然美学的对象,往往给人一种比山更亲密的感觉,成为园林造景的重要因素。水景可以丰富园林中的休闲活动,如钓鱼、采莲、漂流、划船等。水体与山石、花草树木及建筑的巧妙配合,也能形成各种生动迷人的景观。此外,园林中的水被赋予了人格的魅力,以其清浊衡量人的道德修养之优劣;以其昼夜奔流不息作为时间的意象警示与激励世人珍于现在,惜于所有;亦以其可动可静、动静皆宜体现养生的曼妙和精髓。

中国古典园林中的理水方式,常把水源做成流泉、飞瀑、溪涧、湖泊等景观以模拟自然。水自地下涌出则为泉,跌落断崖则为瀑。溪涧是泉瀑之水从山间流出的一种动态水景。溪涧宜多弯曲以增长流程,显示出源远流长、绵延不尽。中国古典园林中著名的溪涧景观,有无锡寄畅园的"八音涧"和杭州的"九溪十八涧"(见图3-5)等,源于自然又高于自然。

图3-5 杭州"九溪十八涧"(沈牧 摄)

池塘、湖泊是成片汇聚的水面。池塘形式简单,平面较方整。水中种植荷花、荇、藻等观赏植物,或放养红鲤等观赏鱼,再现林野荷塘、鱼池之景。湖泊是一个广阔而集中的水面,但相对于自然湖泊,园林中的湖泊面积较小,多为自然式水池,聚散得体、有聚有散为宜。

3. 花木——园林的"毛发"

花木是造山和理水不可或缺的因素,花木似山峦之发,山水之景离开了花木的衬托就没有了美感。花木将主体建筑烘托得巍峨壮美,是表达景观主题的重要组成部分。造园不只追求湖石玲珑,更追求莲塘花屿、古木奇枝,使紫竹、青藤攀缘于幽亭曲廊之外,碧桐、垂柳掩映于新花老树之间,从而赋予山林池沼、亭阁台榭,以至整座园林有着诱人的生命活力。

园林着意表现自然,对花木的选择标准有三个:一讲姿美,树冠之形态、树叶之形色、树皮之纹理及树枝疏密曲折均追求自然优美;二讲色美,树叶、树干、花都要求有各种自然的色彩美,如枫叶红、竹叶翠、丁香紫、桂花黄、玉兰白等,花团锦簇,多姿多彩;三讲味香,要求芬芳清香、自然淡雅。

园林以自然界造就的树木花卉为造园材料,但不是简单的利用,而是有意识、有目的地加以改造加工,再现一个高度概括、提炼、典型化的自然。中国古典园林中植物的显著特征在于其文化象征意义。受中国传统文化的熏陶,许多花木被视为高贵品质和高尚情操的象征。松、竹、梅宁折不弯、凌霜傲雪,被视为正直、高贵、孤傲不羁的象征,深受人们的敬重和喜爱。菊花取自陶渊明"采菊东篱下,悠然见南山"之意,被誉为"花中隐士",象征着高风亮节、朴素淡泊的生活方式。荷花"出淤泥而不染",常用于比喻不趋炎附势、洁身自好的高雅之士。清雅淡逸的兰花有君子之风,"何须九畹羡三湘,幽谷无人也自芳",象征着幽居隐士,常被文人雅士吟诵。拟人化的花草树木皆含情意,其文化意蕴深化了植物之美,这是中国古典园林中植物的独特之处。因此,中国古典园林中植物的排列不仅考虑了植物的形、神之美,更是自然美和象征寓意美的经典艺术结合。

4. 建筑——园林的"眼睛"

建筑是园林的必要造园要素,是实现园林的居、行、游、观等多种功能的基础,兼具使用与观赏的双重功能,具有点景、隔景等作用。建筑还体现了人们对自然美与环境美的追求,凝聚了园林的美学特征与人文精神,奠定了园林文化的基调,是审美性与实用性的完美结合。

在建筑的选址方面,为满足生活及观景需要,园林建筑常选址于观赏自然景物、园林景象的最佳位置,注重与自然环境的协调。如在高崖绝壁松杉掩映处筑奇观精舍、在林壑幽绝处建山亭、在双峰夹峙处置关隘、在广阔处辟田园等,都是建筑成景的范例。得景与成景兼顾,如北京的颐和园中,佛香阁是园内主要观赏景观之一,同时也是俯瞰湖区美景的重要观景点。建筑布局注重对空间的规划过渡,建筑布局形式多样而富于变化,与自然环境相融,如采用敞轩、空廊等沟通内外空间促进建筑与自然的交融。建筑体量要量体裁衣,相地构建,使建筑与园林景象的体量、空间比例等相协调。在自然山水中,山水是主体,建筑顺应山水,因此在园林建筑设计中,建筑的体量相对较小,在园林景观构成的比重较小。建筑材料常采用自然要素,如竹子等,常使用竹材、木料作为修建亭桥廊道的原材料。

(二)中国古典园林的构景手法

1. 抑景

抑景,即欲扬先抑,先藏后漏,先将园林中的美好景致隐藏,使其不被一览无余,后随着游人位置移动,景观也缓缓展现。含蓄内敛是中国传统文化艺术的重要特征之一,相较于一览无余,欲漏先藏的抑景手法更能体现园林景观的含蓄深远,步移景异,景越藏而意境越深,从而提高了景观的层次感和艺术感染力,使园林更具魅力与意趣(见图3-6)。

常用的抑景方法可以分为山抑、树抑及曲抑三类。

(1)山抑。

山抑,就是借助假山来遮挡园林中的景致。比如,在园林入口处常迎门挡以假山,要绕过假山进入园中,方能观得园内美景,这种处理方式就是山抑。

(2) 树抑。

树抑，顾名思义就是借助树木来挡住园内美景。比如，杭州花港观鱼以雪松抑景。

(3) 曲抑。

曲抑，是将山抑与树抑相结合，达到"山重水复疑无路，柳暗花明又一村"的效果。

2. 借景

借景，是园林构景的主要方式之一，与造景相对，是在人的目光可及的范围中，将原本存在或自然存在的优美景象直接收纳到园林视线中的构景手法。园林的空间与面积是有限的，如何扩展园林的视觉广度与景观深度，丰富园林内涵，从而达到将无限收于有限之中的视觉效果，增添游赏内容与意趣，便需要采用借景的艺术手法（见图3-7）。

图3-6 抑景（李江敏 摄）

图3-7 借景（李江敏 摄）

3. 透景

透景是园林建筑常用的构景手段之一。在甲观景点观赏乙景点时，美好的景物可能会被高于游人视线的地物所遮挡。在有景可观的情况下，从阻挡观景视线的树木、建筑之中，寻找一个或数个理想的观景视线，开辟透景线，把远景引入观景线之中，并保证在透景线范围内，景物不受遮挡，实现较好的观赏效果，这种处理手法叫"透景"。透景反映了中国美学对"镜中月、雾里花"的追崇，既可幽化近景，又可叠化远景，虚实相间。

4. 添景

在眺望远方的风景点时，如果缺少其他景点在中间、近处作为过渡，景观就显得虚空而没有层次；而在中间添以花卉、乔木，近处的过渡景色便瞬间显得有层次美，园林空间也更具深度，这中间的乔木和近处的花卉便叫"添景"。中国古典园林中一般以形体较大、花叶美观的乔木作为添景，如香樟、银杏、玉兰等。在杭州西湖远观雷峰塔时，由于有了近处桃花和杨柳的过渡，更能凸显西湖之美，这种构景手法，就是添景（见图3-8）。

5. 对景

对景，即相对，是一种景点与景点之间相互观赏与烘托的构景手法。指甲、乙两处观赏点互为观赏对象，从甲观赏点可赏乙观赏点、从乙观赏点可观甲观赏点的方法。在园林中，登亭台楼阁，可观湖光山色；湖中泛舟，可观亭台楼阁，这就是对景。对景处理可对称严整，也可自由活泼，根据条件而定，为了欣赏对景，一般选择亭、树、草地等能使游人休息逗留的场所作为欣赏对景的视点。如北京颐和园昆明湖上的南湖岛和十七孔桥，是万寿山的对景；要是以南湖岛和十七孔桥为主体，万寿山便成了对景。桂林雁山园中，碧云湖舫与涵通楼互为因借，互相烘托，对景成趣。

6. 框景

框景,指借助门、窗、山洞、树枝抱合而成的景框,有选择地将空间中的山水、人文景观框入画面之中的造景方式(见图 3-9)。景框形式有多种,有如意式、葫芦式、菱花式、贝叶式等,可谓多种多样。例如,在北京颐和园的昆明湖东岸北部,集中分布着玉澜堂、宜芸馆、夕佳楼等多处建筑,在这些建筑的室内,西向开窗,窗外近处可赏万寿山、昆明湖景色,远处可眺望连绵的西山群峰,每个窗框宛如一幅写实的山水画卷。又如,北京北海公园设有框景"看画廊",可远观北海景色,视野极佳。杜甫"窗含西岭千秋雪,门泊东吴万里船",呈现的就是这种意境。

图 3-8　添景(李江敏　摄)

图 3-9　框景(李江敏　摄)

7. 漏景

漏景,由框景发展而来,指通过花格窗隙、屏风隔断、竹林疏影、拱门环洞等稀疏之物的遮挡使美景漏出,丰富景色的层次,拓展景域空间,从而呈现一种若隐若现、含蓄雅致的构景艺术,引人寻幽探景。漏景需要综合考虑静态观赏效果与动态观赏时的景物视点。漏窗是中国古典园林普遍采用的漏景方式之一,在园林内部的分隔墙面或走廊旁的墙面上常常设有漏窗。漏窗的形式多样,图案丰富,如苏州沧浪亭的"一百零八式"漏窗,水光云影,透窗而出(见图 3-10);苏州狮子林的琴、棋、书、画"四雅"漏窗,为园林增添了几分文人风雅。

图 3-10　沧浪亭的漏窗(李江敏　摄)

8. 障景

障景,指为保护景观的美观性,用山石、花木对破坏景观美观性、和谐性的事物进行遮挡,隐藏园林美中不足之处,也可以形成新的美景。"极目所至,嘉则收之,俗则屏之"形容的便是障景。如北京颐和园借太湖石、假山、草木等障景,使得院落景致幽深而极富层次;中国建筑学家刘敦桢先生在修复南京瞻园时,采用假山遮掩园外突兀的新式建筑也是障景。

第二节 咫尺乾坤，苏州园林

"江南园林甲天下，苏州园林甲江南"，苏州园林作为中国江南私家园林的代表，从有记载的东晋南渡起，到明清时期鼎盛发展，直至清末已有各色园林170多处，现保存完整的有60多处。苏州园林在发展中形成了独具特色的造园风格，以中国山水花鸟的情趣，寓唐诗宋词的意境，在有限的空间内点缀假山树木，安排亭台楼阁、池沼小桥，给人以"麻雀虽小，五脏俱全"之感。其数量众多，文化内涵丰厚，艺术造诣精深，在中国乃至世界造园史上都具有独特的历史地位和重大的艺术价值。

一、苏州古典园林文化

（一）苏州古典园林的艺术特色

1. 讲究意境，追求神似

意境是中国古典园林的艺术灵魂，也是中国造园艺术的独特魅力所在。园林意境是园林中客观存在的景致与园主的主观艺术审美与思想情趣的统一。苏州古典园林常被称为"文人园林"，不同于规模宏大、富丽堂皇的皇家园林，苏州古典园林造园艺术深受地方政治、经济、地理环境及唐宋文人写意山水画等因素的影响，以精致、小巧、清新、淡雅、写意见长，尤为注重文化与艺术的统一，在意境、造园手法、建筑技巧、文化内涵等方面大量汲取文人写意手法，讲究意境，追求神似。

2. 以情写景，景中寓情

苏州古典园林常被称作"无声的诗，立体的画"，漫步于园林之中，不仅可以观赏景观外形色泽等外在之美，更可以了解其中蕴含的如诗画般的情趣。如"庭院深深深几许"的苦闷愁怨、"小桥流水人家"的幽雅闲致，以及"柳暗花明又一村"的阔达开朗。此外，苏州古典园林还通过匾额、楹联等诗文题刻与园林之中山水、花木、建筑的有机融合来寄托园主个人精神追求、艺术情趣、品格抱负等情感。如苏州怡园的"画舫斋"寄托了园主对自由飘荡、无拘无束生活的追求，网师园的"真意"、留园的"小桃源"则表现了园主对简单惬意的田园生活的恋慕。

3. 咫尺山林，小中见大

苏州古典园林小巧精致，占地面积大者十余亩，小则数亩，讲究收无限于有限，于咫尺之内再造乾坤。苏州古典园林小中见大的艺术特色主要体现在四个方面。第一，处理组织园林景观的空间变化。通过园林景区的划分，紧凑布局，丰富景深层次，强化园林的空间感，让游人徜徉于园林之中，可观多样的园景，而不觉园林体量之小。第二，合理规划建筑布局，延长观景线路，增加观景点，达到不同观景点景色变化多样、各具特色的效果。第三，准确利用对比与衬托的手法，把握园林内部各要素的尺度。以低衬高，以小衬大，如用低处的池水衬托假山的峭拔、用秀美的花木衬托水面的开阔等。第四，运用对景与借景的手法丰富园景。如苏州拥翠山庄仰借虎丘塔，俯借虎丘山麓景色，远借狮子山，近借园外景色增添游园之趣。

（二）苏州古典园林的造园手法

1. 源于自然而胜于自然

苏州古典园林的造园材料源于自然，造园手法参考自然，学习自然。园林中的山水花木都是模拟自然山水风光特征，并对其进行艺术化地加工提炼而形成的景观。如苏州园林叠石筑山以山的自然形象为蓝本，从真实山峰中探索岩石的组合与山体的形态，构造山峦、峭壁、洞壑、峰岩等自然形态，这是其源于自然的表现。不同于自然山峰，苏州古典园林在选址、布局、体量大小、景观设置等方面，参考环境及生活需要对叠山加以改造，这是其胜于自然之处。

2. 亭台轩榭不讲究对称

苏州古典园林中的建筑，无论是地理位置、形体外观、建筑疏密都绝不雷同，且类型多样，布局方式因地制宜、依山就势、灵活变化，除少数亭、阁外，建筑多围绕山、池设置，房屋之间常以廊道连接，形成绵延曲折的观赏线路。建筑布局除受其功能影响而变化外，还受园林内部景观的影响，为实现与景物的和谐统一，亭台轩榭星罗棋布、错落有致，不讲究对称，而富于变化，充满自然之趣。

3. 假山池沼完美组合

山是园林的"骨骼"，水是园林的"血脉"，苏州园林讲究藏山水于一园，在咫尺园林之内置入山光水色。在造园中，山有造山之法，水有理水之趣，山石堆叠常常让人恍若天成，池沼溪流引用活水以显生趣，山水相依，雄伟灵动。

4. 近景远景层次结合

为了丰富景观的层次，体现园林景观的深度，苏州古典园林的空间布局幽深曲折，常采用欲扬先抑的方式，通过假山、漏窗、屏风等对景观加以阻隔，游览者无法一眼看尽园林全貌，而需几经曲折方能层层领略园林内的亭台楼阁、山水花木之美，从而体验到移步换景的乐趣，获得回味悠长的享受。苏州园林构景不拘远近，除园内近景外，还善于借用园外远景以拓宽视野的深度。

二、园林文化遗产的价值与旅游活态开发

(一)园林文化遗产的价值

1. 文化价值

文化内涵是影响旅游地及旅游产品吸引力的重要因子，园林文化遗产底蕴深厚，具有极强的文化价值。园林见证了历史的沧桑变迁，映射了园主的价值观与精神追求，园林中文人所作诗画，与友人间的觥筹交错，上演的无数动人故事等都成为园林历史中的一部分，对游客具有较强吸引力。此外，园林是中国"天人合一""君子比德"思想以及对神话仙境的向往与追求的具体体现。通过参观园林文化遗产，游客能够深入认识人与自然的关系，探寻蕴藏在园林中的儒、释、道思想，品味苏州古典园林的文化魅力。园林还是地域文化与中国传统书画文化、花鸟文化的综合体现。

2. 审美价值

中国古典园林受"师法自然"的美学思想影响，追求自然美与含蓄美，富含自然天成之趣。其建设选材、装饰内容均以自然作为最高审美标准，如在用材上多选用天然木料，色泽秀润，纹理自然多样，在装饰中常以自然中的山水树木、飞禽走兽、花鸟虫鱼为主要内容，林木盆景饱含自然野趣与神采，是山林景观的浓缩荟萃。园林内琳琅满目的藏品，墙面上镌刻的名人品题、法帖墨宝，以及厅堂上的匾额楹联则集中体现了园林的自然美、文学美、书法美、工艺美。苏州古典园林的粉墙、黛瓦、青砖、灰饰及窗格玻璃等各色彩饰，色彩多样，组合巧妙，以白、黑、青、红四大正色为主，体现了中国人传统的色彩观与宇宙图式，是园林色彩美的体现。

(二)园林文化遗产的旅游活态开发

1. 保护传承

(1)园林修缮加固。

中国古典园林自晚清以后逐渐随着国运的衰退而衰败，中华人民共和国成立后，苏州市全面展开对古典园林的修复工作，逐步从恢复性保护、建设性保护、挖掘性保护走向开发性保护、接轨性保护，形成了苏州古典园林的特色保护之道。

1953年起，苏州市政府基于"重点修正，一般维护，先修名园"的方针，聘请大量园艺及古建修复方面的名匠名师参与苏州古典园林的修复工作。在苏州古典园林中，留园遭受的破坏最为严重，房屋只剩屋架，假山陷入淤泥之中，池塘被乱石覆盖，厅柱损毁，门窗倒落，断壁颓垣，近乎荒芜。本着保留留园原有艺术风格与建筑结构的原则，修复团队通过"扶直加固，接补移换"的方法，尽可能保存留园最初的结构，同时充分利用园林中原有材料，历经7个月的修整，留园重放光彩，被称作园林史上的奇迹（见图3-11）。

可园是苏州现存唯一的书院园林，也是最具代表性的清代书院园林。2012年起，可园启动保护修复工程，基于书院园林的功能定位，专家们对可园原有古建风貌和文物原貌进行修复，并恢复了可园与沧浪亭的整体格局，使得沧浪亭、文庙、书院的历史胜景得

图3-11　留园（府惠芳　摄）

以重现。在修缮技术上，专家们将传统工艺与创新工艺相结合，采用了实拼门制作、花漏窗制作、木柱墩接加固等创新技艺，在保护历史建筑原有文物价值的基础上，增加了其耐久度、牢固度与美观性。

（2）健全法律法规。

完善园林文化遗产保护的法律法规是保证园林管理科学性和保护园林原真性与完整性的基本保障。苏州市政府高度重视苏州古典园林保护，严格按照《保护世界文化和自然遗产公约》《中华人民共和国文物保护法》和《苏州园林保护和管理条例》等法律法规的要求划定界址，限定保护范围，在不破坏原有风貌的基础上拆除与整体风格不相符的建筑。除国际与国家法律与法规外，苏州市积极立法、全面规划，先后出台了《苏州市古树名木保护管理条例》《苏州市古建筑保护条例》《世界文化遗产苏州古典园林监测管理工作规范》等保护法规，从树木、建筑、土地、陈设等多方面落实了园林文化遗产的保护管理规章制度，为园林的规范保护与管理提供指导。

（3）开展监测预警。

苏州主动学习借鉴国内外遗产监测与保护的先进技术理念，建成了苏州古典园林管理监测信息预警系统和监测基础数据库，并且设立了苏州市世界文化遗产古典园林保护监管中心，对苏州园林中的环境、建筑、陈设、植物等要素进行全方位的信息采集、实时监测园林遗产内部各要素情况，定期提交监测报告，发现问题早报告、早治理，为园林文化遗产的科学保护与管理提供依据。

（4）创新管理手段。

苏州市政府提出苏州园林群体性保护管理模式，开展苏州园林分类保护，编制《苏州园林名录》，采取地方推荐与自主报名等方式，经过初步遴选、实地走访、专家论证、各部门审核、市政府批准的一系列流程，严格筛选，将具备较高文化价值与造园技艺的园林纳入《苏州园林名录》之中，进行统一管理、挂牌保护，提供园林古树名木、文物古建等的保护指导，并进行考核。针对园林的保护修复，还制定了苏州园林保护修复专项规划，确立了园林全面保护、修复保护与遗址保护三种模式，针对园林的历史文化、保护现状、资金技术等情况采取相应的保护模式和修复计划。截至2021年8月，苏州已公布四批《苏州园林名录》，收录园林108座，且第五批《苏州园林名录》编制工作正在有序进行中。

（5）鼓励公众参与保护。

加强园林保护宣传教育，提升公众参与园林文化遗产的主动性与积极性是促进遗产保护的

重要手段。苏州园林面向社会招募园林保护志愿者,从事园林监管巡查、园林讲解、园林摄影、园林文化研究、园林翻译等园林保护与传承事业,提升了社会各界对园林保护的参与感与积极性。苏州还发布了《苏州园林纪念护照》,引导市民走进苏州园林,了解苏州园林文化,增强公众对园林文化遗产的认知。

2. 旅游开发

(1)智慧园林。

散客时代,跟团游不再是游客的第一选择,在游客自主出行的情况下,如何提供优质旅游服务,即时分析客流量,传达旅游信息,优化游客体验是园林文化遗产旅游不可避免的现实问题。为缓解客流压力,实现游客分流,苏州园林依托园林管理监测信息预警系统,对各景点客流量进行实时监控,在景区内部设置客流量实时播放牌,以帮助游客获取景区客流信息。此外,苏州园林还借助苏州园林官微,向游客公布客流数据,为游客提供全景语音讲解、红色旅游服务、年卡办理、园林线上、门票预订、园林资讯等旅游服务,并且,游客可以通过"苏州园林热力图"迅速了解"园林热力"分布,获取最佳游览线路,实时关注园林旅游信息与优惠活动等内容。苏州园林中还设置有景点打卡攻略栏目,可以获取赏花拍照攻略、"网红"景点和特色文创信息,极大程度上提高了游客的旅游体验。苏州还创新"最多买一次"绿色通道,将"一卡通"融入"一网通",实现一网在手、畅游苏州,提升了游客游览的便捷性、舒适性与体验度。

(2)创新园林。

苏州园林创新运用新技术,为游客提供沉浸式旅游体验。如虎丘山运用全息技术,推出"虎阜传奇"全息剧目,将自然环境、真实人物与虚拟影像有机结合,辅以历朝历代发生在虎丘的故事传说,将游客带入虎丘旧景之中,感受虎丘历史文化。沧浪亭的夜间实景演出《浮生六记》,不同于传统剧场式展演,表演场景根据昆剧内容而变化,游人亦跟随演员步伐,融入场景之中,在欣赏美妙昆曲,聆听沧浪亭动人故事的同时,欣赏园林夜色之美。

(3)非遗园林。

苏州拥有大量非物质文化遗产,且是全国拥有最多世界级非遗的地级市,有昆曲、古琴艺术等世界级非遗6项、国家级非遗33项。园林中的古玩摆件、家具小品都是苏绣、玉雕、核雕、桃花坞木版年画、明式家具制作技艺等非遗技艺的物质体现。香山帮传统建筑营造技艺、传统造园技艺等非遗更是与苏州园林的营造密不可分。将非物质文化遗产与园林相结合,不仅能够丰富园林文化内涵,更是对非物质文化遗产的保护与传承。漫步苏州园林,不仅可以欣赏昆曲、苏州评弹、吴歌、江南丝竹等传统音乐及曲艺与表演艺术,还能了解学习苏绣、苏扇、明式家具、糕团制作、绿茶制作(碧螺春)等传统技艺,体验端午、七夕、灯会等非遗民俗。

(4)私享园林。

大众旅游时代,人们的旅游消费需求不断向个性化、多样化发展。2014年春季,苏州拙政园为满足游客对个性化、高品质旅游产品的需求,创新性推出"VIP私人定制"特色游园项目。即游客可通过提前预约,在园林开园前一小时,避开人潮,私享园林,置身历史悠久的拙政园中,听鸟叫虫鸣,水流潺潺,赏花红柳绿,旖旎风光,感受古代园主浪漫惬意的园林生活。这一项目得到了大众的一致好评,近年来,拙政园"私人定制"产品不断升级,活动时间不断延长,活动内容也不断增加。参与"私人定制"的游客不仅可以在园林中闲庭漫步,还可翻阅古典书籍、品尝江南茶点、欣赏古琴表演、品茗论道等。拙政园"私人定制"旅游产品,是文旅融合的有益尝试,在保护园林文化遗产的同时,创新服务理念,拓展旅游项目,对园林文化遗产的旅游活态传承具有重要意义。

(5)园林会奖旅游。

苏州园林大多厅堂齐备,建筑精美,会议设施完备,适宜开展大规模、高档次的会展活动,且苏州古典园林自然景观与人文景观丰富,拥有深厚的文化底蕴,将体现现代需求的会奖旅游与承载古典园林文化的苏州园林相结合,不仅能够吸引高端客源,宣传古典园林文化,提升苏州园林影响力,还能有效发挥展会效应,优化营商环境,带动地方旅游、文化、经济的全面发展。近年来,苏州致力于打造园林特色商务会谈、招商签约地,在拙政园、网师园、留园等园林开展了大量会奖旅游活动,如于苏州市拙政园举办的"坐境——雅之座·中国椅子艺术展"研讨活动就是一场传统与时尚文化研讨活动。还有众多高端企业依托苏州园林开展发布会,如阿玛尼"苏州·牡丹凝香"新品发布会、龙湖地产"园定姑苏·墅立中国"发布会等。此外,围绕"四季花事",苏州园林还举办了众多传统花事活动:春有上方山"百花节",夏有拙政园"荷花节",秋有狮子林"菊花展",冬有沧浪亭"兰花展"等。

(6)园林夜游。

为延长游客停留时间,释放消费潜力,促进"夜经济"繁荣发展,发展园林夜游也成为园林旅游开发的新路径。一方面,苏州对位于重点商圈的拙政园、虎丘、耦园、怡园等景区延长开放时间,刺激每日"最后两小时"消费,发展园林旅游"夜经济"。另一方面,推出夜游产品,不同于白天的雅致明丽,在声光电的映衬下,夜晚的园林更能凸显出光影摇曳的意趣,给游客带来视觉、听觉等多感官的全新体验。早在20世纪90年代,网师园便开放了夜花园,将世界非物质文化遗产昆曲融入世界文化遗产,成为苏州经典夜游产品之一。近年来,苏州对网师园《游园惊梦》以及沧浪亭《浮生六记》两个原有的园林剧目进行了改造升级,并推出"拙政问雅""枫桥夜泊""魅力虎丘"等园林夜游产品,为苏州园林增强旅游吸引力、增加旅游人次及旅游收入做出了巨大贡献。

(7)园林解说。

园林文化遗产具有较强的美学观赏性、蕴含丰富的历史文化内涵与科学价值,加强对园林解说系统的建设可以使游客更好地了解园林的景观价值、建筑风格、美学特征、文化渊源等内容,强化其园林保护意识。苏州园林解说系统主要包括人员解说与非人员解说两类。人员解说方面,苏州园林每年邀请园林专家、金牌导游员、学者教授等专业人才为园林讲解员进行理论讲授与实践教学。此外,还鼓励并邀请专家、学者参与园林导游工作,形成"苏州园林专家讲"的新风尚。非人员解说主要包括景点解说牌、景点宣传册、电子导游等内容。苏州网师园、留园等各大园林均为游客提供无线导游讲解。通过无线导游讲解,游客可以获得更为轻松、宁静的游园环境,深度体验园林之美。

3. 宣传营销

(1)举办园林推介会。

为了向世界展示苏州园林宛若天成的造园艺术、悠久的人文历史和丰富的文旅资源,苏州园林面向全国各地以及海内外开展了众多园林推介会。例如,2017年在巴黎举办的"世界遗产——苏州古典园林"旅游文化推介会,借助PPT展示、宣传片播放、园林图片展览和VR体验等方式,向巴黎人民展示了苏州古典园林"咫尺山林"的独特魅力与其中蕴含的中国传统价值观。2021年,在广东举办的"江南文化·醉美园林"苏州园林推介会上进行的昆曲表演、互动问答等活动,更是让其他地方的群众在了解苏州园林之余,领略了苏州丰富多样的非遗文化。

(2)开展特色营销活动。

2020年8月至12月底,苏州开展了"一元游园林·百万大馈赠"活动,针对散客,在携程、美团等五大平台发放50万张1元门票,抢到1元门票的游客,不仅可以享受1元游园林的优惠,还可以获得2张景区半价优惠票,并且可以参与现场抽奖活动,将园林文创带回家;针对团队,向旅行社发放30万张1折门票;针对苏州市民发放20万张1元票。苏州通过一系列营销活动,大大地刺激了园林旅游消费,延长了旅游消费产业链,助力了地方经济复苏。

(3)园林出口。

20世纪70年代,美国大都会艺术博物馆收藏了一批珍贵的中国明代家具,却缺少陈列家具的合适场所,在中国古建筑园林艺术学家陈从周先生的建议下,苏州决定在大都会艺术博物馆二楼的玻璃天棚内以网师园"殿春簃"为蓝本建造一所中国庭院,由于该庭院为明代建筑特色,故命名"明轩"。1980 年,明轩建成后获得了大都会艺术博物馆的高度评价。"明轩"的出口,不仅造就了中美文化史上的一段佳话,更是开创了苏州园林出口海外的先河。此后的 40 余年时间里,40 余座苏州园林先后落户德国、英国、加拿大、澳大利亚、日本、泰国、埃及、美国等国家及地区,向世界展示了苏州古典园林的独特魅力,苏州也借助园林出口开启了世界营销。

本章小结

中国的秀丽山川、人文思潮孕育了源远流长、博大精深的中国古典园林体系,随着历史的变迁、王朝的兴衰、社会的变革,中国古典园林由萌芽发展走向成熟。在中国传统文化以及中国人自然观、宇宙观的影响下,中国古典园林形成了造园艺术师法自然、分隔空间融于自然、园林建筑顺应自然、树木花卉表现自然的总体特点。中国古代造园家灵活运用借景、框景、漏景、障景、抑景、透景、添景、对景等构景手法,将山、水、花木、建筑四大基本造园要素有机组合,共同构成了景观别致、诗情画意的中国古典园林。苏州古典园林是我国江南私家园林的杰出代表,在漫长的历史发展过程中形成了独具特色的造园风格,其数量众多、文化内涵丰富、艺术造诣精深,在中国乃至世界造园史上都具有独特的历史地位和重大的艺术价值。苏州古典园林艺术特色突出,讲究意境、追求神似、以情写景、景中寓情,咫尺山林、小中见大,体现了中国古典园林的独特韵味。源于自然而胜于自然、亭台轩榭不讲究对称、假山池沼完美组合、近景远景层次结合的造园手法的巧妙运用,更使得苏州园林成为中国古典园林的典范。长期以来,苏州致力于园林文化遗产的传承与保护,在园林保护的基础上,不断加强对园林的旅游活态开发,为促进苏州文旅产业蓬勃发展和园林保护做出了许多有益的尝试,对园林文化遗产的旅游活态传承具有重要参考与借鉴价值。

第三章
阅读推荐

课后练习

一、简答题

1. 中国古典园林的总体特点是什么?
2. 简要说明中国古典园林的分类。
3. 中国古典园林的造园要素有哪些?
4. 中国古典园林的构景手法有哪些?
5. 简述苏州古典园林的造园手法。
6. 简述园林文化遗产旅游活态开发的路径。

二、实训题

苏州以园林闻名天下,请结合苏州各园林主要特点,设计一条主题鲜明的苏州园林旅游线路。

第三章
参考答案

Chapter 4

第四章　中国文化遗产之韵：古城民居

学习目标

　　古城民居展现了中国古代社会关于城市和乡村两级的规划与治理，体现了中国传统哲学中"天人合一"的思想以及人与自然和谐相处的画面，是中国文化遗产中极具韵味、极具美学氛围的部分。本章我们通过了解中国古城的发展演变以及开发保护、遗产类特色民居的特点来领略古城和民居带给我们的别样魅力，提高对中国传统建筑文化的认知，树立文化自信和文化自豪感。并且以高原上的姑苏——丽江古城为例，探讨古城的发展演变、城市格局、特色建筑与特色文化，分析其在旅游开发保护中所面临的问题与挑战。

思政目标

　　通过本章的学习，让学生充分了解中国城市文明的悠久历史与传统，以及特色民居所代表的中国地域文化的丰富多彩，展现中国文化的多样性和多元化。丽江古城的保护与开发进一步体现了中华民族共同体的制度优势和共同发展、共同富裕的时代特色。

学习重点

1. 中国城墙的作用和演变。
2. 古城建设的特点。
3. 中国特色的遗产类民居。
4. 世界遗产古城丽江的城市格局与建筑特色。
5. 古城丽江特色文化。
6. 古城丽江的保护与开发。

知识框架

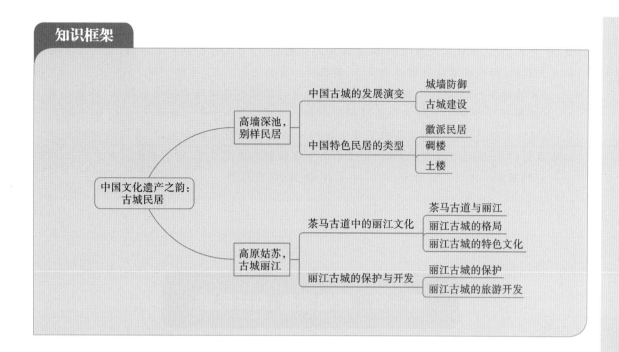

内容导入

丽江古城:让世界文化遗产"活"起来

来丽江的游客纷纷发现,古城的文化味更浓了:免费开放的 23 个文化院落和展示馆逛上一整天也嫌时间不够;东巴纸坊、东巴绘画、东巴音乐、纳西木雕等"活态"民族文化目不暇接;文化创意体验店多了,卖鲜花饼的少了……如今,深度激活文化遗产基因的丽江古城,其吸引性、体验性、参与性更胜往昔,成为游客逐梦"诗和远方"的归宿。

为了让世界文化遗产"活"起来,丽江对古城民族文化的挖掘、整理和弘扬进入量与质提升的阶段。一方面,依托古城悠久的历史文化,大量恢复名人故居和历史遗迹;另一方面,依托以纳西族为主的民族文化打造一批示范窗口,再从外来先进文化当中汲取养分,丰富和提升古城文化内涵。

丽江古城先后出台了很多关于保护古城的地方性法规和办法,加强了传统文化保护的顶层设计,优化业态扶持传统经营项目,全方位打造"文化游""文化购""文化行",将各类文化元素植入游、购、娱、住、行等各个环节,点睛全域旅游。

比如,深度挖掘和整理诗词歌赋、东巴文化等历史文化和民族文化资源,融入城市街区及休闲空间;鼓励和支持从事东巴文化、纳西古乐、东巴陶瓷、民间手工艺、纳西传统木雕的单位和个人在古城内从事民族文化传承、弘扬、展示活动;逐年将公房院落用于民族文化项目的开发,实施名人故居遗迹修复、人文景观建设和民俗文化展示等项目;设立大觉宫茶马古道主题展览、方国瑜故居爱国主义教育基地、黑龙潭建筑群书画厅、免费图书阅览室和古城历史文化展示馆等;通过举办文博会、文创大赛、打造丽江古城 IP 形象等举措,创新开发一批兼具传统性、艺术性、纪念性、实用性的特色文化旅游产品,给古城带来新气象、注入新动能。

近年来,丽江古城先后打造了以方国瑜故居、王丕震纪念馆、恒裕公民居博物馆、雪山书院、纳西人家、手道丽江民间手工艺术馆、纳西象形文字绘画体验馆、天地院、银文化院落、十月文学院、徐霞客纪念馆、三联书店等为代表的23个文化院落和展示馆,营造了良好的人文环境,增强了古城文化的承载力、创造力和传播力。

《我的世界·丽江古城》游戏地图也正式上线。这款依据丽江古城原始比例,将古城空间、建筑等进行高度还原的游戏地图深受年轻人喜爱。其"游戏+旅游+文化"的全新模式,让丽江文旅产业融合发展迈出了开创性的一步。玩家通过切身体验,可以充分感受丽江古城的建筑、民俗文化等,还可以用像乐高一样的积木建造房屋、城堡甚至城市。

资料来源　中国产经新闻,2020年7月24日,略有改动

第一节　高墙深池,别样民居

在人类历史发展的长河中,人们出于防御和聚居的需要,在自己的聚居地或山川隘口挖池筑城,进行各种建设,逐渐形成了我们现在居住的城市。这些城市与乡村因所在地理环境的差异,经过历代的选择,最终形成了各地别具特色的民居。这些古城与民居是地方历史和文明发展的见证,也是历史文化发展进程中留下的遗产。了解、保护、传承这些古城与民居是历史赋予我们的责任,也是我们应尽的义务。

一、中国古城的发展演变

现在,人们一般将人口密集聚居的地方叫作"城市",《辞海》中解释"城市"为人口密集、工商业发达的地方。我们现在看到文化遗产中的古城,如丽江、平遥,也是人口密集、工商业发达的区域或商贸中心。但现代意义的"城市"是古城演化的结果,早期的"城"与"市"是两个完全不同的概念。

(一)城墙防御

中国古城的历史最早是从"筑城"开始的。"城",从字的组成来看,从土从戈。《说文解字》中的解释为"城,以盛民也,从土成,成亦声"。城实际上是一个政治概念,原始意义就是为防卫自守所设的军事设施——城堡,即在都邑四周筑起高墙,并派兵守卫,其目的是自守,保卫国家或民众的安全。城中驻扎人马,防止敌人侵害,具有单纯军事政治中心的意义。城作为军事防御,是保境安民之所在,《辞海》对其的解释就是古代城市四周用作防御的围墙,一共两重,里面的称为"城",外面的称为"郭"。出于军事防御的需要,统治者还会在城门外筑瓮城,城墙上有角楼、城楼、垛口等防御工事。平遥古城完整地保存了古城所具有的城防体系。

城作为军事防御的单位,筑城应从建筑城墙开始,因为冷兵器时代,高大坚固的城墙是最具保护性的防御设施。中国城市的城墙发端于新石器时期第一个出现壕沟的村落,当时的人将壕沟里的土堆筑到地面就成了最初的城墙。这一现象的出现大约是距今6000年的仰韶文化晚期。到春秋战国时期,据不完全统计,大约有2000座有城墙的城邑。许多诸侯国在边境也修建了防御性的城墙,如南方楚国的长城和北方秦、燕、赵为防北方匈奴修建的长城。这是中国历史上第一次筑城的高潮。秦统一六国以后,建筑起"无郡不城""无县不城"的城墙式防御体系,甚至在北方将各国原有的城墙连接起来,修建了一条长达万里的城墙来防御少数民族的南下侵

扰,这就是著名的"万里长城"。这是中国历史上第二次筑城高潮。自秦始,中国大地上上自都城,下至郡县城,都形成了城墙式都市体系,方形的城墙与中国的城市发展相伴随几千年,已经成为中国传统文化的重要组成部分,是城市的根本和标志。

高大的城墙不仅让居住者有了良好的安全意识,其雄伟高大也彰显了城市的伟岸。因此,清朝以前,城墙的建设就是地方的重中之重。中国进入了第三次筑城高潮。我们现在能看到的地面城墙遗址,如南京、西安、荆州、襄阳、北京等地绝大多数是明清时期修筑而成的。这些城墙雄伟、高大、坚固,彰显了城市严密防御和地位。

城墙的防御功能从建筑设施上看,有城门上方的城楼、城角的角楼、箭楼、雉堞、月城等。城楼一般为木制,三层楼高,平时有兵丁居住把守,利用高处进行观察瞭望,战时成为向攻城者进行反击的制高点。城角的角楼多由砖石砌成,留有射口,专门用于军事防御。箭楼建在城门之上,辟有洞口,以备发箭。雉堞是城墙上排列如尺状的矮墙,为士兵掩身之用。而月城则是建于城外以屏障城门的半圆形小城。城墙外为进一步增强防御功能,一般都挖有护城河,临河的城市一般以天然的河道作为护城河,这进一步增强了城市的守卫功能。例如,以长江为天然护城河的南京,自古就是易守难攻的城市;湖北的襄阳以汉水为池,有"铁打的襄阳"一说。越过护城河进入城市的唯一通道就是吊桥,而吊桥的起落是由城市管理者严格控制的。这些防御设施共同组成了一个完整的城市防御体系,宛如铜墙铁壁,御敌于城外。

20世纪初,由于火炮的出现,城墙原始的防御功能开始消失,不但筑城的历史开始终结,而且还开始大规模拆除城墙,城墙开始走向消亡。中国现在仅存的城墙除平遥古城保持完整外,南京、西安、荆州、襄阳、北京等地仅存部分城墙。其中,南京、西安因曾作为都城,建筑坚固,其古城墙保存较好且较具特色。

(二)古城建设

古城除了布置有军事防御设施,还有贵族统治者和百姓的居所,因此,古城需要进行相应的规划、建设和管理,以适应人口规模的扩大和经济的发展。此时,古城就不仅仅是军事政治的中心,也成为地区经济商贸的中心。

国都是古代最重要的城市,中国国都的建设可追溯到河南偃师的二里头文化时期,当时规模较大的城邑已经出现。目前发现的二里头遗址属于夏代遗址,面积不少于3平方千米,是一座精心规划、庞大有序、史无前例的王朝大都,被称为"华夏第一王都"。二里头遗址中还发现了最早的城市主干道网,方正规矩的城市布局,以及以大型夯土建筑为代表的宫室建筑,这代表着大型都城格局已然形成,开创了中国古代都城规划制度的先河。

1. 整齐方正、中轴对称的规划

文献中,关于国都营造制度的记载首见于《周礼·考工记》:"匠人营国,方九里,旁三门。国中九经九纬,经涂九轨,左祖右社,面朝后市,市朝一夫。"也就是说,匠人营建都城,九里见方,城墙的每边三个城门。都城中有九条南北大道、九条东西大道,每条大道可容九辆马车并行。宫殿的左边是宗庙,右边是社稷坛;前面是朝,后面是市。每市和每朝各百步见方。同时,还规定了都城中道路的宽度,以及各诸侯国国都及道路的宽度。

西安,古称"长安"。自西周建都镐京起,先后共历经周、秦、汉、唐等20多个王朝和政权,是十三朝古都,是世界历史文化名城。唐代应是西安最辉煌的时期。唐长安的规划和布局严格遵守了《周礼·考工记》中关于都城的营建之说。唐长安城在隋大兴城的基础上进行了修整和扩建,城市布局更为合理。城市中轴对称,坊市排列整齐,如棋盘一般。其中,以朱雀大街为界,将长安城中东西、南北交错的25条大街分为东西两市,共108坊。108坊恰好对应寓意108位神灵的108颗星曜;南北排列十三坊,象征着一年有闰;城市以南东西各四坊,象征着一年四季。城内北部正中为内城,内城又分南北二部,南部为皇城,为唐朝军政机构和宗庙的所在地,北部则为宫城,宫城中部是太极宫,西部是掖庭宫,东部是太子居住的东宫。后因宫城夏季湿热,为避暑,在城外东北兴建了大明宫与禁苑,后来又在城东建兴庆宫,城东南角造芙蓉苑,并在城的东北部与东侧建夹道,使芙蓉苑与大明宫相连接。这样,唐长安城的布局虽然在北部突出了一角,但方城对称的布局并未受到影响,为我国典型的国都布局和规划。

建于明代的北京城是明清两代的国都,其布局和规划建制也承袭原有国都建设与规划的制度,呈现整齐方正和中轴对称的特点。其前身为1264年营建的元大都城。明成祖朱棣为迁都北京,进行了大规模的修建。其西面是西山,北面是军都山,南面是永定河。在地理上形成了"东临辽碣,西依太行,北连朔漠,背扼军都,南控中原"的格局。清代基本沿袭明代北京城的格局,城池分四重,即外城、内城、皇城、宫城。城各有门,有"内九外七皇城四"之说。宫城就是紫禁城,城墙周长3.4千米,有午门(南门)、神武门(北门)、东华门(东门)、西华门(西门)四个门。皇城四周也是四个门,除正南面的天安门外,东、西、北三面各开一个门,东门叫"东安门",西门叫"西安门",北门叫"地安门"。皇城内不准老百姓居住,除南部较大的社稷坛和太庙外,其他也都是供奉宫廷生活和管理皇家日常事务的各衙门机构。内城又称"京城",城墙高12~15米,底宽20米,顶宽16米,上有女墙。内城有9座城门,分别是正阳门、崇文门、宣武门、阜成门、西直门、德胜门、安定门、东直门和朝阳门。外城有7座城门,分别是永定门、左安门、右安门、广渠门、广安门、东便门、西便门。城市布局是中轴对称的,其中轴线北至钟鼓楼,南至永定门,依次为永定门—正阳门箭楼—正阳门—天安门—端门—午门—内金水桥—太和门—太和殿—中和殿—保和殿—乾清门—乾清宫—交泰殿—坤宁宫—坤宁门—钦安殿—神武门—景山门—万春亭—寿皇门—寿皇殿—地安门桥—鼓楼、钟楼,直线距离长约7.8千米。中华人民共和国成立后,北京被设为首都,20世纪50年代出于北京经济发展的需要,北京特色的城墙、城楼相继被拆除,现仅存个别的城楼和城墙,影响了北京的古都风貌。

2. 坊市制度

古城是百姓的居所。从长安城和北京城来看,城内除作为政治统治中心的宫城和皇城外,绝大部分是百姓居住的屋舍。它们沿城市的中轴线,呈棋盘式对称排列于两侧。随着城中人口的增加,为了方便人们日常生活,一些商业的店铺和设施也随之进入。"市"的职能开始融合进来。"市"即买卖交换物品的场所。最早的"市"形成于井边和野外,井边的"市"叫作"市井"。野外的交易场所叫作"野市"。随着经济的发展和城中居民交易的需要,城郊出现了"郊市"。生产力的进一步提高,让农村剩余劳动力进入城市,城市的人口不断增加,为了方便交易,"市"也进入城市,此时,"城"的军事防御职能和"市"的商品交易职能进行合并,"城市"由此产生。"城"也实现了由政治军事中心向政治经济文化中心转化,形成了现代意义上的城市。

为了对城内居民及其生活进行有效管理,汉代开始兴起"里坊制"。这种制度在唐长安城中仍可见。"坊"是居民区,"市"是市场交易活动的场所。"里坊制"是一种将"坊"和"市"分离的制度,萌芽于周代。城内大量民舍、官宅被划分为若干区,每个区就叫作"坊"。坊四周都筑坊墙,墙正中开辟坊口作为关口供进出,坊口有守卒把守。规定临街的坊墙不准开门,只有三品以上的官员才能在临街的坊墙上凿门;市也有墙、有门,开闭有时,城中仅设东西二市。商店必须设在市内。鼓声作为坊和市开启和关闭的重要信号,早上"晓鼓"声起,坊门开启,晚上鼓声响起,坊门关闭,夜晚实行全城街道严格宵禁。随着手工业和商业的发展,原来的东西二市已经不能满足需求,于是在城郊形成了"郊市"。后来,一些群体开始破墙和侵街,夜市、草市和官民交易活动也不断蔓延,坊市制在唐代后期不断被突破和瓦解。到了宋代,随着私人工商业和国际贸易往来的快速发展,城市的工商业以更快的速度膨胀起来,里坊制因限制了人们的交易,面临更加强烈的"破墙开店"的冲击,临街的店铺越来越多,而且夜市往往通宵达旦,"夜市直至三更尽,才五更又复开张"。当时京城坊坊破墙,坊坊相通,临街设店,各封闭围墙的里坊制被打破。迫不得已,大宋景祐年间,正式允许城市居民可以在临街开店,市场店铺可以在城市的任何地方开设,封闭的城市市场转而成为城市内多点、多处设置的形式。这一变化被称为"城市革命"。这些变化说明商品经济是城市经济的核心,商品经济的发展推动了城市规划和格局的变化。但里坊制直到清末才彻底废除。平遥古城中有一壁景堡,由东、中、西三堡并列组成,各堡内都有一条贯穿南北的街巷,堡街两侧排列着各家住宅。堡均设门,外建堡墙,堡门口设有门卫和门房。古城内尚存的"堡"是对原坊市制的居住形态和管理制度的延续。

二、中国特色民居的类型

古城除城墙外,是由一幢幢民居建筑组成的。中国地域广阔,因地理环境和文化习俗的差异,形成了丰富多彩、别具一格的民居建筑。下面简要介绍几种遗产类的地方民居。

(一)徽派民居

徽派民居是中国明清时期江淮地区民间建筑的典型代表。徽州是一个古地名,包括今安徽黟县、歙县、绩溪县、泾县以及江西婺源县等。徽派民居受到徽州独特的历史地理环境和人文观念的影响,具有较为鲜明的区域特色。总体特点表现为朴素淡雅的建筑色调,别具一格的山墙造型,紧凑通融的天井庭院,奇巧多变的梁架结构,精致优美的雕刻装饰,以及古朴雅致的室内陈设。

1. 青山绿水、白墙灰瓦的环境生态美

徽州自古有"无山无水不成居"之说。村落选址多借助山水格局,处于山环水抱的中央,地势平坦之地,遵循"负阴抱阳、背山面水"的建筑理念。徽州民居的外观明朗,一般都是白墙、青瓦、黑墙边,恰似一幅幽美的水墨画。比如黟县宏村,背靠古木参天的雷岗山,前临风光旖旎的南湖,傍依碧水萦回的泡溪河,整个村落设计成牛形,景色极为秀丽,有"中国画里的乡村"之称。徽派民居砌筑外墙的表面涂抹白石灰,盖瓦主要为小青瓦,经风雨侵蚀,白色外墙慢慢变成灰色,青色小瓦也变得墨黑,增添了岁月沧桑感。远处的青山静静矗立,与白墙黛瓦的民居遥相呼应,令人仿佛置身世外桃园(见图4-1)。

图4-1 徽州民居(李江敏 摄)

2. 四水当堂式的天井庭院

徽州地区山多,民居建筑多为两层小楼。高墙深院,外墙高于屋面,窗户开在二层,房屋四周围合成方形的封闭空间,形成天井。天井四周的瓦面向内倾斜,雨水沿瓦面流入檐口的水枧

内,水枧沿内壁而下,将雨水排入地下,俗称"四水归堂",意寓"肥水不外流",体现了徽商聚财的思想。天井还有很多的实用功能,如空气流通、采光及排水等。

3. 马头墙

徽州民居的屋顶在设计时将房屋两端的山墙升高超过屋面及屋脊,并用水平线条状的山墙檐收顶,墙头又都进行了艺术处理,装饰"卷草如意"一类的吉祥图案,这使它们看上去就像翘首长空的骏马,人们称之为"马头墙"。马头墙又称"封火墙",因为徽州古民居呈聚落式,房屋间距比较小,再加上房屋内部都是木结构,所以防火居于首位。而马头墙便是在两端墙顶上砌筑的高出屋顶的山墙,为了防止火势蔓延。站在高处远眺徽州村落,高高低低的马头墙参差有序,在青山绿水间显示出一种建筑所特有的韵律美与和谐美。马头墙有一阶到四阶之分,称为"一叠式""二叠式"等,一般情况下,为三阶、四阶,再大一点的民居,也会出现五阶,俗称"五岳朝天"。马头墙还可以起到有效遏制火灾、抵挡东南季风、防盗等作用,颇为实用。今天,马头墙已经成为徽派建筑最重要的符号(见图 4-2)。

图 4-2 马头墙(张汉斌 摄)

4. 精美的装饰

徽派建筑的装饰部分是非常精细的,广泛采用砖雕、石雕、木雕,这三者并称为"徽州三雕"。"徽州三雕"起源于宋代,在明清达到了鼎盛。其中,木雕最为精细,主要用于居室中家具、屏风、格窗等。石雕主要用于室外和露天装饰,多用于门窗楣罩和漏窗等,上有瓦顶覆盖。图案多取材于传说、花卉祥云、飞禽走兽三类,多借助图案的喻义或谐音表达美好的愿望。

(二)碉楼

碉楼是汉族和一些少数民族地区在历史时期兴建的一种以防御为主的多层塔楼式乡土建筑。目前,碉楼主要分布在青海、西藏、云南、四川、重庆、广东、福建、江西等省、市(自治区)。广东的五邑侨乡是全国目前现存碉楼最多的地方。五邑侨乡的碉楼与国内其他地方的同类建筑最大的不同,在于其建筑式样和建筑风格独特,中西建筑文化合璧,使其脱离了中国传统碉楼的样式和风格,自成一体。其墙体和部分屋顶装饰带有中式特点,但窗体装饰尤其是碉楼上部分结构具有明显的西式建筑风格,表现出浓郁的西式建筑景观意象。开平是五邑侨乡碉楼分布的中心区,数量最多,开平碉楼与村落于 2007 年被列入《世界遗产名录》。

(三)土楼

土楼,顾名思义,是用土夯筑成的楼。客家土楼,又称"福建圆楼",庞大的规模、雄浑天然的形态、独特的聚居方式是许多民居建筑无法比拟的,以悠久的历史成为传统民居建筑中的奇葩。

西递与宏村

开平碉楼

客家土楼将生土建筑技艺发挥得淋漓尽致,墙体建筑采用了以木架结构为主的夯土,建筑材料多采用岩石、黏土、竹子、砂石,具有极高的安全性、防御性和防火防震的功能,同时也因特殊材料的加工而形成了别具一格的建筑形式。

  土楼形成的原因:首先是聚族而居的需要,客家人艰难的迁徙历程使得他们每到一个地方,同族人总要聚居在一起,便于团结互助,这样的方式某种程度也是延续中原传统文化;其次是安全需要,以前客家人居住的地方大多是偏僻的山区或深山里,野兽出没频繁,匪盗猖獗,再加上当地居民的侵扰,于是客家人建造起这种适合聚族而居,防御性又强的建筑;再次是人口稀少,因长时间的动乱,以及受瘟疫、自然灾害的影响,当地人口增长缓慢,还有部分人群往外迁移。种种因素共同作用,形成了客家人独有的建筑形式——土楼(见图4-3、图4-4)。

永定土楼

图 4-3　土楼外观(李江敏　摄)

图 4-4　土楼内部(曾雍维　摄)

  总之,因地域环境的差异,我国在各地都拥有独特的地域民居,它是我国多元文化的见证,也记载了各地居民适应区域环境,表达民族信仰,不断创造新生活的历程。

第二节 高原姑苏,古城丽江

丽江古城是迄今为止茶马古道上保存最为完好的文化名城。丽江具有悠久的历史,是滇西北政治经济文化中心,是汉唐时代通往西藏和印度、尼泊尔等地的"南方丝绸之路"和"茶马古道"上的重要物资集散地,被形容是"马蹄踏出的辉煌"。

一、茶马古道中的丽江文化

(一)茶马古道与丽江

在横断山脉的高山峡谷,在滇、川、藏大三角地带的丛林、草莽、沟壑之中,绵延盘旋着一条神秘的古道,这就是世界上地势最高、山路最险、距离最遥远的文化文明传播古道——茶马古道,这是一条完全由马蹄和赶马人的脚步踏出来的古道,在很多地段,它都是以羊肠小径的形式出现。

"茶马古道",是以马为主要交通工具的民间国际商贸通道,源于我国唐宋时期西南边疆的"茶马互市",其产生的最大源动力就是茶,兴于唐宋,盛于明清,第二次世界大战中后期最为兴盛。地处西南的"茶马古道"是古代中国和西亚、南亚之间交通、交流的重要渠道。它是多民族政治、经济、社会和文化交流融汇的巨大平台,是延伸在云贵高原和青藏高原上巨大的血脉。

因康藏属高寒地区,海拔在 3000 米以上,需要摄入含热量高的脂肪,所以藏民的食物多肉少菜,而茶具有提神醒脑、助消化解油腻之功效,又含有大量维生素,自唐宋以来,茶就变成了西藏平民百姓的日常生活必需品。在藏区,有"宁可三日无粮,不可一日无茶"的说法。但是藏区不产茶,而在低纬度的云南和四川盛产茶叶,尤其是滇茶普洱、川茶峨眉毛峰等誉满天下。在中原地区,民间役使和军队征战需要大量的骡马,供不应求,西藏和四川、云南边地则产良马。于是,具有互补性的茶和马的交易,即"茶马互市"便应运而生。这样,西藏和四川、云南边地出产的骡马毛皮、药材等和四川、云南及中原地区出产的茶叶、布匹、盐和日用器皿等,在横断山区的高山深谷间南来北往,流动不息,并随着社会经济的发展而日趋繁荣,形成一条延续至今的"茶马古道"。

"茶马古道"路线有两条:一条是从云南的西双版纳、思茅、普洱、临沧、保山、大理到丽江,经迪庆及西藏的昌都、拉萨等地后,进入印度、尼泊尔等南亚及西亚地区;另一条是从四川的雅安出发,经凉山后交汇于云南丽江,再经迪庆、西藏等地后,进入尼泊尔等地区。丽江古城由于地处滇、川、藏交通要冲,是"茶马古道"上重要的货物中转集散地。丽江古城因商而起,商业内容围绕着"马帮""藏货"展开,"茶马古道"上的马帮因此能在这里满足自己的购买需求。丽江古城的建设格局和文化均受到了"茶马古道"的影响。如古城街巷铺地材料的选取、铺设石头的纹路及古城的桥梁设计等,都考虑了骡马通行的便利性。纳西族男子多行走马帮,女子在家配种骡马或经商,因此,当时的商业中心——四方街被称为"女人街"。

"茶马古道"上的马帮离不开丽江古城,茶马古道也成就了丽江古城的辉煌历史。因此,丽江古城被称作是"马蹄踏出的辉煌"。

(二)丽江古城的格局

丽江古城历史悠久,环境优美,兼具山水,纳西族等少数民族在此长期聚居,所以丽江古城的格局兼山水地貌,融多民族精华,特色鲜明,形成了独特的丽江风采。丽江古城风貌整体保存完好,自然美与人工美完美结合,艺术与现实有机统一。丽江古城因地制宜,依三山而建,房屋鳞次栉比,四周青山环绕。城中民居民族特色鲜明,造型朴实生动、装饰精美雅致。古城的格局展现了丽江人民对生活的深刻理解,体现人民群众的智慧结晶,是各民族文化碰撞交融的产物,是中华民族建筑文化的见证。

1. 古城的布局

丽江古城以水为核心,呈现特有的水巷空间布局,所以丽江古城桥梁密集,这也是丽江古城最大的特色。在外部造型与结构上,古城民居糅合了中原汉族建筑和藏族、白族建筑的技艺,形成了叠落式屋顶、小青瓦、木构架等建筑手法,在建筑布局形式、建筑艺术手法等方面形成了独特的风格。民居多为土木结构,比较常见的形式有"三坊一照壁""四合五天井""前店后院""一进两院"等。其中,"三坊一照壁"是丽江纳西居民中最基本、最常见的民居形式。

丽江古城民居的形式

丽江古城未受中原建城影响,城中无规矩的道路网,无森严的城墙。据说这是因为丽江纳西族世袭统治者姓木,筑城势必如"木"字加框而成"困"字之故,所以避而不筑城,以求吉祥。另一种说法是古城四周青山环抱,形成了天然的"城墙",通往外地的要隘都有天然的关口,起到防御的作用,抑或是历史上的丽江并不是一座城市,而仅仅是一个集市。古城布局中以三山为屏、一川相连;水系利用三河穿城、家家流水;街道布局有着曲、幽、窄、达的风格。因为纳西族崇尚东方美学,丽江古城的格局是自发性的形成坐西北朝东南的朝向形式。

丽江古城临街的建筑是依据街的走势而巧妙排列。街巷道路在城市发展和交往中起着骨架作用,古城街巷是以四方街为中心,四条干道呈经络状向四周延伸,如蜘蛛网一般交错,建筑布局不要求整齐划一。这些建筑大多是商业性的临街建筑,主要分布在四方街、七一街、五一街、光义街官院巷、现文巷等地。街道两侧的建筑沿街道走势整齐排列,这些房屋与房屋之间紧紧相连,贯通全街。

丽江古城的民居一般分为正房、厢房、倒房、天井和厦子等部分。四合五天井的建筑形势与四合院建筑相似,只是四个角落多了四个"漏阁"。天井,除一坊房之外,纳西族民居中都有一个大的庭院,即天井,四周的房屋是以天井为中心来组织布置的,庭院设计很有纳西特色,一般采用鹅卵石、五花石等原料铺装,图案根据庭院大小或房主喜好而定,内容有象征着吉祥喜庆的图案,如"四蝠闹寿""如意吉祥""鹭鸶踩莲""鹿鹤同春""松鹤延年""麒麟望月""八仙过海"等。大幅图案也有的拼成简单的几何图形、吉祥的字体或纳西族东巴教的"巴格图"。其中,以"四蝠闹寿"最为常见,图案为四只小蝙蝠在四周,中间是一个大大的"寿"字,蝙蝠在东巴经中代表吉祥。在东巴经中,有《白蝙蝠取经记》,蝙蝠被认为是一种有灵性的动物。在汉语中,"蝠"与"福"发音相同,汉文化中的"福"也代表吉祥之意。"寿"在纳西族的文化中是长生不老、平安快乐的意思。丽江古城的居民素来喜欢在天井里种植花木培植盆景,满院常驻春色,户外门前、河旁井边也植树种花,使古城享有"丽郡从来喜植树,山城无处不飞花"的美誉,生活环境与自然融为一体。

2. 古城的建筑

纳西族融合多个民族的建筑风格,"三坊一照壁""四合五天井"砖木结构的建筑普遍流行,形成古朴清幽的民居庭院。丽江古城的建筑典型,体现了纳西人高超的建筑艺术,是中国建筑史上的一大奇观。古城至今仍保持着明清两代的建筑特色。"三坊一照壁、四合五天井、跑马转角楼"式的民居鳞次栉比。

古城建筑以木结构为主,二层居多,主人把一层作为店铺,二层作为起居。在条件允许的情况下,丽江民居引水入户、活水绕屋,或临水建屋。街道两侧全都是木吊厦建筑,二层的壁板上增加了一间厦子,这些厦子可以储藏货物,也可作通道之用,有时也可作会客、交往之用。沿街店面作小尺度的竖向划分,每幢多为三开间,由木柱分开,显示出一种"间一间一间"的明快节奏。临街面时,两面均加腰檐作为铺面,这样就成为前店后院的商业店铺,或是手工业兼经营的作坊,或是饮食店铺。这些建筑都是前店后院型的合院式建筑,有的店铺与天井相通,但是大多数店铺却是彼此独立的,只有沿街一面有一个出口。从店铺的一侧穿过一个过厅,可进入天井内,天井为院内的采光和通风提供了可能。建筑不矫揉造作,不掩盖结构的真实,临街一面都由木材构成,木柱和木墙全部外露,凸显出材料的自身质感。另外,山墙的衔接也比较有特色:有的用实墙完全封闭,不露出木柱和木墙;有的采用下墙上柱的方法,即雀台以下全部采用实墙封闭,上部露出木墙和木柱。墙体上用白色装饰,充满阳光和生机。

临街建筑走街入院,纳西民居大门口有两块石头,代表董神和塞神,象征着吉祥。古城建筑古朴、细腻,房屋构造粗犷,民居建筑的入口设在街上,随处可以通过过厅看见民居庭院中的假山、植物。纳西族以鱼为图腾,大街小巷随处可见悬挂于屋顶正脊的吉祥双鱼,在纳西人心中,鱼蕴含"吉庆有余"的希望,鱼可以给他们带来吉祥。

(三)丽江古城的特色文化

丽江古城的繁荣已约有800年的历史,地理位置优越,处滇、川、藏交通要冲,是"南方丝绸之路"和"茶马古道"的重镇及军事战略要地;丽江古城是汉、藏、白、纳西等民族聚居之地,多元文化交汇,民族文化光辉灿烂。不论是古城的街道、桥梁,还是民居、楹联匾额等,无不渗透丽江人的文化修养和审美情趣,无不充分体现地方民族宗教、美学、文学等多方面的文化内涵、意境和神韵,无不展现丽江历史文化的深厚和丰富内容。尤其是具有丰富内涵的东巴文、丽江古乐等传统文化艺术更是为人类文明史留下了灿烂的篇章。

1. 东巴文

畅游在小桥流水的古城,随处可见一种奇特的图案,它们或镶嵌于商店的牌匾、景点的指路牌上,或刻在木雕、风铃、首饰等工艺品上,或绘制在T恤衫和各种披肩上。这些图案是东巴文,是纳西人自己发明的文字。纳西东巴文是至今唯一活着的原始象形文字,被誉为文字的"活化石"(见图4-5、图4-6、图4-7)。

图4-5 纳西东巴文壁画(戴薇 摄)

东巴文是为祭祀活动而绘制的文字,绘制这些祭祀图腾的东巴是纳西族的智者,同时也是自食其力的劳动者,这从侧面反映了东巴文源于人们对生活事物的观察。纳西族游牧民随着草场的退化而不断迁徙,生活方式以及对工具的使用也在不断迁徙中变化,为了适应环境的变化,祭祀用的图画也由泥塑、木雕演变为较为便携的木牌画和纸牌画。同时,伴随着承载物和生活方式的变化,东巴们把祭祀内容和记录祭祀的经文进行不断修正简化,最终演变为人们现在看到的东巴象形文字。由于这种文字由东巴(即智者)所掌握,故称"东巴文"。东巴文创始于唐代,有1400多个单字,词语丰富,能够表达细腻的情感,能记录复杂的事件,亦能写诗作文。2003年,东巴古籍文献被联合国教科文组织列入《世界记忆名录》,并进行数码记录。

图 4-6　纳西东巴文雕刻（张汉斌　摄）

图 4-7　东巴文木雕（戴薇　摄）

东巴文见木则画木，见石则画石，它和古巴比伦楔形文字、古埃及圣书文字、中美洲玛雅文字和中国甲骨文字相比显得更加古朴，被古文字学家视为全人类的珍贵文化遗产。丽江东巴文化历史悠久，街头巷尾都有许多东巴文的标识。

2. 丽江古乐

阵阵音乐声从纳西的庭院里传出，走进庭院总会遇到一群老者，琴瑟鼓锣、悠然而作，这就是丽江古乐，也称"纳西古乐"。丽江古乐是流于丽江大研古城及其周边纳西族聚居区的古代音乐遗存，由白沙细乐、丽江洞经音乐和东巴音乐三部分组成。

白沙细乐是云南丽江纳西族的一种民族传统音乐，包括舞曲、歌曲、器乐曲牌三个部分，用于丧事或是重大的祭祖节的活动中进行奏乐，是一部风俗性的音乐套曲。丽江洞经音乐起源于道乐，道乐是道教文化中的一个重要组成部分，又称"法事音乐"或"道场音乐"，是道教在祭祀仪式中使用的音乐。道教音乐传入丽江有千年以上，并被纳西族冠以"纳西古乐"的美名，植根于纳西人生产、生活的土壤，最终成为今天世界上较"潮"的音乐之一，是一种在丽江本土化和纳西化了的音乐。东巴音乐是东巴在祭祀活动中所吟诵的一种曲调，并伴有器乐，是东巴文化的一个重要组成部分。

纳西古乐的演奏以"三古五老"著称于世。"三古"是古乐曲、古乐器、古稀老人，古色古香，天下无双；"五老"是老艺人、老乐器、老曲目、老服饰、老物件，以老演老、以老卖老，人间一绝。纳西人钟爱古典音乐，许多在中原地区已经失传的唐宋时期的曲牌，却在丽江古城保存下来。

二、丽江古城的保护与开发

（一）丽江古城的保护

中华人民共和国成立之初，丽江地方政府做出了"保留古城，另辟新城"的决策，使丽江古城的整体风貌得以完整保存至今。1994 年 6 月，中国城市科学研究会历史文化名城委员会第二届三次会议通过决议，建议国家主管部门推荐丽江古城、平遥古城申报世界文化遗产。正当丽江古城进行申报之际，1996 年发生的地震使丽江古城遭受了重创，但丽江地方政府利用恢复重建投资把恢复重建与申报世界文化遗产整治工作结合起来，对古城进行了全面的修复与整治，拆除不协调建筑物，建设了古城排水系统，对古城的民居、街道、桥梁等设施进行了整修与改造，修复了明代古建筑"木府"，实施了万古楼、双石花园、"三线入地"、古城消防报警指挥系统等古城保护工程,彻底搬迁或关闭了古城及周边的污染企业,并有计划地迁出了部分古城居民,以降低古城的人口密度,改善环境质量。一系列的保护管理措施终于结出了沉甸甸的硕果:1997年12月,丽江古城被评为"世界文化遗产",丽江古城成为中国首批古城类型的文化遗产,同时也是云南省的第一个世界文化遗产。为了更好地对古城进行保护、管理,丽江成立了专门的古城管理机构。古城亮化工程、古城绿化工程、完善排污、供排水管网和路面修复等基础设施工程相继展开,有效地保护了丽江古城,改善了丽江的市容市貌。

2001年10月,在联合国教科文组织亚太地区文化遗产管理第五届年会上,丽江古城"以世界遗产保护带动旅游业、以旅游业发展反哺遗产保护"的成功实践和经验,被确定为遗产保护与旅游发展的"丽江模式",从而形成了在亚太遗产地加以推广的决议。"丽江模式"虽然是"指导文化遗产旅游在市区级发展的模式与方法",但其实际上是将发展生态文化旅游作为文化遗产保护的工具,最终目的是使旅游业作为一项可持续发展的产业,对遗产的保护进行投资,以确保旅游业赖以生存的文化遗产与自然资源得以存活。"丽江模式"是在旅游开发与遗产保护这看似对立的两者之间建立良性合作的桥梁。

在"丽江古城申遗成功20周年暨遗产保护与旅游可持续发展研讨会"上,来自国内外文化遗产保护领域和各界致力于世界文化遗产保护管理的专家代表们也对丽江古城"以世界遗产保护带动旅游业、以旅游业发展反哺遗产保护"的"丽江模式"赞不绝口。

(二)丽江古城的旅游开发

20世纪80年代中后期,丽江旅游业开始起步。1994年10月,云南省政府召开滇西北旅游规划会议后,云南省明确地把旅游开发地重点转向滇西北地区,旅游业被列为丽江的支柱产业,丽江的旅游业进入高速发展阶段。1997年12月丽江古城被列为"世界文化遗产",1999年国际世界园艺博览会的成功举办,2003年7月丽江的"三江并流"区域被评为世界自然遗产,以及同年8月纳西东巴古籍文献被评为"世界记忆遗产"等,无疑都对丽江旅游业的发展起到推波助澜的作用。

1. 旅游开发激发了民族自豪感和文化自信

丽江旅游业促进了丽江当地人与外界的交往,加速了文化的互动与传播,必然会对当地居民的生活方式和思想观念产生不同程度的影响,包括语言、服饰、饮食、居住、习俗、社交方式等生活的方方面面以及价值观念、民族意识等思想观念。

20世纪80年代以后,丽江人与外界接触交往的机会日益增多,游客和各类考察研究者对纳西文化的喜爱欣赏,激发了人们的民族自豪感、文化自信心。在旅游开发、经济发展的同时,纳西人也进一步意识到民族文化、民族标签对个人、对民族的重要意义。丽江发展旅游业以后,民族文化成为其重要资本。从政府到学者到民众,都意识到民族文化是增强丽江魅力、保持丽江旅游业持续发展的重要因素。因此,政府作为丽江旅游形象构造的主导者、旅游宣传促销的主体,极力抬升民族文化、突出民族身份。丽江本土的东巴文化被世人认识,成为纳西人致富的途径。漫步丽江街头,随处可见东巴文书写的纪念品和文创产品,纳西象形文字体验馆里每天更是人头攒动。参观文化院落、听纳西古乐、手工制作东巴纸,一系列的文化体验活动吸引了大量的游客来到丽江古城,体验诗意般的生活,领略民俗文化的神奇魅力。

2. 旅游的开发使丽江由"古城"变成了"活力之城"

随着丽江旅游业蓬勃兴起和迅猛发展,其在纳西族社会、经济、文化和生活中的作用和地位已不言而喻。通过品牌的驱动和引领,丽江游客人数及收入逐年快速增长。这一切完全得益于丽江创造了世界遗产带动旅游发展的"丽江模式"。古城申遗成功后,丽江政府设立了专门的古城保护机构——世界文化遗产丽江古城保护管理局,并建章立制、制定遗产保护资金管理机制和在核心区鼓励传统文化的开展,从战略高度经营民族文化,将古城打造成一座"活力之城",从而使民族文化和经济成功对接,促进旅游业的发展。

丽江的活力还体现在沿古老河道两岸的酒吧和民宿上。自丽江旅游开发以来,好山、好水、好玩一直都是丽江古城旅游发展的主题。丽江古城的酒吧一条街将古城的夜点亮,更是年轻游客体验古城现代文化和传统文化融合的场所。2021年10月,文旅部公示了"第一批国家级夜间文化和旅游消费集聚区名单",丽江古城位列其中。丽江古城正在打造以社交需求为主的小酒馆、剧本杀、运动馆,以生活休闲需求为主的火锅、烧烤、夜市、电影院,还有以自我提升需求为主的书店、文艺演出、剧场等,共同焕发古城的活力。同时,旅游经济的发展为丽江经济发展注入了新的活力,提高了当地纳西居民的生活水平和生活质量。

"茶马古道"是"丝绸之路"的延续,是我国的滇、川、藏向西亚和南亚输出茶叶的重要故道。丽江还是那座"活着的古城",还是因"茶马古道"而生的那个重要的商贸站点。未来的古城,应该呵护其原本的文脉和心脉,挖掘"茶马古道"文化,让其重拾其深厚的文化内涵,谱写"茶马重镇"——丽江古城的新篇章。你看马帮的痕迹还在这里,悠远的驼铃声依旧回荡在这里,茶叶的香气依旧弥漫在这里,茶马古道精神也依旧在这里,愿古城找回曾经的辉煌。

本章小结

高墙深池是冷兵器时代为维护一地安全而形成的防御性城市建设模式,这也组成了中国传统文化中特色鲜明的"围墙"文化。在高墙深池的城市之中,中国古城的布局一般是按照中轴对称的方式进行规划的。宋代之前,历代统治者还执行严格的坊市制度。伴随火炮的出现和冷兵器时代的结束,高墙深池也逐渐退出了历史舞台,并随着城市经济的扩张,许多的城墙被拆除,原有的方城对称的布局被打乱,但城市在发展,文明在进步。丽江古城被称为"高原姑苏",拥有江南小桥流水人家的环境与布局,更是纳西族建筑与文化艺术的体现,东巴文、纳西古乐伴随丽江古城的申遗而广为人知。

课后练习

一、简答题

1. 简述坊市制中"城"和"市"的概念,并说说现代意义上的"城市"是如何发展起来的。
2. 简述中国古城墙开始消亡的原因。
3. 简述福建土楼的功能和价值。
4. 简述丽江古城与"茶马古道"的关系。
5. 简述徽派民居的特点。

二、实训题

谈谈古城或古民居保护过程中要如何实现古风古貌与民众现代生活的兼顾和平衡。

Chapter 5

第五章 中国文化遗产之秘：古代皇陵

学习目标

"生，事之以礼；死，葬之以礼，祭之以礼"，丧葬文化不仅反映了中国传统社会宗教信仰观念，更是中国孝亲文化的体现。古代皇陵是历代帝王死后的埋葬之所，其规划、建制和重要程度几乎等同于帝王活着时生活的宫殿。本章介绍了中国古代陵寝制度的形成演变和中国古代皇陵的结构特点，包括地面上的封土、寝的设置、神道与地下墓穴的建设，并以秦始皇陵为例，具体介绍其陵寝布局、地宫、封土以及恢宏壮观的兵马俑。

思政目标

通过本章的学习，加强学生对中国帝王陵寝文化的了解，加深对中国传统文化多元包容性的认识，增强文化自信和文化独特性的自豪感。

学习重点

1. 中国陵寝制度的观念文化。
2. 中国古代皇陵的结构特点。
3. 秦始皇陵的结构布局。
4. 兵马俑的特点。

第五章　中国文化遗产之秘：古代皇陵

知识框架

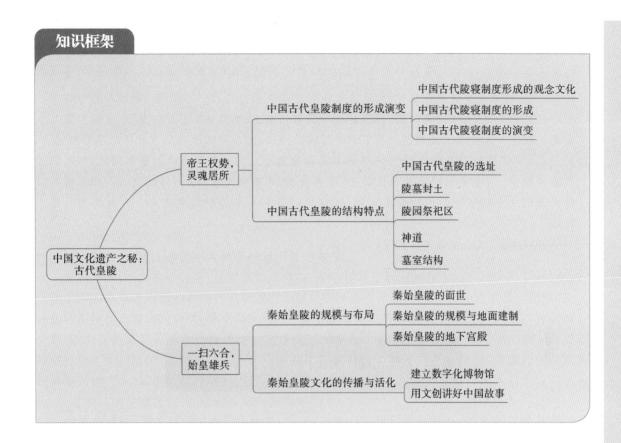

内容导入

秦始皇帝陵博物院院长揭秘：秦始皇陵除兵马俑外，还出土了一批神秘人俑

2020年12月30日，在上海参加上海广播电视"《书声》2020年度文博盛典"的秦始皇帝陵博物院院长李岗介绍，秦始皇陵里除出土兵马俑外，还在秦始皇陵外城东南角一个约800平方米的陪葬坑里，出土了一批神秘人俑，让当时的宫廷文化娱乐场景重现在世人面前。

在此次盛典上，李岗介绍的神秘人俑与人们印象中的兵马俑不太一样，例如：有一人俑面部特征与兵马俑十分相似，高度不到1.8米，尽管左臂、左腿和左脚已经缺失，但从其保留的其他部位可以看到，这一人俑不像兵马俑那样穿着盔甲，而是只在下身穿着一条短裙，腰部有一条腰带。

这一人俑身体笔直，但右腿后曲，足跟抬起，右手举臂，拇指和食指指向天空。最特别的是，人俑食指的顶端有一个圆孔，向内深约12厘米，一直通向其手臂。

根据这样的形象，专业考古人员判断，这一人俑的原始样貌很可能是左腿站立支撑，呈"金鸡独立"状，人俑食指上原来应有一个细棒型物体，顶端很可能在转盘子——换言之，这一人俑不是兵马俑，而是正在进行杂耍的人俑。

据介绍，这一神秘人俑出土于秦始皇陵外城的东南角，编号K9901区域。"这一编号是考古学编号，K代表坑，9901中的'99'是年份，'01'是序号，代表这是我们1999年勘探发现的第一座坑。"李岗说，"这个坑是一座有东西三条过洞、两端分别有斜坡门道的'凸'字形木结构式陪葬坑。1999年3月发现,5月我们就进行了发掘"。

这个神秘人俑被发现时位于坑中央的过洞中部,倒卧在坑内,残破为11块。当时这里还出土了5件人俑,这些人俑与兵马俑"标准"的体型相比显得参差不齐,但这一批人俑的特点一致:身上只穿着一件短裙,都在进行某种肢体运动。2011—2013年,考古人员对这座坑进行整体发掘,又出土了一批人俑,这批人俑无论姿态、形体,都与1999年出土的人俑基本是一致的。这些人俑在雕塑中用了非常写实的手法,把人的肌骨特征表现得淋漓尽致。

考古人员发现,"K9901"与世人熟知的秦始皇陵一、二、三号坑的结构基本相同,但内容完全不一样。目前已经修复了该区域30余件人俑,这些姿态各异的人俑组合在一起,很可能代表的是秦代宫廷的文化娱乐活动,这座坑则是秦始皇陵中发现的又一种新类型的陪葬坑。

资料来源 《中国青年报》2021年1月7日

第一节 帝王权势,灵魂居所

截至2021年7月,中国共有世界文化遗产38项,其中古代皇陵项目3项,分别是秦始皇陵及兵马俑坑(陕西)、明清皇家陵寝(湖北、河北、江苏、北京、辽宁)、高句丽王城、王陵及贵族墓葬(吉林、辽宁)。其中,明清皇家陵寝包括明显陵、清东陵、清西陵、明孝陵、明十三陵和清盛京三陵(福陵、昭陵、永陵)。这些遗产占地面积广大,不仅拥有恢宏壮观、整齐有序的地面建筑,还拥有令人惊叹的地下宫殿。无论在数量还是质量上,都是我国文化遗产中浓墨重彩的一笔。

一、中国古代皇陵制度的形成演变

中国古代帝王的皇陵又称"陵寝",陵寝制度创始于战国,形成于秦汉时期,沿用至清消亡。我国帝王陵寝制度经过了一系列的演变,每个时代都有各自的特点,共同组成了中国特色的帝王陵寝文化,也呈现出不同风格的墓葬形式。

(一)中国古代陵寝制度形成的观念文化

1. "灵魂不死"的观念

中国古人认为,一个人是由灵魂和肉体两部分组成的,肉体会死亡、消失,灵魂则是不死的、永远存在的,仍然会干预世事,给人以吉凶。当然,这是一种迷信的思想。"灵魂不死"的观念是中国传统丧葬礼仪中的繁缛、恭敬、敬畏等行为或态度的心理源头。

2. "事死如生"的孝文化

孔子说,对待父母"生,事之以礼;死,葬之以礼,祭之以礼"。即当父母活着的时候,我们要孝敬他们,死了以后要按礼制好好地安葬、祭祀他们。荀子说"厚其生而薄其死",是"奸人之道而倍(背)叛之心也"。因此,中国的古人将"事死"提到与"事生"同等重要的地位。

正是基于"灵魂不死"和"事死如生"观念的影响,为死去的帝王灵魂建造"阴间"的住宅,让其享受人世间同样的生活待遇成为这个帝王在位时,或继位帝王最重要的事情。这些陵墓是中国封建时代对灵魂信仰的集中体现,凝聚着一个时期的政治思想、道德观念和审美趣味;同时,这种动用国家力量建造的陵墓,也反映了当时的经济发展水平、科学技术水平及建筑营造工艺水平,是中国丧葬艺术的最高表现形式和建筑典范。

(二)中国古代陵寝制度的形成

中国古代帝王陵寝制度创始于战国,形成于秦汉时期,沿用至清消亡。其中,"陵"专指帝王的坟墓。"寝"专指帝王墓葬上的宫殿建筑。

1. 帝陵的形成

《易·系辞传下》:"古之葬者,厚衣之以薪,葬之中野,不封不树。"这是说殷商时代,古人在死了以后,其墓既无封土,也没有树碑。也就是有墓而无坟。孔子曾说"古也墓而不坟"。

春秋以前都称墓葬为"墓"。战国时期,开始出现大的封土墓。《墨子·节葬下》:"棺椁必重,葬埋必厚,衣衾必多,丘垅必巨。"这就是因"灵魂不死"观念带来的厚葬之风。帝王的墓葬作为身份等级最高者,坟墓建得最高大。因其封土如高大突兀的山丘,称之为"陵"。当时人们用"山陵"比喻最高统治者。文献中经常出现"山陵崩"一词,指代最高统治者的去世。后世为推崇皇权,都将君王的坟墓建得十分高大。如秦始皇陵、汉茂陵,甚至在唐代直接以山为陵,如此才能彰显帝王权威和皇家气派。

2. 帝王灵魂居所的"寝"

根据"灵魂不死"观念,帝王死后,其灵魂会和活着一样处理政务和饮食起居。活着的时候有"朝""寝",死了之后也要有"庙""寝"。庙像朝堂,安放神位,定期祭祀。寝的作用是陈列衣冠和生活用具,是帝王的灵魂饮食起居之所,后人要像帝王活着的时候一样侍奉,随时供奉新鲜食品。自秦始皇,开始在陵墓的边侧或顶上设寝,作为墓主灵魂日常生活起居的场所。随后,寝在汉代广泛推行。自此,"陵""寝"合一,"陵寝"专指帝王的墓葬。

(三)中国古代陵寝制度的演变

1. 陵的演变

"陵"指帝王墓上堆起的高大的封土。自秦汉以降,陵墓封土前后经历了方上、以山为陵、宝城宝顶等形式的演变,现在我们还能从现存的帝王陵中一窥陵墓封土的演变。高大的封土之下就是庞大的地宫,先后也经历了土穴墓、木椁墓、砖石墓等的演变。

2. 寝的演变

西汉时,在寝中陈设有座位、床、几、被枕、衣冠以及其他日常生活用具,要"日上四食""随鼓漏理被枕,具盥水,陈严具"。即如同活人一样每天四次侍奉食品,而且还要随更鼓整理被枕、打洗漱用水,摆放各种家具。寝中有宫人等人役应差,如同墓主生时一般。东汉明帝时因"上陵墓祭"的需要,扩大了陵园中寝的规模。即建设寝殿,用于祭祀典礼。唐代时,寝的规模继续扩大,分为献殿(用于上陵朝拜或举行重要的祭献典礼之用)和寝宫(又称"下宫",墓主生活起居的场所)两处建筑。唐代的下宫与献殿相隔较远,并不位于陵园内,是因为唐代以山为陵,而山上缺水,为了满足日常生活用水的需要,唐代的帝陵中将下宫移至离水源地较近的地方。明代时,明太祖朱元璋扩建祭殿建筑,取消了寝宫(下宫)的设置,废除留宿宫人和日常供奉。顾炎武曾提到"明代之制,无车马,无宫人,不起居,不进奉"。经过一系列的演变,明清皇陵中的寝成为专门用于祭祀典礼的处所,形成了陵园中的祭祀建筑区。

二、中国古代皇陵的结构特点

(一)中国古代皇陵的选址

中国古代皇陵的选址多在山环水抱的丘陵地带。

其一是地理因素。皇陵一般会选址在国都附近,便于后世帝王的祭拜、守护。

其二强调高敞。《吕氏春秋》中说古代的人之所以选择葬在高处,原因在于如果葬得浅,容易受狐狸等打洞野兽的侵扰。如果葬得太深,棺木容易受地下水的浸泡。高敞的地势可以起到防水的作用。另外,帝陵建在丘陵之上,更显得高大庄严,给观者以震撼感,彰显皇家威仪。

其三强调与自然山水环境相融合。皇陵所在的丘陵山岳必须有水环绕，陵前陵后亦应有水经过。山水呼应，加之林木丰茂，体现了完美的陵寝与自然和谐的画卷。明显陵的陵寝建筑与环境十分和谐，陵墓与周围的松林、山峦、河流有机地结合起来。起伏的山体是陵区的环护和依托；潺潺的流水和苍翠的松柏给陵区带来一片生机。陵区建筑依山间台地起伏错落，尊卑有序，在山环水抱之中，构成了一幅建筑艺术与环境完美结合的画卷。

其四强调皇陵左右两侧的山形，陵前要有宽阔的空地，以模仿朝堂。

汉唐以来，中国的皇家陵寝基本都遵循以上选址原则，如汉帝陵多分布在西安、咸阳附近的塬上。唐代以山为陵，也多分布于都城长安附近的山地中，如唐太宗李世民昭陵所在的九嵕山以及乾陵所在的梁山都是山水环绕、气势磅礴的风水宝地。明清皇陵的选址安排也是如此。清代地理学家梁份在《帝陵图说》中说，明十三陵所在的天寿山的地形是四周由燕山、太行山环抱，主体崇高正大、水土深厚，外围环列诸峰，形成屏障，东山口有水环绕，风景和聚气甚佳。清东陵北有昌瑞山做后靠，南有金星山做朝堂，中间有影壁山做书案，东有鹰飞倒仰山如青龙盘卧，西有黄花山似白虎雄踞，东西两条大河环绕夹流似两条玉带，群山环抱的格局辽阔坦荡，雍容不迫。据说当年顺治到这一带打猎，被这一片灵山秀水所震撼，当即传旨"此山王气葱郁可为朕寿宫"。从此，昌瑞山便有了规模浩大、气势恢宏的清东陵。

世界遗产委员会对明清皇家陵寝项目给予了如此的评价：明清皇家陵寝依照风水理论，精心选址，将数量众多的建筑物巧妙地安置于地下。它是人类改变自然的产物，体现了传统的建筑和装饰思想，阐释了封建中国持续五百年的世界观与权力观。

(二)陵墓封土

通常，棺椁下葬后，并不是把土填平即可，而是要在地面上堆出一个高高的土丘。对于普通老百姓而言，这个土丘就叫"坟头"。对于帝王，为了彰显其权势和威严，这个土丘往往堆得很大、很气派。帝王墓穴上高大的土堆专称为"封土"。

1. 方上

方上，就是在帝王的墓穴之上层层夯筑，使它成为一个上小下大的方锥体，就像倒扣着的一个斗，因为它的上部是方形平顶，没有尖部，所以叫"方上"，也称"覆斗"。如陕西临潼的秦始皇陵，就是迄今为止封土最大的一座陵墓，它高115米，南北长350米，东西宽345米，顶部东西长24米，南北宽10米，看上去像一座小山。汉代帝王陵墓的封土也都是方上形式。汉代帝王陵墓中规模最大的一座帝陵应是汉武帝刘彻的茂陵。其封土位于陵园中心，现存形状也为覆斗形，显得十分庄严稳重。其周围还有卫青、霍去病的陪葬墓。

2. 以山为陵

以山为陵，是指利用山的丘峰作为陵墓的坟头。唐代帝陵为了规避方上封土高土垒筑，容易被盗掘的缺陷，就在长安附近的山丘地带挖山筑坟，以山为陵。例如，安葬唐太宗李世民的昭陵就选择了长安西北礼泉县海拔1188米的九嵕山为坟，凿山建造。以山为陵，山岳雄伟的气势更加彰显了帝王宏大的气魄，再加上山石坚固、巨石铅水封固，提高了帝陵防盗掘的水平。

3. 宝城宝顶

从明清时期起，帝王陵的封土采用了宝城、宝顶的形式。这种建筑形式是在墓穴上面砌筑一个高大的砖城，然后在砖城内填土，使土高出城墙形成一个圆顶，在城墙上面设置垛口和女墙，宛如一座小城，这种城墙就叫作"宝城"，高出城墙的圆顶叫作"宝顶"。宝城的形式有圆形和长圆形两种，明朝帝王陵一般为圆形，清朝帝王陵多采用长圆形。在宝城的前面还有一个向前突出的方形城台，台上建一个方形明楼，叫作"方城明楼"，楼内竖立着逝者的谥号碑。方城明楼是和宝城、宝顶一起的联体建筑，它们构成了明清皇陵坟墓的整体结构，方与圆的结合增加了皇陵建筑的艺术性(见图5-1)。方城明楼和谥号碑增加了皇陵庄严肃穆的氛围。

图 5-1　明显陵一陵两冢（田俊杰　摄）

明清皇陵的宝城宝顶一般只有一个，但位于湖北钟祥的明显陵却是一陵两冢，也就是拥有两个宝城。这一现象是世界罕见的。明显陵位于钟祥市城东北 7.5 千米的纯德山，是明世宗嘉靖皇帝的父亲和母亲的合葬墓。显陵前后两个宝城的形成与其主人身份的变化紧密相关。前宝城建于正德十五年（1520 年），是明世宗嘉靖皇帝的父亲朱祐杬死后按藩王规制建造的。后宝城建于嘉靖十八年（1539 年），是朱祐杬被追尊为皇帝后与其妻合葬时修建的新宫。两宝城之间用很长的平台连接称为"瑶台"，整体呈哑铃状。它是明代著名政治事件"大礼议"的产物。

(三)陵园祭祀区

陵园的祭祀区就是建在陵墓封土的前方用于祭祀的建筑群。目前，帝陵中现存的祭祀建筑群是明清两代皇陵的祭祀区，由三进或两进院落组成，陵宫门、祾恩门、祾恩殿、内红门、石几筵、明楼、宝顶都在一条中轴线上。其主要建筑物是祭殿，明代称为"祾恩殿"，清代称为"隆恩殿"，两边还有一些配殿。明十三陵的长陵是明成祖朱棣和其皇后的合葬墓，是十三陵中规模最大、地面建筑保存最完好的皇陵。

长陵陵园平面布局为"前方后圆"形制。"前方"是三进深院落。第一进深院落大门为陵门，门内明朝时东建有神厨，西建有神库，神厨前有碑亭一座。第二进深院落大门为祾恩门，其名始于明嘉靖十七年（1538 年），嘉靖皇帝亲自改的。其中，"祾"字取"祭而受福"的意思，"恩"字取"罔极之恩"的意思。门内即祾恩殿，面阔九间进深五间，象征着皇帝的"九五"之位。祾恩殿是供奉帝后神位和举行祭祀活动的场所。长陵祾恩殿是明代帝王陵中唯一保存完整的帝王祭祀殿堂，殿内有 60 根金丝楠木柱，当中 4 根直径在 1 米以上，是我国保存最好的金丝楠木大殿，十分珍贵。第三进深院落大门为棂星门。棂星门象征天门，是一种象征王制、点缀意义极强的标志性建筑。门后正中神道上为石几筵。它由石供案和 5 件雕刻精致的石供器组成。这 5 件石供器包括 1 个三足鼎形石香炉、2 个花瓶、2 个烛台，又称"石五供"。石五供最早出现在长陵，后成为定制。

"后圆"即指明永乐皇帝的陵墓，它由方城、明楼、宝城、宝山组成。宝城正前方建方城，方城之上为重檐歇山顶明楼。明楼是每座陵墓的标志，也是每座陵墓中轴线上的最高建筑。明楼内立"圣号碑"，碑上刻"大明成祖文皇帝之陵"。

从总体上而言，中国古代的皇陵建筑有尚高、尚大、尚威三大特征。所谓"尚高"，是指身份地位越显贵，其坟封土越高。所谓"尚大"，是指中国古代皇陵的规模巨大，建造时间越长。中国历史上最大的皇陵是秦始皇陵，据考古学家判断，秦陵陵区范围总占地面积约 56.25 平方千米。汉武帝的茂陵则是建造时间最长的皇陵，共历时 53 年。世界上陵区面积最大、陪葬墓最多的是唐太宗的昭陵。昭陵陵园周长 60 千米，占地面积 200 平方千米，共有陪葬墓 180 余座，被誉为

"天下名陵"。所谓"尚威",是指中国古代帝王陵寝分为地上、地下两部分,地上部分的建筑重在观瞻。观者,审美;瞻者,崇拜。设中轴,求对称,讲递进,序高潮。

(四)神道

中国古代皇陵中,除规模宏大、肃穆庄严的祭祀区和陵墓外,在陵区内吸引人们目光的还有排列整齐、庄严凝重的神道及两侧的石像生(见图5-2)。

图 5-2　神道及两侧石像生(张汉斌　摄)

神道,一般又称"隧道",指陵墓前开筑的大道。神道是仿宫殿中便于群臣朝拜的大道。在神道两旁布置石刻群是一种代表封建等级地位的制度,始于西汉、东汉之交。东汉光武帝死后,汉明帝将元旦在宗庙举行的朝驾皇帝的仪式改到光武帝的原陵举行,成为一种上陵朝拜祭祀的仪式。为便于群臣朝拜,自然就要在陵前开筑如同宫殿门前大道的神道,神道两侧布置的石刻群也就相当于设在宫殿前的守卫和侍从。石刻群成对布置在大道两旁,由于古人崇尚鬼神,因而陵墓神道石刻群除象征守卫和侍从的石人外,还需要象征吉祥和驱除邪恶的动物与神兽,如石羊、石马、石狮、天禄、辟邪等。

保存到现在的墓前石刻,最早的要数汉武帝茂陵霍去病陪葬墓的一组石刻。石刻包括"马踏匈奴"、跃马、卧马、卧虎等14件。石刻采用了线雕、浮雕和圆雕相结合的手法,按照石材原有的形状和特质,顺其自然,对关键部位进行细雕、其他部位略雕的手法,突出自然环境中马、虎、象等的神态和动感。石刻中最著名的是"马踏匈奴"主像,它艺术地概括了霍去病一生抗击匈奴的丰功伟绩。

南京作为古都,不仅有世界遗产明孝陵,南朝的诸帝陵也在南京。在南朝诸帝陵墓的神道两旁引人注目的是石麒麟,其体形高大,昂首挺胸,张口露齿,目含凶光。身旁两侧有羽翼,四足前后交错,神态威猛,恫人心魄。现代的南京市的标志"辟邪",就来源于南朝诸帝陵这种镇墓神兽。

唐代帝陵神道石刻群从唐高宗与武则天的乾陵可见。在乾陵的神道两旁陈列有石柱(石表)1对、石飞马1对、石鸵鸟1对、石马5对、双手握剑的石人10对、石碑1对、少数民族首领石像61尊,这象征着初盛唐时期天下太平、四方朝贡、国力强盛,以及国家的统一和民族的团结。

明代帝陵又大大加强了神道石刻群的力量,对神道石刻的种类进行了调整,启用了较大的动物和神兽,以期通过强有力的神兽加强守卫力量。如明太祖孝陵神道依山就势,蜿蜒曲折,全长865米,两侧布置神兽6种12对24只,均相对而置,两卧两立,依次为狮子、獬豸、麒麟、骆驼、大象、马。神道绕过梅花山南麓,折而向北,到棂星门为止,长250米,有石望柱2根,紧随其后的是4对石人,分别为文臣、武将各2对。武将身披介胄,手执金吾,高一丈三尺;文臣头戴朝冠,手秉朝笏,高一丈二尺。北京的明十三陵共用一条神道,其石刻的安排基本相同。

清代帝陵前的神道及石刻仿照明代,因此清东陵、清西陵前的神道和石刻基本与明代帝陵一致。

(五)墓室结构

1. 土穴木椁墓

商周时期,王陵多是土穴木椁墓室,即用木材构筑椁室,棺置于椁室正中。如湖北随州的曾侯乙墓。曾侯乙墓是战国早期曾国的国君曾侯乙的坟墓,位于湖北随州城西2千米处的擂鼓墩东团坡上。墓室为多边形竖穴木椁墓。外屋是椁室。整个椁室由底板、墙板、盖板共171根巨型长方木铺垫垒叠而成。为了防潮,在木椁顶面及四周填塞600吨木炭,木炭之上又铺满了青膏泥和白膏泥,用石板封盖后,填五花土直达墓口。椁内有东、中、北、西四室。曾侯乙的棺放在东室,由外棺和内棺组成,棺外都有神兽的彩绘;西室放置陪棺13具;北室放置兵器、车马器及竹简;中厅大约是墓主人的音乐室、礼宾接待厅,内置大量礼乐器。地宫东西长21米,南北宽16.5米,距地表深13米,面积为220平方米。

西汉时,王陵流行一种"黄肠题凑"之制,"经柏木黄心致累棺外,故曰黄肠;木头皆内向,故曰题凑",即用柏木垒成的一道厚木墙,它由15800余根黄肠木组成,这些黄肠木长0.9米,其截面一般是边长10厘米的正方形,少量边长20厘米的正方形。这些黄肠木条的一端均朝向墓室中心,从墓室中心所见四壁都是黄肠柏木头。1974年到1975年,在北京大葆台发掘的西汉广阳顷王刘建和王后墓属黄肠题凑墓。西汉黄肠题凑墓是中国传统的木椁墓的继续和发展,外藏椁、黄肠题凑、多重棺椁、前堂、后室、梓宫、便房及积石积炭等复杂结构,标志着木构墓室制的完全成熟。西汉以后,随着砖室墓和石室墓的兴起,木结构的黄肠题凑葬制慢慢退出了历史舞台。

2. 砖石砌筑的地宫

因木椁墓容易被盗掘,西汉中晚期开始流行砖石墓。东汉以后,皇陵的墓室改为由砖石砌成的地宫。墓室的砖上雕刻画像,称为"画像石墓"。汉代画像石可上溯西汉文景时期,最早的画像石墓大约出现在西汉晚期,主要分布于山东、江苏、河南、湖北、陕西、山西、河北、浙江等地。这些墓的墓室主要由石材或砖砌成,内部装饰有大量各种不同体裁的画像石。这些画像石上的雕刻了反映仙界的神话、贵族宴乐和社交的生活场景以及历史人物等内容,目的是希望逝者的灵魂升天或照常过活着时的奢华生活。例如,著名的山东沂南画像石墓,墓中的画像石有历史人物故事图、攻战图、祭祀图、升仙图、神仙怪兽、仙草嘉禾等73幅画像。墓室设计精美,画像石的雕刻细致,表现出极高的艺术水平,是东汉时代画像石墓的典型代表,也是当时厚葬风气的反映。

明清时期,皇陵的地宫已堪比宫殿。定陵是明神宗万历皇帝和两位皇后的合葬墓。玄宫位于宝城正中偏后侧,玄宫地表距宝城封土最高处落差为32米。玄宫由前殿、中殿、后殿、左配殿、右配殿5个殿宇组成,均用条石砌成,是拱券式,无梁柱。前殿拱券纵式,东西进深20米,南北宽6米,地表至券顶高7.2米。中殿拱券纵式,东西进深32米,南北宽和高度与前殿相同,殿后部有汉白玉石神座和黄琉璃五供陈设3份。后殿拱券横式,南北面阔30.1米,东西进深9.1米,高9.5米,正中安放帝后的棺椁。

3. 殉葬品

地宫中除埋葬死去帝王的尸骨外,基于"灵魂不灭"和"事死如生"的信仰观念,还会随葬大量的珍贵的财物、生活日用品、兵器甚至军队(如秦俑)等。

(1)木陶俑。

汉以后人殉被木陶俑所替代出现在殡葬品中,这以秦始皇陵兵马俑为最。秦始皇在营建其陵寝时,将为他统一六国的秦军以陶俑的方式随葬于地下。目前,人们能从出土的秦俑身上看到强大的秦军和先进的军事理念。另外,在后世的陵墓中出土了像唐三彩、仕女俑等各种人俑或动物俑,作为墓主的陪侍。

(2)金缕玉衣。

金缕玉衣主要出土于河南、江苏、河北、安徽、山东,是汉代皇帝和部分贵族去世时所穿的殓服。金缕玉衣形如铠甲,用金丝连接。目前,国内发现金缕玉衣共20余套。因为汉代人认为,玉器晶莹剔透,是自然馈赠的宝物,把玉片覆盖在人体的不同部位,便可以让死后的尸身不腐朽。最具代表性的是河北满城一号墓出土的中山靖王刘胜的金缕玉衣。它用1000多克金丝连缀起2498块大小不等的玉片,由上百个工匠花了两年多的时间完成。整件金缕玉衣设计精巧,做工细致,是难得的艺术瑰宝。

(3)金井玉葬。

金井玉葬是一种明清时代的墓葬形式。帝后陵寝地宫中,设有白石棺床,中央有一个长型方孔,中间填的是黄土,也就是选择墓穴时的第一铲黄土,叫作"金井"。在棺椁四周和棺椁内放有玉石,或者在逝者口中含有玉石,称为"玉葬"。古人认为金井可以沟通阴阳,交流生气,而玉葬能够保持尸体不腐烂。

第二节　一扫六合,始皇雄兵

秦始皇陵是中国古代帝王陵墓中规模最大、埋藏物最丰富的一座大型陵墓,具有重要的历史价值、研究价值、社会价值和经济价值。1961年,秦始皇陵被列入首批全国重点文物保护单位,1987年被列入《世界遗产名录》。秦始皇陵四周分布着大量陪葬坑和墓葬,其中包括兵马俑坑,出土了一大批精美的文物。秦始皇陵充分展现了2000多年前中国古代劳动人民的智慧,这是中华民族的骄傲和财富。

一、秦始皇陵的规模与布局

(一)秦始皇陵的面世

1974年3月,春寒料峭。严重的干旱威胁着陕西临潼西杨村村民的生存,为了解决紧迫的用水问题,村民们开始在秦始皇陵园东侧1.5千米处打井。3月29日,村民在井下挖土,意外地发现了大量陶俑残片以及成束的铜镞、铜弩机等兵器。这一发现引起了有关方面的重视,人们开始了艰苦的发掘工作。半年后,一个惊人的消息震撼了世界——这是一个长方形的秦代兵马俑坑,东西至少长203米,南北至少宽59米。不仅中国没有,就是在全世界,也没发现过这么大规模的陪葬坑。至此,埋藏地底2000多年,伴随无数传闻的中国第一位皇帝——秦始皇的陵墓及兵马俑陪葬坑揭开面纱。

(二)秦始皇陵的规模与地面建制

1. 秦始皇陵的规模

秦始皇陵位于陕西省西安市临潼区城东5千米处的骊山北麓,南傍山北临水,是世界上规模宏大、结构奇特、内容丰富的帝王陵墓。

秦始皇的墓址之所以选在骊山,主要是因为秦国先王的陵墓就在这一带。骊山一带的地理位置和风水比较好也是选址骊山的另一个重要原因。骊山是秦岭北麓的一个支脉,东西绵延约25千米,南北宽约7千米。从卫星地图上的位置看,从骊山到华山,很像一条腾飞的巨龙,而骊山正位于龙眼的位置。

秦始皇陵陵区分陵园区和从葬区两部分,陵园以封土堆为中心,四周陪葬分布众多。根据《吕氏春秋》《汉旧仪》等书记载,秦始皇陵的建造是仿照都城的形制设计的。整个陵园可分为四个部分,即地下宫城(地宫)、内城、外城和外城垣以外。陵园的核心区域是地宫。秦陵地宫位于内城南半部的封土之下,相当于秦始皇生前的"宫城"。内城是陵园的重点建设区,内城垣内的地面地下设施众多,尤其是内城的南部较为密集。内城北部的西区是便殿附属建筑区,东区是后宫人员的陪葬墓区,内城南部为重点区,北部为附属区,它们均属于宫廷的范围。外城即内外城垣之间的外廓城部分,其西区的地面和地下设施较为密集,南北两区尚未发现遗迹、遗物。这种布局说明外廓城的西区是重点区,其内涵为象征京城内的厩苑、囿苑及园寺吏舍,与内城相比,显然居于附属地位。最后是外城垣以外的地区,包括三处修陵人员的墓地、砖瓦窑址和打石场等,北边发现有陵园督造人员的官署及郦邑建筑遗址,居于边缘的地位。

整个陵园由南北两个狭长的长方形城垣构成。内城中部发现一道东西向夹墙,正好将内城分为南北两部分。高大的封冢坐落在内城的南部,是整个陵园的核心。陵园的地面建筑集中在封土北侧,陵园的陪葬坑都分布在封冢的东西两侧,形成了以地宫和封冢为中心,布局合理、形制规范的帝王陵园。

2. 秦始皇陵的地面建制

(1)"回"字形的形制。

秦始皇陵分陵园区和从葬区两部分,陵园占地近 8 平方千米。陵墓近似方形,顶部平坦,腰略呈阶梯状,高 76 米,东西长 345 米,南北宽 350 米,占地 120750 平方米。陵园以封土堆为中心,四周陪葬分布众多。秦始皇陵是中国历史上第一个皇帝陵园,陵园按照"事死如生"的原则,布局建造大体呈"回"字形。以封土为核心,秦始皇陵有内外两重城垣,城垣四面设置高大的门阙,形制为三出阙的属天子之礼,是国家颁布政教法令的地方。宏伟壮观的门阙和寝殿建筑群,以及 600 多座陪葬墓、陪葬坑,一起构成地面上秦始皇陵的完整形态,而这种形态,显然模仿的是秦都咸阳的宫殿和都城格局。

(2)秦陵封土。

古人下葬以后起土成堆的做法早就存在,最初的作用是用来标识死者,供祭祀时辨认。当赋予它身份等级标志以后,坟堆的高低、大小、形式,甚至上面植树的多少,都有了与身份相应的明确规定,帝王的陵墓也变得越来越高大。显然,陵冢的变化成为帝王权势地位的明确标志。

自先秦时期的"不封不树",到封土墓的出现,帝王陵墓上的封土越来越高,越来越壮观。秦始皇陵的封土无疑是汉代以前封土墓中最为辉煌彰显的一座,它不仅是秦始皇帝前无古人、唯我独尊心态的物化体现,也反映了"非壮丽无以重威"的秦人价值观念。

秦始皇陵的封土有三级阶梯,呈覆斗状,底部近似方形。《汉书·楚元王列传》记载:"秦始皇帝葬于骊山之阿,下锢三泉,上崇山坟,其高五十余丈,周回五里有余。"

汉承秦制,秦时一尺约为现代 23 厘米,五十丈即约 115 米。秦时一里为 414 米,五里约为 2070 米,封土底部面积约 25 万平方米,高 115 米,这大概就是秦始皇陵当初的规模。经过 2000 多年的自然的侵蚀和人为影响,秦始皇陵现存的封土比原来的封土缩小了很多,现存封土底部面积约为 12 万平方米,高度为 87 米。

(三)秦始皇陵的地下宫殿

1. 秦陵地宫

秦始皇陵地下宫殿是陵墓建筑的核心部分,位于封土堆之下。司马迁在《史记》中对秦始皇陵地宫有一段描述,内容是:地宫深度超过了三层地下水,下置铜椁、百官位次;珍玩奇宝充满其中,设有暗弩,以防盗贼;地穴顶空,绘刻日月天文图;底面有水银河与山川五岳等自然地理模型,并有以鱼类油制成的长明灯。据司马迁的描述,考古学家推测,秦陵地宫应是巨型的长方形竖穴墓坑,内藏大量的奇珍异宝,为防止盗墓,地宫内设置了大量的弩机。

1981年,中国科学院的地质学家对地宫的具体位置进行了探测。经考古工作者的多年努力,现已基本探明,秦陵地宫全部用大理石筑砌,宫室东西宽约400米,南北长约460米,拱形的顶部具有"天文星宿之象",由夜明珠制作的日月星辰及银河、二十八星宿交替出现。宫室地面"百川、五岳、九州、具地理之势","江河湖海"用水银灌输。铜质棺椁放置在象征中国疆域地貌的版图上,铜棺周围点缀着燃烧"人鱼膏"的人形铜柱长明灯。宫室内,文武百官、三公九卿等无数雕像肃然恭立,就像其生前一样,随时听从"召唤",这与史料记载基本相符。

2. 复活的地下兵团——兵马俑

秦始皇能够统一六国,结束约500年的列国纷争,靠的是一支什么样的军队呢?多年以来,人们对它一直了解不多,它真实的形象一直模糊不清。1974年的惊天发现,使秦始皇的庞大地下军团,穿越了2000多年历史的滚滚风尘,列阵来到世人面前,让每一个观看者感受到深深的震撼。

兵马俑坑

兵马俑坑位于秦始皇陵东侧1.5千米处西杨村南,是秦始皇帝陵园外围的一组大型陪葬坑,已发现3个,分别编为一、二、三号兵马俑坑。兵马俑陪葬坑坐西向东,呈"品"字形分布,总面积达2万余平方米。兵马俑坑融合博大与精微于一体,3个俑坑形成3个有机组合的军阵,一号坑(见图5-3)为方阵,二号坑为矩阵,三号坑为指挥部。3个俑坑内有和真人、真马大小相似的陶俑、陶马近8000件,有车兵、骑兵和步兵等不同的兵种,排列整齐有序。陶俑的形象各不相同,神态生动,是中国古代雕塑艺术史上的一颗明珠,被誉为"20世纪考古史上的伟大发现之一"。

图5-3 兵马俑一号坑(胡宪洋 摄)

兵马俑的造型基本取材于现实生活,手法细腻。每个陶俑都有不同的服装、外观、发型等,就连手势和面部表情也不相同。从他们的着装、神情和手势,人们可以判断其身份,知道他们是军官还是士兵,是步兵还是骑兵。所有陶俑的神情肃穆,流露出秦人特有的威严与沉稳,个性鲜明,时代特征强烈。

兵马俑雕塑采用绘画与雕塑相结合的方式。虽然年代久远,但刚被发现时,这些人物脸部和衣服上的颜色仍然可见,出土后,由于氧化,不到10秒钟颜色就消失了。兵马俑兼具真实性和装饰性,在中国雕塑史上占有重要地位。从出土的陶俑和陶马来看,几乎无一雷同(见图5-4)。

秦统一六国后,秦国实行全国征兵制度,兵源来自全国各地,这可能是秦俑在脸型、表情和年龄上存在差异的主要原因。工匠们用写实的艺术手法将它们表现得非常逼真。在这庞大的兵马俑群体中,包含了许多明显不同的个体,让整个群体更加活跃、真实、充满生机。

图 5-4　兵马俑的千人千面（刘梦丽　摄）

兵马俑艺术在中国古代雕塑史上的地位举足轻重,是对前代艺术传统的继承和发展,对后世雕塑艺术的产生和发展有着深远的影响。首先,它发扬了我国写实主义的艺术传统,为后世的雕塑艺术奠定了基础。其次,兵马俑的洗练概括为后世汉唐所继承和发扬,成为中国造型艺术的一个重要艺术特色。而且,绘画与雕塑相结合的手法,为中国古代雕塑注入了新鲜的活力,拓宽了中国雕塑艺术的发展道路。秦始皇兵马俑是中华民族的骄傲,是世界文化的宝贵遗产。

二、秦始皇陵文化的传播与活化

秦始皇陵文化遗产的有效保护与合理利用,有利于弘扬民族精神、加强爱国主义教育、建设中华民族共有精神家园,也有利于带动区域产业结构优化调整、促进社会、经济繁荣,推进和谐社会建设。为了更好地传播秦陵文化,近年来,当地文化部门采取了一系列的措施,对秦始皇陵文化遗产进行数字化整理和文创活化。

(一)建立数字化博物馆

秦始皇兵马俑及出土文物在尘封 2000 多年后重新走入大众的视野,引起了国内外文物爱好者的追捧。但能身临其境一睹大秦时代风华的游客毕竟有限,为了扩大兵马俑的影响力,传播中国文化,同时保护脆弱的文物,秦始皇帝陵博物院适应数字时代需求,因地制宜地推出线上博物馆系列栏目,让人们足不出户,就可以欣赏精美文物,感受兵马俑这一世界文化遗产的魅力。秦始皇帝陵博物院在官方网站推出了"数字展示栏目",该栏目目前包括"全景兵马俑""平天下展览""四海一虚拟展示""数字博物馆"四大内容板块。人们可以通过浏览兵马俑 360°超清全景图,感受世界文化遗产的磅礴之势。其中,兵马俑一号坑利用全景技术,将 2000 张 4575 万像素的图片拼接起来形成一幅高达 500 亿像素的室内全景图,将秦兵马俑一号坑内的所有遗迹非常精细地展现出来。从某种程度上讲,这种数字参观方式甚至能够提供超过实地参观的效果。

秦始皇帝陵博物院和中国航天科技集团有限公司合作的数字化考古团队通过航天遥感技术获取陵区数据,用虚拟现实技术还原皇陵全貌。考古人员将所有碎片曲面扫描下来并编码,计算机根据曲面形状进行最佳匹配。以前,修复一个兵马俑需要很长时间,但现在的数字化虚拟技术可以在很短的时间内完成,而且不用实地拼搭,避免文物产生二次破坏。同时,根据数据还可以 3D 打印一个与原型一样的兵马俑,尝试恢复文物颜色或根据各种碎片发掘位置判断兵马俑最初的布阵,复原当时的恢宏场景,研究秦时的兵法。

为了适应年轻人市场,秦始皇帝陵博物院联合腾讯共同开发了"我为秦军送粮草"等H5小游戏,还包括"博物官"小程序、"秦时明月"游戏、QQ装扮、微视等不同产品线。只要打开手机对准玻璃展览柜里的铜车马扫一扫,游客就可以在自己的小屏幕上随意旋转、放大3D模型,连车夫衣服的褶皱都看得清楚。数字化技术改善了游客的参观体验,一些只存在于历史文献和专家考古论文中的秦始皇陵地宫向游客影像化还原正在成为可能。

在信息化社会的大背景下,博物馆教育数字化推广是中华文化海外传播的新兴途径。2017年,秦始皇帝陵博物院、西安电子科技大学与美国史密森尼学会(Smithsonian Institution)合作的线上教育项目——"秦兵马俑史密森尼数字教育"在美国正式发布。内容覆盖了秦兵马俑和秦始皇陵相关的各种主题:从秦始皇的功绩到一统中国的历史,从兵马俑到秦陵新发现,从考古发掘到文物修复及保护。除了丰富的主题,独特的教学形式也是此项目的一大亮点。教学形式包含小组合作和个人完成两种模式,充分满足教育者的不同需求,使学习者能够对秦始皇时代的历史文化形成较为全面深入的认识和体验。

这个数字化教育项目为中华优秀传统文化"走出去"提供了新途径和新方法,并积累了重要的运行模式和经验。利用高科技互联网技术研发的博物馆数字教育,因不受时空条件的限制,对世界遗产的可持续发展具有深远意义。

丰硕的文物保护成果、领先的文物保护技术、完善的文物保护设施、专门的文物保护条例等不仅为兵马俑的考古发掘奠定了基础,而且为文物与遗址的永续保存、长期展示提供了坚实基础与有力保障。

(二)用文创讲好中国故事

文创产品是活化遗产、传播文化重要的途径。秦始皇帝陵博物院与国内各大文创公司合作,以兵马俑文化为核心开发出了许多特色文创产品,不仅让用户有更好的体验,也增强了秦始皇陵博物馆院的品牌传播力,更重要的是通过这些讲好了中国故事。

秦始皇帝陵博物院与北京华夏言国际文化创意有限公司联手巧合推出"俑"敢创造——中式榫卯积木兵马俑系列盲盒,即不用一钉一铆,将两根木头严密扣合,凸出为榫、凹入为卯,合称"榫卯",榫卯结构代表了中国传统木工艺之美,有千年历史。这款盲盒将兵马俑文化作为创作蓝本,结合中国古代传统榫卯技艺,将中国传统榫卯拼接方式与兵俑形象进行巧妙结合,灵动鲜活地展现出了兵马俑的特色,同时也体现了传承与创新的相互融合。盲盒共有6个,每个兵俑都有自己不同的特色,通过头饰、兵器、盔甲来区别款式,不同兵器配件、兵俑表情、兵俑铠甲的重组,看似简单,实则不然,榫卯积木兵马俑是集文化内涵、立体机构、审美力学、逻辑思维于一体的自主性创作产品,是中国传统技巧、历史文化和新时代表现手法的有机融合。

2021年,秦始皇帝陵博物院"赢天下秦半两茶"还获得了陕西省文创大赛的"最佳创意设计奖"和"金奖"。"赢天下秦半两茶"设计创意源自对"秦半两"的深度发掘,同时结合陕西非物质文化遗产茯砖茶,将陕西地域文化与秦文化完美地融合,延伸了产品的附加属性,创造性传播了中华传统文化。

博物院文化产业部与陕西新画幅旅游传媒有限公司已联合开发出几十款各具匠心的文创精品,涵盖了时尚文具、家居用品、数码周边、纸制品、服装饰品、伴手礼等诸多品类。产品深度发掘"秦文化",注重产品的实用价值,让每一件产品都有源可溯、有典可讲,同时,再巧妙地融入消费者喜爱的技术与工艺,让文创产品成为信息的载体,真正成为可以带回家的一段历史故事。以神秘的"传国玉玺"(始皇玺)为原型,用现代工艺精心打造的"传国玉玺便签纸砖",再现了"国之重器"的威严感和满足消费者心理需求的崇高感,并具备很强的实用性与美观度。以兵马俑"千俑千面"为主题,取材自3尊具较强代表性的兵俑俑首、服饰及神态的竹制书签,蕴含着兵马俑在烧制时的"大智慧"和"小秘诀"。原创设计的"秦风·蒹葭"系列产品,灵感来源于《诗经·秦风》中的《蒹葭》一篇,完美地呈现出秦地历经千年传诵至今的文学艺术成就和勇武善战之秦人温情脉脉的一面。以馆藏青铜秦盾为原型,集多种秦主题设计元素于一身的"帝国盾勋"系列产品、以始皇帝出巡天下时所刻石碑碑文为主题的"始皇刻石"系列主题创意产品,这些文创产品的面世标志着秦始皇帝陵博物院在弘扬中华文明、传播中国文化等方面迈出了新的一步。

2021年9月2日至5日,在四川省峨眉山市举行的第八届旅博会暨"2021中国特色旅游商品大赛"和"2021中国特色旅游商品展"上,秦始皇帝陵博物院选送的互动解谜游戏书《问秦》与青岛啤酒联名开发的"俑流传"罐啤,分别荣获"金奖"和"银奖"。互动解谜游戏书《问秦》,是由秦始皇帝陵博物院官方授权陕西师范大学出版总社与成都过度创造科技有限公司,结合相关考古报告、研究成果进行谜题、视觉等方面的设计,通过40多件道具、30多道谜题,结合秦代文化,围绕大众最好奇的问题,让读者通过App,化身记者,在寻找失踪好友的过程中,和秦陵考古队队员一起破解谜题线索,同时挫败文物走私集团阴谋的一款集故事性、趣味性、知识性为一体的产品。其中,App中的史料馆包含有200多条知识词条,在方便读者查看学习的同时,进一步传播秦文化。"俑流传"罐啤,是秦陵博物院与青岛啤酒联名款产品,外观颜色以黑红搭配为主、金色为辅,设计风格融合"兵马俑+陕西非遗文化(鼓舞)+泡沫满杯"的青岛啤酒,以卡通手绘的形式,将庄严神圣的兵马俑通过形态、表情、场景的创新赋予生命,将产品生活化,将兵马俑文化与啤酒文化巧妙融合。

本章小结

中国的陵寝制度是传统社会的一种礼制,体现了古人"灵魂不死""事死如生"的信仰观念,更是为了彰显帝王权势的一种表现形式。中国陵寝制度的建立有一个逐渐的演化过程,并且在不同的时代有不同的特征。本章从陵寝的地面和地下的建筑入手,探讨了现存帝陵不同的表现形式,客观再现了我国陵寝制度的演变。帝陵的封土经历了不封、方上、山陵和宝城宝顶的形式演变,地下的墓穴也经历了木椁墓、砖石墓等变化。陵上寝殿的设置从无到有,从复杂到简化,最终演化为一种单纯的祭殿。而神道两侧的石像生则为人们展现了古人高超的雕刻技艺。秦始皇陵因拥有巨大的陪葬坑和神秘地宫而广为人知,兵马俑的出土为世人展现了当年秦国一统六国的军事实力,也展现了当时先进的军事理念。

第五章
阅读推荐

课后练习

一、简答题

1. 简述何为宝城宝顶。
2. 简述何为石像生。
3. 简述陵墓封土的演变。
4. 简述你所认识的秦始皇陵兵马俑。
5. 简述陵墓墓室的演变。

二、实训题

皇陵类文化遗产因其威严庄重的特点,游客体验相对简单,请发挥想象,结合时下流行的游戏方式,设计几种参与性强的旅游互动游戏节目,增强此类景区的游客体验。

第五章
参考答案

Chapter

6

第六章　中国文化遗产之悠：丝路石窟

学习目标

　　丝绸之路是公元前 2 世纪到公元 16 世纪亚欧大陆之间重要的陆上交通大动脉，更是东西方文化交流的通道。本章需要掌握这条古代丝绸之路的发展历程，以及"丝绸之路：长安—天山廊道路网"这一世界文化遗产在丝绸之路中的地位和在经济贸易、宗教、文化艺术、科技等方面重要的价值，并了解"一带一路"建设与古代丝绸之路之间的关系。丝绸之路因中外文化交流，沿线形成了多个重要的中转站，这些城市充分展现了中西文化融合的魅力。敦煌莫高窟就是典型，需要了解和掌握这一佛教圣地在雕塑、壁画和敦煌学方面的成就，并清楚其在文化遗产保护中的难度和举措。

思政目标

　　通过本章的学习，让学生充分认识到中国在丝绸之路中的重要地位，以及沿线遗产地所展现的文化融合和交流，树立文化自信。

学习重点

1. 古丝绸之路的形成演变。
2. 世界遗产"丝绸之路：长安—天山廊道路网"的基本组成。
3. "一带一路"建设与丝绸之路的关系。
4. 敦煌莫高窟的特色。
5. 敦煌莫高窟的保护。

第六章 中国文化遗产之悠：丝路石窟

知识框架

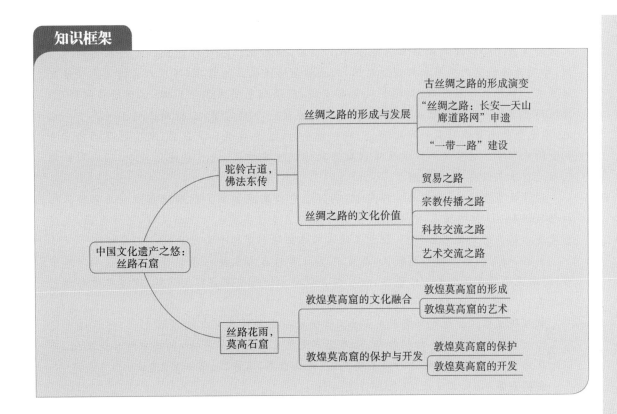

内容导入

数字技术与传统艺术交相辉映 莫高窟实景亮相京城

敦煌，丝绸之路上一颗璀璨的明珠。千百年来，东西方文化、各民族文化在这里进行广泛的交流融合，形成了独特的艺术魅力。如今，通过科技助力，2000多千米外的敦煌不再遥远。

2022年7月，敦煌研究院与国家对外文化贸易基地（北京）联合主办的"数字敦煌展——丝绸之路上的敦煌"在北京开幕，全方位呈现敦煌数字化发展的最新成果，同时展示敦煌的文化艺术之美，是一场"数字技术"与"传统艺术"交相辉映的艺术盛宴。观众可以在这里感受敦煌文化的博大精深，同时透过敦煌艺术，了解千百年来中华文明与外来文明交融发展的历史。

令人目不暇接的壁画、带有神秘色彩的洞窟……本次展览共展出了25幅高保真数字化壁画复制品、6尊彩塑复制作品，以及莫高窟第3窟、第285窟复制洞窟，还有5件仿制乐器和10余件配套展品。绝大部分展品是首次在北京展出。

走进展区，首先映入眼帘的是一尊涅槃像，这是来自莫高窟第158窟、建窟于中唐时期的作品。本次展览等比例复制了著名的敦煌莫高窟第158窟涅槃像，将原长15.8米的彩塑复制为长度约5米的实体彩塑，让参观者能够近距离目睹卧佛的神韵和姿态。这尊涅槃像是绘、塑结合的产物，具有极高的艺术造诣。

展区里，一幅超大幅面五台山全景图令人震撼。讲解员介绍，五台山图来自莫高窟第61窟，由于客观条件的限制，即使游客去了原窟，对这幅壁画也不能一睹全貌，只能略窥一二。而此次展出的画面是敦煌研究院用了4780张高清扫描素材拼接而成的数字化成果，所以视觉效果非常震撼。

在此次展览中，人们还可以走进按原大小复制的洞窟，身临其境般游览敦煌莫高窟。此次展览展示的敦煌莫高窟第3窟和第285窟，原窟现已不对外开放。走进展区的洞窟内，参观者被精美的壁画和彩塑所包围，抬头仰望绘满壁画的窟顶，不少人会情不自禁地发出赞叹。参观第3窟时，细心的参观者会发现，壁画颜色整体偏淡。对此，讲解员解释道，敦煌莫高窟第3窟是湿壁画的典型代表，同时也是一个病害窟，在壁面上起了一个个小水泡，水泡会集结着颜料层一块脱落。"有专家分析，这个窟用不了多久，所有的壁画内容可能会消失殆尽。这从某一方面反映出数字敦煌的重要意义，通过数字化技术，可以对敦煌艺术进行永久保存、永续利用。"

通过数字化技术，敦煌的立体彩塑、洞窟也可以实现复制。敦煌研究院利用彩塑三维扫描数据和3D打印技术，还原了彩塑的神韵。通过对彩塑进行三维重建、艺术复原，高还原度展示精美的敦煌石窟彩塑，让更多的人领略敦煌彩塑静中似动的独特艺术魅力。

同样，借助洞窟三维扫描数据，展览将莫高窟洞窟内容和彩塑制作成全景虚拟漫游节目，借助现场的可穿戴式VR设备，让人们360°全方位感受洞窟空间结构，深度体验彩塑艺术之美。

敦煌研究院保护研究部部长吴健说，希望利用高科技数字化的展示形式，将敦煌文化艺术与北京丰厚的文化基础相结合，借助北京文化交流的优势资源，弘扬中华传统文化，并以北京为窗口，让敦煌文化进一步走向全国、走向世界，服务"一带一路"建设。

资料来源　《北京日报》2022年7月4日

第一节　驼铃古道，佛法东传

一、丝绸之路的形成与发展

丝绸之路是古代中国以长安和洛阳为起点，经河西走廊、中亚通往西亚、南亚、欧洲、北非的陆上交通道路，因早期以丝绸贸易为主而被称为"丝绸之路"。丝绸之路起始于公元前2世纪，持续至公元16世纪，是古代亚欧大陆间经济贸易往来和文化交流的交通大动脉，被认为是东西方文化交流与融合之路。这条横跨欧亚大陆的交通线东西长约10000千米、南北宽约3000千米，是人类历史上规模最大的商贸和文化线路。

（一）古丝绸之路的形成演变

丝绸的贸易商路在先秦时期已具雏形。西汉张骞"凿空"西域后，东西贸易的通道被完全打通，丝绸之路正式形成。隋唐时期大量的海外人士或使团通过丝绸之路到达中原地区，进行商贸和文化交流，丝绸之路日益繁荣。元代以后，伴随闭关锁国政策的实施以及沿路战争的纷扰，丝绸之路逐渐衰落。

1. 张骞"凿空"西域

我们一般把张骞"凿空"西域作为丝绸之路正式形成的标志。西汉初期，为消除匈奴侵扰，西汉统治者和匈奴之间签订和亲协议，以进贡丝绸等物品来换取和平。汉武帝时改变了国家战略，派卫青、霍去病等对匈奴展开大规模的反击战争。同时，于公元前138年，委派张骞率领百余名随从出使西域，主要是去联络被匈奴人从河西赶走的大月氏人，合围匈奴。不幸中途被匈奴拘留10余年之久。期间,他逃离匈奴,继续西行完成使命,归途又被匈奴扣留,公元前126年才趁匈奴内乱逃回长安。张骞出使西域,对西域的政治、地理、风俗人情等情况有了全面的掌握,司马迁称之为"凿空"西域。西域人民也表达了他们希望和汉朝往来的愿望。公元前119年,汉武帝派张骞第二次出使西域,张骞及他的副使率使团带上万头牛羊和大量丝绸,到达西域乌孙国、大宛(费尔干那)、康居(以今塔什干为中心的游牧王国)、大月氏、大夏、安息(古代波斯帕提亚王国)等国。西域各国也派使节团回访,汉朝和西域的政治和商贸交往从此日趋频繁。汉朝不仅在河西走廊建立了河西四郡——武威、张掖、酒泉、敦煌,还派兵远征葱岭以西的大宛,获得武帝梦寐以求的天马——汗血马(大宛马)。在武威出土的东汉时期的青铜器"马踏飞燕",证实了汉人对天马的迷恋,现已成为中国旅游的标志。公元前60年,西汉设立西域都护,总管西域事务。安西都护府的设立,维护了西域的稳定,保证了丝路的安全,也促进了东西方文化的交流。张骞两次出使西域,开辟了连接欧亚的通路,标志着丝绸之路正式开通。自此,西域各国纷纷归附汉朝,形成了相关国度使者相望于道的盛况。

西汉末年,中央政府势微,战争频仍,匈奴一度又控制了西域地区,丝绸之路也一度被阻断。公元73年,东汉政府派班超出任西域都护,进一步加强了西域与内陆地区的联系。期间,班超曾派甘英出使大秦,即当时的罗马,到了地中海和波斯湾。班超首次将丝绸之路从西亚延伸到北非、欧洲。罗马人也沿着丝绸之路来到东汉京师洛阳。据《后汉书》记载,公元166年,大秦(罗马)使臣来到洛阳,这是欧洲国家历史上同中国的首次直接交往。期间,一些西方的植物被引进中原地区,它们因来自西域,被冠以"胡"字,如胡瓜(黄瓜)、胡萝卜等。西来的不仅仅有植物,还有罗马的玻璃器皿、西域的乐舞与杂技等。

2. 丝绸之路的繁荣发展

东汉末年至魏晋南北朝时期,中原战乱不断,丝绸之路的贸易也受到了影响。后北魏统一中国北方,丝绸之路再度畅通,外国商人、使节纷至沓来。这一时期,通过丝绸之路,中国的养蚕缫丝技术传入西方,国外一些先进技术,如埃及的玻璃制造技术也传入中原地区,实现技术文化层面的交流。同时,此时期也是东西文化交流开始逐步繁盛的时期,伴随着驼铃古道,一批有识之士穿过沙漠和戈壁寻找心目中的理想。天竺(印度)僧人佛图澄、东晋僧人法显、宋云与惠生等或与商人相伴东来传法,或跨过漫漫黄沙,西行求法。

隋统一全国后,丝绸之路在统一王朝的支持下,逐渐走向繁荣。唐代,安西都护府和北庭都护府的设立,使中央政府牢牢控制了西域,龟兹、疏勒、碎叶等成为丝绸之路上的重镇,保护过往商人的安全,中西往来更加畅通,商贸和文化交流达到鼎盛。西方的植物、珍禽异兽、玻璃器皿、珠宝香料,以及穿着、饮食等生活方式纷纷传入中原地区。音乐、杂技、舞蹈等也为当时的中原人所喜爱,许多胡乐、胡舞与中原的音乐、舞蹈相融合,形成新的音乐舞蹈形式。游历者、传教士等聚集长安,使长安成为当时最繁荣的世界性大都市。

3. 丝绸之路的衰落期

唐代末期,国力衰落,失去了西域的控制权,丝绸之路的贸易往来基本断绝。北宋时期,中原王朝完全失去了对西部的控制权,北宋与西夏的对峙,使丝绸之路的贸易完全断绝。后南宋建都杭州,随着中国经济、文化重心的南移,陆上丝绸之路的商贸可想而知。蒙古人建立元朝之后,因蒙古帝国的势力范围扩大到整个中亚、西亚,丝绸之路重新开通,商贸和文化交流往来日益频繁。传教士、商人、使臣通过丝绸之路来到中国,其中意大利人马可·波罗就是最著名的一位。明清时期,因海上丝绸之路的日益繁荣和闭关锁国政策的推行,这条连接中西方的陆上贸易和文化交流的通道最终走向了萧条。

这条陆路上的交通网,因其贸易的商品货物种类繁多,拥有多种不同的称呼,如"香料之路""瓷器之路""茶叶之路""皮货之路""玉石之路""良马之路""海贝之路"等。1877年,德国地质地理学家李希霍芬在其著作《中国——我的旅行成果》(即《李希霍芬中国旅行日记》)一书中,将这条"从公元前114—公元127年中国与河间、中国与印度间以丝绸贸易为媒介的这条西域交通道路"命名为"丝绸之路"。这个命名很快被学术界和大众所接受。今天,"丝绸之路"已经成为中国与外界联系的交通路线代名词。

4. 海上丝绸之路

海上丝绸之路也称"海上陶瓷之路"和"海上香料之路",是连接古代中国与世界其他地区的海上通道。海上丝绸之路以中国沿海的重要港口,如泉州、澳门、宁波和广州为起点,北通朝鲜、日本,南下越南、新加坡、菲律宾,然后西绕印度、斯里兰卡,远涉阿拉伯诸国。海上丝绸之路早期应起源于中国古人的探海行动。《史记》中记载有秦始皇派徐福渡海求仙的故事,汉武帝时期组织过一系列远洋航行,用中国产的丝绸与海外各国进行交易,换回珍珠、绿宝石、玻璃等奇物。魏晋南北朝时期,通过海上丝绸之路,大秦(罗马帝国)、波斯帝国、天竺(印度)、狮子国(斯里兰卡),以及南海地区的扶南、林邑、婆利(文莱)等国家陆续与我国进行经济、文化交流。而海上丝绸之路真正得以安全畅通和繁荣兴盛,则自唐始。唐代的造船业与航海业水平因国力的提升有着大幅度的提高,港口中外国商船云集,最大者有"长二十丈,载六七百人"的大船舶。宋元时期,瓷器成为中国主要的外贸商品,运送瓷器用海船大大优越于陆路骆驼队,再加之陆路丝绸之路时常因战争阻断,海上丝绸之路逐渐成为主导。考古发现,在东非沿海的索马里、肯尼亚、坦桑尼亚等地有大量宋元瓷器,相邻的津巴布韦、赞比亚、刚果、南非等地也有类似发现,这说明当时海上贸易已达非洲南岸。

海上丝绸之路的发展在明朝初年达到最高峰。标志性的事件为1405—1433年郑和船队七次下西洋、四次远航非洲的壮举。习近平主席在"一带一路"高峰论坛上回顾"古丝路人"的事迹时指出:"15世纪初的明代,中国著名航海家郑和七次远洋航海,留下千古佳话。这些开拓事业之所以名垂青史,是因为使用的不是战马和长矛,而是驼队和善意;依靠的不是坚船和利炮,而是宝船和友谊。一代又一代'丝路人'架起了东西方合作的纽带、和平的桥梁。"清代,由于政府实行海禁政策,广州成为中国海上丝绸之路唯一对外开放的贸易大港。鸦片战争后,中国沦为西方列强的半殖民地,沿海口岸被迫开放,中国丝、茶、瓷器的海上贸易被西方公司垄断,海上丝绸之路因失去平等对话机会而进入衰落期。

2017年4月20日,国家文物局正式确定广州为海上丝绸之路申遗牵头城市,联合南京、宁波、江门、阳江、北海、福州、漳州、莆田、丽水等城市进行海上丝绸之路保护和申遗工作,并总结了海上丝绸之路的突出价值:作为海上丝绸之路起点,自汉至明近,中国政府在其1.8万多千米长的海岸线的重要港口设立主管外贸的官方机构,使其成为各国使节和商客云集、贸易往来、文化交流的中心。这些港口城市留存至今的丰富文化遗产,见证了海上丝绸之路对人类文明和文化交流做出的巨大贡献。遗存总体真实性、完整性较好,保护较好,具有突出普遍价值。反映了自公元前2世纪至17世纪的近两千年亚、非、欧洲沿海各国家和民族通过海洋所进行的政治、贸易、文化、宗教、技术、物产的交流和民族迁徙等人类活动,对世界文明发展进程产生了巨大的影响。同时留下了一系列海港基础设施及港口城镇遗存,外贸商品的生产基地遗产,以及因宗教、文化、技术传播交流而产生和发展的建筑、园林、景观、作物、设施、艺术作品、工艺品等遗存,珠宝、香料、药材等贸易品遗存,航线遗存,地理环境要素遗存,以及在宗教、信仰、生产技术、科学知识等方面遗留下的丰富而珍贵的非物质遗产等。

(二)"丝绸之路:长安—天山廊道路网"申遗

2014年6月22日,在第38届世界遗产大会上,中国与吉尔吉斯斯坦、哈萨克斯坦联合提交的"丝绸之路:长安—天山廊道路网"项目成功入选《世界遗产名录》,成为首例跨国合作、成功申遗的项目。

中国学者撰写的丝绸之路申报文本中,对"丝绸之路"的定义是:丝绸之路是公元前2世纪至公元16世纪古代欧亚大陆间以丝绸为大宗贸易的、开展长距离贸易与文化交流的交通大动脉,是东西方文明与文化的融合、交流和对话之路。它以中国长安(洛阳)为起点,经中亚向西到达地中海地区、向南延伸至南亚次大陆,分布于横跨欧亚大陆东西长约10000千米、南北宽约3000千米的区域内,是人类历史上交流内容最丰富、交通规模最大的洲际文化线路。

世界遗产委员会给出了很高评价:"丝绸之路:长安—天山廊道路网"是跨越近5000千米的丝绸之路的一部分,从中国汉唐中央首都长安(洛阳)延伸到中亚的七河地区。丝绸之路形成于公元前2世纪至公元1世纪,一直使用到16世纪,将多种文明联系起来,并促进在贸易、宗教信仰、科学知识、技术创新、文化习俗和艺术方面的广泛活动与交流。路网中包含的33个组成部分包括首都与各帝国或汗国的宫殿建筑群、贸易定居点、佛教洞穴寺庙、古径、驿站、通道、灯塔、长城部分、防御工事、坟墓和宗教建筑。

因此,"丝绸之路"作为人类上规模最大的文化、贸易、宗教、技术交流的文化线路,其整体意义超过其所有组成部分之和:它汇聚了古老的中国文明、印度文明、波斯—阿拉伯文明与希腊—罗马文明、中亚文明以及其后的诸多文明,促进了亚欧大陆上游牧民族与定居民族之间的文化交流,促成了人类历史上多元文化的发展。它作为东西方之间融合、交流和对话之路,在人类文明与文化的交流史上拥有无可比拟的影响与突出的地位,在近两千年的历史上为人类的共同繁荣做出了重大而杰出的贡献。

"丝绸之路:长安—天山廊道路网"的文化线路段,通过一系列的宗教、中心城镇和聚落遗址及它们内在的影响轨迹,完整地展现了公元前2世纪至公元16世纪亚欧大陆诸多文明区域、特别是草原游牧文明与农耕定居文明之间在宗教信仰、生活习俗、建筑方式等方面的交流与融合,揭示了亚欧洲大陆在近18个世纪中诸多已消逝的古代民族及其文明兼容并蓄的历史传统。

"丝绸之路:长安—天山廊道道路网"申遗点

(三)"一带一路"建设

"一带一路"是"丝绸之路经济带"和"21世纪海上丝绸之路"的简称,2013年9月和10月由中国国家主席习近平分别提出建设"丝绸之路经济带"和"21世纪海上丝绸之路"的合作倡议。旨在借用古代丝绸之路的历史符号,高举和平发展的旗帜,积极发展与沿线国家的经济合作伙伴关系,共同打造政治互信、经济融合、文化包容的利益共同体、命运共同体和责任共同体。

习近平主席郑重地向世界宣称:"古丝绸之路绵亘万里,延续千年,积淀了以和平合作、开放包容、互学互鉴、互利共赢为核心的丝路精神。这是人类文明的宝贵遗产。"共建"一带一路"致力于亚欧非大陆及附近海洋的互联互通,建立和加强沿线各国互联互通伙伴关系,构建全方位、多层次、复合型的互联互通网络,实现沿线各国多元、自主、平衡、可持续的发展。"一带一路"的互联互通项目将推动沿线各国发展战略的对接与耦合,发掘区域内市场的潜力,促进投资和消费,创造需求和就业,增进沿线各国人民的人文交流与文明互鉴,让各国人民相逢相知、互信互敬,共享和谐、安宁、富裕的生活。总结起来,"一带一路"建设的目标就是,把"一带一路"建设成为和平之路、繁荣之路、开放之路、绿色之路、创新之路、文明之路。

丝绸之路经济带合作倡议涵盖东南亚经济整合、东北亚经济整合,并最终融合在一起通向欧洲,形成欧亚大陆经济整合的大趋势。国内丝绸之路经济带圈定了新疆、重庆、陕西、甘肃、宁夏、青海、内蒙古、黑龙江、吉林、辽宁、广西、云南、西藏13省、市(自治区)。分为三大走向:一是从中国西北、东北经中亚、俄罗斯至欧洲、波罗的海;二是从中国西北经中亚、西亚至波斯湾、地中海;三是从中国西南经中南半岛至印度洋。

21世纪海上丝绸之路经济带从海上联通欧、亚、非三个大陆和丝绸之路经济带,形成一个海上、陆地的闭环。国内圈定了上海、福建、广东、浙江、海南5个省、市。分为两大走向:一是从中国沿海港口过南海,经马六甲海峡到印度洋,延伸至欧洲;二是从中国沿海港口过南海,向南太平洋延伸。

"一带一路"是顺应经济全球化进入新阶段的时代潮流提出的合作倡议。以文明交流超越文明隔阂,以文明互鉴超越文明冲突,以文明共存超越文明优越,推动各国相互理解、相互尊重、相互信任,是"一带一路"建设顺利推进的重要前提。继承丝路精神,以共商、共建、共享为原则,推动政策沟通、设施联通、贸易畅通、资金融通、民心相通,已经得到沿线国家广泛认同,也取得了丰硕的实践成果。不仅如此,以丝路精神引领"一带一路"建设,作为一个创举,其意义已远远超出地缘范畴,为人类展示出更具活力、更加平等、更加普惠的光明发展前景。

截至2021年6月,中国已经同140个国家和32个国际组织签署了206份共建"一带一路"合作文件。

二、丝绸之路的文化价值

丝绸之路的兴起不仅有利于以丝绸为大宗贸易的商业活动,也促进了亚欧大陆上公元前2世纪至公元16世纪中不同文明与文化间在宗教、技术和文化艺术上的交流与传播。正如联合国教科文组织所说:"丝绸之路是世界文化对话之路。"

(一)贸易之路

自丝绸之路开辟以来,古代中国与世界各国的经济贸易往来更加频繁,中原的丝绸、茶叶、瓷器等商品沿着这条路运往西域,西域的苜蓿、葡萄、石榴、胡桃、胡萝卜、大蒜、西瓜、骆驼、汗血马、珊瑚、翡翠、象牙、琥珀、琉璃等相继传入中原,不仅丰富了沿线居民的生活,更促进了沿线地区经济的发展。

中国丝绸经过丝绸之路远销欧洲罗马帝国和中亚波斯等地。丝绸在罗马帝国等地是奢侈品,当时一磅丝绸需要12两黄金。古罗马时期甚至下令禁止购买、穿着丝制品,只因黄金外流严重。因盛产丝绸,古代西方人称中国为"比赛尔斯"(Seres),意为"丝国"。

西域的物品也通过丝绸之路进入了中国,特别是一些物种的引入,极大地影响了中国人的生活。西域的许多农作物,诸如苜蓿、葡萄、黄瓜(汉时称"胡瓜")、胡麻、胡豆、胡桃、石榴等传入中国,丰富了中国人的餐桌。其中,葡萄、石榴、苹果被视为古丝绸之路上的"三大名果",甚至凡是名称中带有西、胡、番等字样的物事,都与丝绸之路有关。西域的香料、琉璃、夜明珠等也出现在长安贵族的家中。大量的马匹,特别是天马(大宛马)、西极马(乌孙马)被成批运入关中,满足了汉唐王朝统治者对天马的迷恋,提高了汉唐王朝骑兵的实力。

丝绸之路贸易的发展,使得沿线人口快速增长、城镇迅速发展,商业、农业、手工业逐渐繁荣。长安是汉唐时期的国都,也是丝绸之路的起点,正是丝绸之路带来的跨国贸易、文化交流塑造了其国际大都市气魄及汉唐时期多元性、包容性、开放性的大国气度。河西走廊的凉州(今武威)、张掖、酒泉、敦煌,称作"陆地上的海市",接纳南来北往的商客。西域的高昌、龟兹、于阗,也是丝绸之路重要的中转站。

(二)宗教传播之路

世界三大宗教都是由丝绸之路传入的,而儒学、道教等中国宗教文化也是由丝绸之路传入中亚和西方的。因此,丝绸之路也是一条宗教传播之路。

1. 佛教东传

丝绸之路又被称为"佛教之路"。印度佛教东传的路线与古丝绸之路完全一致。佛教在丝绸之路的传播活动大致可分为三个阶段:从公元前3世纪阿育王时期,佛教由发源地印度的西北部传入西域的大夏、安息、大月氏、康居等地;公元前2世纪左右,佛教越葱岭传入于阗、龟兹等地;张骞出使西域后,佛教沿丝绸之路经西域传入玉门关、阳关,从河西走廊等地传入长安、洛阳等地。东晋十六国时期,佛教兴盛,修建了许多佛塔和石窟。

从公元前200年到公元700年近1000年的时间,佛教的信徒首先在沿着丝绸之路的绿洲上建立他们的据点。木鹿、布哈拉、撒马尔罕、喀什、库车、敦煌，这些重镇和驿站都成为一个个佛教的据点。佛教的僧人在这些地方建立寺庙，雇人抄写经文，传播佛教。丝绸之路上的商人和沿途绿洲的居民主要的信仰是佛教。因此，丝绸之路又被称为"佛教之路"。

佛教僧侣有不远千里，穿越西域流沙东来的传法者，也有跋涉西行，舍生忘死的西行求法者，他们在丝绸之路沿线广泛传播佛教，使佛教成为一个世界性的宗教。

东汉永平十年（公元67年），印度僧人摄摩腾、竺法兰至洛阳，创建白马寺，它是中原佛教的首座寺院。安息国太子为安世高于东汉建和元年（147年）到达中土洛阳，停驻大约20年，共译出佛经35部41卷。鸠摩罗什先在河西走廊弘法，后秦姚兴将其从龟兹迎至长安，尊为国师，其间翻译佛经420余卷。天竺高僧真谛应梁武帝之邀，经海上丝绸之路到广州弘法。这些东来的僧人将印度的佛教传至中国，对佛教在中国的传播起到了重要的作用。

与东行传法的僧人相对应，伴随着商队的驼铃，活跃着一批批坚定的西行求法者的身影。朱士行既是汉族第一位出家僧人，也是第一位西行求法者。他从雍州出发，经河西走廊，抵达于阗，在于阗抄录梵本共90卷60万言。399年，65岁的法显从长安出发，经河西走廊，越葱岭，历时4年到达天竺。411年，法显从海路回国，翻译了大量佛经，并撰写了《佛国记》一书，为后世研究丝绸之路和印度提供了宝贵的资料。628年，西去求取佛法的道路走来了大师玄奘，玄奘西行求法历经17年，带回佛经657部，译出经论75部，他著述的《大唐西域记》12卷，是研究印度、尼泊尔、巴基斯坦、孟加拉国、斯里兰卡以及中亚等地区古代历史地理与从事考古的重要资料和文献。

伴随着佛教沿丝绸之路的东传，沿线出现了大大小小的佛教建筑或寺院，它们是佛教东传的见证。沿丝绸之路佛教文化遗产十分丰富，自西向东，从天山南北到河西走廊，再到关陇地区，大大小小的石窟、寺院、佛塔，星罗棋布，惟妙惟肖地展现了内涵丰富的丝绸之路文化。

2. 其他宗教的传播

（1）景教。

7世纪时，基督宗教聂斯脱利派通过丝绸之路东传到中国，被称作"景教"。635年，传教士阿罗本到达长安，得到唐太宗的接见，并修建了自己的寺庙。大秦景教碑，是景教传入中国的见证。一些基督宗教经典也被翻译成中文，为了让中国人接受，翻译的内容加入了中国文化观念。

（2）摩尼教。

摩尼教是3世纪中叶，波斯人摩尼在祆教的理论基础上，吸收了基督教、佛教教义所创的一个世界性宗教。摩尼教于763年传入回鹘并被定为国教，当时丝路沿线的各个商业城镇都有摩尼教徒的活动。今天的高昌故城遗址里就有大量摩尼教经典写本。一些摩尼教寺院遗址中还有大量的壁画，展现了摩尼教的发展演变。

（3）伊斯兰教。

伊斯兰教也是通过丝绸之路向东传播的。1368年，随着元王朝的覆灭，贯通中西的丝绸之路曾经一度中断。祆教、摩尼教、犹太教及基督教也随着丝绸之路的中断而逐渐失去了市场，只有伊斯兰教保存下来。

在丝绸之路的宗教文化交流史上，在某一个地域可以见证不同宗教的互相共存和交流，表现为一地出现了多种宗教遗址并存的情况。比如，作为中国丝路之路遗址最为丰富的地区——新疆吐鲁番，除了佛教和伊斯兰教，还有摩尼教、祆教、萨满教、景教等。以至于著名的德国学者克林凯特惊叹道："多种文化、多种宗教、多民族充分交汇和融合，在整个丝绸之路上，我们找不到哪一个地方，在文化面貌上像吐鲁番这样丰富多彩。"

（三）科技交流之路

随着丝绸之路的畅通，中国的养蚕、冶铁、水利灌溉技术，以及天文、医药与"四大发明"等不断西传,外来的技艺如玻璃制作、制糖工艺等也传入中国。

张骞第二次出使西域时把汉族的铸铁、缫丝、灌溉等技术带过去,极大地促进了当地经济的发展。当地居民将纺织技术与当地的毛织业相结合,生产出了特色的纺织品,出现了高昌、于阗、龟兹等多个丝织品中心。唐代时,摩揭陀的制糖工艺传入我国,中亚、西亚地区高超的葡萄酒酿造和玻璃制作工艺也随着商贸的发展引入我国。而在技术交流中,最重要的是中国的"四大发明"随着丝绸之路传入了中亚和欧洲,对世界文明的进程起到了重要的推动作用。英国学者李约瑟认为,早在650年,中国的造纸术就已经传入中亚的撒马尔罕。大约在1140年,造纸术由西亚传到了欧洲。英国学者弗朗西斯·培根则认为,中国发明的印刷术、火药和指南针是在文艺复兴和宗教改革期间由阿拉伯商人传到欧洲的,对欧洲资产阶级的兴起和工业革命的发生产生了无法估量的影响。

(四)艺术交流之路

丝绸之路不仅是沿线地区宗教、民俗、商贸交流的互动之路,也同样是各国、各族人民音乐、舞蹈、戏剧、杂技、美术、雕塑等内在的巨大文化载体。

丝绸之路开通后,西域的音乐舞蹈传入中国,对汉唐时期的乐舞产生了重要影响。这些来自西域的乐舞被称为"胡乐""胡声"。唐代最为流行的是胡旋舞、胡腾舞、柘枝舞等,它们都来自西域,都可以从敦煌壁画中找到。甚至唐玄宗谱写的《霓裳羽衣曲》也充满了西域音乐的影子。与乐舞相配的,便是许多乐器的引入,如从波斯传入的卧箜篌、从美索不达米亚平原传入的竖箜篌、从印度传入的龟兹琵琶,以及从土耳其、伊朗传入的曲颈琵琶等。

除了乐舞,丝绸之路上传入最多的是杂技百戏。所谓"百戏",是古代乐舞杂戏的统称,后来也称之为"散乐",多来自西域,特别是印度。一般包括角抵、扛鼎、骑射、斤斗、走索、绳技、炫人、幻术、弄丸、拗腰肢、东海黄公、鱼龙曼延、吞刀吐火、狮舞,以及各种装扮人物的乐舞表演等。

丝绸之路的宗教传播也带来了各地宗教艺术的融合和发展,特别体现在沿线石窟和壁画的艺术风格方面。佛教东传中经过了犍陀罗,佛教造像在此吸收了希腊雕塑艺术的风格,出现了"曹衣出水"的佛教造像,佛像身着偏袒右肩式袈裟,薄衣透体。在传入西域的高昌佛教故事的供养礼佛图中,人物造型丰满,身着通肩式袈裟,薄衣如丝绸般紧贴身体轮廓下垂,表现出细密的衣纹。到了敦煌莫高窟唐初彩塑供养菩萨造像,菩萨姿态优美,比例协调,衣裙薄透贴体,衣纹流畅圆润。到了炳灵寺石窟的无量寿佛造像,尽管其衣纹还是典型的通肩式薄衣透体袈裟,但却开始融入了汉民族与汉文化的特点。云冈石窟、龙门石窟等佛像的风格也受此影响。因此,可以说佛教东传的过程也是佛教造像艺术的逐渐中国化和交流融合的过程。

第二节　丝路花雨,莫高佛窟

一、敦煌莫高窟的文化融合

(一)敦煌莫高窟的形成

莫高窟位于丝绸之路要塞——敦煌,初创于公元366年。僧人乐尊(又名"乐僔")从中原云游到敦煌东南的鸣沙山东麓,因为天色已晚,旅途劳顿,打算就地歇脚过夜。不经意间望见敦煌东南方鸣沙山上金光万道,状有千佛,他觉得这是佛祖给他的启示,应在此坐禅修行。于是萌发开凿之心,在这片崖壁上架梯凿岩,以示供养。后来,又有一个法号为法良的僧人来到这里,见乐尊的窟室安于此地,便开始效仿乐尊,在他的窟室旁又开凿了一个属于自己的窟室。后经北凉、北魏、西魏、北周、隋、唐（分初、盛、中、晚四个时期）、五代、宋、回鹘、西夏、元等，前后共11朝代，历时千年，历建不断，此地遂成佛门圣地。为纪念乐尊的首创之功，后人将这里称为"莫高窟"，意思是莫高于此僧，晋时曾称"仙岩寺"，东晋十六国前秦时正式名为"莫高窟"，俗称"千佛洞"，是敦煌石窟群中的代表。这些虔诚的僧人委身于逼仄的洞窟中，依靠苦修与冥想，在一片荒芜中试图求得终极意义上的解脱，以达到不生不死的永恒之境。从此以后，僧侣、画师、商贾云集敦煌，从皇族宗亲、世家大族、达官显贵到迁居敦煌的普通百姓在此频繁开凿洞窟，到唐朝总计有窟龛1000多个，窟群全长可达1600余米，大致分为南、北两个区。南区所有洞窟几乎都有壁画及彩塑，北区除个别窟室有壁画或彩塑外，大多为僧人居住的生活窟、修行所用的禅窟和僧人死后埋葬的瘗窟等。

敦煌莫高窟虽然在漫长的岁月中受到大自然的侵袭和人为的破坏，但至今仍保留有从东晋十六国至元等多个朝代的洞窟，其中，壁画和雕塑的石窟现存492个，壁画45000多平方米，彩塑像2000座，是我国著名的"四大石窟"之一，也是世界现存规模最宏大，保存最完好的佛教艺术宝库。直至1987年12月，敦煌莫高窟被正式列为"世界文化遗产"（见图6-1）。

图6-1　莫高窟（张汉斌　摄）

(二) 敦煌莫高窟的艺术

敦煌莫高窟为佛教石窟，由于佛教信仰的需要，在山中凿窟为室，便于僧人静修。石窟本身既是僧众参禅悟道的特定场所，也是集建筑、雕塑与壁画于一体的佛教艺术重要载体。敦煌石窟自东晋十六国时期至元代，历朝历代持续开窟造像，在莫高窟的彩塑和壁画中都可窥见东西文化融合的痕迹，这在人类历史上可谓是一个绝无仅有的奇迹。

1. 佛国清境界——莫高窟的彩塑

莫高窟所在的敦煌市在陡峭的悬崖之间，此地的崖体土质较松软，属于酒泉系砾石岩层，这样的崖体并不适合制作石雕。又因为此地为沙漠地带，能用作雕刻的石材和木材都很少，所以古人利用黏土制作塑像，这种方法逐渐演变成营造佛像的主要手段，因此，莫高窟造像中的4座大佛为石胎泥塑。

给泥塑加彩绘，称之为"彩塑"。彩塑的塑像基本以佛教的神佛人物为主，包括单体像和群像、圆塑、影塑等多种组合、多种形式。其中，群像一般以佛居中，两侧侍立弟子、菩萨、天王、金刚力士等（见图6-2）。莫高窟窟外耸立的木构九层高楼是莫高窟标志性景观。第96窟是莫高窟最高的建筑，称之为"九层楼"，其间有弥勒佛坐像，高度达35.5米，由石胎泥塑彩绘而成。

图 6-2　莫高窟泥塑（敦煌研究院吴健　摄）

敦煌莫高窟彩塑是石窟中的主体，也是敦煌艺术的重要组成部分。彩塑最高 35.5 米，最小仅 2 厘米左右，题材之丰富和手艺之高超，堪称佛教彩塑博物馆。除佛教外，石窟中也有道教等其他彩塑题材。有佛像、菩萨像、弟子像、天王、金刚、力士、罗汉像和羽人、飞天、地神、天女、禅僧、高僧、瑞兽像等。其中，佛像是信众崇拜的对象，雕塑者需要在形神之中凸显佛像个性，才能使普通信众产生敬仰与崇拜之心。在佛教塑像中，菩萨的面部表情和形体姿势是最优美、最丰富、最动人的，通过形体容貌展示了东方人尤其是东方女性富有神韵的美丽。

莫高窟第 384 窟是唐代菩萨像，为护法舞伎之天王典型壁画，其意态身姿，颇令人羡慕。供养菩萨上身仅披着小披肩，下身着长裙，单膝触地半蹲半跪坐在莲花台上，梳着唐朝女性的高髻，双手合十，默默祈祷，表现出清净心境，将东方特有的朴素含蓄之美表露无遗。

图 6-3　莫高窟第 17 窟洪辩像
（敦煌研究院盛瓒海　摄）

莫高窟第 17 窟是唐代河西都僧统洪辩的塑像，表达的是高僧圆寂主题。原存放于第 362 窟中，当年迁出塑像，就是为了放置大量的佛经、文书、字画等。由于经卷、文书等数量太大，于是决定把洪辩塑像迁出。现在人们看到的面对窟门的北壁前端坐着禅修状的，便是第 17 窟高僧洪辩的塑像，极尽展现其身姿端庄、身体健硕、面目慈祥的高大形象（见图 6-3）。洪辩和尚塑像后面墙上的壁画中，着男装的年轻女性执杖、持巾，体现了婢仆的职事，还画有手持纨扇的比丘尼，左右两人的前方各种植着一棵阔叶树，意喻僧人对释迦牟尼的追慕，表达的是一种涅槃再生愿望。左侧树枝上悬挂一个手袋，右侧树枝挂着一个水壶，洪辩和尚似乎正在说法，塑像后所绘的持杖近侍，惟妙惟肖。塑像与壁画人物、事物之间关系十分协调，据此，本彩塑成为我国较早的高僧写实真像之一，具有很高的历史和艺术价值。

2. 丝路花雨——莫高窟的壁画

敦煌壁画可以说是保存至今数量最多、绘制最精美的古代绘画艺术宝库。在现存的 492 个洞窟中，保存了尊像画、经变画、佛教故事画、传统神话题材画等涉及魏晋南北朝至清代 1500 多年的壁画 45000 多平方米，这些壁画排列长度可达 45 千米，可谓是世界上最长、规模最大、内容最丰富的"墙壁上的图书馆"。敦煌壁画主要是指石窟壁画,画匠在石窟的窟顶、四壁以及佛龛内外进行壁画制作,同时还会对泥塑和窟檐进行彩绘,加以神似之形。壁画较石刻易于大量描绘细节,故而表现佛经内容和时代风貌更为广泛、丰富、详尽,这是莫高窟有别于其他石窟所独有的特点和优势。

石窟壁画是伊朗、印度、希腊等国绘画技艺和中国本土绘画技艺交流融汇的结晶。敦煌壁画包含尊像画、经变画等7种涉及1500多年的生活面貌、宗教故事和历史风云,展示了波澜壮阔的佛国世界。其中,内容最丰富的是佛教故事画,有佛传故事画、本生故事画和佛教史迹画,也有因缘故事画和比喻故事画像,内容主要有释迦牟尼讲述轮回修行故事、西方极乐世界图像,以及往生方法、佛教东传历史的图像记录等。从敦煌壁画中的人物形象来看,北朝时期的佛像偏于庄严肃穆、西域风情,唐朝时期的佛像偏宁静祥和、身形婀娜。敦煌壁画突出了西域的野性之美,也描绘了东方文化的清秀之风。

佛教认为人死了是会投胎然后再生的,称作"轮回",根据在世时的善恶表现,决定下一次投胎的命运,如果每一次投生后都一直修行做善,则可以成佛。"本生故事"讲的就是释迦牟尼前世做的善事。如众所周知的"九色鹿"的故事,讲释迦牟尼曾化身一只有九种颜色的鹿,救了一个落水的人。同夜,王后梦见九色鹿,想猎来做衣饰。落水者带国王前去,被九色鹿怒斥见利忘义。最后,国王未加害于鹿,落水者则遍体生疮。创作者在作画过程中遵循佛教的艺术,充分展开想象,与自己所感所悟相结合,将这个故事画在莫高窟第257窟的西壁上。画中九色鹿是释迦牟尼的化身和象征,它昂然挺立、正直善良的形象给人以深刻的印象(见图6-4)。

图6-4　九色鹿壁画故事(敦煌研究院宋利良　摄)

莫高窟第285窟南壁禅窟上方壁面画有"五百强盗成佛"因缘故事的佛教故事画,还画出了大量的山水风景。古印度时,曾有500个强盗到处杀人放火,抢劫作乱。他们后来被抓住挖去了双眼,放逐深山。释迦牟尼大发慈悲,用雪山香药治好了他们的眼睛,并现身说法,500个强盗最终皈依佛法,修成正果。第285窟是西魏时期莫高窟最大的一幅长卷式连环故事画,也是最早的因缘故事画。画中有战斗、被俘、扒衣和释迦牟尼佛说法等场景,恢宏壮观、生动鲜活,既具有装饰美感富有艺术魅力,又暗示了500个强盗最后成佛的必然结果(见图6-5)。

图6-5　五百强盗成佛壁画(敦煌研究院　供图)

莫高窟的壁画中,最令人赞叹不已的是飞天,飞天可谓敦煌壁画的符号和标志,几乎在窟洞内随处可见。婀娜多姿的飞天共计4500余身。飞天是古印度神话中歌神乾闼婆和乐神紧那罗的化身,都侍奉佛陀和帝释天。在敦煌壁画中,他们有的漫天飞舞,有的直冲云霄,有的婉若游龙,有的翩若惊鸿,给敦煌壁画增添了一种如梦如幻的色彩(见图6-6)。

图6-6 飞天(敦煌研究院 供图)

佛教认为,音乐舞蹈也是供养佛的一种方式,在法会、行像等佛教活动中,都会伴随着音乐舞蹈的表演,所以石窟艺术中有许多表现音乐舞蹈的画面。敦煌壁画中的乐器,涵盖了打击乐器、弦鸣乐器、气鸣乐器等所有传统乐器的类型,可以说是一个古代乐器的形象博物馆。壁画中还展现了当时中外音乐交流的情况,中国传统音乐中使用的琵琶、胡琴等都是通过丝绸之路传入的。另外,从壁画中可看到巾舞、鼓舞、琵琶舞和传自中亚的胡旋舞、胡腾舞、柘枝舞等一系列舞蹈,以及源于印度神话的天竺舞,一些表现民间乐舞的舞蹈场景等。古丝绸之路上的交通商贸、中国古代科技史的记录、中国古代生活的写照等,都可以在壁画中寻找到,充分体现出敦煌这座古代丝绸之路重镇昔日的辉煌。

3. 探险家的意外发现——敦煌学

莫高窟的彩塑和壁画随着丝绸之路的没落,湮没于大漠黄沙之中。1900年,一个意外的发现,使这个河西走廊上的佛教圣地瞬间吸引了全世界的目光。而发现这里的人正是王圆箓。清光绪二十六年(1900年)的一天,道士王圆箓在清理今编第17窟积沙时,无意间发现了一个洞口,后人将此洞口称之为"藏经洞"(俗称"吴和尚窟")。藏经洞的发现很快引来了嗅觉灵敏的世界各地的盗猎者,包括来自英国的探险家斯坦因和法国的探险家伯希和,他们从王道士手中买走了其中最宝贵的部分,并采取各种手段劫走了大量珍贵的文物,带到了海外。

后来,人们从敦煌莫高窟的藏经洞中出土了4—14世纪的历代文物5万余件,并通过比较新的视角和比较新的方法研究敦煌文书,形成了一些新的认识和观点,由此发展出著名的"敦煌学"。这是一门集社会科学与自然科学于一体的综合性学科。

二、敦煌莫高窟的保护与开发

(一)敦煌莫高窟的保护

敦煌莫高窟彩塑在中国雕塑艺术和美术史上占有重要地位,时间跨度大,规模数量可观,工艺水平高超,是古代雕塑艺术水平的生动体现。人们对于莫高窟彩塑、壁画研究的同时,保护工作也从未间断。

1. 洞窟窟体

崖体崩塌、崖壁风蚀、洞窟渗水、崖体中的裂隙走向主要受到风向、沙源、积沙地形、降水不均等因素影响。敦煌莫高窟地处库木塔格沙漠东端,常年受蒙古高压影响,干燥少雨,大风沙尘是常见的灾害性天气之一。莫高窟窟前的大泉河造就了崖体地貌,但它周期性的洪水也影响了众多底层洞窟,甚至将某些石窟埋于泥沙中,而石窟所在崖体在地质学上属于比较年轻、脆弱的更新世砂砾岩,非常容易受到威胁。还有,那些人们视野中看不见但在卫星图片上清晰可辨的构造断裂带也对莫高窟构成了潜在的威胁。因此,受先天特定的地质与环境条件的影响,流沙、沙尘和风沙侵蚀一直威胁着莫高窟。有研究表明,沙尘是敦煌地区大气颗粒物的主要成分。大气悬浮颗粒物沉降在莫高窟内的壁画表面不仅会遮盖原有细节,而且会磨损壁画表面的颜料层,甚至成为吸附和氧化某些气态污染物的媒介。

2. 洞窟壁画

莫高窟壁画面临着壁画酥碱、变色、疱疹、空鼓、起甲、粉化和龟裂等问题。莫高窟洞窟内的壁画和彩塑对湿度非常敏感,其酥碱、疱疹等问题是由水分在洞窟围岩与壁画地仗层的运动带动了易溶盐的迁移所引起的。洞窟壁画还受到微生物的破坏。即空气颗粒物中包含大量的真菌和细菌,其中部分自养型微生物在环境条件适宜时可利用壁画表面的一氧化碳作为营养源进行代谢、繁殖,导致壁画发生微生物病害问题。莫高窟降尘中还包含大量的硫酸盐、硝酸盐,这些无机盐在壁画表面长期累积会与文物表面的碳酸钙反应形成黑壳或灰壳。这些壳状物会阻塞壁画内部孔隙,导致崖体内部水汽在壁画内层聚集,进而引发酥碱、疱疹等病害问题。因此,分析研究地仗层的持水特性是研究壁画盐害形成机理及脱盐方法的前提。

除此之外,敦煌壁画曾饱受烟熏病害的侵扰,其成因是在莫高窟尚未建立现代保护机制前,附近的善男信女在佛事活动期间居住在窟内,使用明火烧香、煮饭和取暖,由于香油和碳等物质的沉降,造成壁画颜色变黄、变暗甚至变黑,壁画的色彩和构图受到烟熏病害的严重破坏。目前,研究学者还未能研究出清除烟垢而不损害其底层颜料的最佳办法。

3. 后天影响

人类活动对莫高窟环境造成的后天影响,包括洞群开挖造成的影响、植被破坏引起的水土流失、风阻减少,以及人工灌溉造成的水源渗漏、旅游产生的大量污染物等引起壁画酥碱、壁画变色、壁画疱疹等问题。人类活动引起莫高窟周边大气环境质量下降,造成洞窟内外温度、湿度、二氧化碳含量、菌群量显著改变,从而诱导或加速了壁画变色、退化等问题。频繁的车辆活动也会产生大量的汽车尾气和道路扬尘,车辆的活动成了莫高窟窟区碳组分的主要来源。此外,游客的活动会引起地面颗粒物反复悬浮和沉降,从游客衣物及身体上脱落的纤维和皮屑也可能是有机污染物的重要来源。窟内的一氧化碳不仅会影响参观者健康,当其沉降于壁画及塑像表面后,其中可被微生物利用的碳源将会成为微生物病害的诱因之一。

现代科学技术的进步,使莫高窟保护进入科学的保护时期。这一时期,国家对处于危险状态的壁画及彩塑进行了大量的抢救性保护工作,如边缘加固、起甲回帖、空鼓注浆等。因为已完全脱离岩体的空鼓壁画分布广泛,肉眼也不易发现,灌浆材料和技术的进步显得尤为重要。如果发生地震,绘画区域将会摔得粉碎,这对壁画来说是最大的威胁,我国对地震的预防和对壁画的保护措施也在逐渐完善中。

随着保护理念的发展,我国对敦煌壁画的保护逐渐从抢救性保护向预防性保护过渡,如在窟顶搭建防沙网、进行全面风险监测防控等。为永久保存莫高窟壁画,试验制作了敦煌数字档案;设置了窟区安全防范技术设备;安装了洞窟窟门和玻璃屏风设施;拆除了莫高窟窟区近现代添加的构筑物,迁移了窟区前所有的工作和生活用房,完整地保护了窟区的人文、自然环境和景观。

今天的敦煌研究院已发展成为包括保护研究所、美术研究所、考古研究所、敦煌文献研究所、民族宗教文化研究所、文物数字化研究所、《敦煌研究》编辑部等多个研究部门,以及敦煌学信息中心、网络中心、数字展示中心、接待部、保卫处等开放服务部门和行政管理部门的综合性学术研究与遗产管理机构,集敦煌石窟保护、研究、弘扬三大任务于一体。国家古代壁画与土遗址保护研究中心,不仅保护研究敦煌石窟,还帮助中国其他地区开展古代壁画与土遗址的保护。敦煌莫高窟通过增设敦煌石窟文物保护研究陈列中心、敦煌藏经洞陈列馆、敦煌莫高窟院史陈列馆、建立敦煌莫高窟数字展示中心、成立文化创意研究中心等,运用科学技术与数字化真实、完整、可持续地保护敦煌石窟,创立了我国石窟科学保护方法体系,以期实现敦煌石窟永久保存与永续利用。

(二)敦煌莫高窟的开发

1. 旅游业开发

由于旅游业的飞速发展,到莫高窟的参观者纷至沓来。莫高窟与旅游业相结合,一方面弘扬了灿烂的敦煌石窟艺术,提高了敦煌的知名度,为地方社会发展和经济增长做出了贡献,取得了良好的社会和经济效益。另一方面,"不堪重负"成了莫高窟乃至全国各地许多遗产发出的共同声音。很少有人意识到脆弱石窟的游客承载量是有限的,游客亟待提高自身的文物保护意识。因洞窟虽多,但洞窟的空间极其有限,加之游客常用手触摸壁画,使得莫高窟壁画的损坏不可想象。

目前,相关组织利用已经取得的敦煌莫高窟壁画数字化存贮与再现技术的成果,建设具有综合功能的莫高窟数字展示中心,充分利用当代信息技术和展示手段,让游客全面了解敦煌和莫高窟的历史文化背景,在虚拟漫游厅身临其境地观赏典型的洞窟和丰富的敦煌文化,再适度结合组织游客参观洞窟实景,这样既能使游客获得更多、更清晰的敦煌文化信息,也能使莫高窟提高每日游客接待能力,实现文物的"永久保存、永续利用",保护莫高窟原本不算健康的"躯体"。

为了将莫高窟更好地展现给旅游者,敦煌管理者建设了敦煌莫高窟游客服务中心,制定了使用和旅游开放洞窟的管理制度,改善了此处的工作和生活条件。新模式要求游客必须提前通过莫高窟参观预约网络平台和电子商务平台完成参观门票预约及在线支付,优化了参观流程,起到了高效分流的作用。

2. 数字化传播

莫高窟珍贵的文化价值和不可再生的特点决定了数字化传播的必要性,传统的传播手段已然无法满足当代人的需求。随着数字化技术的发展,融媒体驱动档案信息资源开发中的技术支撑成为开发与服务的重心,其可以实现文化遗产的永久保存和长续利用。

信息技术的发展和传播媒介的变革,融媒体驱动档案信息资源开发与服务成为档案业界急需探索的方向。融媒体驱动档案信息资源开发与利用要求档案从业人员从根本上摒弃粗放的数字化模式,取而代之的是一种集约式整合的思路。在2020年2月20日推出的首个微信小程序"云游敦煌",是由敦煌研究院与《人民日报》新媒体、腾讯联合出品。用户在足不出户的前提下,可以触手可及地享受敦煌文化之美,还可以每天从中学习独家壁画故事以及古人智慧的异想天开,可以定制属于自己的独家历代故事。虚拟现实技术带给用户的不再仅仅是传统的"听"信息、"读"信息、"看"信息,而是以第一视角身临其境,从多维度感知传播对象的全部信息,体会全方位现场带入感。

3. 文创设计

横跨中国历史1600年之久的"敦煌艺术"不仅是考古学、宗教学、建筑学等学科考察的对象,更是美学、设计学科研究的对象。近几年,在珠宝首饰设计中,可以看到越来越多的作品从传统文化中获得创作的灵感,以"中国风"为设计主题,在珠宝市场和各大展览中大放异彩。如"敦煌飞天"主题的项饰、耳饰在宝石材料的选择上颇为大胆,将飞天形象借助宝石形与色的组合,表达了飞扬、浪漫之感。

在2015年的春夏巴黎高级定制时装周上,设计者劳伦斯许将敦煌元素与西方剪裁结合在一起,使其时装秀充满了浓郁的东方韵味,成为敦煌元素在服装设计中运用的典型代表。而后,腾讯与敦煌研究院联合出品"敦煌诗巾"小程序,体验者可通过一系列交互行为来定制一条独一无二的丝巾,其题材参考了"长寿仙鹤,修身洁行""灵兽朱雀,身携吉光"等主题,满足消费者当下个性化定制的需求,提高了交互的乐趣。

在包装设计中,敦煌题材、元素的运用赋予了传统艺术新的生命力,解决了推销产品与企业形象的问题。例如,2019年中秋礼盒以"九色鹿"为主视觉,采用飞天艺术中的丰富色彩,使人们感受佳节的喜庆气息,为消费者提供了一个不一样的中秋。2020年,敦煌文创还专门为孩子们出版了一款产品敦煌套装礼盒——《留·念 敦煌》。礼盒里有敦煌读物、日记、彩画、魔方、贴纸等。在这个魔方里,有敦煌莫高窟、鸣沙山、月牙泉、阳关、玉门关、雅丹6个景点,是"打卡"敦煌必到的6个景点。

文化创意产品是运用独特文化元素创造与提升商品,是作为文化的一种展示手段和传播方法。敦煌莫高窟作为珍贵的文化遗产,其文化创意产品引起了广大消费者的共鸣与喜爱,在新的时代背景下达到价值增值,在艺术再创造中完成了文化的自我增值。

本章小结

丝绸之路是古代社会中西陆上重要的交通和交流通道,它不仅是一条贸易通道,还是宗教传播之路、艺术交流之路和科技交流之路。因为这条路的存在,不同种族、不同文化、不同信仰的人类可以互通有无,中国的"四大发明"得以传播到欧洲,影响了世界文明的进程。西亚、欧洲的宗教、艺术以及特殊工艺传播至中国,推动了中国经济和文化的发展。丝绸之路由陆路开始,最终形成了多途径的商贸和文化道路网。敦煌是丝绸之路重要的一站,莫高窟将东西方关于信仰、绘画、雕塑等诸多成就融汇于一体,是丝绸之路东西方文化交流与融合的典范。

第六章
阅读推荐

课后练习

一、简答题

1. 简述丝绸之路与佛教文化传播间的关系。
2. 简述丝绸之路上东西方的交流。
3. 简述把敦煌莫高窟比作"墙壁上的图书馆"的原因。
4. 简述"一带一路"建设的重要意义。
5. 谈谈你对敦煌壁画中飞天的认识。

二、实训题

敦煌莫高窟中有优美的飞天、精美的菩萨塑像,以及诸多的佛教故事,请发挥你的想象,为敦煌莫高窟设计几款特色鲜明的旅游文创产品。

第六章
参考答案

Chapter 7

第七章 中国文化遗产之玄：道教圣地

学习目标

道教遵从"道法自然""天人合一"的理念，是中国的本土宗教。本章将沿着道教发展的历史脉络，简述道教的教义与经典等基础知识，归纳道教建筑的特点，展示道教名山的魅力，感悟道教养生文化的精髓。本章以道教建筑的代表——武当山古建筑群为切入点，展示武当山道教建筑的宏伟气势、道教文化的源远流长、自然景观的绚丽多彩，以及武当武术和养生文化的博大精深，并进一步探讨武当山文化遗产活态传承的重要模式与现实路径。

思政目标

通过本章学习，引导学生理解道教"道法自然""天人合一"理念的内涵及其在道教建筑和道教养生等领域的体现，增强学生的文化自信，引导学生形成正确的人生观、世界观和价值观。

学习重点

1. 道教的基本教义与经典。
2. 道教建筑营造所遵循的重要理念。
3. 武当山道教建筑群的文化遗产价值。
4. 武当山文化遗产的活态传承模式与活化路径。

知识框架

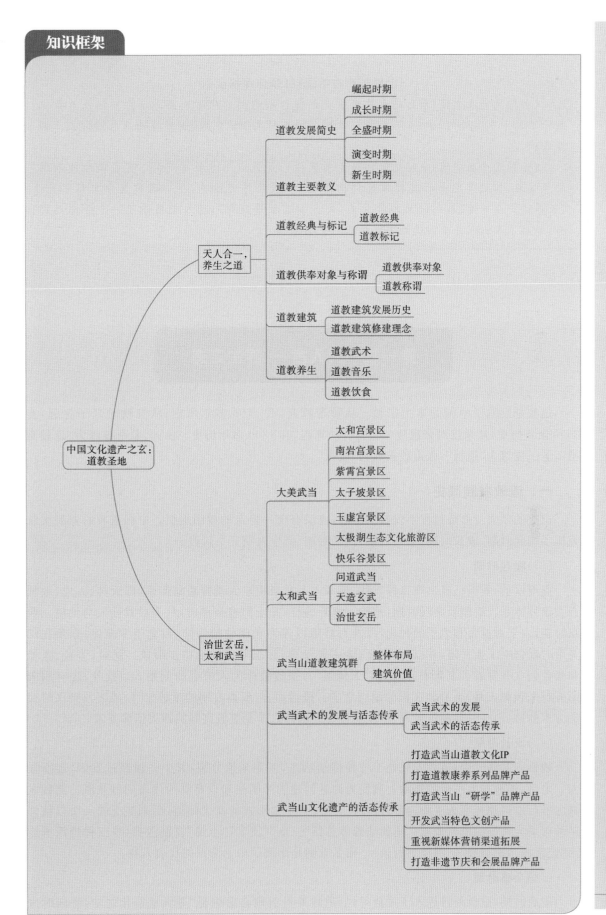

> **内容导入**
>
> **《世界遗产在中国》引领你探秘武当**
>
> 　　《世界遗产在中国》系列纪录片由中央电视台新影制作中心出品。该系列纪录片集中展示了位于中国境内，于2008年之前被联合国教科文组织列入《世界遗产名录》的33处世界遗产。
>
> 　　《世界遗产在中国》系列纪录片第六集展示的是武当山道教建筑群。武当山地处我国中原腹地，其规模宏大的道教建筑群构造之严谨，装饰之精美，在中国建筑中实属罕见。《世界遗产在中国》系列纪录片第六集"武当山道教建筑群"，为人们展示了一个全面的武当，开启了人们探寻中国道教文化渊源的玄秘旅程。

第一节　天人合一，养生之道

　　道教是发端于中国的本土宗教。从黄帝算起，有4700多年历史；从春秋时老子算起，有2500余年历史；从东汉时张道陵（又名张陵）算起，有1800多年历史。由此，黄帝被尊为"道教始祖"，老子被尊为"道祖"，张道陵被尊为"教祖"。

一、道教发展简史

　　道教的创立与形成过程不仅长而分散，也没有统一稳定的教团组织。中国道教的发展大致经历了崛起时期、成长时期、全盛时期、演变时期、新生时期五个阶段。

　　（一）崛起时期

　　商周以前，我国已经出现鬼神崇拜、巫术占卜和祭祀三大崇拜对象体系，即天神、人鬼、地祇三大崇拜体系。战国及秦汉时期，神仙方术等盛行，方士们遍访神山，只为寻找仙人与仙境。两汉时期，由于对黄帝和老子的神化，以及对修道以养寿和成仙的信仰，黄老道学诞生；张角在汉灵帝时期创立了太平道，并以《太平经》为主要经典，标志着道教的初步形成。同时，张陵、张衡和张鲁创立并发展了五斗米道（又称"天师道"），张陵被尊为天师道的创始人。此外，还有用阴阳五行来预测灾难、灵异和灾祸的谶纬之学。概括而言，殷商时期的鬼神崇拜、战国及秦汉时期的方术仙道、两汉时期的黄老道学，以及占卜和谶纬之学是道教兴起的四大信仰要素。

　　（二）成长时期

　　魏晋南北朝时期，道教发展处于一种抑制状态，五斗米道分裂，其中一派经过发展，逐渐强大。之后，道教在太平道的基础上演变为许逊创建的净明派和以葛洪为代表的丹鼎派。北魏寇谦之推行以封建礼度为主要内容，以礼拜、炼丹为主要形式的新天师道，后来演变成一个以信仰某种符箓为特征的道教流派。南朝陆修静总结"三皇""灵宝""上清"三洞经典，将三种道派统称为"经箓派"，撰写成《三洞经书目录》。陶弘景则是南朝茅山上清派的代表人物。

　　（三）全盛时期

　　隋唐时期，道教外丹进入了黄金时代，道教外丹的核心思想是"夺天地造化之功，盗四时生成之妙",认为人们可以在炼丹炉中再现提炼金丹的自然过程。晚唐及五代时期,内丹道教理论及实践都有所发展。这一时期出现的道教人物中最有影响力的当属吕洞宾,全真教南宗创始人张伯端、北宗创始人王重阳都与吕洞宾建立了师承关系。

(四)演变时期

宋代以后,道教进入了发展演变时期。南宗以紫阳真人(张伯端)为代表,主张"性命双修"的道家丹法。北宗以丘处机为代表,形成专主修性的龙门派。通过内丹修炼以成仙的学说乘时而起,形成以内丹修炼为主的全真道。全真道经过了丘处机及其弟子的完善和发展,在元代盛极一时。明代全真教的代表人物是永乐时期的道士张三丰,他是武当派的始祖,是继吕洞宾之后又一著名的"活神仙"。南北两宗为了与新起的全真教抗衡,与其他教派逐渐合流,形成正一道。元代以后,道教开始划分为正一道和全真道。

(五)新生时期

中国道教协会成立于1957年,是中国第一个全国性的道教组织,也是全国道教徒联合的爱国宗教团体和教务组织。中国道教协会的宗旨是团结和带领全国道教徒爱国爱教,拥护中国共产党的领导和社会主义制度,遵守国家宪法和法律法规,培育和践行社会主义核心价值观;兴办道教事业,弘扬道教教义,维护道教界合法权益;发扬道教优良传统,传扬道教文化,为促进经济社会发展,为维护宗教和睦、民族团结、社会和谐、祖国统一、世界和平做贡献,为实现中华民族伟大复兴的中国梦发挥积极作用。

二、道教主要教义

道教尊老子为道祖,奉《道德经》为道教经典。《道德经》称"道生一,一生二,二生三,三生万物",认为道是"一切之祖首,万物之父母",是先天地而存在的,宇宙万物皆由此化生。"德"是道在宇宙万物中的体现。宇宙万物都是由"道"生、由"德"育,因此道教认为应该尊道贵德。

道家"藏道度人",追求"仙道贵生""清静无为",提倡"返璞归真"。道教追求生命的不朽,认为人只要善于养生,就能长生不老。道教修炼方法众多,可以归为内养和外养。道教追求修身,以求长生不老,并提倡"二重修身",即修身养性、修心养性使心灵和生命回到道家的朴素境界。道教主张"不争",强调以柔克刚,认为真正的修道应该以静待动。道教反对"随机的无为",强调遵循自然规律,不干预自然的演变和事物的发展。道教认为,只有知足的心态,才能达到心境的平和,精神才能升华。

三、道教经典与标记

(一)道教经典

《道藏》是道教经典的集合,是道家思想的精髓,也是中国古代文化遗产的重要组成部分。第一部《道藏》编纂于唐代,《大宋天宫宝藏》编纂于北宋。《正统道藏》和《万历续道藏》编纂成书于明代,共5485卷,共收录著作1476种。除道教著作外,《道藏》还集合了诸子百家以及天文地理、医药保健、生物化学等其他方面论著。我国现存最早的《道藏》,是明英宗正统十年(1445年)成书的《正统道藏》。

(二)道教标记

天地初开,一片混沌状态,称之为"无极"。无极生太极,太极生"阴""阳"两仪,两仪又生"四象",四象又生"八卦"。曾仕强《易经的奥秘》中的道教八卦太极图(见图7-1)用乾、坤、震、巽、坎、离、艮、兑,象征天、地、雷、风、水、火、山、泽八种自然现象,这是道教所追求的"道法自然""天人合一"理念的形象展示,反映了道教所遵循的"仙道贵生"思想。

四、道教供奉对象与称谓

(一)道教供奉对象

道教信奉的神祇数量繁多,大致可以分为三类:第一类是至上神及其辅助神;第二类是教主或祖师神;第三类是得道仙真而被后世奉祀之神。

1. 先天真圣

(1)三清。

"三清"指居于三清仙境的三位尊神,即玉清元始天尊、上清灵宝天尊、太清道德天尊。道教理论有"一炁化三清"之说,《洞玄灵宝自然九天生神章经》记载,"三清"

图7-1 八卦太极图

皆是玄、元、始三气所化。即三清由道演化,再化生出天地万物和自然诸神,故被称为"先天尊神"(天尊)。

(2)四御。

四御是辅佐三清的四位天帝。玉皇大帝是总执天道之神;中天紫微北极大帝负责协助玉皇大帝掌管天地经纬、星辰日月和四时节气;勾陈上宫天皇大帝负责协助玉皇大帝执掌南北两极和天、地、人三才,负责统领众星,并主持人世间的兵革之事;承天效法后土皇地祇是女神,掌管阴阳生育,并与执掌天道的玉皇大帝相配合。有的宫观供奉的四御为中天紫微北极大帝、南方南极长生大帝、勾陈上宫天皇大帝、后土皇地祇。

2. 神仙

(1)八仙。

"八仙过海,各显神通"的传说早在唐代就有文人记载流传,到明代最后定型。八仙是民间最熟悉的神仙群体,包括李铁拐(也称"铁拐李")、汉钟离(也称"钟离权")、张果老、何仙姑、蓝采和、吕洞宾、韩湘子、曹国舅。山东蓬莱相传为八仙过海故事发生地。

(2)真武大帝。

玄武是星宿神,原指黄道上二十八宿中的北方七宿,形象为龟蛇合体,与青龙、白虎、朱雀同为道教护卫神。宋代玄武被人格化,为避赵氏先祖赵玄朗之讳,改称真武。明代朱棣发动"靖难之变"时,传说真武曾显像助威。所以明成祖朱棣即位后,在武当山大力修建宫观,武当山也因此成为全国各地真武庙的祖庭。

(3)文昌帝君。

文昌星又称"文曲星",是魁星之上六星的总称。宋元时期的道士称,天上文昌星曾降生在四川梓潼七曲山,七曲山梓潼大庙也因此成为全国文昌祖庙。相传文昌帝君受玉皇大帝之命掌管人世功名利禄,因而备受读书人的崇拜。

(4)三官。

"三官"是指天官、地官、水官,也称"三元",相传为元始天尊所吐"三元真气"所化。道教传说天官赐福,地官赦罪,水官解厄。民间还将天官与文昌帝君、南极仙翁一起,合称"福、禄、寿"三星。天官生于上元正月十五,地官生于中元七月十五,水官生于下元十月十五,合称"三元大帝"。我国各地都有供奉三官的三官殿等。

(5)关圣帝君。

关羽,字云长,今山西运城人,因其为"忠、孝、义、节"的楷模而屡受皇帝褒封,并受到儒、释、道三教共同尊崇,道教尊其为"关圣帝君"。道教认为关圣帝君具有司命禄、佑科举、治病除灾、驱邪避恶,乃至招财进宝、庇佑商贾等"全能"法力。山西运城关帝庙是我国现存规模最大的关帝庙。河南洛阳的关林,相传为埋葬关羽头颅之处。

(6)王灵官。

相传王灵官姓王名善,是宋徽宗时人。王灵官是道教重要护法神将,专门镇守道观山门,镇妖压魔,其地位相当于佛教中的韦驮。

(7)天妃娘娘。

天妃娘娘一般指妈祖,她生于北宋建隆元年(960年),本名林默。她生前救助过不少海上遇险的渔民和船只,道教因此将妈祖列为"道教女神"和"海上保护神"。宋代及以后的历代皇帝都对妈祖有所褒封,全国沿海城市均建有妈祖庙、天后宫等供奉妈祖。妈祖信仰在海外也非常盛行,世界范围内共有1500多座妈祖庙。我国三大妈祖庙分别是湄洲岛妈祖庙(祖庭)、天津天后宫和台湾北港朝天宫。

(二)道教称谓

道教称男道士为"乾道",称女道士为"坤道",例如,武当山紫霄宫中的道士多为坤道。教外人可以把他们统称为"道长"。主持宫观事务的道士可以称为"方丈""住持""监院"等,修行极高的道士被尊为"真人"。

全真道士必须出家,必须住宫观,不能娶妻生子,需要遵守严格的规章制度。目前,中国大多数道教宫观属于全真教。正一道士可以不用出家,也不住宫观,清规戒律没有全真道士严格。正一教主要流行于我国江南一带和台湾地区。

五、道教建筑

伴随着道教的产生发展而兴建演变的,还包括道教建筑。道教建筑是道家祭祀、修行、布道和举行斋戒仪式的场所。道观的名称有宫、观、道院等。可以称为"宫"的是具有特殊地位的道观,如武当山的紫霄宫。武当山道教建筑代表着中国近千年来艺术和建筑的最高水平。

(一)道教建筑发展历史

1. 汉魏晋南北朝时期的道教建筑

最初,道家认为神秘的山洞具有"通天"的功能,因此山洞成为修行的最佳场所。随着道教的传播出现,兼具宗教活动场所和政治管理机构两大职能的建筑体组合"治",与它相对应的是用于个体修行的建筑——靖室。南北朝时出现了大批的馆和观,"馆"是南朝时道教建筑的称谓,而"观"则是北朝时期的称谓。

2. 隋唐时期的道教建筑

隋代道教建筑多称"玄坛"。唐代道教建筑最突出的特点是在使用性质上的变化。道观不仅作为宗教的修行场所,更是文人志士文化活动与社交活动的重要舞台。建于长安的玄都观就是一个典型例子。

3. 宋代及宋以后道教的建筑

北宋时期最具代表性的道教建筑是晋祠内的圣母殿。南宋时期最著名的道教建筑要属建于孝宗淳熙六年(1179年)的苏州玄妙观三清殿。山西芮城的永乐宫是典型的元代道教建筑群。明代大型道教建筑群要数武当山道教建筑群。明成祖朱棣自诩是真武大帝转世,即位后下令大修武当,并赐名武当山为"大岳""太和山"。武当道教建筑群是30余万人历时7年才修建完成,拥有宫、观、庵堂、岩庙、桥、亭等多种建筑形式的庞大建筑群。明清时期,道教宫观多为重建、重修。

(二)道教建筑修建理念

1. 师法自然

师法自然是道教宫观选址、布局和建筑上遵循的首要原则。道教认为只有尊重自然,维系人与自然之间的和谐关系,才能实现对道教生命境界的追求。道教建筑营建时要尽可能地尊重自然,处理好建筑与自然环境的关系。这一理念在山地宫观的建筑中体现得最为充分。青城山、武当山、龙虎山等道教建筑群的布局与建筑本身都充分体现出这种自然之美。

2. 返璞归真

返璞归真即"回归自然",原本是指修行者通过修行,与道一脉相承,回归人的本真本性。返璞归真起初只是一种道教修炼者的修炼方法,后来逐渐成了道教修炼者的一种人生气度。北京白云观是体现这一特点的道教建筑之一,包括色彩、结构和装饰、建筑材料选取等方面。在色彩运用上采用灰色与红色搭配的形式,没有大面积使用皇家专属的黄色与青色,建筑整体给人以纯朴而又宁静的感觉。在建筑结构上,以硬山结构为主,屋脊、鸱尾等部位的装饰与雕饰也没有其他皇家寺庙恢宏的形制和夸张的线条。在建筑材料上,基本以灰砖为主,体现了道教建筑特有的返璞归真的建筑美学。

3. 天地为庐

天地为庐,是指把道教的建筑放在天地之间,将两者结合在一个更加神秘的"大空间"中。修道者在道教建筑中将道教建筑看作是天地宇宙,修道者与道教建筑之间的关系演变成了修道者与天地宇宙的关系,通过这种关系的变化,使修道者能够达到"天人合一"的目的。因此,道家建筑和道家园林并不追求大体量,而是"以小见大""以近知远",以有限展示无限的空间意识拓展其建筑空间或园林。

六、道教养生

道教尊重生命,重视修身养性。道教养生学的源头是从伏羲氏开始的。伏羲之后由黄帝开创了中国道教养生文化的先河。自黄帝之后,道教养生理论发展大致经历了四个阶段。第一个阶段是春秋战国时期,代表人物是老子和庄子。《道德经》中说:"人法地,地法天,天法道,道法自然。"老子提出"道法自然"的养生理念以及"清静无为""返璞归真""顺应自然"的主张,对道教养生学的发展意义重大。第二阶段是秦汉时期,这一时期各种养生术发展成型,特别是守一、内丹、房中、符箓较为成熟。第三阶段是西晋至唐末的道教养生学成熟期,这一时期内丹与外丹混合修炼。第四阶段为宋元明清时期,在道教内部形成南、北两派的内丹学说。东汉道医张仲景、西晋道士葛洪、南朝著名养生学家陶弘景、唐代道医孙思邈等人都对道教养生理论的完善做出了重要的贡献。

道教的养生理念在道教武术、音乐和饮食等许多方面也得到充分的体现。

(一) 道教武术

1. 养生气功奠定武术基础

道教的行气、吐纳、服气等养生术,是在气为万物本源的认识论基础上,吸收创新的一种养生方法。道教气功同武术的结合是中国武术的重要飞跃。二者的结合为中国武术特别是太极拳的发展奠定了基础。道教的武术包括太极拳和五禽戏等。太极拳结合了道教的导引和吐纳,可以让人体松心静,已经成为人们强身健体的重要手段。五禽戏巧妙地将动物的肢体运动与人体的呼吸吐纳结合起来,发展为一套具有中华民族传统特色的养生功法。

2. 天人合一赋予武术灵魂

习武是健身养生的重要方式之一。中国传统武术理念重视自然规律,寻求人与宇宙自然的和谐统一,认为只有顺应自然,人类自身才能获得最大发展。中国传统武术注重上与下、内与外、动与静、分与合的相互协调,这正是天人合一思想的体现。

动与静是武术中重要的一对范畴,直接影响着武术动作的快慢、虚实。中华武术吸收道教养生的动静观,把人体被动的动与静变为主动的动与静,展示出独特的运动形式。修习中国传统武术,不仅可以自卫防身,更能延年益寿。

(二)道教音乐

道教音乐又称"法事音乐""道场音乐",是道士在宣道、布道和修身养性时所使用的音乐,为道教仪式中烘托宗教气氛不可缺少的部分。道教音乐在吸收宫廷音乐和民间音乐精华的基础上融入道教色彩,形成其独特的艺术风格。

道教主张性命双修,从传统医学角度解释,即形神共养、身心调和。道教音乐融于自然,能使歌者在咏唱的状态下进入清虚之境,从而达到延年益寿的目的。道教音乐名曲有《三清胜境》《玉皇赞》《鸿雁赞》《仙家乐》《白鹤飞》和《迎仙客》等。2008年6月7日,道教音乐被列为第二批国家级非物质文化遗产。

武当山宫观道乐是民间音乐与宫廷音乐相结合的产物,明代进入发展鼎盛时期,是将歌、舞、乐融为一体的表演形式,既保留了全真派"十方韵"的音乐特征,又兼容了其他教派音乐的风韵,各类韵腔与法器牌子俱全。武当山宫观道乐是中国民族音乐的瑰宝,对道教音乐的挖掘、整理和传承性保护具有重要意义。1980年以来,通过举办道教音乐培训班、出版《中国武当山道教音乐》等图书、录制《武当仙韵》《太和玄乐》等音频视频资料,以及进行非物质文化遗产展演等方式,武当宫观道乐得到了很好的传承与发展。

(三)道教饮食

道教试图建立人与自然的和谐共生关系,倡导人与自然息息相关、相依共存,认为人对自然界应持有一种依赖感与亲和感。道教的饮食文化充分反映了道法自然、身心和谐统一的理念。

道家养生,以养气为重。在崇尚自然思想的指导下,道教的养生家们认为食物的选择应该根据四时节气的变化以及个人体质和地理位置的不同而有所区别。道家宴席主要有"三清托荤宴""太极宴""三五宴""四四宴"等。道家养生菜中融入了道教"道法自然""天人合一"等理念,菜品"紫气东来""上清豆腐""乾坤蛋""阴阳鱼""太虚丸子"等道教文化韵味十足。

武当道家斋饭是武当山道士日常饮食,也是香客信徒朝山进香时食用的主要食物。武当道教斋饭戒荤腥及刺激食物,其原料主要来源于山中生长的天然食材。

武当道教斋饭特点是素菜荤做,即以素菜为原料,如面筋、豆干、蕨菜等各类野菜等做成各种荤菜造型。主要菜品有"孔雀开屏""仙山素四宝""太和鲍鱼"等。

江西龙虎山天师八卦宴是南宋理学家朱熹所创制的道家饮食礼仪,八卦宴的制作不仅注重菜肴种类,更注重菜品的摆放。八卦宴的摆放一般使用老式八仙桌,按照阴阳八卦所示八个方位,先上八道小菜(或糕饼),如"灯芯糕""寿星饼"等,并斟上"天师养生茶"。八仙桌的正中摆放用"红枣糯米"等原料精制而成的太极八宝饭,意为"定乾坤",再按"太极""两仪""四象""八卦"的道教八卦规律摆满八道主菜,整个宴席犹如一幅八卦太极图。在菜肴名称上也格外强调道教意蕴,如"易生两仪"就分别放置"太乙阴阳蛋"和"上玄天混丸"两道菜肴,充满道家玄机。

第二节 治世玄岳,太和武当

武当山位于神秘的北纬30°线上,地处湖北省丹江口市境内,是首批国家级重点风景名胜区、国家5A级旅游风景区。武当山是中国著名的道教圣地、太极拳的发祥地,素有"亘古无双胜境,天下第一仙山"的美誉。1994年12月,武当山古建筑群入选《世界遗产名录》。2006年,武当山62处古建筑群被列为"全国重点文物保护单位",武当武术、武当山宫观道乐被列入《国家级非物质文化遗产代表性项目名录》,武当山道教医药、武当山庙会入选《湖北省第一批省级非物质文化遗产名录》。

一、大美武当

武当山东接历史文化名城襄阳市,西靠湖北省十堰市,南临湖北省神农架林区,北面南水北调源头——丹江口水库,总面积312平方千米,素有"八百里武当"之称。

武当山属自然景观与人文景观完美结合的山岳型风景名胜区。武当山的自然景观以雄、奇、险、秀、幽的特点闻名于世,特别是环绕主峰的群峰好似俯身领首朝向主峰天柱峰,形成"七十二峰朝大顶,二十四涧水长流"的自然奇观。武当山主峰天柱峰海拔1612米,恰似"一柱擎天",七十二峰箭镞林立、三十六岩绝壁深悬、二十四涧飞流激湍、十一洞紫气氤氲。武当山四时奇景变幻莫测,"天柱晓晴""雷火炼殿""海马吐雾""陆海奔潮""月敲山门""祖师出汗"等处处彰显了武当仙境的神秘空灵。武当山四季景致各异,春之幽雅、夏之清新、秋之绚烂、冬之浪漫,一切都顺应自然之道而生发,蕴含着"道法自然"的哲理之美。

武当山隶属于武当山旅游经济特区管理委员会,先后被授予"全国文明风景名胜区""全国文明风景旅游区示范点""全国重点风景名胜区综合整治先进单位""全国文明风景旅游区创建先进单位""全国旅游系统先进单位""欧洲人最喜爱的中国十大景区""最受群众喜爱的中国十大风景名胜区""首届中国自驾车旅游品牌目的地十佳"等荣誉称号。

武当山景区包括太和宫景区、南岩宫景区、紫霄宫景区、太子坡景区、玉虚宫景区、太极湖生态文化旅游区、快乐谷景区等。

(一)太和宫景区

太和宫俗称"金顶",修建于武当山最高峰——天柱峰的绝顶之上,建筑群绵延在海拔1500~1612米的群峰之间,整体建筑布局充分利用天柱峰之气冲云霄般的气势,按照明朝皇家建筑规制,巧妙进行建筑布局。太和宫建成后,明成祖朱棣嘉封武当山为"大岳太和山",封这座建在绝顶上的皇家建筑为"大岳太和宫"。明嘉靖年间,太和宫进行了又一次扩建,扩建后以城墙为界,城墙之外称为"太和宫",墙内为"紫金城"。紫金城墙环绕天柱峰顶端修建,金殿被围在其中。明成祖对紫金城的修造十分重视,敕令严格遵守道教崇尚自然、天人合一的教理。工匠们按照明成祖的旨意,用重达千斤的条石依山势筑起一道厚厚的城墙,城墙中心周长344.43米,蜿蜒起伏,远看如光环围绕金殿,雄伟壮观。大岳太和宫的修建充分体现出人文景观与自然景观的高度统一的建筑理念。太和宫景区的主要景点包括金殿、一柱擎天观景台、转运殿、钟鼓楼、太和宫、紫金城、灵官殿和九连蹬、皇经堂等。

金殿位于武当山天柱峰绝顶,它是武当山的精华和象征,也是武当道教走向鼎盛高峰的标志。金殿建于1416年,是中国最高等级的重檐庑殿式建筑,整个建筑采用铜铸鎏金工艺建造而成,卯榫焊接,密不透风。由于金殿采用了特殊的铜构材质,还会出现"雷火炼殿"的奇观。金殿是武当山著名的道教建筑,也是中国古代建筑和铸造工艺的灿烂明珠。金殿于1961年被列为全国重点文物保护单位(见图7-2)。

(二)南岩宫景区

南岩宫始建于元代,历经明、清两代重修与扩建,现存建筑及遗址占地面积61187平方米,庙房83间,建筑面积3539平方米。南岩宫的古建筑在建筑手法上打破了传统意义上完全对称的布局和模式,使其与环境风貌达到了高度的和谐统一。工匠们巧借地势,使个体精致小巧的建筑形成了大起大落、错落有致、颇具气势的建筑群。南岩宫现存的主要殿阁有龙虎殿、元君殿、天乙真庆宫石殿、两仪殿、南岩宫、皇经堂、太子殿、八卦亭、大殿等。南岩宫景区的主要景点包括御碑亭、小天门、银杏树、崇福岩、甘露井、玄帝殿、寿福康宁石刻、天下第一香龙头香、古棋亭、打金钟和飞升崖等。

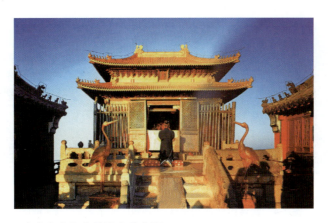

图 7-2　武当山太和宫景区中的金殿（武当山旅游经济特区管理委员会　供图）

构筑于绝壁之上的南岩宫是东方人用石头书写的历史。修建长达 27 年的南岩宫在 1313 年完工，后被赐名"天乙真庆宫"。南岩宫的梁柱、斗拱、门窗等都是用青石雕琢，人们一直没能弄清重达万余斤的构件是怎样被举到绝壁之上，又是如何完成拼接完成的。南岩宫于 1996 年被列为全国重点文物保护单位（见图 7-3）。

(a)　　　　　　　　　　　　　(b)

图 7-3　武当山南岩宫（梁玥琳　摄）

（三）紫霄宫景区

紫霄宫始建于宋代宣和年间，是武当山现存规模最大、保存最完整的宫观建筑群，现存建筑 182 间，建筑面积 8553 平方米，建筑及遗址面积 7.4 万平方米。紫霄宫的主体建筑紫霄殿是武当山最有代表性的木构建筑。它坐北朝南，背倚展旗峰，体现了中国古代建筑"负阴抱阳，背山面水"的原则。紫霄宫依照"皇权中轴"的建筑理念，一条笔直的中轴线贯串始终，自宫殿落成之日起，就被视为国家祈福之廷。紫霄宫于 1982 年被列为全国重点文物保护单位，景区主要景点有紫霄大殿、金水桥、朝拜殿、父母殿、御碑亭、龙虎殿等（见图 7-4）。

（四）太子坡景区

太子坡敕建于明永乐十年（1412 年），又名"复真观"，相传紫气元君在此点化静乐国太子，因此得名。太子坡景区现存庙房 105 间，占地面积 1600 平方米。古建筑群巧妙地利用山形地势，

图 7-4　武当山紫霄宫景区(左图杨广智、右图张汉斌　摄)

按照真武修仙的故事精心设计而成,是武当山至今保存最为完整的一座宫观,并构造出九曲黄河墙、一里四道门、一柱十二梁、十里桂花香等著名景观。九曲黄河墙虽然只有短短 71 米,但是古人在修建时,依山势起伏而建夹墙复道,流畅高大的红色弧形墙体气势非凡,建筑构思和布局十分巧妙。五云楼的梁枋共有 12 根,交叉叠置于一柱之撑,技艺精湛,巧夺天工,虽历经数百年仍完整结实。一柱十二梁是我国古代建筑之谜,是中国古建筑史在力学上的一大创造。

太子坡景区的主要景点有北天门、九曲黄河墙、二宫门、碑刻、龙虎殿、滴泪池、大殿、太子读书殿、百年桂花树、"福"字照壁和五云楼等(见图 7-5)。

 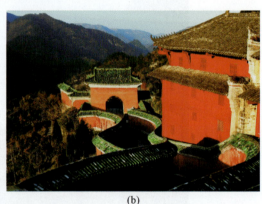

图 7-5　武当山太子坡景区(杨广智　摄)

(五)玉虚宫景区

玉虚宫位于武当山北麓,面积约 5 平方千米,曾为张三丰修炼之地。明永乐十一年(1413年)永乐皇帝敕建玉虚宫,嘉靖三十一年(1552 年)重建。1935 年夏天山洪暴发,号称南方"故宫"的玉虚宫自此成一片残垣断壁。2007 年 5 月,玉虚宫大殿修复工程启动,经过 5 年的保护性修复,玉虚宫宫墙、御碑亭、山门、龙虎殿、玉虚殿、玉带河、宫内石板地面等工程已经完工。2017 年 5 月,第四届国际道教论坛在武当山玉虚宫举行。玉虚宫景区主要景点包括玉虚宫、治世玄岳石牌坊、碑刻、博物馆和玉虚街等。

玄岳门敕建于明嘉靖三十一年(1552 年),是进入武当山的第一道门户,从玄岳门至金顶的道路古有"神道"之称。这座"治世玄岳"石牌坊为三间四柱五楼式的石建筑,正中坊额上刻着嘉靖皇帝亲书"治世玄岳"四个大字。简练的结构,富于变化的构件,均衡严谨的装配,装饰华丽的坊身,雕刻精工,运用线刻、圆雕、浮雕等多种雕刻方法,使其成为明代石雕艺术珍品。"治世玄岳"石牌坊于 1988 年被列为全国重点文物保护单位(见图 7-6)。

图 7-6　武当山玄岳门（李江敏　摄）

（六）太极湖生态文化旅游区

太极湖生态文化旅游区，是鄂西生态文化旅游圈系统中重要建设发展项目，也是鄂西圈核心板块"两山一江"之武当山生态旅游升级发展的重要组成部分。太极湖生态文化旅游区总规划面积 67 平方千米，投资总金额 200 亿元，由武当山特区与太极湖集团共同打造，整个项目由太极湖新区和太极湖旅游区两个区域、四大板块、17 个分区、约 180 个子项目组成，并按照"山上养心、山下养身"的规划建设理念，整合山、水、城、文旅游资源，延伸旅游产业链条，打造集观光、休闲、养生于一体的世界知名、国际一流的旅游目的地。

（七）快乐谷景区

武当山快乐谷景区依山傍水，为武当山兼具生态观光、森林康养、餐饮住宿于一体的深度体验式休闲旅游区，面积 6 平方千米。游人在此既可以尽情地享受"天然氧吧"的优美景色，又可以到访张三丰修炼的遗存地，更可以挑战武当蹦极、漂流探险、飞天滑索、CS 野战、龙舟快艇等户外拓展项目。

二、太和武当

武当山又名"太和山"，隶属大巴山系。武当山北通秦岭、南望神农架、西至巴蜀，道教认为这一独特的地理位置既可感应天，又可连于地，同时又有四方阴阳之气在这里汇聚调和，因此称之为"太和"。

作为中国道教四大名山之一，武当山拥有"七十二峰朝大顶，二十四涧水长流"的秀丽画境。明成祖朱棣历时 12 年大修武当山，建成 33 座建筑群，形成了"五里一庵十里宫，丹墙翠瓦望玲珑，楼台隐映金银气，林岫回环画镜中"之意境。武当山道教建筑群严格按照真武修仙的故事布局，建筑群绵延 60 千米，完美地体现了道教"天人合一"的思想理念。

（一）问道武当

在武当山寻仙问道的第一人，传说是"紫气东来"这个故事的主人公——函谷关关令尹喜。当紫气从函谷关山谷升起之时，尹喜等候到改变他一生命运的老子。老子为尹喜留下了后世称之为《道德经》的"老子五千言"。顿悟后的尹喜一路跋涉，终于在武当山找寻到了精神的皈依。他结合老子的《道德经》，创作出《关尹子》，提出了"以心识道"的道教修炼观，成为武当山历史上第一位有记录的修行者。此后，尹喜被尊奉为道教护法神"玉清上相"，老子成为道教的最高神——太上老君，《道德经》也成为尊老子为"道祖"的道教经典。继尹喜之后，东汉著名学者阴长生、东晋隐士谢允以及唐代吕洞宾、孙思邈等也曾在此修行。

(二) 天造玄武

武当山位于南方,在五行中属火方,所以水神"玄武"便成为镇守武当的主神,有了"非玄武不足以当之"的说法,武当山也因此得名。另据史料记载,武当山在战国时地处秦、楚交界,历来都被视为兵家必争之地。战国时期,秦国攻占楚国丹江上游的商地(今陕西省丹凤县),并在此地设置了武关。之后,楚国也针对秦国在汉江边设置武当县(今湖北省丹江口市),取以武力抵挡秦军入侵之意。由于"当"通"挡",武当因此得名。

武当山的玄妙体现在自然景观和人文景观的巧妙结合。龟蛇合体在很久以前就被古人称为"玄武",而令世人惊叹的是,从空中俯瞰武当山的天柱峰、金殿、紫金城墙等,它们组成了玄妙的"天造玄武"圣境(见图7-7)。

图 7-7　天造玄武(杨广智　摄)

(三) 治世玄岳

玄武神作为武当山的主神,得到历代帝王的虔诚膜拜,武当山也因此成为皇家道场,其道教建筑均采用了红墙绿瓦的皇家建筑规制。武当山古建筑群敕建于唐贞观年间,在明代达到鼎盛。唐贞观年间,奉唐太宗李世民的圣旨,武当节度使姚简赴武当山祈雨成功,唐太宗敕建五龙祠。宋元时期,真武神被皇室推崇为"社稷家神",武当山成为皇帝"告天祝寿"的重要场所。明代,武当山被皇室封为"大岳""治世玄岳"。明永乐年间,明成祖朱棣"北建故宫,南修武当"。明嘉靖皇帝朱厚熜为武当山敕建"治世玄岳"的石牌坊,成为武当山第一道山门。武当山皇家家庙地位日益稳固,以"四大名山皆拱揖,五方仙岳共朝宗"的地位闻名于世。

三、武当山道教建筑群

(一) 整体布局

武当山道教建筑群融合了"天人合一"的理念,被誉为"中国古代建筑成就的博物馆"和"挂在悬崖峭壁上的故宫"。整体建筑按照真武修行的故事依山布局构造出九曲黄河墙、一里四道门、一柱十二梁、十里桂花香等著名景观。武当山古建筑群遵从"人间""仙山""天国"的空间布局,从古均州至天柱峰全长60千米,均州至玄岳门30千米可以视为"人间",玄岳门至南岩20千米可以视为"仙山",南岩至天柱峰顶10千米可以视为"天国"。人间、仙山、天国形成了3∶2∶1的比例,正是道教"天人合一"思想的完美体现。

(二) 建筑价值

武当山古建筑群中,无论是木建构宫观,还是铜建构殿堂,或是石庙塑像等,各类建筑的设计和建造、装饰和陈设,都展示了高超的技术和艺术成就。武当山金殿铸件体量硕大,殿内神像采用失蜡法(蜡模)翻铸,均代表了中国明代初年科学技术和铸造工业的重大发展,是我国古代科技水平的生动展现。

武当山古建筑群分布在以天柱峰为中心的群山之中,总体规划严密,建筑选址巧妙依托自然环境,顺应山形水脉,达到建筑与自然的高度和谐,是道教建筑规划之典范。

1994年,武当山古建筑群被列入《世界遗产名录》。联合国教科文组织和世界遗产委员会认为,武当山古建筑中的宫阙庙宇,集中体现了中国元、明、清三代世俗和宗教建筑的建筑学与艺术成就,代表了近千年的中国艺术和建筑的最高水平。武当山古建筑群是道教建筑之瑰宝,现存道教建筑规模大、规制高、构造严谨、装饰精美,是中国现存道教建筑典范。

四、武当武术的发展与活态传承

(一)武当武术的发展

武当武术于2006年被纳入首批国家级非物质文化遗产名录。武当武术的开山祖师是具有传奇色彩的人物——张三丰。元末明初,他将《易经》和《道德经》的精髓与武术巧妙融合为一体,创造了具有重要养生健身价值,以太极拳、形意拳、八卦掌为主体的武当武术。无论是内功心法,还是姿态体式,武当内家拳法都给人以仙风道骨的飘逸之感。武当武术以"道法自然""天人合一"为宗旨,以"动静结合""内外兼修"为方法,具有鲜明的道家文化特征,是武功和养生方法的完美结合(见图7-8)。武当武术和少林武术一起,奠定了中华武术"北崇少林、南尊武当"的地位。

图7-8　武当武术(杨广智　摄)

武当养生功可以划分为伸筋拔骨类道家养生、呼吸吐纳类道家养生、按摩导引类保健养生三种类型。这些丰富的武当养生功法,虽然侧重不同,但是都以修复、改善人体机能,养生保健,延年益寿等为目的。武当养生功源于道家养生理念,对促进全民身体健康,提高人民生命质量发挥着重要作用。

(二)武当武术的活态传承

武当山旅游经济特区管理委员会以道教建筑遗产为核心吸引物,兴建武当博物馆、武当艺术馆、太极剧场、武当武术交流中心等场馆,通过加强软环境营造和硬件环境建设,有力地推动了武当武术的活态传承与健康发展。

1. 拓宽新媒体推介渠道

拓宽新媒体推介渠道,包括加强与中央电视台、《人民日报》、《中国旅游报》、新浪网等媒体推介平台合作,通过媒体与武当、明星与武当、影像与武当等多种渠道推介武当文化。

相关影视剧集团公司以武当山为背景,制作了大量影视剧、纪录片等,如电影《卧虎藏龙》《功夫梦》《太极张三丰》、电视剧《笑傲江湖》《西游记》、专题纪录片《太极武当》《中国的世界遗产(三)武当山古建筑群》《问道武当》《世界遗产:湖北武当山四季风光》,以及大型太极功夫秀《梦幻武当——2013 年之武当武术》等。

2. 扩大武当武术国内外影响力

可以充分利用门户网站,在国内外主要门户网站上开办专题栏目,提高武当山道教养生文化和武当武术在海内外的知名度与影响力。

武当山着力实施武当武术全球推广战略,目前已在国外成立近 20 家武术分会。武当山要围绕武当功夫团对外交流平台,继续以武当武术、武当道文化、健康养生为媒介,不断加强与世界各国的友好交流,并做好文化交流使者,教授太极拳,传播中华传统文化,以及加强宣传推广活动,向世界展示武当文化,积极参加对外武当武术巡演和文化交流活动,尤其是加大武当太极传播、武术养生文化传播交流。

3. 打造武当武术传承品牌产品

要着力打造武当武术传承品牌产品。可以对武当武术品牌传播过程中的传播者、传播内容、传播媒介和受众构成进行分析,对其传播效果进行合理评估,找出制约武当武术品牌产品传承的瓶颈及原因。现阶段武当武术品牌传承过程面临传统文化内涵与现代竞技的错位、受众群体中高端与低端用户练习者的错位、传统品牌开发滞后与市场需求增长的错位,应从政府政策扶持、品牌自主创新与媒介渠道宣传等多个方面对武当武术品牌传承进行对策分析。

4. 重视武当武术传承与"健康中国"战略

武当武术传承与发展应该与"健康中国"战略紧密相连。健康是实现美好生活最基本的条件。实施"健康中国"战略,是以习近平同志为核心的党中央做出的一项重要战略决策。它基于人民对美好生活的需求,旨在全面提高人民健康水平、促进人民健康发展。《健康中国行动(2019—2030 年)》将"全民健身行动"列为落实"健康中国"战略 15 个专项行动之一。

近年来,武当山旅游经济特区管理委员会开展以"习武当武术,做文明市民"为主题的武当武术"六进"(进学校、进军营、进企业、进机关、进乡镇、进社区)活动,旨在推动武当武术的全民普及,营造浓厚的健康城市创建氛围,推动健康城市创建向纵深开展,为提高人民幸福指数搭建良好的平台,努力使文明、健康、有序的生活方式深入人心。

武当山作为道教圣地和太极拳的发祥地之一,通过举办全国太极拳健康工程系列活动与体育赛事,对武当武术的活态传承与健康发展产生了积极的促进作用。

五、武当山文化遗产的活态传承

(一)打造武当山道教文化 IP

"武当 369"是武当山旅游经济特区推出的道教文化 IP,针对游客的差异化需求,量身打造传统观光朝圣线路、现代个性旅游线路、养生度假体验线路三条深度旅游线路,让游客深度感受武当"闲、养、商、学、奇、情"六大元素,体验武当武术、道茶夜话、打坐静心、抄经养性、道家斋菜、道家早晚课、周易文化、道家医药、辟谷清修九大特色,在道法自然的意境中享受生命的本真。

"武当 369"品牌以道家文化为核心,以人文景观为载体,以生态资源为导向,以康养度假为特色,充分发掘利用道教医药、道家武术、道教膳食等养生文化资源,是武当山旅游产业转型升级的重要标志,以及武当山推动全域旅游创新发展的重要符号。该品牌所主张的理念是:360°物理空间加 9°心灵感受,旨在引导消费者用心感受、了解武当山博大精深的文化和玄妙空灵的山水。

武当山精心打造"武当 369"品牌 IP,紧紧围绕新时代开新局的总要求,按照把武当山打造成国际旅游胜地、东方康养之都的总定位,推动武当山旅游实现转型跨越发展。武当小道童抖音IP的诞生,对于武当山品牌推广和道教文化传播也具有积极的意义。

(二)打造道教康养系列品牌产品

作为湖北第二批省级全域旅游示范区,武当山旅游经济特区(武当山镇)整合道教养生资源及生态旅游资源,发展精品民宿,促进了"文旅+"的融合发展。景区引进高端民宿运营品牌,共同打造集道教康养、休闲体验、培训研学等于一体的养生休闲小镇。武当山主打"旅游""康养""文化"品牌,立足全域旅游发展,发挥文化品牌和资源优势,塑造和推广道教康养品牌产品。

通过体验武当武术、道家斋菜、道家医药等特色产品,形成武当道医道药和康养文化体系,打造武当山康养旅游的品牌产品,打造武当道家医学康养大会等品牌节庆产品等。武当山在创建国家级文旅康养度假区的基础上,力争打造成为道教康养圣地。

(三)打造武当山"研学"品牌产品

武当山作为世界文化遗产、国家地质公园,拥有得天独厚的研学资源。教师可以通过课堂讲授、实地踏勘、触摸历史等探秘自然与感悟人文,引导学生在读万卷书的同时行万里路,通过对世界文化遗产、地质公园等内容的讲解,激发学生的爱国情怀,增强文化认同与自信。

目前,武当山景区精品研学旅行线路有三条,它们分别是武当山景区红色主题三日游、武当山青少年研学二日游、武当山被遗忘的古神道一日游。

武当山地区作为"鄂西北革命根据地",有着丰富的红色文化宣传教育价值。武当山红色研学旅行线路主要围绕贺龙率领红三军建立以武当山为中心的鄂西北革命根据地为主线,以图片、实物(场景)再现、人物故事展示等方式,让游客重温和学习红色革命历史。

武当山青少年研学二日游线路主要结合武当山文化遗产的特点及属性,通过寓教于乐的形式,培养青少年对中华传统文化的敬仰和爱护,增强了他们的使命担当和中华文化自信心,让武当文化和中国传统文化植根于青少年心中。

(四)开发武当特色文创产品

武当文化创意产品以武当历史文化和特色文化为基础,融入观赏性和实用性元素,结合市场需求,包括食品、祈福、穿戴、商务办公等六大类别。"道通天地"系列茶具、"我爱武当"系列鼠标垫和拼图、"福寿康宁"系列杯垫和香包、"武当小道童"系列纸巾和玩偶、"道"系列手机壳、"金顶"雪糕、"金顶拂晓"手机壳、"鱼跃龙门"陶瓷杯、"道法自然"渔夫帽等,这些寄托着吉祥如意美好愿望的文创商品非常受游客的欢迎。武当文创产品通过武当传统文化进行了个性化表达,武当传统文化则依托文创产品这个载体实现了活态传承、推广。

2021年9月29日至2022年2月10日,武当山文创大赛全面开启,大赛主题为"潮创武当",致力于以"新文创"的方式活化武当文化,打造起武当特色文创品牌。此次作品征集围绕文化文博创意设计类、旅游商品创意设计类、武当山特色产品类这三个方向,以武当山道教文化元素为核心创作主题,意在打造武当道教文化全新IP。

同时,武当山在学习故宫文创思路和模式的基础上,开发独具武当山特色的文创产品,通过文创产品传承和推广武当文化,从而更好地进行武当文化遗产的传承与推广。

(五)重视新媒体营销渠道拓展

新媒体营销是指利用新媒体平台进行营销的方式。新媒体营销可以与传统媒介营销相结合,形成全方位立体式营销。

2021年10月,知名微博博主齐聚武当山,开启"宝藏仙山探访行"活动,全方位体验康养武当的独特魅力。博主们深度游览金顶、太子坡、紫霄宫、南岩宫、武当博物馆等景点,感受武当山深厚的道教文化底蕴,并品味武当道家美食,开展品茶、尝斋、学武、抚琴等特色体验。博主们通过微博,分享武当山之行的所见所闻所感,让世界了解武当,让武当走向世界。

(六)打造非遗节庆和会展品牌产品

武当山庙会是省级非物质文化遗产,是融道家文化、武当武术、民俗风情为一体的体验式民间文化活动。武当山历史上有农历腊月二十三至第二年三月十六、九月初一至九月初十两期庙会,其中以三月三、九月九这两日的庙会最为隆重。武当山庙会在弘扬中华优秀传统文化,彰显武当文化特色,推进文化和旅游产业融合向纵深发展的过程中发挥了重要作用,已经成为武当山的品牌节庆活动。

让非遗文化走入生活、融入生活,才能实现真正意义上的"活态传承"。2021年7月,武当山文化和旅游推介暨武当非遗文化展演走入上海大世界,武术表演、养生功传习和道服、道艾等丰富的道系文创,以及道医义诊活动等,让人们真正体验到我国非遗文化的博大精深和武当山非遗文化的独特魅力。

2021年中秋节,"月圆中秋·情系武当"——玉虚街非遗文化庙会与"天下太极出武当"——2021武当中秋无人机空中展演顺利开展。观众既可以换上汉服与演员互动,参与游街学习、体验武当中秋的传统文化,也可以在玉虚宫外罗城观看500架无人机用酷炫的光影构成9幅武当传统文化图的震撼演出,以及欣赏在高新科技与武当文化的碰撞下点亮的武当仙山。

2022年元宵佳节,武当山开展了以"欢乐闹元宵 喜迎二十大"为主题的大型非遗文化庙会。情景剧式巡游、武当武术表演、武当茶道、古风歌舞表演,以及猜灯谜等传统元宵节民俗活动轮番上演,展示出独特的武当非遗节庆文化魅力。

本章小结

道教是中国的本土宗教,道教"道法自然""天人合一"的理念渗透于建筑、音乐、武术和养生等多个领域。武当山道教建筑群是中国元、明、清三代世俗和宗教建筑的建筑学和艺术成就的集中体现,代表了近千年中国艺术和建筑的极高水平。武当山文化遗产资源丰富,应该通过打造武当山道教文化IP、打造道教康养系列品牌产品、打造武当山"研学"品牌产品、开发武当山特色文创产品、重视新媒体营销渠道拓展、打造遗产节庆和会展品牌产品等路径,实现武当文化遗产的活态传承。

课后练习

一、简答题

1. 简述道教的基本教义。
2. 简述道教建筑营造所遵循的重要理念。
3. 如何理解武当山古建筑群将道教"天人合一"的思想理念完美融合?
4. 简述武当武术的遗产价值及活态传承路径。

二、实训题

举例说明道教在当代如何传承与创新,才能更好地适应新时代的社会文化发展要求。

Chapter

8

第八章　中国自然遗产之绝：生物景观

学习目标

　　本章涉及的生物景观属于地质历史时期的生物景观，即化石产地。章节的构架和知识的编排旨在让同学们在学习生命所处的宇宙和地球环境、地球生命的起源、生物进化历程及古生物化石等知识的基础上，走进我国第一个化石类世界自然遗产——云南澄江化石地，深入了解该化石地的发现过程、研究概况、化石种类、科学意义及世界影响等。

思政目标

　　强化学生珍惜生命的意识、化石等自然资源及生态环境保护的意识、科学发现及科技创新的意识，激发学生民族自豪感和爱国情怀，为实现我国创新驱动发展战略及谋求人与自然和谐协调发展而奋斗。

学习重点

1. 地球生命起源的条件及过程。
2. 无脊椎动物、脊椎动物、植物随地质年代进化的特点和主要代表。
3. 化石的分类、形成过程及意义。
4. 澄江化石地化石的发现与研究。
5. 澄江化石地主要生物门类及代表性的化石。
6. 澄江化石地在生物进化上的意义及在世界古生物学领域的地位。

文化遗产与自然遗产

知识框架

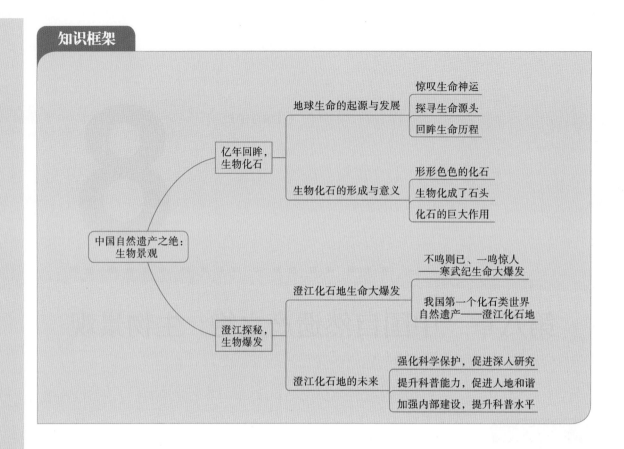

内容导入

　　面对丰富多彩的生物界,古往今来无数人都在问,地球生命是怎么来的? 生命是如何进化到今天的? 怎样知道过去的生物界? 远古生物给我们留下了什么? 人类自身是怎么来的? 古代的生物与现在有什么不同? 等等。这些问题如同磁铁一样千百年来一直吸引着人类。人类为此进行着长期不懈的探索,到今天为止,有的已经基本解决,有的仍是历史"悬案"。翻开恢宏画卷,重返历史现场,本章将带领大家沿着地球生命走过的路径倒行,去辨认38亿年地球生命艰难跋涉的脚印,去品味远古生物在生存竞争中的苦涩与欢欣,去走访一件件重见天日的奇珍异宝——古生物化石,去领略历史长河中的逝水流沙。同时,本章将以我国首个化石类世界自然遗产、闻名天下的化石产地——云南澄江化石地作为典型实例,为大家呈现化石产地的精彩纷呈、探索化石过程的引人入胜和化石探索者的不懈追求。

第一节 亿年回眸,生物化石

　　迄今为止的宇宙探测表明,地球仍然是浩渺苍穹唯一的生命家园。经过46亿年的漫长演化,地球为人们呈现出无限风光,也留下了无穷多的奥秘。在漫长的地球历史画卷中,最辉煌、最激动人心的篇章就是生命的起源与进化。地球生命大约起源于38亿年前,生物界经历了由低级到高级、由简单到复杂、由单一到多样、由海洋到陆地的进化过程,而古代生物留存下来的化石是这一过程的珍贵见证。

一、地球生命的起源与发展

生命起源与进化同宇宙起源与演化、智力起源与发展一样,是当今世界三大前沿也是基础的科学问题,引起了从科学家到普通百姓的广泛关注。不同时期,生物界的总面貌千差万别,而且是在反复的"繁荣—灭绝—复苏—繁荣"过程中向前发展。据估计,历史上曾出现过而最终灭绝了的物种高达10亿~30亿个,遗憾的是绝大多数物种人们还一无所知。今天千姿百态、种属繁多的生物界,是38亿年不断演化、繁衍的结果,相对历史长河来说仍属于"匆匆过客"。例如,历史上曾有1080多亿人在地球上生活过并已死去。对于现今的物种数究竟有多少,众说纷纭,莫衷一是,有人估计为1000万~3000万种,不过其中"知名知姓"的却只有200万种左右。

(一)惊叹生命神运

唐代诗人罗隐在其七律《筹笔驿》中写道:"时来天地皆同力,运去英雄不自由。"意思是当你逢时走运的时候,天和地都帮助你,而当你背时失运的时候,纵然你是个英雄也没办法。对地球生命来说,无与伦比的"神运"、匪夷所思的巧合让人叹为观止。概括起来,是来自天地的七大"运气",即七大因素使地球生命能得以繁衍生息。

1. 最合适的位置——26000光年

这一点类似于人的发展一样,要想发展顺利,得要找到最适合自己的位置或者坐标点。太阳距离银河系中心26000光年,这个位置恰到好处,其他恒星对太阳的影响很小。在这个位置,太阳系中有一颗行星有生命。如果太阳不在这个位置,那么太阳系里就不可能有一颗星球有生命,而且还会迎来无数灾难。

2. 距离产生美——1.5亿千米

所谓"距离产生美",就像看一朵花一样,距离太远或者太近都不完美,只有在一个最恰当的距离欣赏,才会美不胜收。同样,交朋友也要保持恰当的距离,保持得好能交到好朋友。地球是太阳系八大行星之一,位于从里到外的第三颗,与太阳的距离是1.5亿千米,这个距离恰到好处,地球上有水、有空气、有生命,温度基本上在0~100 ℃,适合生命繁衍。如果不是这个距离,那么环境条件会极其严酷,地球就不可能有生命。

3. 无与伦比的"盾牌"——地球磁场

无与伦比的"盾牌",这是地球保护生命的"绝招",即地球磁场。就像人一样,要学会保护自己,尤其是青少年要保护自己免受伤害。一根在水平方向上自由转动的小磁针,当其静止的时候,一定有确定的指向,即南北向,而且任意拨弄,结果总是一样。这说明,自然界有一种神秘的力量支配着磁针的指向,这个神秘的力量就是地球磁场。地球实际上相当于一块巨大的磁铁,磁力线从南磁极开始,环绕地球,向北磁极集中,在近地空间伸展几万千米。地磁场在地球周围形成厚厚的磁层,可使地球生物免受致命辐射的侵袭。辐射的主要来源是太阳,太阳喷射出的一团团辐射粒子大部分被地磁场所捕捉,沿着磁力线来回进行螺旋运动,永远不会到达地面。仅地磁极附近的辐射粒子可以透过大气层,并在那里激发空气分子形成火焰状的极光。此外,由太空深处射来的较弱的宇宙射线,绝大部分也被这一磁层所阻挡而转移方向。由于这一防护罩的存在,地球上的生物才能安然无恙、繁衍生息。

4. 至关重要的"屏障"——地球的大气圈

至关重要的"屏障",这也是地球保护生命的"绝招",即地球的大气圈。地球具有明显的内部和外部圈层结构,大气圈是环绕地球的由气态物质组成的圈层,也叫"大气层"或"地球大气",

是多种气体和物质组成的混合物,总重量不到地球总重量的1%。大气是地球生命活动的重要保障,不仅对宇宙有害辐射或高能粒子起屏蔽作用,还为生命活动提供了适宜的气候环境。大气层能存在,得益于日地距离和地球引力强度适当,能够有效抓住大气,否则就可能烟消云散。

5. 不能没有"你"——地球的卫星(月球)

不能没有"你",说的就是地球的卫星——月球。月球与地球的平均距离约38.44万千米,其直径大约是地球的1/4。跟其他卫星与其行星的大小对比,月球相对于地球大得太离谱,但也正是这样才与地球密切配合,保证生命繁衍。否则,地球上的生命将面临巨大的灾难。另外,正是因为月球大得能刚好挡住太阳,人类才有幸能看到壮观的日全食现象。

6. 斜有斜的好处——地轴倾斜

第六大运气是斜有斜的好处。人站斜了就会摔跤,物品放斜了就会倾倒。而地球的斜表现在其自转轴是倾斜的,与地球环绕太阳的轨道面的夹角为66°34′。地球有四季交替,适宜生命发展,多亏了地轴倾斜。否则,地球上就没有四季之分,赤道附近过热,南北两极更冷。没有四季交替的地球还会引发更多的灾难。

7. 天底下最重要的"皮肤"——地球上的土壤

天底下最重要的"皮肤",说的是地球上的土壤。地球上土壤的成分、结构等特征适合人们种植庄稼,让人类能辛勤耕种,自食其力。天赐的大地承担起哺育生命的重任,赋予万物生机,是人类赖以生存的根本。

(二)探寻生命源头

地球生命是如何起源的?不论是科技并不发达的古代,还是科技日新月异的今天,这个永恒不变的问题一直存在于人类的脑海中。从古至今,无数人都在探索这个问题,人类在不同阶段对此有不同的观点。随着研究手段的进步和探索自然的深入,关于生命起源的问题也许还会有新的观点和学说出现,但有一点应该是共同的,那就是生命来自时间的长河,是自然演化的结果。

1. 生命之源众说纷纭

对生命的起源,历来有不同看法。如19世纪以前的"特创论"(神创论、创造论)认为,地球上的生物都是由造物主(如中国的女娲、基督教的上帝等)所创造的,物种一旦被创造出来就永恒不变,也没有进化或适应的能力,并且物种之间是不相关的。这种观点曾严重阻碍了人们对自然和生物的正确认识,随着生物进化论的提出,这种理论便逐渐被抛弃。19世纪以来流行的"泛种论"认为生命渗透于整个宇宙,是宇宙固有的,是被小行星、彗星等携带而"传播"到地球上来的,这种理论在当今世界仍有部分学者支持。19世纪前广泛流行的"自然发生说"从"腐肉生蛆"等现象出发,认为生命是从无生命物质自然发生的,实际上随时都在产生。在科学极其不发达的时代,人们有这些认识是很自然的。直到19世纪,法国微生物学家巴斯德进行了著名的"鹅颈烧瓶"实验,证明了肉汤中产生的生物并非生于肉汤,而是来自空气中原有的生物,这才让人们确信生物只能源于生物,非生命物质绝对不能随时自发地产生新生命。不过,"自然发生说"在反对宗教的上帝造物的思想时曾起过积极作用。

伟大的生物学家、进化论的奠基人达尔文在其划时代的鸿篇巨著《物种起源》中指出,所有的生物都不是上帝创造的,而是在遗传、变异、生存斗争中和自然选择中,由简单到复杂、由低等到高等,不断发展变化的。早在1871年,他就提出,在一个存在着各种状态的氨和磷酸盐的温暖小池中,在光、热、电存在的条件下,某种蛋白质化合物形成了,并进行更复杂的变化。时至今日,大多数科学家都同意,生命起源于地球初期元素的化学进化。该起源学说认为,地球上的生命是在地球温度逐步下降以后,在极其漫长的时间内,由非生命物质经过极其复杂的化学过程,一步一步地演变而成的。该学说最著名的实验是1952年美国芝加哥大学米勒所做的生命化学起源实验。他模拟原始地球大气条件（如雷鸣闪电等），通过无机物混合物（甲烷、水蒸气、氢气和少量氨气）得到了 20 种有机化合物，其中 11 种氨基酸中有 4 种（甘氨酸、丙氨酸、天门冬氨酸和谷氨酸）是生物的蛋白质所含有的，而当时人们认为蛋白质是生命的本质。

2. 地球的伟大创造

地球经过数亿年的早期演化，逐渐具备了诞生生命的三个基本条件。一是物质基础，即有一层含碳、氢、氧、氮、硫、磷等元素以及由这些生命元素形成的简单化合物的还原性大气。这里的还原性指的是地球的初期没有游离的氧气，否则，生命起源的原始物质就会被氧化掉了。实际上，地球的原始大气的主要成分是氢和氦（现在大气的主要成分是氮和氧），还有水汽和二氧化碳。二是能源供应，即原始地球的各种能量，如太阳能、地球的凝聚能和热能、大气放电、宇宙射线、小行星撞击等，这些能源相当于化学反应的催化剂，推动着生命起源过程的进行。三是孕育场所，即大约在 40 亿年前形成的原始海洋。那时海洋水量少，不到现在的 1/10，而且是酸性的，是各种有机物汇聚的总场所，担负起了孕育最早生命的神圣使命。

具备了上述基本条件后，地球上的碳、氢、氧、氮、硫、磷等元素便开始了走向生命的漫漫征程。这些元素是在一步比一步更高级的结合和重组之后，最终到达生命的彼岸的。第一步：当地球还处在星云凝聚阶段时，与生命有关的碳、氢、氧、氮、硫、磷等元素就已经进行化学反应了。它们相互结合，生成水蒸气、氮、氢、甲烷、氨等简单化合物。第二步：在地球形成之后的 2 亿年时间里，在太阳紫外线、闪电、火山等共同推动下，早先形成的简单化合物又进行第二次化学反应，合成简单有机化合物，如氨基酸、直链烷烃、支链烷烃、环状烷烃和芳烃等。第三步：如果说第一步、第二步的舞台主要是在空中的话，那么到了这一步，就转向海洋了。在海洋中，简单的有机化合物又进一步发生反应，生成高分子聚合物和磷酰化衍生肽、多核苷酸、脂肪酸、多肽等复杂的有机化合物，这个过程发生在距今 40 亿～45 亿年的漫长时间内。第四步：距今 38 亿～40 亿年，上述有机化合物在海洋中出现凝聚现象，形成类蛋白微球、磷酰化氨基酸微球或蛋白团聚体，进入前细胞阶段。此后，经过亿万年的岁月，这些微球或团聚体的四周形成一层薄膜，最终在距今 38 亿年时，形成了原始细胞，生命终于诞生了（见图 8-1）。

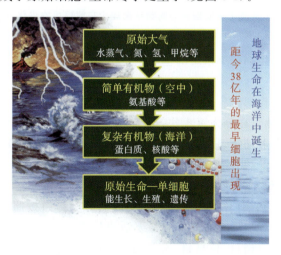

图 8-1　38 亿年前地球生命起源的过程（徐世球　绘制）

第一批原始细胞的出现，宣告化学进化的结束，生物进化的开始。至此，我们的地球完成了一次最伟大的创造——有机生命的无机诞生，并由此开启了地球生命 38 亿年的进化过程，这个过程可谓精彩纷呈。最初的生命体属于单细胞原核生物，只具有细胞的外形，没有细胞核，大小为几微米到几十微米。

(三)回眸生命历程

关于生物进化的学说,主要有达尔文的进化论和当代的间断平衡论,具体可参考由美国丹尼斯·艾崔奇著、董丽萍与周亚纯译的《灭绝与演化——化石中的生命全史》一书。达尔文进化论认为,生物之间存在着生存斗争,适者生存,不适者则被淘汰,这就是自然的选择。生物正是通过遗传、变异和自然选择,从低级到高级、从简单到复杂,种类由少到多地进化着、发展着。由此可见,达尔文进化论是缓慢而渐进的进化论,认为自然界无跃进,只有常规绝灭,即渐变形成的新物种取代老物种,不承认绝灭和突灭,只有物种内部及与其他物种之间的生存斗争。而间断平衡论认为生物进化是突进与渐进交替的过程,既有长时间的缓慢进化,也有短时间的集群绝灭与复苏,这是一种物种及其他物种与环境的协同进化(见图8-2)。化石证据表明,漫长的生物进化历史中有五次大规模的生物集群绝灭,每次绝灭之后都是物种"短暂的"复苏、更新与全面而长时间的繁荣。生物的绝灭是指一个生物种的个体完全消失而不留下后裔,如果演变为后裔种,则称"假绝灭"。

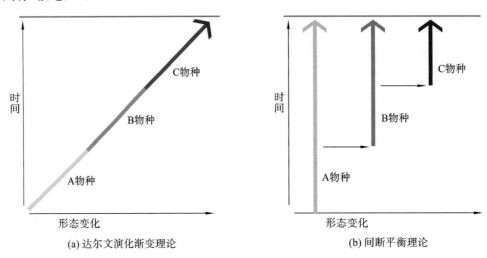

图8-2 达尔文演化渐变理论与间断平衡理论在解释生物进化方面的区别
源自美国丹尼斯·艾崔奇著、董丽萍与周亚纯译的《灭绝与演化——化石中的生命全史》

本部分将在简单介绍生物分类系统的基础上,按照无脊椎动物、脊椎动物、植物的顺序介绍生物的进化。

1. 生物分类系统

根据生物的类群,生物可以分为三大块,即动物、植物和微生物。动物包含无脊椎动物(如单细胞动物、腔肠动物、节肢动物、软体动物、环节动物、棘皮动物等)和脊椎动物(如鱼类、两栖动物、爬行动物、鸟类、哺乳动物等);植物包括藻类植物(低等植物)和苔藓植物、蕨类植物、种子植物(高等植物);微生物包括各种细菌、真菌和病毒(见图8-3)。

根据生物的形态结构和生理功能等特征,生物界的分类体系按照从高到低的级别,可划分为界、门、纲、目、科、属、种(见图8-4)。一个高级别的分类单元可以包含多个低级别的分类单元,如哺乳纲包含灵长目、食肉目、长鼻目、奇蹄目、偶蹄目等。随着生物学研究工作的进展,分类层次也不断增加,分类单元上下可以附加次生单元,如纲的上面加超纲、种的下面加亚种等。分类等级越低,所包含的生物的共同点就越多。种也就是常说的物种,是生物分类的基本单元与核心,同一个物种可以交配并繁衍后代,而不同的物种在生殖上是相互隔离的。如现代人隶属于动物界—脊索动物门—哺乳纲—灵长目—人科—人属—智人种,目前全世界有将近79亿人,虽然肤色、体格各异,但都属于同一物种,即智人种。

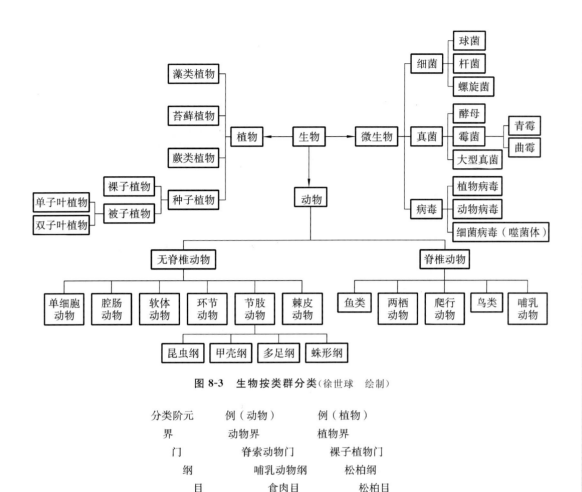

图 8-3　生物按类群分类（徐世球　绘制）

分类阶元	例（动物）	例（植物）
界	动物界	植物界
门	脊索动物门	裸子植物门
纲	哺乳动物纲	松柏纲
目	食肉目	松柏目
科	猫科	松科
属	虎属	松属
种	华南虎	华山松

图 8-4　生物按单位等级分类（徐世球　绘制）

2. 无脊椎动物的进化

我们现在看到的海螺、田螺、贝壳、昆虫等都是无脊椎动物。无脊椎动物是指没有脊椎骨的比较低等的动物类群，与脊椎动物相对应。它们的种类和数量极其庞大，其种类数占动物总种类数的95%，海洋、江河、湖泊、池沼以及陆地上都有它们的踪迹。最早的无脊椎动物出现于距今约8亿年的前寒武纪晚期，为无壳后生动物。到了距今6亿～6.8亿年时，无壳后生动物终于发展到高峰，埃迪卡拉动物群出现。该动物群化石产于澳大利亚南部埃迪卡拉地区前寒武纪晚期的地层中，共计8科22属31种。其化石以印痕的形式保存了生物的外形轮廓，有的像圆盘状的水母，有的像扁平状的大树叶，有的像椭圆形的盾牌，包括腔肠动物、环节动物、节肢动物等。其特点是动物体增大，门类增多，结构变得复杂，生活方式多种多样。而且，该动物群化石在世界各地广泛分布，表明当时该动物群是海洋中的统治者。到了前寒武纪末期，这些类型的化石突然全部消失。它们的身体结构与其后的寒武纪生物群有着明显的不同，因此科学家们推测，埃迪卡拉生物群可能进入了一个演化的盲端，没有留下任何后代。

1）古生代无脊椎动物

进入距今4.19亿～5.41亿年的早古生代，迎来了动物界的重大变革。一部分动物在寒武纪之初发生了快速的骨骼化（在此之前的动物都是软体的），以云南晋宁5.4亿年前寒武纪初期地层中的梅树村小壳动物群为代表。该动物群以磷酸盐化的形式保存了大量以毫米计的小壳体,其特点是没有三叶虫,其他如软舌螺、环节动物、软体动物、腕足类等非常丰富,揭示出动物在寒武纪初期发生了快速的生物骨骼化过程。在这一时期的地层中,动物活动留下的遗迹化石的尺寸和丰度大大增加,记录了该时期动物生态多样性的变化(见图8-5)。

图 8-5　小壳动物群(昆明理工大学张世涛教授　供图)

之后,动物进化迅速进入翻天覆地的阶段,以寒武纪初期生命大爆发为显著标志,无脊椎动物的各门类均已出现且迅速发展,其中较繁盛的是三叶虫、头足类、腕足类及珊瑚等,因此,早古生代为海生无脊椎动物的时代(见图8-6)。在4.43亿年前的奥陶纪末,历史上发生了第二大规模的灭绝事件,使约85%的物种从地球上永远消失。这次灾难使得生物在属一级的灭绝中,腕足类灭绝60%以上,鹦鹉螺灭绝87%,三叶虫灭绝90%,珊瑚灭绝70%以上。灾难的原因先是冰川作用,后是水体停滞,两者的共同作用导致了这次重大灭绝事件。

(a) 产于湖北距今5.2亿年的三叶虫化石——莱德利基虫　　(b) 产于湖北距今4.6亿年的海生无脊椎体动物化石——中华震旦角石

图 8-6　早古生代无脊椎动物化石(中国地质大学逸夫博物馆藏品)

在距今2.51亿~4.19亿年的晚古生代,海生无脊椎动物以珊瑚、腕足、菊石为主(见图8-7),非海相的软体动物也有很大发展,昆虫类迅速崛起。距今2.51亿多年的晚古生代末,历史上最大规模的生物大绝灭使绝大部分无脊椎动物遭受灭顶之灾,螳类、三叶虫、四射珊瑚等彻底绝灭,其他种类也大为衰落。这次大灾难使 96% 的海洋生物物种、60% 的陆地脊椎动物物种消亡。多数学者认为这次灾难是全球火山爆发、全球性温度升高(海水表面高达 40℃,陆地温度高达 50℃)、海洋缺氧硫化等导致的。

图 8-7　产于广西距今约 3.9 亿年的腕足动物化石——鸮头贝
(中国地质大学逸夫博物馆藏品)

曾经极度繁盛的海洋无脊椎动物,到晚古生代末凄惨无比,有的彻底消亡,有的遭受惨重打击,有的彻底更迭。

2)中、新生代无脊椎动物

经过了二叠纪末的大灾难后,历史进入距今 2.51 亿年至 6600 万年的中生代,无脊椎动物界发生了大的改变。三叶虫彻底消失,四射珊瑚灭绝,腕足类衰落,取而代之的是软体动物中的菊石、双壳、箭石等空前发展,淡水双壳类、叶肢介等也占有重要地位。尤其是头足动物中的菊石(见图 8-8)更是占据了中生代海洋无脊椎动物的统治地位,因此,中生代又可称为菊石时代。

图 8-8　距今 1.5 亿年的相近束肋璇菊石化石
(中国地质大学逸夫博物馆藏品)

双壳动物中的瓣鳃类也发展迅猛,广布于海洋和淡水湖泊中。此外,六射珊瑚、海百合等有时也有重要的种类。其中,海百合化石乍一看像植物化石,其实它们属于棘皮动物,因形似百合

古生代中的生物

而得名(见图8-9)。海百合个体由茎、萼、腕三部分组成。茎包括长长的柄以及固定于海底的根部;茎的顶端为萼,形似花萼;萼上环生5个具有许多羽枝的腕。海百合根部固定在海底,茎在海水中摇动,通过萼部的腕抓取海水中的微生物食用。

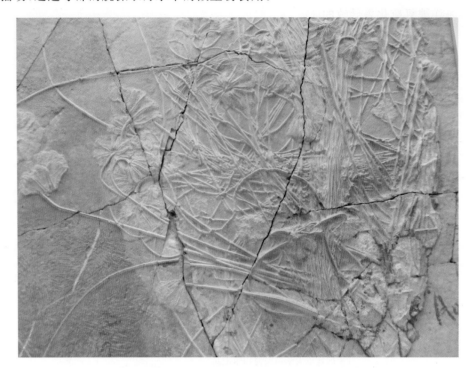

图8-9　产于贵州距今约2.3亿年的海百合化石——关岭创孔海百合
(中国地质大学逸夫博物馆藏品)

距今6600万年白垩纪末的全球绝灭事件使得有的无脊椎动物家族无一幸存(如菊石),有的急剧衰退或彻底更替。新生代的无脊椎动物主要是软体动物中的双壳类和腹足类,它们广布于海洋和陆地上的水域,达到了全盛时期,众多贝类和螺类为今天人们的餐桌提供了丰富的美味。节肢动物中,昆虫达到了鼎盛时代,介形虫的分布也很广泛。珊瑚以六射珊瑚为主,往往形成巨大的珊瑚礁。此外,一种海洋中的原生动物——有孔虫,也是无脊椎动物中的主要成员。

3. 脊椎动物的演替

1) 脊椎动物的起源及鱼类时代

现代生物学研究表明,脊椎动物的脊椎是由脊索进化而来的,而脊索又是由某些高等无脊椎动物的似脊索组织演化来的。我国学者在对云南澄江动物群化石的研究中,取得了重大突破,发现了最早的脊椎动物昆明鱼和海口鱼化石(见图8-10),它们出现于距今5.3亿年的寒武纪初期,属于无颌类鱼形动物。无颌类鱼形动物因无上下颌而得名,在距今4亿年前后的晚志留世和早泥盆世曾一度在海洋中繁盛,此后衰退,现生代表有七鳃鳗。由此可见,鱼是所有脊椎动物包括人类的远古始祖。

距今约4亿年的志留纪晚期,无颌类鱼形动物演化为有颌的盾皮鱼类和棘鱼类,然后进一步演化为软骨鱼类和硬骨鱼类。在泥盆纪,鱼类极度繁盛,因此,泥盆纪被称为"鱼类时代"。该时期最具代表性的邓氏鱼,属于甲胄鱼类,是一种大型的掠食性鱼类,体长6~9米,体重1.5吨以上,以其粗壮的身体和凶悍的外形成为当之无愧的"泥盆纪之王",是一位不折不扣的"海洋杀手"。中生代无论是海洋还是陆地河湖环境,鱼类比较繁盛,占主导地位的是辐鳍鱼类中的全骨鱼类(见图8-11、图8-12)。鲨鱼是大自然较成功的物种之一,它们自4.2亿年前首次出现以来,

图 8-10　产于云南澄江县耳材村的海口鱼化石（昆明理工大学张世涛教授　供图）

几乎没有发生什么变化，只不过是在发展更有效的进食结构以及培养流线型程度更高的体形的过程中，提高了其捕猎和收集食物的能力。新生代及现代鱼类中以真骨鱼类为代表的硬骨鱼类达到了极盛，生存于所有水域中（见图 8-13）。

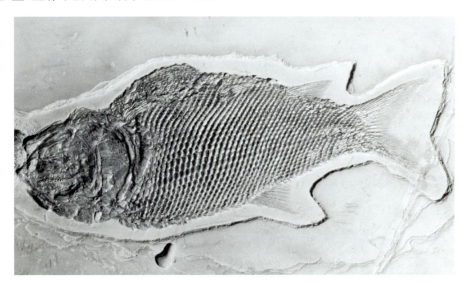

图 8-11　距今 2 亿多年至 1 亿年前后的鳞齿鱼化石（徐世球　摄）

图 8-12　产于辽宁西部距今 1.45 亿年的早白垩世刘氏原白鲟化石
（中国地质大学逸夫博物馆藏品）

图 8-13　距今约 5500 万年的湖北江汉鱼（徐世球　摄）

2）脊椎动物向陆地进军

距今 3.7 亿多年的晚泥盆世，由于造山运动，陆地大面积从海底升浮出来，水域面积减小，气候也变得干旱，致使某些鱼类向两栖类进化，脊椎动物开始征服大陆，开创了动物进化的新时代（见图 8-14）。今天我们回忆脊椎动物这次登陆，一定会深刻体会其划时代的意义，因为如果没有这次登陆，就没有后来脊椎动物的繁荣，更谈不上人类的出现。因此，我们要感谢这些先驱者，而更要感谢的是鱼，因此今后在吃鱼的时候要多想想鱼的功劳。

图 8-14　脊椎动物在 3.7 亿年前离开海洋征服大陆（徐世球　绘制）

最早的两栖类化石名叫"鱼石螈"，生活于 3.7 亿年前，是由硬骨鱼类中的总鳍鱼类进化而来的，化石发现于格陵兰泥盆纪晚期的地层中。鱼石螈身长约 1 米，身体呈现出鱼类和两栖类的双重特征，骨骼构造既有总鳍鱼类的特征，又有原始两栖类的特征，是脊椎动物从水到陆过渡阶段的代表,而且已经演化出前后肢,同时也具有鱼类特征。此后的石炭纪、二叠纪两栖动物繁盛,该时期被称为"两栖动物时代"。现在的蛙类属于两栖动物,最早出现于2亿年前的三叠纪(见图8-15)。

图8-15 产于山东距今约1200万年的玄武蛙化石(中国地质大学逸夫博物馆藏品)

3)爬行动物的盛世

两栖动物虽然可以登上陆地,但还离不开水,而真正四足行走的陆生动物是爬行动物,它们可以摆脱对水体的依赖,从而能适应更加广阔的生态领域。爬行动物由两栖动物进化而来,在内部结构、生物特点、胚胎发育等方面与两栖动物有显著差别,最重要的是它具有羊膜卵,这是脊椎动物演化史上的里程碑。羊膜卵是早期爬行动物适应陆地干燥环境的一个必要条件,其外包有一层保护性的钙质卵壳,既可防止卵内水分蒸发,避免机械伤害或细菌伤害,也被胚胎的血液吸收以供胚胎建造骨骼。卵壳表面有许多小孔,透气性良好,保证胚胎发育期间的气体代谢。

最早的爬行动物化石是发现于苏格兰早石炭世地层内的林蜥,距今约3.2亿年。经过了默默无闻的7000万年,爬行动物从距今2.5亿年的中生代初开始得到迅猛发展,很快占领了陆、海、空生态空间,在中生代成为地球的统治者。尤其是其中独特的一支恐龙类从距今2.25亿年的三叠纪中晚期出现以后,在侏罗纪、白垩纪不断发展,成为地球的霸主。

恐龙是生活在中生代的大型陆地爬行动物。根据其腰带结构(肠骨、坐骨、耻骨的排列),可将恐龙分为两类:其中一类的腰带结构与蜥蜴相似,叫"蜥臀类恐龙"(见图8-16);另一类的腰带结构与鸟相似,叫"鸟臀类恐龙"(见图8-17)。目前,全世界发现恐龙有2200多种。三叠纪的恐龙很原始,种类不多,个头小,世界各地恐龙都一样;侏罗纪是蜥臀类恐龙的盛世,早期和晚期恐龙十分繁盛,如永川龙、巨齿龙等肉食龙类,超龙、雷龙、梁龙、马门溪龙等素食龙类,而且最大和最长的恐龙都出现在侏罗纪。

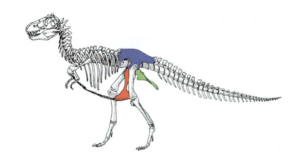

图8-16 蜥臀类恐龙(徐世球 摄)

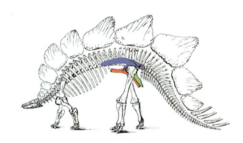

图8-17 鸟臀类恐龙(徐世球 摄)

我国云南的禄丰龙,生活于距今1.9亿年的侏罗纪早期,是中国人发现、发掘、研究和装架展出的第一条恐龙,号称"中华第一龙"(见图8-18)。白垩纪属于鸟臀类恐龙的天下,包括鸭嘴龙(见图8-19)、甲龙、角龙、肿头龙等,大家非常熟悉的霸王龙则是白垩纪时期的地球霸主。在恐龙时代,恐龙还有不少亲戚,包括鱼龙(见图 8-20)、翼龙、龟类、鳄类(见图 8-21)和蜥蜴等,它们同样也遍布全球。鱼龙、蛇颈龙等是海洋的统治者,翼龙则是空中霸王。

图 8-18　云南禄丰龙模型
（中国地质大学逸夫博物馆藏品）

图 8-19　距今 6500 万年的黑龙江满洲龙(鸭嘴龙)
（中国地质大学逸夫博物馆藏品）

图 8-20　距今约 2.2 亿年的梁氏关岭鱼龙（中国地质大学逸夫博物馆藏品）

图 8-21　距今约 2.4 亿年的南漳湖北鳄化石（中国地质大学逸夫博物馆藏品）

　　白垩纪末的大绝灭事件使全球 85% 的物种烟消云散,爬行动物受到致命打击,主宰地球的恐龙家族以及鱼龙、翼龙等全军覆没,只剩下龟、鳖、蜥蜴、蛇等残存类型延续至今。两栖动物迅速衰退,尚存的种类也为数不多。多数学者认为这次大灭绝的原因是小行星撞击地球造成环境和气候的突变。据考察和研究,当时撞击地球的那颗小行星直径大约 10 千米,撞击地点在现在的墨西哥湾尤卡坦半岛。可以想象,如果未来也有类似小行星撞击地球,那么人类也将面临灭顶之灾。不过据科学统计,直径为 50 米的小行星每隔 1600 年和地球撞击一次,而直径达到 500 米的小行星每隔 10 万年才会和地球撞击一次。

4) 哺乳动物的舞台

哺乳动物是脊椎动物中身体构造最复杂、最高等的类群,其主要特征是恒温、温血,体表有毛发覆盖,绝大多数为胎生,以乳汁哺育后代。一般认为,哺乳动物起源于兽齿类爬行动物,由其中的一支于距今约 2.2 亿年的晚三叠世进化而来。最初的哺乳动物,大约只有小老鼠那么大。在中生代爬行动物"一统天下"的时候,哺乳动物虽然很弱小,但行动灵活,善于躲藏和储存食物,正因为如此才能在白垩纪末的绝灭事件中幸存下来,因为那次绝灭中体重超过 25 千克的动物几乎无一幸存。随着爬行动物的衰亡,地球的历史刚跨入距今 6600 万年的新生代,哺乳动物迅速崛起,尤其是有胎盘类哺乳动物的辐射进化更为明显。新生代以来的 6600 万年,是哺乳动物的时代(见图 8-22)。

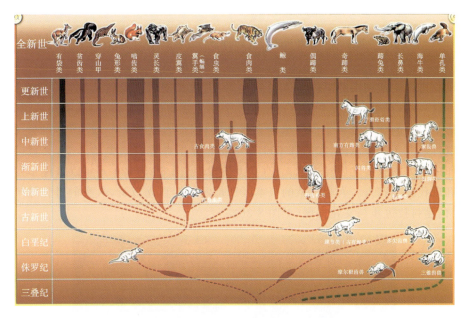

图 8-22　白垩纪末恐龙灭绝后哺乳动物迅速崛起、辐射进化(徐世球　绘制)

古近纪以古有蹄类和食肉类等古老类型繁盛为特征;新近纪是偶蹄类大发展和象的迅速演化时期(见图 8-23、图 8-24),现代哺乳动物的祖先已基本出现;第四纪以出现现代哺乳类属种为特征。

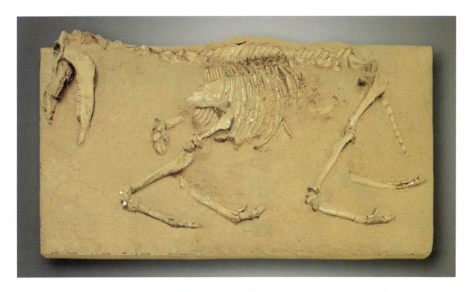

图 8-23　甘肃和政距今约 1000 万年的平齿三趾马(中国地质大学逸夫博物馆藏品)

图 8-24　甘肃和政距今 1000 万年左右的大唇犀化石
（中国地质大学逸夫博物馆藏品）

哺乳动物进化中最突出的事件是人类的起源、进化和发展。虽然从生物学的观点来看，人类仅仅是一种生物，在生物分类系统中占据着一个不太显眼的位置，但是人类对地球环境、对其他生物的影响与控制能力是有生命以来绝无仅有的，因而人类绝非一般生物可比。据研究，人类的祖先或许起源于非洲东部，大约在 600 万年前起源于森林古猿中的一支，其直接祖先是距今 440 万年的南方古猿。之后经过能人、直立人阶段（见图 8-25），20 万年以来逐步发展到现代早期智人和现代晚期智人。人和古猿的根本区别是习惯性直立行走，人类的进化除生物学进化外，更重要的是科技进步与文化发展（见图 8-26）。

图 8-25　晚期直立人——50 万年前的北京猿人（右上角为头盖骨化石）（徐世球　摄）

图 8-26　人类的起源、进化与发展是生物进化历史中最突出的事件（徐世球　绘制）

5)天空的统治者——鸟类

鸟类是新生代脊椎动物家族中一个庞大的类群——空中的统治者。历史上,鸟类的起源和早期演化一直是各国科学家研究的热点。鸟类从爬行动物进化而来,这没有争议,不同的是起源于哪一类爬行动物。长期以来,国际上将德国晚侏罗世始祖鸟作为鸟类的祖先。20 余年来,在中国辽宁西部地区发现了侏罗纪、白垩纪之交世界上最丰富的原始鸟类动物化石群(见图8-27),在国际上引起轰动。在阐明鸟类起源和生物征服天空方面,中国古生物学家做出了卓越贡献。现在,不少学者认为,鸟类起源于小型兽脚类恐龙,于距今约 1.45 亿年的晚侏罗世问世(见图 8-28)。我国辽宁西部地区被国际上公认为是研究鸟类起源和早期演化的最理想地区。进入新生代,鸟类迅猛发展,遍布全球各地和各类生态环境。

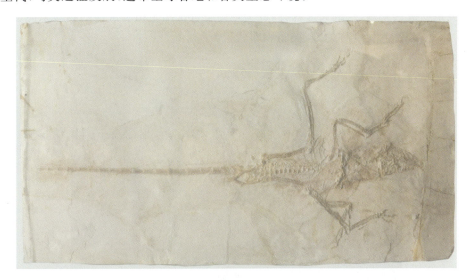

图 8-27　辽宁西部距今 1.25 亿年的赵氏小盗龙(带羽毛的恐龙)化石(中国地质大学逸夫博物馆藏品)

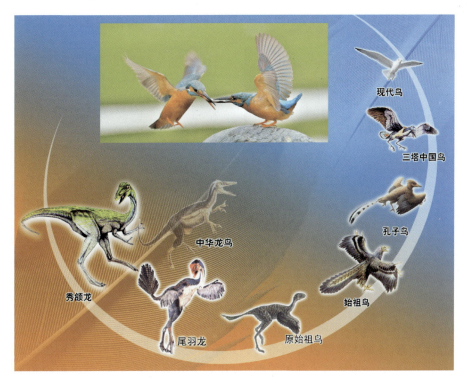

图 8-28　从恐龙到鸟(徐世球　绘制)

4. 植物界的演变

1) 大地最早的绿装

地球生命的先驱是低等植物,包括水生的藻类和菌类。藻类植物有11类,包括蓝藻、红藻、隐藻、甲藻、金藻、黄藻、硅藻、褐藻、裸藻、绿藻、轮藻,是最古老的植物,其中绿藻在生物进化历史上承担了伟大的使命。在距今约4.2亿年的志留纪末,随着绿藻进化为陆生高等植物,植物界开始向大陆进军。植物的登陆使荒凉的大地披上绿装,也为后来的动物登陆创造了条件,这与中国古代的兵法"兵马未动,粮草先行"有异曲同工之妙。最早的陆生高等植物为蕨类植物中的原蕨类(见图8-29),是一类早已灭绝的原始类型,最早的原蕨化石叫"顶囊蕨"。随着对大陆环境的适应以及植物体内部机能的完善,陆生植物迅速发展与进化。在晚古生代,石松、有节、真蕨等蕨类植物极其繁盛,组成大片森林,成为地史上首次陆生植物成煤的物质来源(见图8-30、图8-31)。因此,晚古生代被称为"蕨类植物时代"。

图8-29 大地最早的绿装——原蕨植物(北京自然博物馆 供图)

图8-30 武汉东西湖瓠子山距今3.8亿年的早期陆地植物化石——斜方薄皮木(徐世球 摄)

图8-31 距今约2.7亿年的早二叠世猫眼鳞木化石(中国地质大学逸夫博物馆藏品)

2) 裸子植物时代

裸子植物我们并不陌生,平常说的苍松、翠柏就是典型代表。裸子植物是种子植物中的一个类群,因种子外露,外面无果皮包裹而得名。其原始类型种子蕨于3.6亿年前的晚泥盆世出现,在石炭纪、二叠纪曾一度繁盛。进入三叠纪,其进步类型苏铁类、银杏类和松柏类获得爆发性发展,占据了植物界的统治地位,并且一直持续到早白垩世,在世界各地形成大片森林(见图

8-32、图 8-33)。因此,中生代又叫"裸子植物时代"。

图 8-32　距今约 1.9 亿年的早侏罗世裸子植物化石——耳羽叶
(中国地质大学逸夫博物馆藏品)

图 8-33　距今 1.9 亿年前的早侏罗世苏铁类化石——那托斯托马叶
(中国地质大学逸夫博物馆藏品)

3) 被子植物后来居上

被子植物是最高等的陆地植物,因其种子外围有果肉包裹而得名,如同种子盖了一床"被子"。1996 年 11 月,中国科学家在辽宁北票采到了 3 块植物化石,意外地发现在植物主枝和侧枝上作螺旋状排列的几十颗似豆荚状的果实,每个果实包裹着 2～4 粒种子。经过仔细研究,该化石被命名为"辽宁古果",生活于距今 1.45 亿年前(见图 8-34)。这一发现震惊了国际科学界和新闻界,因为这是迄今世界上最早发现的被子植物化石。这表明,远在裸子植物一统天下的时候,被子植物已于晚侏罗世悄然问世。从晚白垩世开始,被子植物渐居统治地位。到了新生代,被子植物迅速发展,遍及全球,形成了现在植物界中种类极多、形态结构复杂、分布极为广泛、生活习性多样的庞大类群(见图 8-35)。因此,新生代属于"被子植物的时代"。

图 8-34　距今 1.45 亿年的晚侏罗世辽宁古果化石(徐世球　摄)

图 8-35　距今约 50 万年的被子植物叶片化石
(山东山旺国家地质公园博物馆藏品)

5. 生物多样性保护

生物多样性是生物(动物、植物、微生物)与环境形成的生态复合体以及与此相关的各种生态过程的总和,包括生态系统、物种和基因 3 个层次。显然,环境好,生物多样性就高,环境差,生物多样性就低。生物多样性是人类赖以生存的条件,是经济社会可持续发展的基础。可以说,物种相互依存,共衰共荣,任何地方生物的种类和数量的安排都在无意中达到了一种微妙的平衡,它们遵守错综复杂的规则,而且食物条件、其他生活条件和相互合作等因素还构成无形的线将它们串联在一起(见图 8-36)。大自然的"生命织锦"是如此的复杂,如果有哪一根生命线不知怎样一旦被弄断了,那么织锦上的图案就会松散开来,生物多样性就会遭到破坏。因此,生物界的这种平衡不能打破,一旦被打破,生态系统就会恶化,生物多样性就会崩溃,最终危害到人类本身。

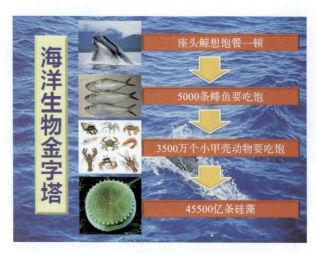

图 8-36　海洋动物的食物链及依存关系(徐世球　绘制)

当前,全球物种灭绝速度不断加快,生物多样性丧失和生态系统退化对人类生存与发展构成重大风险。2019 年 5 月,联合国公布的全球评估报告指出,人类活动已经改变了 75% 的陆地环境,66% 的海洋环境受到影响,全球 1/4 的物种正遭受灭绝的威胁。早在 2010 年,联合国《生物多样性公约》缔约方大会第十次会议设定了 20 项"爱知生物多样性目标",并将 2010—2020 年设定为"联合国生物多样性保护十年"。然而遗憾的是,2020 年联合国的一份报告声称,没有 1 项目标按期完全实现,只有 6 项目标部分达成,部分子目标甚至更加恶化。令人高兴的是,《生物多样性公约》缔约方大会第十五次会议于 2021 年 10 月在中国昆明举行,大会主题为"生态文明:共建地球生命共同体",这是联合国《生物多样性公约》缔约方大会首次将"生态文明"作为主题,反映了中国在生态文明建设和生物多样性保护方面取得的成就获得了世界公认。会议达成了《昆明宣言》,这是本次会议取得的标志性成果。作为一个政治宣言,《昆明宣言》的达成为"2020 年后全球生物多样性框架"的磋商提供了政治指引,体现了各国采取行动、扭转当前生物多样性丧失的趋势,并确保最迟在 2030 年使生物多样性走向恢复之路的决心和意愿,将为全球生物多样性治理注入新的动力。这表明,未来 10 年乃至更长时间,"中国方案""中国智慧"等将在生物多样性保护中发挥重要作用。

大自然早在人类产生之前就已经存在,并且形成了稳定的自我循环系统,但正是人类的出现和不合理的开发,对大自然稳定的自我循环系统造成了破坏,危及人类的健康和生存。这不得不引发人们的诸多反思:要明确大自然的规律是不能违背的,用严格的制度和机制来保护自然生态环境,懂得敬畏自然、敬畏生命的重大意义。

二、生物化石的形成与意义

古代生物在漫长的演化过程中,给人们留下了极为珍贵的遗产,这就是化石。顾名思义,化石就是生物化成了石头,它是由于自然作用在地层中保存下来的地质历史时期生物的遗体、遗物和遗迹,以及生物体分解后的有机物残余。

(一)形形色色的化石

由于古代生物种类和大小不一,保存程度和保存的部分不同,因而其化石也千差万别。按照生物遗体保存情况及生命活动特点,化石可以分为实体化石、模铸化石、遗迹化石、遗物化石和化学化石 5 类。

1. 实体化石

实体化石是生物实实在在的躯体形成的化石,如骨骼、树干、贝壳等。那些软体的低级生物,即使有亿万遗体,也保留极少。实体化石数量最多,大小也不一样。大的如恐龙化石骨架,长达几米到几十米(见图8-37),而小的如植物的孢子花粉化石,只有一粒芝麻的几十分之一甚至几百分之一。

图 8-37　宁夏灵武距今约 1.6 亿年中侏罗世叉背龙化石(原始埋藏状态)(徐世球　摄)

2. 模铸化石

模铸化石是生物遗体在地层或围岩中留下的印模或复铸物。即遗体由于被溶解或分解而荡然无存,但其内外表面的特点可能印铸在其围岩或充填其中的岩石的表面,也能反映生物的形态和结构特点,如植物叶片的印模、鱼类的印模(见图8-38)、贝壳内外表面的纹饰印模(见图8-39)等。

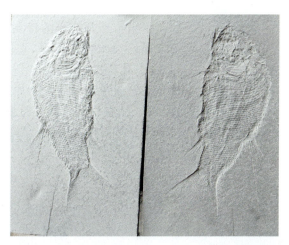

图 8-38　鱼化石正副模(左为化石,右为印模)(徐世球　摄)

3. 遗迹化石

遗迹化石是保留在岩层中的古代动物活动的痕迹,并不是生物体的本身部分,如动物的足迹、爬迹、觅食迹、停息迹等。实际上,这些动物生活的痕迹保存下来并成为化石很不容易。例如,恐龙的足迹保存为化石有两个重要条件:一是恐龙行走的地面不能太坚硬,否则脚印不明显;二是脚印必须快速被泥沙埋藏起来,否则很快就会被雨水冲洗殆尽,因此,恐龙足迹化石很

图 8-39　螺壳溶解后充填物形成的铸型化石（徐世球　摄）

珍贵（见图 8-40）。人们通过详细考察和研究恐龙足迹化石，可以分析得出恐龙的体重、行走方式、行走速度，以及恐龙当时短时间的生活状态等信息。

4. 遗物化石

遗物化石指的是动物的排泄物（见图 8-41）或卵形成的化石，如爬行动物的粪化石和鸟类的蛋化石以及旧石器时代人类的各种石器、装饰用品等。这些化石中最引人注目的是恐龙蛋化石（见图 8-42）。对蛋化石保存状态及周围岩石进行研究，可以了解恐龙产蛋的规律以及当时的气候和环境条件。实际上，目前所发现的绝大部分恐龙蛋化石是分散的，无规律可循。但如图 8-43 所示的一窝长形蛋化石却极其罕见地保留了当年恐龙下蛋的特点：一是分层下蛋，这窝蛋有 3 层；二是放射状下蛋，它保留了当年的原貌，非常罕见，极其珍贵。恐龙一层一层下蛋可以理解，但它为什么要放射状下蛋呢？原因可能是恐龙每次能下很多蛋，它为了确保自己的蛋不摞起来而破碎，也保证每个蛋都能接受到阳光的普照，所以围绕产蛋的坑转着圈下蛋。

图 8-40　内蒙古鄂托克旗白垩纪早期恐龙足迹化石（原地保护）（徐世球　摄）

图 8-41　产于河南距今约 3.2 亿年的环节动物——沙蠋粪化石
（中国地质大学逸夫博物馆藏品）

第八章 中国自然遗产之绝：生物景观

图 8-42 产于湖北郧阳距今 8000 万年的恐龙蛋化石（徐世球 摄）

图 8-43 产于江西距今约 8800 万年的晚白垩世长形恐龙蛋化石
（中国地质大学逸夫博物馆藏品）

5. 化学化石

有许多古生物遗体虽然未能保存下来，但其中的有机化合物分子，如氨基酸、糖类等仍存在于岩层中，这些有机化合物即化学化石。从岩层中分离出这些有机分子，进行鉴定研究，对生物进化的研究具有特殊意义，在地层研究、古环境和古气候研究中也能发挥独特作用。

（二）生物化成了石头

1. 化石的形成条件

并不是古代所有生物都能成为化石，因为生物保存为化石的条件极为苛刻。这些条件主要有 3 个：一是生物要有硬体，如动物的骨骼、贝壳、植物的树干等，因为软体生物或生物的软体部分很容易腐烂；二是生物死后其遗体必须得到迅速掩埋和及时保存，因为长时间暴露，可能会氧化分解，或被其他动物啃食，被细菌腐蚀；三是要有足够长的时间，这一过程几十万年甚至几百万年还不够。因此,生物成为化石的可能性极小。有人估算过,10000个生物死亡后,可能只有1个保存为化石,真可谓"万里挑一"。

自然界的岩石分布广泛,但并非都含化石。岩石分为三大类,即沉积岩、岩浆岩和变质岩,并称"岩石三兄弟",它们都有各自的形成原因和过程,但能相互转化,如同"长大后我就成了你"一样。化石主要保存在沉积岩中。因为沉积岩是在地表常温、常压条件下,由海洋、湖泊、河流等环境中的沉积物经过沉积、固结而形成的,其形成的条件也同样适合各种生物的生存、繁衍,因而绝大多数沉积岩,如石灰岩、砾岩、砂岩、泥岩等中含有化石。在三大类岩石中,沉积岩在地表的分布面积达到了75%,因此,化石分布非常广泛(见图8-44)。

图8-44 距今4.8亿年的三叶虫化石——湘西虫(徐世球 摄)

2. 化石的形成过程

生物遗体被泥沙迅速埋藏后,在缺氧的还原环境下,含丰富硅质、钙质等矿物质成分的地下水溶液就开始对这个不速之客"虎视眈眈"了。地下水一边溶解生物遗体的成分,一边将自己携带的矿物成分沉淀于所溶解的孔洞中,发生物质交替现象。如果溶解和交替速度相等,且以分子相交换,则可保存生物的微细结构,如树木年轮、贝壳纹饰等。如果交替速度小于溶解速度,则主要保存了遗体的形态,细微特征一般不清楚。最后,生物遗体的原来成分已荡然无存,而是全部由周边矿物质所取代。之后,经过压实、固结、成岩,原来的遗体就完全变成了坚硬的石头——化石。这个过程就是生物遗体的石化作用过程,其间要经历几百万年甚至上千万年的漫长岁月(见图8-45)。因此,如果谁想做这方面的实验,那只能是徒劳的,也是不可想象的。

(三)化石的巨大作用

如果把地球古代各个时期形成的沉积岩层看成是一本书的书页,那么,保存在岩层中的各种生物化石就是其中的文字,这样化石和地层就组成了记载地球演化和生物进化历史的"万卷书",使人们能够对古代的地球和生物界面貌及其演化历程有一个比较清晰的了解。

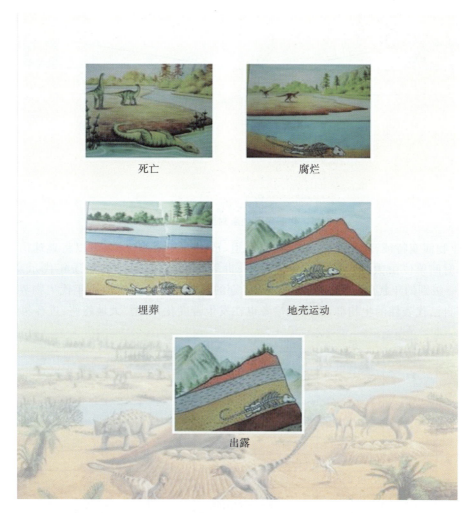

图 8-45　化石的形成过程(徐世球　绘制)

1. 化石能告诉人们地球生命的来龙去脉

古生物学的研究对象是化石,离开了化石,对古代生物及其演化的研究也就无从谈起。科学家们通过对地层内大量化石的发现与研究,为人们展开了整个生物界曲折漫长的发展历史,描绘出一幅枝干纷繁的生物进化谱系。如果把生物进化的过程比喻为一棵参天大树,那么,38亿年前生命的起源就是这棵树的种子,种子的发芽就是生物进化的开始,最早的幼芽是最初的菌藻类生物,越往上分支越多、越细,说明生物进化是由低级到高级、由简单到复杂的,其中的每一枝干及其次一级的分支可看成是每一类生物的进化过程。在这棵树中,人处于顶点,是由哺乳类的分支灵长类侧支古猿类细支进化而来的,是生物进化的最高阶段。不过,生物进化过程还有很多谜团尚未解开,因此,任何时候都不能说对进化过程的认识已经很完善了。随着越来越多的化石尤其是关键化石的发现和研究,生物进化的过程将愈加清晰。

2. 化石是划分和确定地层时代、建立地质年代的重要依据

如前所述,生物进化历史基本上清楚了,那么,根据各类生物出现的先后顺序以及演化趋势,就可以确定各个含化石地层的相对地质年代,对比出各地地层的新老及上下关系。比如,某两地的某一岩层中如果所含化石相同,则两地这一岩层是在同一时期形成的,如含化石不同,则势必存在新老关系,这就叫作"化石层序律",它是地质学研究中的一个重要法则(见图 8-46)。

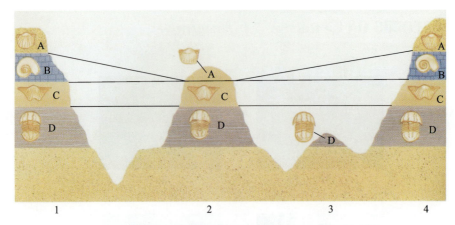

图 8-46 化石用于地层对比（徐世球 绘制）

根据生物演变特征，以及地壳运动、海进海退、放射性年龄测定等，可以将地球历史划分为若干阶段，时间单位由大到小依次为宙、代、纪、世等，由此建立科学的地质年代示意表（见图8-47）。高一级别的年代单位可以包含多个低级别的年代单位。每个地质年代生物界的面貌不同，也都有自己代表性的生物群，当然统治者也在发生着变化，可谓"天地悠悠，过客匆匆"。

宙	代	纪	世	距今年代	植物进化	动物进化
显生宙	新生代	第四纪	全新世	1万年	现代植物	人类时代
			更新世	200万年		
		新近纪	上新世	600万年		哺乳动物
			中新世	2250万年	被子植物	
		古近纪	渐新世	3800万年		
			始新世	5500万年		
			古新世	6500万年		
	中生代	白垩纪		1.35亿年		爬行动物
		侏罗纪		2.03亿年	裸子植物	
		三叠纪		2.51亿年		
	古生代	二叠纪		2.95亿年		两栖动物
		石炭纪		3.35亿年		
		泥盆纪		4.08亿年	蕨类植物	鱼类时代
		志留纪		4.35亿年		
		奥陶纪		4.95亿年		无脊椎动物
		寒武纪		5.4亿年	藻类	
元古宙		震旦纪		7亿年		
太古宙				25亿年		细菌
冥古宙				38亿年	地球形成与化学进化	
				46亿年		

图 8-47 根据生物进化等建立的地质年代示意表（徐世球 绘制）

3. 化石能告诉人们远古时代的地理环境和气候条件

1964年，我国登山队员在攀登西藏境内的希夏邦马峰时，采到了鱼龙化石，这一发现为揭开青藏高原形成的历史提供了重要实物资料。鱼龙是一种凶猛、巨大的海洋爬行动物，生活在2亿年前的三叠纪中晚期。这说明2亿年前整个喜马拉雅山地区还是一片苍茫辽阔的大海。众所周知，每种生物都有一定的生活环境。为适应环境，各种生物在习性行为和身体形态构造上都具有反映环境条件的特征，因而可以反过来用这些特征推断生物的生活环境。化石是消失了的古代生物，但根据化石本身及周围岩层的特征，再结合现代环境和气候条件下生物群落的特点，我们就能了解古代生物的身世：它生活在什么地方？是在海洋中还是在陆地上？是在淡水中还是在咸的海水里？是在炎热地区还是在寒冷地带？它怎样生活？吃的是什么？……比如，现代珊瑚的生活习性和生存环境一目了然，如果在某一时代某一地区的岩层中找到了大量的珊瑚化石（图8-48），那么可以说当时该地区的环境为温暖、平静、清澈的浅海。如果对中国某个时期的所有化石进行研究，就可以推断中国当时的海陆分布、气候分带等，并绘制一张当时的地图。

4. 化石能告诉人们古代地壳运动的状况

在我国新疆，曾发现一种2亿年前的似哺乳类爬行动物水龙兽化石，而且这种化石在印度、非洲和南极等地也有发现。此外，如2.4亿年前的陆地爬行动物犬颌兽化石、距今3亿年左右的爬行动物中龙化石以及距今2.3亿年的陆地植物舌羊齿化石等，也有类似分布的特点。

图8-48 产于武汉江夏距今2.4亿年的珊瑚化石（徐世球 摄）

这些动植物不可能漂洋过海，但其化石分布却很广泛，说明2亿年前各陆地是连在一起的（见图8-49），形成了统一的盘古大陆。这些发现为著名的"大陆漂移"学说和"板块构造"学说提供了重要依据。盘古大陆后来分裂漂移开来，最后形成了今天的地球面貌。这种变迁给了人们深刻的感受，那就是不同时期的世界地图是不一样的。如果在同一地区的不同岩层中分别找到了海洋动物和陆地动物化石，就说明这一地区出现过沧海桑田般的变迁，反映了地壳强烈的升降运动。唐代诗人李贺的诗"少年安得长少年，海波尚变为桑田"用到这里真是恰如其分，少年不可能永远是少年，总会变老，现在是海洋的地方终究会变成陆地，这是一种事物是发展变化的观点。

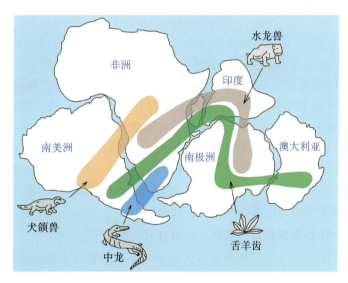

图8-49 同一种化石的广泛分布说明陆地曾经是连在一起的（徐世球 绘制）

虽然化石有巨大的作用，但由于古代生物只有极少部分成为化石，因此化石记录是不完整的。这就要求在研究地球演化的各种问题时，不能单纯依靠化石，而要结合其他学科的资料，如岩石学、地层学、大地构造学、地球物理学、地球化学等，只有这样才能得出正确结论。化石是极其珍贵的自然遗产，因此，在科学地采集、研究和利用的同时，必须加以严格保护，严禁乱挖滥采、盗买盗卖，对此，我国的有关法规均有严格规定，每个人都必须遵守。我国的各级各类自然保护地中，有不少产有化石，有些甚至是以化石为主，这些场所的保护工作尤为重要。

如何采集化石

第二节 澄江探秘,生物爆发

化石证据表明,生命的进化过程既有潺潺流水般的缓慢进化,也有惊涛骇浪似的集群灭绝,更有石破天惊般的爆发式发展。每一次大规模的灭绝和爆发都是生物进化历史上的重大事件,而证明这些重大事件的化石产地以及学者们为此而进行的发现与研究成果无不震惊世界。本节将介绍生物进化历史上最大规模的爆发事件——寒武纪生命大爆发,带领大家走进最能展现这次大爆发特色和面貌的化石产地——云南澄江化石地,认识最早发现并持续研究该动物群化石的学者,欣赏闻名世界的各种珍贵化石,了解该化石地的保护现状,并提供化石地未来如何进一步做好化石保护工作与发挥更大作用的建议。

一、澄江化石地生命大爆发

(一)不鸣则已、一鸣惊人——寒武纪生命大爆发

令人难以想象的是,生命起源后,竟然在长达 32.6 亿年的时间里进化得特别缓慢,仿佛是在沉默中进化,生物界总体停留在菌藻类等微生物的时代。如果生物界就这样进化,那么永远也不可能发展到今天的生物界,更谈不上人类的出现。鲁迅先生说过,"不在沉默中爆发,就在沉默中灭亡",生物界终于不甘沉默,用一场爆发式的发展,把历史推向新的时代,这就是闻名世界的距今 5.3 亿年的寒武纪初期的生命大爆发。在这场大爆发中,各大门类动物的祖先似乎是约好了一样同时出现,大家处在同一起跑线上了,从而构成了大爆发的壮观场景。生物界经过这次大规模的爆发式发展,才真正进入突飞猛进的时代,可以说生物界的历史乃至地球的历史由此翻开了全新的一页。

达尔文在《物种起源》中提到了寒武纪生命大爆发,并为此深感迷惑。他当时认为这一事实会被用作反对其进化论的有力证据。但他解释道,寒武纪的动物的祖先一定来自前寒武纪动物,并经过很长时间的进化过程产生;寒武纪动物化石出现的"突然性"和前寒武纪动物化石的缺乏,是由于地质记录的不完全或是由于老地层淹没在海洋中的缘故。简而言之,物种还是进化来的,只不过证据缺失了。30 多年来先后发现的加拿大布尔吉斯生物群、中国云南澄江生物群和贵州凯里生物群构成了世界三大页岩型生物群,则为寒武纪生命大爆发提供了重要证据。

当然,说是一场爆发式发展,要有证据,这就是化石证据。几十年来在澳大利亚南部和加拿大落基山脉等地找到的相应化石可以证明这次大规模的生命爆发,而最能体现这次大爆发特色和面貌的化石是发现于中国云南澄江的动物群化石。

(二)我国第一个化石类世界自然遗产——澄江化石地

澄江化石地是我国第一个化石类世界自然遗产,10 余年来一直令世界瞩目。早在 2011 年 1 月 14 日,当时的澄江动物群化石就以澄江化石地作为最终定名,被国务院确定为中国政府申报 2011 年世界自然遗产的唯一的项目。2012 年 7 月 1 日,激动人心的时刻终于来到了,在俄罗斯圣彼得堡举行的世界遗产委员会第三十六届会议上,澄江化石地顺利获评通过,正式列入《世界遗产名录》,成为我国第一个化石类世界自然遗产,填补了中国化石类世界自然遗产的空白。澄江化石地遗址保护区面积 7.32 平方千米,其中核心保护区 5.12 平方千米,缓冲区 2.2 平方千米,展示出了完整的寒武纪早期海洋生物群落和生态系统(见图 8-50)。

为了展示教育和对外宣传的需要,澄江化石地还建成了世界自然遗产博物馆。该馆收藏了来自全国及世界各地各个地质历史时期 6 万余件珍稀藏品,其中澄江化石地生物化石 5 万件。

图 8-50　澄江动物群化石发现点——1984 年 7 月 1 日，侯先光在此发现第一块澄江动物群化石——纳罗虫（昆明理工大学张世涛教授　供图）

该馆是一个集收藏、研究、展示、教育于一体的大型自然博物馆，展示内容以寒武纪生命大爆发为主题，以各个地质历史时期的动植物化石标本为元素，阐释了生命起源、生命演化和生物多样性内容。在展陈设计方面，采用了 VR、AR、OLED 柔性屏幕等现代光电技术，配合 200 余个多媒体视频、活体养殖和互动设施，全方位、多形式地展示了寒武纪时期古生物的生动场景，为参观者提供了有趣的视觉体验，生动诠释了寒武纪生命大爆发和地球生命的演化历程，是推进古生物研究、普及生物演化科学知识、加强学术交流的理想场所，以及深受游客欢迎的科普旅游目的地。

1. 20 世纪最惊人的科学发现之一

澄江动物群化石发现于云南澄江帽天山（见图 8-51）。实际上，帽天山过去委实很不起眼，如果没有这批化石的发现，恐怕也引不起世人注目，但由于发现了轰动世界的澄江动物群化石，这座山从此名扬天下。实际上，世界上很多著名化石产地也是如此，没有发现化石之前默默无闻，发现化石之后则举世瞩目，如我国辽西地区的热河生物群、山东的山旺生物群、贵州的关岭

图 8-51　澄江动物群帽天山首发地（昆明理工大学张世涛教授　供图）

生物群等。再如，湖北十堰市郧阳恐龙蛋化石群主要位于郧阳区青龙山一带，笔者在1995年参加了该区最早的恐龙蛋化石科学考察。当时那里还是一个贫瘠的小山村，外面的人几乎不知道。自从发现了恐龙蛋化石群并经深入的科学研究和媒体的大规模宣传后，这里就引起了外界的广泛关注，20多年来相继获得了国家级自然保护区、国家地质公园、国家4A级旅游景区、全国科普教育基地等一系列国家级荣誉，并成为国内外学者考察研究恐龙蛋化石的重要场所，也成为广大青少年探索自然、研学旅行的热点地区。

到现在为止，澄江动物群化石不光发现在帽天山，分布范围已经扩大扩大到了昆明市的晋宁区、安宁市、宜良县和曲靖市的马龙区等地。澄江动物群化石地质年代属于距今5.3亿年左右的寒武纪初期，30多年来，化石地不断有令人震惊的发现。迄今为止，在澄江化石地已经发现了包括脊索动物在内的生物界门一级的生物类别20多个，纲一级别的多达50个，共计280多种动物，且80%属于新种。澄江动物群化石是迄今为止地球上发现的种类最丰富、保存最完整的早寒武世动物化石群，是寒武纪生命大爆发最典型、最珍贵的见证，其发现和研究是世界古生物学历史上一块重要的里程碑。国际科学界给了很高的赞誉，认为这是世界级的化石宝库，而且是20世纪惊人的科学发现。

2. 澄江动物群的发现与研究

澄江化石地的化石最早是由我国著名古生物学家侯先光教授发现的（见图8-52）。早在1984年7月，他经过艰苦细致的野外地质工作，在云南澄江帽天山5.3亿年前的早寒武世地层中，发现了澄江动物群化石。2021年10月14日，他在联合国《生物多样性公约》缔约方大会第十五次会议新闻中心接受媒体采访时，披露了1984年7月1日在澄江的发现之旅及其背后的故事（2021年10月18日《玉溪日报》）。他清晰地回忆道："那时，我们每天早上7点多上山，至下午6点多下山，在山上待的时间达十多个小时、有时还要多些……寂静的山头只有沉闷的大镐挖石和小榔头敲石的声音。尤其是在洪家冲剖面采集的4天，每天洗澡时第一盆水里总积下半盆泥浆。艰辛的付出却一直没有多少收获，直到7月1日下午那块包藏着后来被命名为纳罗虫化石的石块被砸开。"当时的发现令他激动不已，"顿时世界像凝固了一样，全身血液似乎停止了

图8-52　澄江化石地世界自然遗产博物馆复原场景

流动,拿标本的双手不由自主地抖动不停。"侯先光这样形容自己当时的震惊与喜悦。这块化石便是后来被鉴定为长尾纳罗虫的第一块澄江动物群化石。这一发现,打开了一扇洞察寒武纪早期生命面貌的窗口。从侯先光的回忆可知,野外地质工作是艰苦的,但一旦有重要发现,所有的辛苦和疲劳就会一扫而光。

侯先光教授此后对这个化石群进行了全面而系统的研究,发表了有关论文 70 多篇,而且很多论文都发表在国际顶尖刊物上,如英国的《自然》、美国的《科学》等。自从侯先光首开澄江动物群研究历史之先河以来,众多的科研单位和学者受到强烈的吸引而纷至沓来,震撼人心的发现和高水平的科研成果不断涌现,在国际古生物学界产生了深远的影响,获得了国内外同行高度的评价。澄江动物群与寒武纪研究曾获 2003 年度"国家自然科学奖"一等奖、中国科学院"改革开放四十年 40 项标志性重大科技成果"之一等系列成就。

3. 精彩纷呈的化石

迄今为止,在澄江化石地已经发现的化石不仅有大量的海绵动物、腕足动物、软体动物、刺胞动物、栉水母动物、曳鳃动物、鳃虫动物、星虫动物、环节动物、铠甲动物、有爪动物和节肢动物等原口动物化石,也有棘皮动物、头索动物、尾索动物和脊椎动物等后口动物化石,还有很多形形色色、鲜为人知、难以归入已知动物门类的化石。用冯伟民先生的话说就是底栖爬行的、底栖固着的、底栖钻埋的、游泳的、漂浮的生物构建了海洋世界多层次的生态分布。生物界从此变得多姿多彩,走向了通往现代生物的演化之路。此外,澄江动物群化石的软躯体保存极为完整,90% 以上还保留了诸如眼睛、表皮、神经、消化道及其中的食物等软体组织印痕,其姿态千奇百怪,为研究寒武纪早期生命大爆发及这个时期动物的解剖构造、功能形态、生活习性等提供了重要的实物依据(见图 8-53)。

图 8-53 泥质粉砂质页岩中保存的澄江动物群化石

侯先光教授最早发现的化石名为长尾纳罗虫,化石非常精美,它是节肢动物的祖先,最早期的三叶虫化石。它属于软底底栖生物,虫体可分为头甲和躯干甲两部分;骨板外形自前端向后端,分别为长圆形、圆形、卵形及多边形;腿表具有环纹,尖端有两爪;躯体呈圆柱形,表面有横环;头部呈长锥形,向前端变细,口小,位于最终端;肠道呈黑色的细管,口部贯穿直通到肛门(见图 8-54)。

文化遗产与自然遗产

图 8-54　长尾纳罗虫化石及其复原图（中国地质大学逸夫博物馆藏品）

　　在澄江动物群化石中有大量令人叹为观止的生物化石，当然模样也让人毛骨悚然。例如，有一种特别奇特的动物，叫"奇虾"，即奇特的虾。科学家最先发现的是奇虾的一只爪子的化石，看起来弯弯的像一只虾尾，就把它叫成了奇虾，其实它和现代的虾没有任何关系。不过这种虾不能小看，虽然数量不大，也早已灭绝，但它们是当时海洋的真正统治者和顶级掠食者，体型巨大，形态非常奇特。奇虾身体长度能达到两米多，拥有第一代带柄的大而精细的复眼，可以很方便地看清四周；它的头前有一对特化的捕食前附肢，像一把大钳子，可以牢牢抓住其他小动物。

　　在澄江动物化石地，不断有很多精彩的发现。例如，其中有一种动物化石叫"微网虫"，号称"九眼精灵"。它属于叶足动物门，因身上有多边形的鳞状骨片而得名。它身体最前面尖尖的就是它的嘴，身体两侧有9对骨板，骨板上的网状物其实就是眼睛，有9对复眼。前8对骨板上各长有1对又粗又短的腿，第9对骨板上则长了2对腿，因此它共有20条腿。运动起来像毛毛虫，伸缩环节状的身体提腿前移（见图8-55）。

　　在澄江动物群化石中还发现了现代昆虫的远祖——抚仙湖虫，属于较原始的真节肢动物，其头部戴着一个半圆形的头甲，长着一对长长的触角，触角之间是一对长柄的大眼睛。抚仙湖虫体长在10厘米以上，身上披着31节体甲，最后是一段尾巴（见图8-56）。该化石的发现可能使昆虫的起源往前推到5亿多年前的寒武纪初期。

图 8-55　中华微网虫（昆明理工大学张世涛教授　供图）

图 8-56　抚仙湖虫（昆明理工大学张世涛教授　供图）

澄江化石地的化石名称中含有"帽天山"的叫"帽天山虫"，属于曳鳃动物的一种（见图8-57）。其身体细长，呈圆柱状，长约5厘米，宽约0.3厘米。身体靠液压进行蠕动，平时潜伏在海底的软泥中，前端有一根肉质软管，可以迅速伸出体外捕捉小动物。帽天山虫是所有爬行动物和哺乳动物的祖先，是人类的始祖，也是地球上最早的脊索动物居民。科学研究认为它是"鱼类—两栖类—爬行类—哺乳类—人类"这一重要生命进化树和生物演化链上的鼻祖。

澄江动物群化石中造型怪异的还有一种叫"怪诞虫"的动物化石（见图8-58）。其背部长刺，腹部有足，浑身足刺众多，并还长着一个略扁的、椭圆形的大头。

此外，在澄江动物群化石中还发现了最早期的脊索动物——云南虫化石，以及昆明鱼、海口鱼。这么多精彩的发现，这么多精美的化石的出现，使得澄江动物群化石扬名世界。

4. 澄江动物群的重大意义

澄江动物群所在的地质时代是寒武纪初期，正好处在一条重要的时间界线上，这条界线是划分两个最大的地质历史阶段——显生宙和前寒武纪的分水岭。从寒武纪初到今天，地质历史叫"显生宙"，持续时间仅5.41亿年，而前寒武纪（也叫"隐生宙"）是从距今46亿年地球形成到

图 8-57　帽天山虫（中国地质大学逸夫博物馆藏品）

图 8-58　怪诞虫化石（昆明理工大学张世涛教授　供图）

寒武纪初,持续时间长达 40.59 亿年,包括冥古宙、太古宙和元古宙三个阶段。在前寒武纪早期,地球的原始地壳、海洋和大气形成后,生命在海洋中起源并开始了其缓慢的进化。

　　前寒武纪是寒武纪生命大爆发的前夜,在这漫长的历史进程中,生物进化虽然很原始,但有几次重大的演化事件具有划时代的意义。一是由原核生物到真核生物。原核生物是生物界的最早成员,属于单细胞生物,只具有细胞形态,没有以核膜为界限的细胞核,包括古生菌类和细菌类。20 亿年前,单细胞真核生物出现,细胞结构趋于完善,这是生物进化史上的重大事件,现代的动物、植物、真菌等都是由真核细胞组成的。二是由单细胞生物到多细胞生物。最早的生物是单细胞生物,距今 15 亿年左右出现了多细胞生物。生物多细胞化以后,才有细胞的分化,才能进一步实现器官的分化以及各种功能和形态的出现。三是从异养到自养。35 亿年前的微生物都是异养的,即以水中残留的有机物作为食物。放氧的光合作用出现于 28 亿年前,其先驱是蓝藻。蓝藻通过光合作用,把无机物合成为有机物,供应自己和异养生物的需要,这是自养蓝藻的特点。异养的细菌,从蓝藻获得食物供应,又能把有机物分解为无机物,反过来为蓝藻提供原料。从异养到自养,一个统一的菌藻生态系统终于形成。四是从微观到宏观。距今 8 亿年的元古宙晚期,生物界完成了由微观到宏观的转变,也标志着动植物分化的开始。尽管如此,前寒武纪仍主要是一些单细胞生物和多细胞的菌藻类等微生物的时代,构成了一个非常稳定而简单的地球生命系统。就在前寒武纪与寒武纪之交这条重要的历史界线上,生物进化从沉默走向爆发,而此后的显生宙则以宏体多细胞动植物作为主体,构成了多变而复杂的地球生命系统。

澄江动物群化石的发现表明,寒武纪生命大爆发最大的特点是在短短几百万年时间内,地球上突然涌现出各种各样的动物,现今各门类动物的祖先同时出现,就像约好了一起出发一样。这次大爆发展现出令人不可思议的场景:包括脊椎动物在内的所有动物门类在寒武纪早期一个短暂的地质时间内快速出现;现代地球上所有动物门一级生物类群在寒武纪早期都已经出现,且只占寒武纪出现的各种各样动物门类中的一部分,纲一级别的与那时相比也有显著减少,而大量造型奇特的动物门类在寒武纪出现之后很快或者逐渐灭绝。同时,类似现代海洋中的复杂生态系统在寒武纪早期已经建立起来了;控制生物主要造型的基因库在寒武纪早期已经具备,直到现在都没有发生重要改变,这也就是为什么在寒武纪之后,没有新的动物门类出现的原因;动物神经系统在寒武纪大爆发时期也得到快速发育。这些说明了一个关键性问题,即早在5亿多年前的寒武纪初,动物多样性的基本体制就已经建立起来了。这就好比是寒武纪初建成了一座电影院,最初设计的占地面积、空间大小和不同类型观众区域及座位数至今没有发生变化,唯一有变化的是一波又一波看电影的人,而且后来有些区域一直没有坐满或者没有人坐。

寒武纪生命大爆发是生物演化历史上极其罕见的重大事件,它的重要性只有生命的起源和智能的起源可以与之相提并论。澄江动物群作为寒武纪生命大爆发重要的、典型的代表,是生物进化历史上的里程碑,它生动地再现了距今5.3亿年前海洋生物世界的真实面貌,充分显示出寒武纪早期生物多样性,将绝大多数现生动物门类的演化历史追溯到寒武纪初期,为揭示早期生命演化中寒武纪大爆发的奥秘提供了极其珍贵的证据。联合国教科文组织评审认为,澄江化石地保存了具有独特重要意义的化石遗迹,岩石和化石展示了杰出的、保存非凡的记录,是距今5.3亿年前寒武纪早期地球生命快速多样化的见证。在这一地质时期中产生了几乎所有主要动物类群的起源。澄江化石地多样化的地质证据代表了化石遗迹保存的最高质量,传承了早寒武世海洋生物群落完整的记录,是复杂海洋生态系统较早的记录,也是一个进一步认知早寒武世生物群落构架的独特窗口。可以说,举世闻名的化石宝库——澄江化石地以及对澄江动物群化石的杰出研究成果都将永载史册。

二、澄江化石地的未来

作为我国首个化石类世界自然遗产和世界级的化石产地,澄江化石地在遗产保护、科学研究、展示教育、科普研学等方面做了大量工作,取得了丰硕成果。面向未来,可以进一步做好以下工作,让这一闻名天下的化石遗迹发挥更大的作用。

(一)强化科学保护,促进深入研究

化石遗迹资源是地球演化历史和生物进化历史的重要见证,是一类特殊的自然资源、不可再生的关键资源,是人类社会的宝贵财富,一定要严格保护好。此外,由澄江化石地所引发的一系列悬而未决的古生物学问题还有待进一步的发现与研究。

1. 大力做好化石遗迹的保护工作

云南澄江帽天山一带除了蕴藏有极具保护价值的古生物化石群,还有丰富的磷矿资源,这一直是澄江保护与开发的热点和难点。21世纪初的几年间,帽天山周边磷矿大肆开采,致使帽天山动物化石群保护区的景观、生态、地形地貌等遭到严重破坏。2004年,时任国务院总理温家宝做出了"三个保护"的批示:"保护澄江化石群,保护世界化石宝库,保护这个极具科学价值的自然遗产。"自此,当地的生态和化石保护工作取得了显著成就。为有效保护澄江动物群化石,云南已全面关闭寒武纪化石保护区的磷矿,对化石地进行严格保护,并编制了《云南澄江动物群古生物国家地质公园规划》(2016—2025)和《云南省澄江化石地世界自然遗产保护条例》《云南省澄江动物化石群保护规定》等。此外,澄江年降雨量和空气湿度较大,化石地含化石的岩石是泥质岩石和页岩,容易风化破碎,更要采取科学措施予以妥善保护。还应加强宣传,强化当地民

众的保护意识,形成保护习惯,使保护工作深入人心、代代相传。

2. 进一步做好化石地的研究工作

澄江动物群化石的科学发现与研究工作还将进一步深入,毕竟还有一些难解的谜团萦绕在科学家的心头。例如,为什么生命在经历了30多亿年缓慢演化之后,突然在寒武纪早期快速出现各种复杂的动物?为什么寒武纪之后没有新的动物门类出现?为什么具有相同门类的动物早期胚胎都很相似,而随着胚胎进一步发育才走向不同的发育途径?人们期待澄江化石地有更精彩的发现与更深入的研究。2019年11月,2019年寒武纪大爆发国际研讨会在云南澄江召开,来自美国、加拿大、德国、英国以及中国科学院、国家自然科学基金委、西北大学、云南大学、贵州大学、北京大学、南京大学、东南大学等科研机构和大学的专家学者共130余人参会。本次国际研讨会的举办旨在纪念澄江动物群发现35周年,向国际社会介绍我国寒武纪动物的研究成果,交流寒武纪大爆发领域的最新研究进展,商讨下一步寒武纪大爆发相关研究的方向。在总结交流前35年研究成果的基础上,相信未来围绕澄江动物群化石的国际合作研究将会进一步展开,相关的研究领域将会进一步拓展,研究方向将会进一步深入,研究成果也会有更多新的突破。

(二)提升科普能力,促进人地和谐

科普能力包括科普资源建设和科学技术普及与传播等方面,是一项高度综合的能力。澄江化石地科普能力表现为向公众提供化石科普产品和服务的综合实力,主要包括化石科普创作、科技传播渠道、科学教育体系、科普工作社会组织网络、科普人才队伍以及政府科普工作宏观管理等方面。澄江化石地要把握新的形势、创新科普手段,并努力提升科普能力,以资源优势等特色促进人地和谐。

1. 把握新的形势

当前我国科普工作面临的新形势表现在以下几点。首先,从党和国家层面看,创新贯穿一切工作。《中华人民共和国国民经济和社会发展第十四个五年规划和2035年远景目标纲要》指出:"弘扬科学精神和工匠精神,广泛开展科学普及活动,加强青少年科学兴趣引导和培养,形成热爱科学、崇尚创新的社会氛围,提高全民科学素质。"其次,从行业领域层面看,就是围绕创新提升科普工作质量。中国科协"十四五"期间科普工作将推动构建高质量的科普服务体系,以科普工作高质量发展助力全国构建新发展格局。自然资源部"十四五"科普工作将聚焦自然资源科普文化创意产品研发、自然资源研学旅行与文旅融合、新媒体时代自然资源科学传播。再次,从科普层面来看,主要包括科普阶段和科普手段两个方面:一方面,当前的科普已全面进入公众参与科学阶段,极大地体现在互动和体验方面,如研学旅行等;另一方面,科普的手段可谓日新月异,如科普作品就包括了图书、电影、动漫、微视频、游戏,以及VR、AR、MR、CR等全方位的立体化作品,科普展示广泛采用VR、AR、全息投影、室内导航、多点触控等现代展示技术,科普传播包括实体与数字场馆、线上与线下、传统媒体与新媒体、参观与体验等的深度融合。

2. 创新科普手段

澄江化石地要在全面把握新的形势的基础上,努力创新科普手段,确保科普效果。一是创新性地把30多年来澄江化石地的科研成果特别是最新成果科普化而成为科普资源;二是发挥自身优势开展特色体验式科普活动,尤其是化石研学旅行活动;三是全力打造科普场馆和展廊,提高现代化展示水平;四是高度重视新媒体的科普功能;五是努力研究和创作全方位科普作品;六是大力提升科普解说水平。通过全方位地开展科普教育,在全社会特别是广大青少年中大力培养和强化认识地球、感恩大地、敬畏自然、关爱家园的意识。

(三)加强内部建设,提升科普水平

化石地内部建设始终是做好科普工作的关键,要努力深化科普理念,强化内部管理机制建设,着力调动科普人员的积极性和创造性,不断提升科普工作水平。

1. 深化科普理念

一是要抓住一个关键。这个关键就是要高度重视、热爱、投入、享受科普过程，这是做好科普工作的根本。为此，要精心谋划科普内容，深入揣摩科普形式，及时总结经验教训。二是要把握两大环节。两大环节就是掌握知识与传播知识，这两者是有很大区别的。两大环节还表现在成果转化与科学普及，这两者实现起来也不容易。三是注重"三个贴近"，即科普要贴近生活、贴近大众、贴近实际。四是要强化"四个意识"，即责任意识、学习意识、创新意识和品牌意识。五是实现"五性统一"，即科学性、知识性、通俗性、趣味性和体验性的高度统一。六是要提高"六种水平"，即创作水平、展示水平、策划水平、传播水平、解说水平和管理水平。

2. 完善管理机制

一是以高度责任感确保科普效果。要更新思想、转变观念，高度重视化石科普的巨大作用和重大意义，主动担负起科普的崇高使命。要完善化石地科普硬件和软件的建设，不断树立创新意识，创新科普手段，时刻保持发展眼光，推动科普全方位发展。二是要强化科普管理机制建设。要设置合理的考核与评价机制，将科普成果与职称评聘、聘期考核等挂钩，进一步完善相关的保障措施，用制度激发业务人员更大的科普热情。要加强科普产业链条的培育、完善，鼓励支持专业人员与专业化机构合作，用更灵活的机制、更专业的方式共同做大科普市场。三是要强化人才队伍建设。要积极为科普工作者开展科普活动创造有利条件，建立专业化科普队伍。要建立科普培训机制，为科普人员提升包括专业和业务素质在内的综合素质提供条件。要加强适应现代科技与传播的科普人才队伍建设，强化科普研发与创新人才的培养。同时要加强多元化科普志愿者队伍建设，发挥他们在宣讲传播方面的作用。四是要加强宣传推介与对外交流，在组织宣传材料、加强媒体宣传、科学策划活动、推动行业交流等方面出实招、想良策。五是积极关注和支持申报各级科普项目，参与全国和国际科普学术交流，鼓励职工发表有关学术论著，努力提升化石科普学术水平。

本章小结

本章分为两节：第一节介绍了生命所处的最有利的宇宙和地球环境、生命的起源、主要生物门类的进化、生物多样性、化石的分类与形成及意义等内容；第二节介绍了寒武纪生命大爆发、澄江动物群化石的发现及研究概况、澄江动物群的面貌及主要化石特点、澄江动物群的科学意义等内容。最后就澄江化石地未来在进一步开展化石保护、科学研究、科普旅游、内部建设等方面提出了建议。

课后练习

一、简答题

1. 简述地球生命起源的过程。
2. 简述动植物登陆的过程及意义。
3. 简述化石的分类及形成过程。
4. 简述澄江动物群的发现过程及化石面貌。
5. 简述澄江动物群的研究意义。

二、实训题

1. 参观科普场馆以直观学习。
2. 参加化石科学考察以强化实践。
3. 聆听科普讲座以深化知识。

地球46亿年等于一天24小时

第八章 阅读推荐

第八章 参考答案

Chapter 9

第九章　中国自然遗产之雄：风景名山

学习目标

风景名山是中国自然遗产之雄，是中国自然遗产的重要组成部分。本章我们将了解中国风景名山的成因与类型、岩石的种类、名山界定、名山代表、名山文化及旅游吸引力等，并以中国名山的代表——泰山为切入点，探索其文化遗产与自然遗产的价值以及开发与管理现状。

思政目标

通过本章的学习，培养学生的爱国主义情怀。弘扬名山文化，欣赏名山之美，可以从爱祖国的大好河山开始，这对于坚定信念、凝聚人心、增强文化自信具有重要的现实意义。

学习重点

1. 山岳景观的成因与类型。
2. 名山的界定及旅游吸引力。
3. 泰山文化遗产与自然遗产的价值。
4. 泰山的开发与管理。

第九章 中国自然遗产之雄:风景名山

知识框架

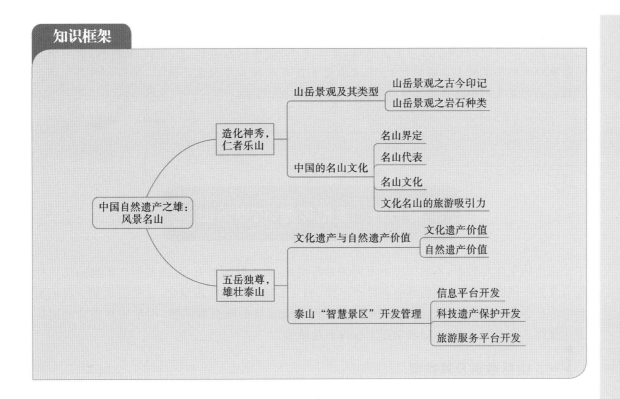

内容导入

纪录片《脉动泰山》在央视中文国际频道播出

为配合第 44 届世界遗产大会的召开,按照中宣部的统一部署,在中共山东省委宣传部的领导指导下,由中央广播电视总台华语环球节目中心和山东广播电视台联合摄制,中共泰安市委宣传部、泰安广播电视台、泰山景区积极协助拍摄的电视外宣纪录片《人类的记忆——中国的世界遗产》系列节目《脉动泰山》,于 2021 年 7 月 20 日、21 日每晚 22:00 在央视中文国际频道重磅推出。

《人类的记忆——中国的世界遗产》系列节目是中宣部中华优秀传统文化传承发展工程"十四五"重点项目——"国家文化记忆和传承"中国的世界遗产记录传播项目中的电视项目,它采用纪录片的形式对中国当前所有世界遗产进行整体盘点和系统梳理。

泰山,于 1987 年 12 月被联合国教科文组织世界遗产委员会列入《世界遗产名录》,是中国第一个世界文化与自然双重遗产。《脉动泰山》深入挖掘泰山文化与自然所蕴含的"人类命运共同体意识""大一统思想""遗产保护传承理念""绿水青山就是金山银山理念""生态文明建设发展战略"等内涵,充分展示中华民族自强不息的奋斗精神。

纪录片以"脉动泰山"为题,以"脉动""续脉"为主线,立足今天,回望历史,展望未来,融通中外,采用进行时态,将宏大叙事与微观讲述相结合,整体讲述河山元脉与人物续脉的故事。

该纪录片分上下两集,每集 30 分钟。上集以"石"为线索,讲述泰山的地质生成、帝王勒石封禅、文人刻石抒怀、儒释道文化交融共存、泰山挑山工担当品质以及泰山"石敢当"平安文化等历史与现实故事。下集以"水"为线索,由依水而居的大汶口先民的东岳大帝信仰与碧霞元君信仰,到绿水青山中的名泉、古树名木、泰山四大名药、泰山茶、泰山鸟、泰山螭霖鱼以及新发现的泰山新物种等,充分展示了各级政府在泰山遗产保护、传承和利用方面做出的积极贡献和取得的巨大成就。

第一节 造化神秀,仁者乐山

山岳的主体是岩石,不同的山由不同的岩石构成,而不同的岩石,其内部所含矿物的抗风化能力又是不同的,不同地域的环境条件不一样,加上不同的地质作用演化,才塑造成如今我们看到的形态各异的风景名山。因此,我们要学会用动态发展的眼光看问题,用量变和质变的辩证演化规律来夯实学习基础,以求学习上取得最佳效果。

一、山岳景观及其类型

(一)山岳景观之古今印记

我国地质景观研究历史悠久。从春秋时期到现在,许多历史学家、旅行家和诗人都直接描述了许多地质景观的形式、特征和发生。在古代,许多学者在旅行或考察中发现了许多当时无法解释的地质现象,他们用优美的文字记录了自己对地质景观的直觉感受和猜想,具有朴素唯物主义思想。这些记载现已成为人们研究历史地理的重要资料,为后人修复和保护历史地质景观提供了重要线索。

古人进行了比较广泛的地表景观研究。比如春秋战国时期《尚书》中的《禹贡》、先秦时期的《山海经》、北魏郦道元的《水经注》、东晋法显的《佛国记》,以及唐代玄奘的《西域大唐记》、北宋沈括的《梦溪笔谈》、明代徐霞客的《徐霞客游记》等,这些作品中对现象的实地考察和描述,体现了我国古代地质研究的思想。许多学者可以从《佛国记》和《西域大唐记》中汲取中亚和印度地理人文研究的宝贵财富;而《水经注》是研究我国水资源和水环境变化的重要参考;《梦溪笔谈》中论述的河流对地表的侵蚀、搬运、堆积等各种地质作用,可以解释华北平原景观形成的主要原因,比西方河流理论研究早400年;《徐霞客游记》是古代地质景观研究的经典杰作。

现代地质景观研究主要从地质学的角度探索自然景观的成因,同时开展地质景观资源的评价、开发和保护研究。该研究领域具有广泛的应用范畴,如地质公园建设、自然保护区、自然风景区规划建设、地质旅游专项规划等。在地质景观成因研究的基础上,探讨欠发达地区如何开发和保护地质景观。国内学者对地质景观的研究主要集中在四个方面:地质景观成因与形成机制研究、地质景观分类研究、地质景观调查与评价、地质景观开发与保护研究。

(二)山岳景观之岩石种类

不同岩石所组成的山岳景观是不同的,中国名山的岩石大致可以分为以下三种类型。

1. 岩浆岩

岩浆岩也叫"火成岩",是在地壳深处或在上地幔中形成的岩浆(高温硅酸盐熔体)在侵入地壳上部或者喷出到地表冷却固结并经过结晶作用而形成的岩石,如花岗岩和玄武岩等。花岗岩是中国名山最多的一种岩石类型。花岗岩属于岩浆岩,是一种坚硬而又不易风化的岩石,三峡大坝的坝基就是由坚硬的花岗岩构成的。

岩浆产生、运动、聚集、变化、凝结的整个过程称为"岩浆作用"。岩浆岩分为侵入岩和喷出岩。侵入岩凝聚在地下深处,所以结晶性好,矿物成分一般肉眼可见。侵入岩通常是一个巨大的结构,根据侵入岩的深度,分为深成岩和浅成岩。喷出岩是岩浆从地表突然喷发,在温度和压力快速变化下形成的,不易结晶,通常具有隐晶质或玻璃质结构,普通矿物用肉眼很难识别。

岩浆岩具有一些独特的结构构造特征。例如,喷出岩是在温度和压力急剧下降的条件下形成的,溶解在岩浆中的大量挥发物以气体的形式逸出,形成孔状结构。由于有许多孔隙,岩石变得非常轻,甚至可以漂浮在水面上形成浮石。当这些孔隙形成的空隙被后来的材料填充时,就会形成杏仁状的结构。岩浆喷涌到地表,熔岩在流动过程中经常在地表留下流动的痕迹。有时,岩石学家将其称为"流纹岩"或"绳状结构",因为有点像一些麻绳绞在一起。

岩浆岩无论是侵入地下还是喷出到地表,其与围岩之间都有明确的界限。由于岩浆与围岩的紧密接触,围岩的碎片往往被携带到岩浆中,成为岩浆的捕虏体,但是在岩浆岩中不会留下任何生物化石或遗迹。岩浆的性质和化学成分是从上地幔或地壳深处沿特定通道上升到地壳形成侵入岩,或喷出地表形成喷出岩。受温度等物理化学条件和压力大小的影响,其矿物成分也在不断变化。因此,自然形成的岩浆岩种类繁多,不断变化,包括基性岩、中性岩、酸性岩、碱性岩和火山岩等。岩石类型也充分展示了岩浆成分的复杂多样性。

花岗岩是侵入岩中最具景观价值的代表;玄武岩是分布最广的喷出岩;流纹岩也是一种喷出岩,它一般多呈淡红色、灰白色或灰红色,具有杂色和流纹结构。

花岗岩组成的名山多具有群峰耸立、主峰明显、悬崖峭壁等自然特色。我国著名的黄山和华山都属于花岗岩名山。花岗岩名山大都奇险陡峭,不但质地坚硬,而且垂直裂隙(节理)很多,其中还有断裂,地质作用使裂隙不断扩大,加之边缘缺少支撑,最后山峰两侧的岩石就沿着裂隙和断裂面垂直方向滑落崩塌,剩下的山峰就更加陡峭,如黄山上的天都峰、莲花峰。相比于黄山,华山就更加险峻,自古有"西岳峥嵘竦处尊,诸峰罗立似儿孙"的奇险美景的赞誉。

2. 沉积岩

沉积岩是在地表或近地表不太深的地方形成的一种岩石类型。它是由风化产物、火山物质、有机物质等碎屑物质在常温常压下经过搬运、沉积和成岩作用而形成的岩石,如碳酸盐岩(石灰岩、白云岩)和砂岩、砂砾岩等。

(1)碳酸盐岩。

碳酸盐岩是对主要由碳酸盐类矿物组成的岩石的泛称。如常见的由方解石(碳酸钙的矿物)组成的石灰岩及其变质产物——大理岩,以及主要由白云石(碳酸镁钙的矿物)组成的白云岩及白云大理岩,由方解石和少量黏土矿物组成的泥灰岩等,其物性因矿物成分的变化而有一定差异。碳酸盐岩中有的可选作彩石、砚石、观赏石。碳酸盐岩与岩浆岩的接触带常形成有价值的金属及宝玉石矿床。

碳酸盐岩主要有石灰岩和白云岩两类。碳酸盐岩和碳酸盐沉积物从前寒武纪到现在均有产出,分布极广,约占沉积岩总量的 $1/5 \sim 1/4$。

碳酸盐岩是一种在一定条件下可溶于水的可溶性岩石,在丰富的地表水和地下水的溶解转化作用下形成独特的岩溶地貌(喀斯特地貌)。

与其他山脉相比,碳酸盐岩组成的山脉的神奇之处在于它们既存在于地表,又可以发育在地下。最典型的地上景观是石林、峰丛、峰林、孤峰;地下景观通常以岩溶洞穴为代表。在国际上,这种地貌被称为"喀斯特地貌"。在我国的此类地形中,以西南的云贵高原和广西桂林地区最具代表性。桂林地区是典型的喀斯特地貌区,碳酸盐岩在桂林地区广泛分布。三叠纪以来,桂林地区地壳运动剧烈,形成的碳酸盐岩有许多褶皱、裂隙和裂缝。在炎热多雨的气候,水沿着裂缝溶蚀和侵蚀,最终形成地表峰林和岩溶洞穴的壮观景观(见图9-1)。

图 9-1　桂林喀斯特地貌景观（鄢志武　摄）

　　岩溶洞穴是地表水沿碳酸盐岩的地表、交汇处或破碎带渗入地下，沿裂缝溶蚀而成的。在溶蚀过程中，如果在纵向和横向不同方向上有两条或更多条处于同一水平面上的交错裂缝，地下水就会沿着裂缝溶解，形成"孔洞"。如果没有这种交错的裂缝，地下水只会沿着一个裂缝溶蚀和侵蚀，就形成了一条"蜿蜒的道路"。因此，洞穴的大小与岩石裂缝大小、碳酸钙比例、地下水溶解和侵蚀能力成正比。

　　溶洞中常有五颜六色的石钟乳、石笋、石柱、石幔和壁流石等溶洞景观。它是由地下水随着顶部或侧壁向下移动而逐渐堆积沉淀的碳酸钙所形成的。

　　（2）砂岩、砂砾岩。

　　砂岩和砂砾岩是相对较硬的岩石，主要由不同粒径和级配的砂岩颗粒组成，是一种成分成熟度较低的岩石。砂质团聚体的侵入物质主要是杂细泥级地基（包括灰泥、混浊泥、黏土质泥基）、杂粗砂和粉质地基。砾岩结构成熟度低，以砾石为骨架的孔隙空间全部或部分被砂砾充填，而在砂砾构成的孔隙中则充填黏土杂质，属于沉积岩中陆源碎屑岩，碎屑沉积物胶结固化形成岩石，砂砾岩碎屑颗粒较大。砂砾岩通常呈黄色，但也有淡紫色。构造多为砂质构造和块状构造。砾石的成分比较复杂，视当地情况而定。一般来说，砾质砂岩的砾石含量小于5%，砂砾岩的砾石含量大于5%。我国武夷山丹霞地貌（见图9-2）、甘肃张掖丹霞与彩色丘陵（见图9-3）、张家界石英砂岩峰林地貌（见图9-4）主要由砂岩和砂砾岩构成。

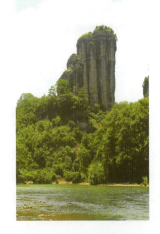

图 9-2　武夷山丹霞地貌景观
（张汉斌　摄）

图 9-3　甘肃张掖丹霞与彩色丘陵景观（祝鹏先　摄）

图 9-4　张家界石英砂岩峰林地貌（周峰　摄）

3. 变质岩

变质岩是在地壳形成和发展过程中早期形成的岩石（沉积岩、岩浆岩）由于后来地质环境和物理化学条件的变化，在固态情况下发生了矿物组成调整、结构改变甚至化学成分的变化而形成一种新的岩石，如大理岩和片岩等（见图 9-5）。

图 9-5　变质岩地貌——木兰山片岩（木兰山景区　供图）

按原岩类型来分，变质岩可分为正变质岩和副变质岩两大类：原岩是岩浆岩经变质作用后形成的变质岩为正变质岩；原岩是沉积岩经变质作用形成的变质岩为副变质岩。变质岩可广泛出露于地区，如我国东北的鞍山群、我国中南和西南的板溪群，也可能局部分布，如接触变质岩和动力变质岩周围的构造。

为了进一步细分，习惯上首先根据变质作用的类型和成因将变质岩分为区域变质岩、热接触变质岩、动力变质岩、气液变质岩、冲击变质岩等类型。区域变质岩是由区域变质作用形成的。热接触变质岩是因为热接触变质作用形成的,如斑点板岩。动力变质岩是因为动力变质作用形成的,如破碎角砾岩、碎屑岩、破碎斑岩等。气液变质岩是因为气液变质作用形成的,如云英岩、次生石英岩、蛇纹岩等。冲击变质岩是因为撞击变质作用形成的。

根据变质产物的特征(变质岩的矿物组成、含量和结构)对变质岩进行分类将成为未来的主要趋势。主要岩石类型可分为16种:板岩、千枚岩、片岩、片麻岩、长英麻粒岩、石英岩、角闪岩、麻粒岩、镁铁质岩、榴辉岩、大理岩、矽卡岩、角岩、动力变质岩、气液变质岩和混合岩。

变质岩广泛分布于地壳,既有大陆也有海底。在各种成因类型的变质岩中,区域变质岩分布较广,而其他成因类型变质岩分布有限。区域变质岩主要出露在各个大陆的地盾和地块以及显生宙各个时代的变质活动带中(通常与造山带密切相关)。地盾和地块上区域变质岩出露面积很大,常从几万到几十万平方千米,有时可达百万平方千米,约占大陆面积的18%。前寒武纪地盾和地块通常构成各大陆的稳定核心,而古生代及以后的变质活动带常围绕前寒武纪地盾或地块呈线性分布,如加拿大阿巴拉契亚造山带、德国北部加里东造山带、波罗的海西北部等。一些年轻的变质活动带常沿大陆边缘或岛弧分布,东部较明显的有太平洋沿岸和日本列岛。它们的分布表明,大陆通过变质活动带的向外运动而不断增长。在其他情况下,变质活动带也可以通过斜切古老结晶基底而分布。它们代表了大陆解体形成的陆内造山带,将发展为新的地槽和地台。1960年以来,人们还发现,在海底沉积物和玄武岩之下,广泛分布着由海底变质作用形成的变质岩等岩石。我国由变质岩构成的名山有泰山、嵩山、五台山、武当山、大别山等。

二、中国的名山文化

(一)名山界定

作为名山,它不仅要有独特的地理实体,更要有其特殊的内涵。学会判断普遍性和特殊性,要善于全面分析,既要抓住共性又要注重个性。以下几点是卢云亭教授对名山的特征界定。

1. 名山自然景观实体必须具有美感

美包括形象美、结构美、动态美、色彩美、嗅觉美、听觉美等。特别是形象美,它是名山美的基础和核心。形象美可以概括为奇特、美丽、危险、开阔、幽静、狂野等。每一座名山不仅是具有各种基本意象的空间复合体,而且还有自己独特的整体意象特征,如黄山之奇观、峨眉山之秀美、泰山之威严、华山之险峻、青城山之幽静。

2. 名山应具有典型的科学研究价值

从自然科学的角度来看,它往往具有某种或几种类型的科学价值,其典型性深刻反映和渗透对地球历史、地质变迁和自然地理规律的研究与认识中。例如,峨眉山由于其植物种类丰富,被称为"植物王国"。

3. 历史悠久,文化底蕴深厚

名山的发展时间早,也体现了一定的历史文化渊源。例如,庐山是一座历史悠久的文化名山,千百年来,无数文人墨客、名人志士在此留下了浩如烟海的丹青墨迹和脍炙人口的篇章。李白写的"飞流直下三千尺,疑是银河落九天"的秀峰马尾瀑,苏轼写的"不识庐山真面目,只缘身在此山中"的庐山云雾,毛泽东写的"天生一个仙人洞,无限风光在险峰"的吕洞宾修仙而居的仙人洞等,均为诗景交融、名扬四海的佳景。

4. 自然景观为主,人文景观为辅

自然景观与人文景观融为一体。名山的形成多以自然景观为主。在发展过程中,人文景观不断构建和逐步完善,整体人文景观的布局设计思路,首先强调与自然的关系,以自然为主、人文为辅,主客体和谐统一,如泰山、庐山、华山、九华山等。

综上所述,本章所指的名山,是在漫长的地质时期和中华文化的发展过程中形成的,且在一定地区享有盛誉的山地景观。

(二)名山代表

中国文化博大精深,在中国传统文化中,山也是文化的承载者。灿烂的中华历史文化和民族精神与其赋存的自然山川地貌相结合,使得中国的山脉具有独特的象征意义和文化意义,是向世界传播中国现代文化的符号。

1. 泰山

泰山,我国五大名山之首。泰山古称"岱宗""岱山",世称"东岳"。泰山位于山东省中部,总面积426平方千米,主峰玉皇顶海拔1532.7米。泰山以其包容和勇气将历史文化、自然景观、地质地貌完美地融为一体,被誉为"中国历史文化的缩影"和"中华民族精神的象征"。自古以来,泰山就被视为社会安定、政治巩固、国家繁荣、民族团结的象征,也是中国唯一一座千百年来受历代皇帝委以重任的名山。据史料记载,秦代以前,有72位帝王上泰山祭祀天地。秦代以后,又有12位皇帝来此拜禅。泰山目前有保存完好的古建筑26座、寺庙58座、古遗址128处、古迹1239处、雕崖1800余处,泰山古建筑群是全国重点文物保护单位(见图9-6)。

图 9-6　泰山古建筑群(崔旭东　供图)

2. 庐山

庐山又名"匡庐"。庐山主峰汉阳峰海拔1474米。庐山有山峰26座、沟壑20处、溶洞16处、奇石22处。水流沿陡壁而下,形成多条急流、飞瀑,著名的三叠泉瀑布落差155米。庐山以雄、奇、险、美闻名于世,素有"匡庐奇秀天下第一"之称(见图9-7)。庐山是世界文化遗产、世界地质公园、全国重点文物保护单位、国家重点风景名胜区、国家5A级旅游景区、首批全国文明风景旅游区示范点。

3. 华山

华山古称"西岳",古称"太华山",是中国五大名山之一,是中华文明的发祥地。华山位于陕西省渭南市华阴市,省会西安东120千米,南邻秦岭、北邻黄圩,自古有"天下第一险山"之称(见图9-8)。华山的奇观在于,华山由大而完整的花岗岩体构成,陡峭奇峰、怪石、云海、泉水、飞瀑、古迹遍布全山。华山是道

图 9-7　庐山龙首崖(张汉斌　摄)

教主流全真派的圣地有道观 20 余座,其中玉泉院、独龙寺、东道院、镇岳宫被列为全国重点道观。华山是首批国家重点风景名胜区、国家 5A 级旅游景区、全国重点文物保护单位。

图 9-8　华山风光(张汉斌　摄)

4. 黄山

黄山原名"黟山",是世界文化与自然双重遗产。山体面积 1200 平方千米,景区面积 160 平方千米,主峰莲花山海拔 1864.8 米。黄山是道教圣地,遗迹众多。相传中华民族始祖黄帝轩辕黄帝曾修炼升仙,更名为黄山。黄山之美,是亿万年地质演化的产物。古人云:"黄山奇在峰,奇峰奇在松石,松石奇在拙古,云雾奇在瀑。"黄山的"峰""石""松""云"相互衬托,构成了黄山的魅力。黄山是大自然造化中的奇迹,人在其中仿佛穿梭于人间仙境。黄山历来享有"五岳归来不看山,黄山归来不看岳"的美誉(见图 9-9)。

图 9-9　黄山景区(张汉斌　摄)

5. 峨眉山

峨眉山位于中国四川省乐山市峨眉山市境内,是我国"佛教四大名山"之一。这里地势险峻,风景秀丽,被誉为"峨眉天下秀"。最高峰万佛顶海拔 3099 米。有海拔 2700 多米的峨眉平原。《峨眉县志》云:"云凝凝翠,妆真如蛾。细细长长,美艳动人,故名峨眉山。"山上名胜古迹众多,有报国寺、伏虎寺、香池寺、龙门洞、舍身崖、峨眉圣灯等景点。峨眉山是我国旅游、疗养、避暑胜地之一。

(三)名山文化

文化名山主要包括古代人类的起源或发祥地,如北京周口店的龙骨山是北京人的发祥地、苗岭是苗族的聚居区。中国是一个多山的国家,有的山峰巍峨雄伟,有的外形美观、变化多端,有些与宗教和文化相结合。东岳泰山之雄、西岳华山之险、南岳衡山之秀、北岳恒山之奇、中岳嵩山之峻,早已闻名于世界。这些名山吸引了人们攀登和游览。以"黄山归而不见岳"著称的安徽黄山和以"匡庐奇秀甲天下"著称的江西庐山,享有"世界名山"的美誉。在我国深厚的文化底蕴中,"隐士文化"是一种独特的文化现象。古人云:"山不在高,有仙则名。水不在深,有龙则灵。"我国许多美丽的山川,因隐士的活动而名扬天下。终南山是我国隐士文化的发祥地。因其幽静的环境,许多文人墨客、朝中官员都选择隐居于此,被视为"世外神仙之地,归隐出尘之处"。

民族复兴离不开文化繁荣,文化繁荣离不开传统文化的继承和传播。中国文化和世界其他民族的文化一样,是一个巨大而复杂的"综合体",是长期积累的文明结晶。传统文化的扬弃,是所有发展中的民族都必须正视的课题。

山最初都是自然山,后来才有了文化属性。在山的文化属性中,山神信仰的传统最为古老。对山神的原始信仰趋于进一步形象化和拟人化。《山海经》描述了这种山祭的过渡形式。一些山会被纳入官方祭祀系统,汉代以来的五圣祭祀制度就是典型的例子。

"名山"是一个文化符号,其背后是王朝政治地理的影响。楚越灭国后,朝代的政治中心多位于北方,江南地区在政治和文化上被边缘化,"名山"的地位逐渐减弱。香山、会稽、九夷在汉代国礼中的地位,是无法与长江以北的五圣山相比的。六朝时期,江南地区重新出现独立政权。相应地,江南山祭在以古都建康为中心的政治地理格局下具有独特的文化面貌。

(四)文化名山的旅游吸引力

中国的文化名山遍布全国,形成了世界上独一无二的文化现象——名山文化。名山文化包罗万象,涉及学科广泛。"绿水青山就是金山银山",我们可以从以下三个方面来分析历史文化名山的旅游价值。

1.物质文化

名山文化依附于名山,既可以表现为实际的事物,也可以表现为文学创作,或两者兼而有之。较多的佛寺和道观都建在各地的名山上,数量众多且集中,它们规模宏大,建筑技艺精湛,堪称中国建筑史上的精品。历史文化名山群山多为裸岩。人们除了将其作为自然景观的风景元素,还利用其历久弥新的特性,将其雕刻、凿刻成洞穴、石雕和经书等。据统计,仅泰山一处汉代至清代的石刻就有千余处,绝壁碑刻不计其数。

历史文化名山常高且陡,徒步比较困难。因此,山路上的桥梁多设计奇巧。沿途还有拱门、亭台、楼阁等,都点缀着名山风光,是不可缺少的艺术素描。一般来说,佛教寺庙和道观殿堂都供奉有神灵,寺庙的四壁上都有宗教壁画。桌上的供品、礼器、横幅多为精美的雕塑、绘画或工艺品。很多寺庙道观还藏有书画、经书、文物、古物等,其中很多都是无价之宝。

2.群众活动和社会组织形式

百姓上山入香时,也以名山寺观为观景对象,在观景中受到宗教的潜移默化影响。如今的名山旅游,每当重大宗教节日举行宗教仪式时,在遵守国家法律法规、尊重宗教信仰的前提下,可以将庙会纳入旅游资源范畴,适当向游客开放。庙会是一种世俗与宗教相结合的群众活动,是许多名山在宗教节日定期举办的集商业、娱乐、宗教庆典为一体的群众性活动。

因此,名山的文化现象涉及宗教学、社会学和民俗学,使之成为独具特色的传统历史文化名山和旅游胜地。

3. 精神文化

几乎每一处名山都可以编辑整理出一部诗集。这种山水文学源于名山,但不一定依附于名山。它可以独立存在,可以永远流传下去。也正因如此,即使山上的某些风景因种种原因发生改变或完全消失,人们也能从这些诗句中"窥见"当年的情形。中国绘画史上的山水画家大多以名山为创作蓝图,从名山名景中汲取创作灵感,"搜尽奇峰打草稿"。早年的明代画家王陆只是临摹古画,并没有太大的进步,晚年他游历华山,见多识广,绘画功力大增,于是,他将自己的创作经历总结为"我师之心,心师之心,眼师华山"。

名山因其悠久的历史和深厚的文化底蕴,孕育了大量动人的神话传说、奇闻轶事。它们都是人民千百年来创造的大众艺术,并凭借着名声而广为流传。它们大多成为各种通俗文学的民间题材,有的被文人整理加工,跻身"阳春白雪"之列。因佛教寺庙和道观殿堂遍布全国名山和风景名胜区,这些信徒中,他们有的还擅长诗词书法,以诗词书法表达宗教哲学,形成了独特的"佛道文艺"。这些杰出人物的精神文化都与名山的超尘和精致的自然环境有关,同时,也赋予名山灵魂,使之成为名副其实的文化名山。

文化名山由以上三种文化形态综合而成,形成完整的文化体系,成为民族文化体系的一个子系统。以上已经说明,现存文化名山的人文元素的主要特征并没有随着岁月的流逝而日益湮灭,反而日益凸显其旺盛的生命力。

第二节　五岳独尊,雄壮泰山

泰山,位于中国山东中部,面积426平方千米,主峰玉皇顶海拔高度1532.7米(见图9-10)。1987年,泰山被列入《世界遗产名录》。世界遗产委员会是这样评价的:"庄严神圣的泰山,两千年来一直是帝王朝拜的对象,山中的人文杰作与自然景观完美和谐地融合在一起。泰山一直是中国艺术家和学者的精神源泉,是古代中国文明和信仰的象征。"

图9-10　泰山主峰及云海(崔旭东　供图)

在中华文化典籍中,我们熟知的有关泰山的成语、俗语或诗句有"稳如泰山""泰山北斗""泰山压顶不弯腰"等,以及杜甫的《望岳》中有关泰山的描述:"岱宗夫如何?齐鲁青未了。造化钟神秀,阴阳割昏晓。荡胸生层云,决眦入归鸟。会当凌绝顶,一览众山小。"

一、文化遗产与自然遗产价值

（一）文化遗产价值

1. 封禅文化

从炎帝、黄帝、尧、舜、禹等历史传说，到有关秦始皇、汉武帝、唐玄宗的历史记载，中国历代帝王无不以泰山为尊，将其作为国家和平、民族团结和权力的基础，泰山象征并寻求"神赐的主权"的正统观念。封禅起源于古代帝王封禅祭祀，得益于战国时期奉行阴阳五行理论。"封"是在泰山上堆土为坛，在坛上祭祀神灵，报答神的作为；"禅"是在泰山下扫出一片净土，祭祀净土上的土地神，以报答土地的功德。泰山被视为古代帝王的祭祀场所，与泰山的自然地理环境和古人的祭祀活动密切相关。泰山之所以被列为文化与自然双重遗产，自然承载着丰厚的文化底蕴。自古而来，泰山被奉为与上天通接的圣地，经常是皇帝设坛祭祀祈求国泰民安和举行封禅大典之地。那么，古代帝王为什么不选择其他名山，而是热衷于到泰山祭祀呢？

首先，泰山封禅文化的出现，得益于该地区优越的自然地理条件。一是泰山具有优越的生产、生活和传承条件。泰山是中华文明的重要发祥地。由于早期人类改造自然的能力极其有限，人们总是选择在自然环境优越的地方生活和繁衍，避免泰山及其周边地区的自然灾害。二是地势优势。泰山位于齐鲁丘陵和华北平原之上。它体型巨大、气势磅礴，是古人居住地区最高的山峰，因此气候发生了垂直变化，被人们认为是引云引雨的神山。古老的黄河流域易发洪水，泰山的地理优势可以使先民借泰山避水。在他们心中，泰山是他们生命的地理依托，因此形成了一种依靠泰山的心态。

其次，泰山的位置条件符合战国时期开始的阴阳五行学说，继承了对太阳的崇拜，继而产生了对东方的崇拜。泰山作为东方大山，自然首当其冲。在古代先民和领袖的心目中，它被奉为万物生长的地方和神灵的居所。几千年来，古文明的至高统治者都曾造访过它，由此演变而来的禅文化也成为世界上独一无二的精神文化现象（见图9-11）。

图 9-11　泰山封禅（现代演绎）（李江敏　摄）

2. 石敢当文化

泰山地区的灵石崇拜历史悠久。大汶口文化遗址出土的陶器符号自上而下由太阳、火、山组成，意思是在山顶（即泰山）祭祀太阳，它与后来的封禅帝位的意思十分接近，说明自然崇拜和山神崇拜早已形成。从这个意义上说，大汶口人创造了早期的泰山文化。

源于对山崇拜的精神信仰，山石已被神化和拟人化，民俗文化中的石敢当文化就是典型的例子。它是中国流传已久、影响范围广的典型民俗和现象,属于中国千百年来的镇物文化,从帝王贵族到村民,泰山石行禅道、泰山石祈福、泰山石拜诸神等祭祀泰山,以石为基,逐渐将泰山的崇拜与泰山的石文化融为一体。如今,它已经从单纯的石文化发展成为泰山石文化鉴赏文化。石敢当早已成为全世界华人推崇的守护神。

3. 石刻文化

泰山文化的集中体现是泰山石刻,具有很强的历史和艺术价值。泰山石刻主要有崖刻和碑刻两种。据有关记载,我国泰山上有许多记载的石刻。泰山石刻在中国石刻史上占有十分重要的地位。泰山石刻历史悠久,种类也比较丰富,对我国石刻研究起到了推动作用。泰山石刻对我国书法艺术的研究与发展有着重要的意义(见图9-12)。

图 9-12　泰山摩崖石刻(李江敏　摄)

4. 进香文化

进香文化已成为泰山文化的重要组成部分。从空间上看,泰山香客涉及海内外,但以华北平原为核心区域。从时间上看,泰山香社已有数千年的历史,其香礼已形成。泰山进香有一套独特的规则,由春香和秋香组成。春香是指农历三四月份;秋香一般在农历九月九日左右。春、秋两季进香的时间与泰山周边的季节气候特征密切相关。

泰安地处暖温带气候区,四季分明,雨量集中。泰山山顶没有明显的四季,雨量比较大。泰山脚下属大陆性季风气候,夏天炎热多雨,冬季寒冷干燥,春季、秋季气温适宜,降水少(春季降水量仅占年降水量13%,秋季18%),旅游性强。

从农业地理上看,泰山及其周边(华北平原)的农业季节性是春香的重要依据。春香是周边冬小麦生长的季节,是农业的淡季;秋香季,是秋收冬小麦,完成冬小麦播种的淡季和感恩时节。因此,进香时间选择春、秋两季,与两季的气候特点和农业活动相匹配。

5. 泰山精神

中华文明的发祥地之一就是泰山。中国新石器时代的遗迹就在泰山脚下。泰山文化很好地体现了中华民族的传统文化。随着山神崇拜的发展,泰山的地位越来越高。受泰山文化影响的诗人和画家创作了许多作品,泰山推动了中国民间文化的发展。我们可以将泰山精神的基本内涵概括为以下几方面。

(1) 积极向上的攀登精神。

如果大家去泰山,建议各位亲自步行至山顶。"十八盘"是人们登顶泰山道路上最险峻、最难登的一段,泰山有三个"十八盘"之说。自开山至龙门为"慢十八",再至升仙坊为"不紧不慢又十八",又至南天门为"紧十八",共计 1630 余阶。这段路不但崎岖,而且陡峭。远远望去,好像是天门云梯,但又好像天门咫尺。因此,在南天门下刻有"努力登高"以示鼓励。虽然千辛万苦,如果登上南天门(见图 9-13),到达玉皇顶,给人的感觉则是"万里清风来""一览众山小"。

图 9-13 泰山南天门(李江敏 摄)

我国自古以来就有攀登精神,所以从红门至岱顶,有多处以"登"为题的石刻,如"登高必自""勇登仙境""努力登高"和"共登青云梯"等。"直上危巅休怯险,登天毕竟要雄才",就是鼓励大家要有积极向上,永不放弃的信念。

(2) 朝气蓬勃的旭日精神。

泰山日出更是泰山极为壮观的奇景之一。"曙色俄开万里长",表现了一种朝气蓬勃的精神。当登至岱顶,泰山日出就好像巨幅油画从天而降,让人震撼。泰山精神最生动、最具体的体现就是对光的追求。在泰山地区陆续出土的文物中,也有太阳纹陶器。在泰山的民间宗教中,祭祀着以象征太阳和力量的东岳天皇为主角的神,感觉就像是朝东照耀。

(3) 重如泰山的奉献精神。

司马迁曾说过,"人固有一死,或重于泰山,或轻于鸿毛"。毛泽东主席也曾经在广为人知的《为人民服务》中做了更深刻的解释,"为人民利益而死,就比泰山还重"。

在泰山儿女的革命斗争的历史当中,反抗黑暗统治是一直存在的。著名将领冯玉祥曾居住在泰山上积攒力量来对抗日本侵略者。冯玉祥将军的自题诗《我》以及"救民安有息肩日,革命方为绝顶人"等泰山题刻,充分展现了他爱国和忧民的情怀。

(4) 傲视风雪的松柏精神与顶天立地的担当精神。

中国自古以来多重气节。自古以来,泰山石敢当在人们心中是正义的化身,如果人们去泰山游览,不妨以"泰山石敢当"作为伴手礼送给亲朋好友,图个吉祥平安的好兆头。

泰山是我国历史名山、世界遗产。在我国,"稳如泰山"一词就是说如泰山一样稳重。海纳百川,天容万象,中国山岳遍布,或雄壮俊美,或巍巍高哉。我们在感叹地质构造之神奇,自然造物之鬼斧的同时,不妨去用脚步丈量山岳的巍峨,用心灵去感悟历史潜藏的底蕴。

泰山名山的形成

（二）自然遗产价值

1. 泰山地貌

泰山主要由变质岩组成。变质岩组成的名山中，高峻雄伟的山峰均由质地坚硬、抗风化能力较强的石英岩、混合岩等变质岩组成。而其周边发育的片岩等则容易遭受风化剥蚀，多形成起伏和平缓的低山丘陵，成为高大山脉的陪衬。

泰山地处辽阔的华北大平原，在空间形象上造成层峦叠嶂、凌空高拔的态势，因此有"五岳独尊，雄镇天下"之美誉，使人产生"会当凌绝顶，一览众山小"的感受。

泰山运动形成了庞大的山系，燕山运动奠定了泰山的基础，喜马拉雅运动造就了泰山的雄伟和今日泰山的整体轮廓。泰山有丰富的地壳运动遗迹，具有世界意义的地质科学研究价值。泰山地区寒武系片麻岩群是华北地台的基础。地层剖面出露良好，化石丰富，保存完好。泰山群已有20亿年的历史，是世界上古老的岩石，对研究中国东部太古代地层的划分及太古代历史的恢复具有重要意义。

泰山西北麓张夏、孤山、潮米店等地区的灰岩和砂页岩典型发育，已被确定为我国中上寒武统的标准剖面。它们是许多古生物学物种的命名地点或原始模型标本起源地。在泰山南部，太古宙岩层中分布着广泛的裂隙泉。从山顶到山脚，泉水相争，山高水长。泉水甘甜透明，"性寒重，甘润润，具有清心明目、止烦润肠、利肠通便、轻身延年之功效"，古人称之为"泰山神水"。在泰山北部，寒武系、奥陶系及石炭系岩层向北倾斜，地下水从地势切割中涌出，从锦绣川向北扩散。泰山位于华北大平原南北通道与黄河中下游东西通道的交汇处，这种得天独厚的地理位置，对泰山影响的扩大和文化的弘扬起到了重要作用。

泰山是山东丘陵中最大的中山。该地层是典型的华北地台基底和盖层构造区。年降水量随高度增加而增加，山顶年降水量1132毫米，山下年降水量仅722.6毫米。山脚下有四个不同的季节。春季风沙比较大。冬季漫长，冰冻期150天，峰顶最低气温－27.5℃，形成雾凇奇观。夏、秋两季，云雨变幻，峰峦如黛，林茂泉飞扬，气象万千。南部隆起大，盖层已风化，出露泰山杂岩大基底，太古代地层泰山群，同位素年龄约25亿年，是中国古老的地层，北部上升幅度小，盖层保存了典型华北地台上发育的古生界地层。泰山地貌分为冲积台地、剥蚀堆积丘陵、构造剥蚀低山和侵蚀构造中低山四种。在空间图像上，由低到高，形成了多地形群和景观的组合。

2. 泰山风景区

泰山风景区有峰156座、绝壁143处、名洞72处、奇石72处、峡谷130处、瀑布64处、名泉72处、古树名木一万余处、古遗址42处。有古墓葬13座，古建筑58座，历代石刻2500余件，石窟造像14座，现代文物12处，文物1万余件。其中，城子崖遗址、现存最早的石塔——泗门塔、大汶口遗址、灵岩寺、岱庙、千佛崖石窟、龙虎塔、九顶塔、冯玉祥墓、唐大观峰石刻、北齐景石《峪金刚经》被国务院公布为全国重点文物保护单位。

泰山的风景以壮丽著称。重峦叠嶂，形体厚重，松石林立，云海变幻（图9-14），使它在雄伟中璀璨，又在寂静中神奇。泰山佛光是一种光衍射现象，它的出现是有条件的。据记载，泰山上的佛光，大部分出现在每年六月至八月的半晴半雾天气，也是太阳斜射的时候。

3. 泰山石雕

泰山也以其众多的石雕而闻名。这些石刻有的是皇帝亲笔题写的，有的是名人亲手制作的。泰山共有石刻1696处，分为山体石刻和碑刻石刻。它们不仅是记录泰山历史的重要资料，也是泰山风景中的奇观之一。泰山景区以主峰为中心，呈放射状分布。经过数千年的保护和建设，泰山拔地而起。主峰陡峭，山势险峻，峰峦叠嶂，形成"观山小山"。群峰工带，气势磅礴，充满魅力。

泰山文化保护传承功能分区为"一核、两带、三圈"

图 9-14　泰山云海（崔旭东　供图）

4. 地质对泰山文化的解读

考古研究证实，在旧石器时代，距今 40 万至 50 万年前，泰山周围有猿生活在这里，与著名的北京周口店猿人相比稍晚一些。大约 5 万年前，人类进化为智人，在泰山附近的新泰五竹台也发现了智人牙齿化石。

新石器时代，泰山周边地区出现了后李文化、北辛文化、大汶口文化、龙山文化和岳石文化。从后李文化到岳石文化，已出土遗址 1954 处。以泰山为中心的泰山文化圈已成为中华文明的重要组成部分。其中以泰山南麓的大汶口遗址和北麓的章丘龙山镇命名的新石器时代文化最为繁荣的大汶口文化和龙山文化。泰山周围这些古代文明的出现并非偶然。

晚新生代以来，东亚地区的自然环境发生了一些变化：青藏高原的兴起、东亚季风的形成、黄土高原的出现、黄土高原的诞生。人类及泰山及周边地区自然文化的演变。它还具有革命性的效果。它影响从泰山到曲阜到邹城宜山的地区。这是泰山文化从无到有，最关键的因素。晚新生代青藏高原隆升确立了中国西高东低的地貌格局；顺势而下，黄土高原上满载泥沙的黄河在泰山周围纵横横扫，与泰山的斜坡一起，提供了良好的土壤母质；东亚季风直接造就了该地区四季分明、降水适中、冷暖适宜的气候。有利的宏观环境因素为泰山周边地区创造了适宜人类居住的环境条件。其形成的自然地理基础主要表现在以下几个方面：

首先，在地貌水文条件方面，考古研究发现，遗址周围地势高耸平坦，有大湖、大河。等水域附近，有丰富的水产资源，具有良好的地貌和水文条件，适合人类生存。北京大学环境考古学博士杨晓燕认为，在温泗河流域，"远离河谷的高阶台地，古居民很少迁徙，形成了不同时期文化不断发展的叠加遗址"。山东温丝河流域地貌和遗址堆积格局研究表明，"在相对稳定的温丝流域，古居民空间移动较少，形成较多的叠加遗址"。

其次，在气候方面，可以从场地的孢子花粉化石信息中间接获得。滕州北新文化四层喜暖植物花粉含量较高，说明此时气温比现在高。王印遗址花粉资料显示，可能有水稻、亚热带蕨类孢子、植物硅酸盐等。这说明这里气候温暖湿润，自然环境优越。

再次，在土壤条件方面，山前冲积平原肥沃，地下水丰富，适宜农业生产。位于肥城市岱岳区和泰安市宁阳县之间的"文阳场"就是一个有力的证明。古有"齐鲁必争温阳场"之说。该地区土壤类型为棕壤，土层深厚肥沃。此外，经有关专家调查发现，该区土壤肥力不仅与当地气候、地貌、水文条件有关，还与粉尘物质（黄土）的不断积累密切相关。因此，泰山南麓地区既有肥沃的耕作土壤，又有渔猎的便利。由于冲积平原的坡度，河道和地下水丰富，为古代文化的演变和现代文明的发展提供了有利条件。

最后,从整体来看,在大汶口—龙山文化时代,泰山周边气候也多次波动,海平面也多次变化。这不仅影响了动植物群的变化,也引起了当地的地貌变化。由于海平面的不断变化和升降,以及史前时代的出现,它一直威胁着人类的生存和非常简单原始的文明——火、生产技术、手工艺、艺术等。例如,要在洪水时期保存文明之火,就需要高地和高原,尤其是水边的高地、山脚下的高地、坡地。这时候,泰山的作用就完全显现出来了:一是森林茂密,物产丰富;二是地势较高,成就了所谓的高原文明、山地文明。

如果遵循和发展它所保存的文明,泰山周边的生产力水平会比较高。泰山周边的大汶口文化和龙山文化与其他地方的同期文明古国相比,生产力和社会发展水平高于其他地方。起初是人类对泰山的无意识使用,后来它逐渐成为早期人类领袖的制高点、与天空对话的场所,并逐渐成为帝王与百姓的传统,自然成为"第一山"。

5. 自然遗产和人类文化的结合

古人以天、地、人为三才,以天、地、人的和谐统一为国家兴旺之本。古人将泰山划分为"三重空间"。

从地质学上看,这种巧妙的"三重空间"概念,充分得益于上述泰山特殊的构造地质条件。从地形上看,是由缓坡、坡地到陆坡,非常"多石"。古人以其宏大的构思巧妙地利用泰山南坡逐渐陡峭的地理环境,从南天门到代宗坊的阶梯式石阶,如倒梯,营造出"攀登"的意境。这条石梯顺着溪流而上,人走在山谷中央。这是一个"封闭"的自然景观。下段紧缩,直到打开大顶。前奏很长,反差很强烈。它是为"祭天"和"香火"活动。换句话说,它的心理是由环境诱导的,令人兴奋,令人兴奋。爬上天梯尽头,南天门高高耸立在空中,飞龙岩和香凤岭山对峙。俯视下界,山如龟,河如蚯蚓。天是大的,地是不可名状的。视野由收回到释放,顿时开阔起来,犹如升入仙境,于是有李白爽朗的"天门长吼,万里清风"和杜甫的"必将是"的叹息。山顶,看所有的"山"。这是自然景观与人类文明相结合的典型代表,从而形成了泰山雄伟壮丽的形象,成为"五圣山",深得历代帝王百姓的青睐。让人们有了"三重空间"的记忆。

二、泰山"智慧景区"开发管理

文化的重要性随着时代的发展越来越受到民众的重视。泰山的各种物质遗产或非物质文化遗产是我们必须重点关注的,需要采取一定的措施加以保护。近年来,我国旅游业发展迅速。到泰山来旅游的游客持续增加。

泰山积极适应"互联网+旅游"的发展趋势,先后投入超过9000万元,大力实施"智慧泰山"建设,确立了大数据、云服务、智能化的目标。智慧泰山基于游客智慧旅游体验,加大在指挥调度、客流预测、OTA网络售票、资源监控、自助语音讲解、电子支付等方面的投入,实现智能防护、可视化管理、智能运营,为游客提供全方位、信息化、智能化的服务,让游客多方位感知互联网时代的智能化成果,率先打造全国领先的"智慧景区"。泰山智慧建设成果突出,体现在建立以信息集成平台为核心的遗产资源保护系统智能管理指挥系统、智慧旅游服务体系等方面。

(一)信息平台开发

目前,智慧景区建设可以说是硕果累累,建成了覆盖全景区域的视频监控系统、资源库基础空间库火灾监控系统、遥感监控管理系统、GPS导览系统等,构建了智慧景区的基本框架和雏形,这也是泰山内部管理和对外服务的有力支撑。

(二)科技遗产保护开发

以科技为第一生产力,从防火、探火、灭火三个层面建设九大体系。通过覆盖全景区域300千米光缆,实现数据高速传输,搭建智慧消防信息管理平台,完成文物资源的预防与保护。智能监控报警系统,投资240万元建设75个自动报警点,150个监控探头采用"高清摄像头+探测器"检测报警,实现人进山自动检测,触发现场语音报警等。在山体周围建立监控报警带,有效防止人为火灾,消除火灾隐患,构建护林员 GPS 调度管理系统,实现景区 500 名护林员的卫星定位管理。该系统通过 GPS 卫星定位和 GPRS 数据传输实现全森林保护。实时定位、记录、巡逻轨迹和里程统计结合一日派遣、一月通报制度,有效提高护林员履职尽职监督水平。

建设高清观测监控系统 58 套,实现重点火灾危险区防火视频 24 小时监控。监测面积 40 万亩,监测覆盖率达 80%将卫星遥感技术应用于森林火灾探测,投资 200 万元新建双光谱火灾探测系统,安装预警报警监测探头 4 个,并实现半径 3 千米范围内的首次火灾自动预警。

数字沙盘指挥调度系统基于航空遥感影像。精细建模 94 个旅游景区文物资源,整合视频监控 GPS 定位等系统数据,形成数字沙盘综合管理平台,服务于景区保护管理。通过该系统,结合视频监控卫星定位双谱报警,可以准确定位火灾点,空间地理分析工具为消防指挥研判提供支持,完善防火屏障的物资储备等信息道路水库,建立消防基础信息库,实时跟踪队伍位置,掌握消防力量部署,为消防指挥提供科学依据。

(三)旅游服务平台开发

在网络服务方面,建立智能售票系统,率先在国内景区凭身份证直接进山,取消购票排队,极大方便游客参观;签约携程、旅行网、驴妈妈、美团、工银融等多家 OTA 电商企业,购票者可直接在景区官网、微信、旅游电商官网订票,无须纸质票。电子票携带身份证,刷身份证即可进入景区。

为提升游客移动支付的便利性,景区与兴业银行合作,历时三个月打造智慧泰山官方微信公众号。其主要功能是为游客提供购票的微信支付功能。真正把售票窗口放到网上,大大节省了游客排队买票的时间,尤其是国庆、五一等旅游旺季,减轻了景区工作人员的工作量,提高了工作效率。该平台还集成了电子导游、微信直播和春节特惠等互动游及服务中心板块,为游客提供最全面的信息查询服务,包括景区空气质量报告、景区公告等,让游客及时了解景区动态信息。微信服务号也逐渐成为来泰山旅游的游客的必备工具。

泰山行线下旅游资源转化为线上粉丝,快速、有影响力的新媒体优势得到充分发挥。根据不同年龄段游客的兴趣特点,编辑和传播吸引游客的帖子,附上泰山摄影作品,吸引更多游客做好大数据分析研究,对接旅游客群。景区精准营销,在互联网大潮下提升景区核心竞争力。

在新媒体宣传方面,适应自媒体时代发展特点,搭建微信、微博等宣传平台,做好网络新媒体宣传营销。泰山频道实现了 7 个景区的在线直播,同时,通过手机微信终端等同步直播,泰山直播实现了游客足不出户就能看泰山美景,有效提升了泰山山水的国内外声誉和网络影响力;与腾讯联合推出 360°高清全景栏目,实现 550 个景点全景展示;基于三维 GIS 系统服务信息展示,打造景区虚拟化三维可视化平台,提供三维虚拟旅游服务。

本章小结

名山自魏晋南北朝以来,已变为拥有千余年历史的名胜风景区。经过如此悠久的历史,每一处历史名山景区都积累了丰富的文化内涵,积淀了深厚的文化底蕴。千百年来,不同阶层、不同群体、不同文化的人们,都以自己的方式接触着名山。他们要么进行宗教活动,或从事世俗活动,或进行建设活动……因此留下了很多人文圣迹。这些人文因素经过不断的沉淀和不断的筛选,逐渐系统化、整合,最终演变成以名山为载体的文化现象。通过了解名山演变复杂漫长的过程,可增强人们敬畏自然、保护环境的意识。

第九章 阅读推荐

课后练习

一、简答题

1. 简单描述泰山的地质特点。
2. 简单描述泰山岩石的纹理。
3. 举例说明风景名山与地质作用。

二、实训题

搜集你感兴趣的风景名山,整理成PPT。

Chapter 10

第十章　中国自然遗产之灵：水域风光

学习目标

"水者,何也？万物之本原也,诸生之宗室也。"水是万物之根本,是生命形成和发展的基本条件之一,是人类赖以生存的物质基础,更是水域风光的灵魂所在。水域风光是大自然风景的重要组成部分,也是重要的旅游吸引物,在人类的发展进程中具有较高的审美价值和文学价值,是人类智慧与创造力的具体体现。本章我们将了解水域景观的成因、水域景观的吸引要素、水域景观的类型、水文化的基本结构、水文化的功能、水文化的主要特色,同时以水域风光的代表——九寨沟景区为例,进一步探索水域风光的形成与特色,并熟悉和掌握九寨沟景区的保护管理现状与可持续发展对策。

思政目标

通过本章学习,引导学生从水域风光中领悟自然之美,强化生态主题教育,增强人与自然和谐共生意识和文化自信,牢固树立可持续发展理念和生态文明理念。

学习重点

1. 水域景观的成因。
2. 水域景观的吸引要素。
3. 水域景观的类型。
4. 九寨沟景区的形成。
5. 九寨沟景区的特色。
6. 九寨沟景区的保护与可持续发展。

知识框架

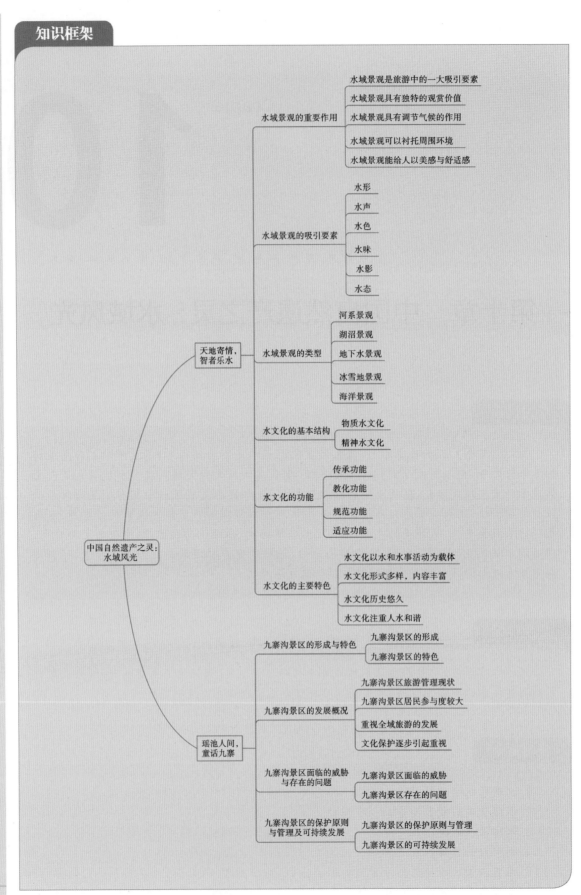

内容导入

探索世界遗产修复恢复新模式：九寨沟火花海亮相世界遗产大会

2021年7月16日，第44届世界遗产大会在福州开幕。会议现场以图文展板方式介绍了中国世界遗产地的保护管理与创新发展。九寨沟火花海作为世界遗产自然生态环境的保护与修复成功案例亮相本次展览。

2017年"8·8"九寨沟7.0级地震导致火花海（见图10-1）堤坝溃决，形成长40米、宽12米、深15米的决口，湖泊干涸；湖区发育裂缝100余条，5米以上的就有23条。震后一年，由于失去水分涵养，火花海湖群钙华堤坝迅速沙化、风化，持续垮塌。受强降雨影响，湖群决堤风险陡增，严重威胁下游人们生命财产和景观景点的安全。

图10-1　火花海（梁枫　摄）

震后，九寨沟管理局牢记习近平总书记"高质量恢复重建"嘱托，多次邀请专家现场勘查，通过科学论证和方案比选，确定了以糯米灰浆传统材料和地震中垮塌的块石和钙华土等修复恢复火花海湖群坍塌堤坝缺口与裂缝的技术方案，得到了联合国教科文组织、世界自然保护联盟的肯定支持；联合成都理工大学等单位创制了"振冲碎石固基、糯米灰浆筑坝、竹锚加筋护坡、生态材料堵缝、分形景观设计、本土植物绿化"的技术体系，还原了火花海溃坝前地下水渗流、地表水溢流、生态水供给、大气降水调控，维持了钙华沉积平衡，恢复了震前生态系统。

2020年8月，九寨沟县发生百年一遇的洪涝灾害。火花海修复坝体保持稳定，有效发挥了减灾调控作用。同济大学徐祖信等院士专家认为，火花海"圆满完成了修复任务，实现了各项考核指标，创新建立了自然遗产地灾后修复与保护新模式，研究成果达到国际先进水平，部分成果达到国际领先"。

资料来源　https://www.jiuzhai.com/news/scenic-news/7792-2021-07-17-07-40-37

第一节 天地寄情,智者乐水

习近平总书记指出:我国建设社会主义现代化具有许多重要特征,其中之一就是我国现代化是人与自然和谐共生的现代化,注重同步推进物质文明建设和生态文明建设。新华网在《水,为何在总书记心中分量这么重》一文中也提到:重塑人水关系就是重塑人与自然的关系,事关中华民族伟大复兴和永续发展。

中国的历史从江河开始,经过数千年的融合,最终形成了中华文明。各种形态的水体在地质地貌、气候、生物以及人类活动等因素的配合下,形成不同类型的水体景观。明代地理学家王士性在评点天下山水时说"水则长江汹涌,黄河迅急,两洞庭浩渺,巴江险峭,钱塘怒激,西湖妩媚,严陵清俊,漓江巧幻",展现了中国的山水别具魅力,特征独有,变幻莫测。

一、水域景观的重要作用

(一)水域景观是旅游中的一大吸引要素

水在人类的生活中,扮演着至关重要的角色。习近平总书记沿长江进行考察时强调,人与水的关系很重要,世界几大文明都发源于大江大河。人离不开水,但水患是人类的心腹大患。人类在与自然共处、共生和斗争的进程中不断进步。和谐是共处平衡的表现,但达成和谐需要经历很多斗争。中华民族在长期的治水实践中,从大禹采取"疏导"的方法治水,潘季驯"筑堤束水、以水攻沙",到现在"山水林田湖草是一个生命共同体",无一不饱含着治水的艰辛与教训,但这也造就了光辉灿烂的水文化,逐渐形成具有中国特色的治水理念与水文化历史。中华民族的水文化是经过长期的积淀形成的物质财富与精神财富,先辈早期的治水理念仍对当今水的管理与运用具有重要意义,水的治理与管理中许多有价值的理念不断延续至今,造福着四方百姓。水是一种独特的自然景观,不少文人墨客寄情于水,不断地赋予水文学色彩,从水中悟"道"、得"道",如给人以豁达明快之感的"山重水复疑无路,柳暗花明又一村",又如表达对自然山水热爱的"明月松间照,清泉石上流",又如"潮平两岸阔,风正一帆悬"的恢宏旷达,水给人带来的审美与哲学含义超越了水本身,无论是波澜壮阔的大江大河,还是小巧秀气的山涧溪流,人们都能从视觉上得到快感、从精神上得到抚慰,因此水也逐渐成为旅游中的一大吸引要素。

(二)水域景观具有独特的观赏价值

水域景观是以水体作为基本构成要件的景观,既包括由各种形态的水体独立形成的景观本身,如河流、湖泊、池塘等;也包括那些与水体相关联的景观项目,如桥梁、圩岸、水坝等。水域景观是大自然风景的重要组成部分,是重要的旅游吸引物,具有知识传承、价值导向、社会教化、行为规范、旅游等功能,具有较高的审美和文学价值。水是自然界中重要的构景要素,也是水域景观的核心要素,它有许多表现形态,如云、雨、雾、霜、雪,又如江、河、湖、海、溪、泉,这些水的不同形态在长期实践发展过程中,逐渐成为有着特殊含义的意象。我国是一个有着悠久水文化历史的国家,水在我国的生产活动以及文学艺术中具有重要的地位,人类从最初的崇拜水、敬畏水、利用水、改造水到现在文学创作中塑造水,在精神上同化水、内化水,使之成为具有文学色彩和人文特色的象征物体、文化符号。人们在运用水、观赏水的领域不断成熟,逐渐使之成为具有观赏价值的独特景观。

(三)水域景观具有调节气候的作用

在我国,有许多瀑布、湖泊、池潭、江河、溪流等水域景观,这些景观不仅能调节周围的温度,还能增强周围环境的舒适度,特别是烈日炎炎的夏天,水对环境的调节作用更为明显。水域景观不是单一的水体现象,它的形成离不开周围的人文与自然环境,其中人文环境对水域景观的影响颇为明显。水域景观的美感也来自水与当地环境的协调发展,周围的怪石、山峰、密林、草木及日月都是组成水域景观不可分割的重要部分,对增强水域景观的美感与氛围具有辅助作用。例如,广西桂林山水美景的形成,也得益于山、水、林、木、日、月等景观的协调组合,呈现出一番奇幻景观。

(四)水域景观可以衬托周围环境

水域景观不仅能独立成景,还能与周围环境相辅相成,使其更加优美。水在自然界中分布范围广、形态多样,其形体、音响、色泽、冷热、姿态等均是形成江河、海洋、急流、飞瀑等水域景观的要素。近年来,我国许多水库、湖泊等旅游区出现较多的人工景观建筑,这些景观与水结合,构成了更为完整的风景,增添了人文气息。这些景观在建造过程中,既要突出自身特色,又需与水库、湖泊等水域景观相互协调,以此来加强水域美感,提升景区意趣。例如,国家4A级旅游景区蠡园依水而建,其假山就水而叠,与水构成了一幅精彩绝伦的画卷。水域周围的人造景观还包括碑刻、题记、历史遗迹等人文遗址,这些人工景观对水域景观起着点明意境的作用,提升水域景观的可观赏性。

(五)水域景观能给人以美感与舒适感

从感观来看,人们通过视、嗅、听、触等过程来体会到水域景观产生的美感与舒适感。水域景观往往静动不一、形态万千,水的灵动性使得水域景观活了起来,给人以不同的感受。水域景观的形成既简单又复杂,简单的是水域景观形成的核心要素,水域景观的形成与水质有着极强的相关性,水质清洌、晶莹、澄碧是水域景观共有的美感特征,可以给人以美的感受。复杂的是自然界中的水域景观,即便在同一个地区,由于其水质、地理位置、地质和人文景观的差异,也存在着不一样的美感,如山间的小溪流、平原中壮阔的江河。在水域景观的形成中,水质、地理位置、地质等的加持,以及景观中不同要素的组合,都会使得水域景观的个性美感更为突出,具有更加独特的美学价值。

二、水域景观的吸引要素

水域景观区别于一般风景的核心点在于,其具有形、声、色、味、影、态等方面的吸引要素。

(一)水形

水形指的是自然环境中水体呈现出的不同形状。地球上的水体多以各种不同形状的实体表现出来,形成了不同的美感。例如,波澜壮阔的海洋、一平如镜的湖泊、蜿蜒曲折的小溪、跌宕如飞的瀑布等不同形态的水域景观都对游人产生着不一样的吸引力。

(二)水声

水声指的是水体流动或冲击时所发出的各种美妙的声音,这种声音通过人的听觉器官,就会形成一种听觉美感。不一样的水域景观,水声特点也不一样,有推波助澜的急流、惊涛拍岸的潮流、空山雄浑的飞瀑,也有恬静的涓涓细流,它们的声韵各有不同,弹出了不同水域景观的乐章,给人以音乐美的享受。

(三)水色

水色指水体的颜色,水本身是无色的,但是由于水体所处地理环境、所含矿物质及洁净程度不同,或者透入水中的光线,受水中悬浮物以及水分子选择吸收与选择散射的作用影响,就会呈现出不同的颜色。例如,我国的黄河因含沙量大,成为世界上特有的黄色巨流;还有澳大利亚著名的"三色湖",在不同温度下,湖泊会呈现出灰、蓝、黑三种不同的颜色。

(四)水味

水味指水体的味道,自然界中的水体由于所含成分的不同,会有不同的味道。如被称为"甜河"的奥尔马加河,河水甜度相当于蔗糖的75%;被称为"香河"的勒尼达河,河水能散发出扑鼻的香味。水体的不同味道决定了水域景观的不同类型,成为吸引旅游者的一大决定因素。

(五)水影

水影指的是水中的倒影,桥梁建筑、蓝天白云、山石树木等都会在水中形成倒影。水中的倒影能增加水体的层次,扩大视觉空间,水上水下、岸上岸下、桥上桥下,实物水影相互辉映,使自然风光更加多姿多彩。"江到兴安水最清,青山簇簇水中生。分明看见青山顶,船在青山顶上行。"水影与周围的环境浑然一体,增添了水域景观的趣味。

(六)水态

水态指的是水体的形态,水的形态有固态、液态、气态。固态水形成的景观主要为冰川、积雪。液态水可分为动态水和静态水。动态水常以瀑布、涌泉、海洋等为典型代表景观,动态水的不同水势呈现出了不同的动感;静态水是一个相对概念,其多以泉塘湖池为代表景观,常给人安详朴实之感,多有养心、静心之用。气态水形成的景观则主要为云雾。水体千姿百态,在构景要素中,是不可或缺的一部分。

三、水域景观的类型

水域景观是我国常见的景观之一,2017年公布的《旅游资源分类、调查与评价》中提到,我国的水域景观目前主要有五大类,分别为河系、湖沼、地下水、冰雪地、海面。水域景观各大类里又包含着更为具体的细分类型。不同类型的水域景观的形成特点也各有不同,具有不同的景观美学特征。

(一)河系景观

1. 游憩河段

游憩河段是指可供观光游览的河流段落,河流通常分为河源段、上游、中游、下游和河口段,分别有其独特的形态和景观。如以"险"名天下的香格里拉虎跳峡,包括上、中、下虎跳峡。上虎跳是峡谷中最窄的一段,江心有一块巨石把潮流一分为二,在河岸上可近距离观赏气势澎湃的江水和江里露出的虎跳石;中虎跳景观的流水势不可挡,不断地向崖石冲击,狂涛汹涌,给人以壮美之感;下虎跳有纵深1000米的巨大深壑,这里接近虎跳峡的出口处,是观赏虎跳峡最好的地方。虎跳峡每一段景各有不同之处,是典型的游憩河段景观(见图10-2)。

图10-2 虎跳峡(戴薇 摄)

2. 瀑布

瀑布是在流经断层、凹陷等地区时垂直从高空跌落而成的景观,它既是一种景观地貌,也是重要的地质遗迹及旅游资源。瀑布的形成皆因山形地貌所致,瀑布倾泻而下的水势与周围的悬崖峭壁构成壮美的景观。瀑布之美在观其"势","飞流直下三千尺,疑是银河落九天"道出了瀑布的磅礴气势;瀑布之美又在闻其"声",瀑布的声势如雷鸣般轰隆,震天动地,撼人心魄;瀑布之美又在赏其"形",时而似一条悬空的白练,时而如朵朵飘荡的白棉球,时而又像白色绡纱渐渐化为淡青色的烟雾。瀑布的美是独特的、多姿多态的,给人以美的联想与享受,我国著名的瀑布景观有黄果树瀑布(见图10-3)、庐山三叠泉瀑布(见图10-4)等。

图 10-3　黄果树瀑布(张汉斌　摄)

3. 古河道段落

水域景观中的古河道段落是已经消失的历史河道现存段落,古河道的形成是河流变迁的结果。一般来说,古河道段落形成的原因主要有人工另辟河道,或者构造运动使某一河段地面抬升,又或者冰川、滑坡等将河道堵塞。比如乌梁素海,古时是黄河的一部分,后因黄河改道南移而形成,其生态环境优美,有各种各样的鱼类、鸟类,是国家重要的生态保护地和旅游地,已被列入《国际重要湿地名录》。

4. 人工河

"万艘龙舸绿丝间,载到扬州尽不还。"京杭大运河是一处人工与自然巧妙结合的力作,尽显水域风光的活态之韵。大运河开凿至今2500多年,是中华民族留给世界的宝贵遗产。隋朝时,大运河以洛阳为中心,纵贯中国富饶的东南沿海地区和华北大平原,是中国古代南北交通的大动脉,也是世界上开凿最早、规模最大的人工运河(见图10-5)。

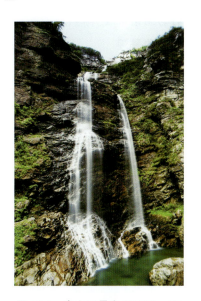

图 10-4　庐山三叠泉(张汉斌　摄)

大运河见证了中国人民尊重自然、利用自然、改造自然的伟大创举,堪称中国乃至世界水利工程史上的一座丰碑。2017年,习近平总书记提出,保护大运河是运河沿线所有地区的共同责任。同年,总书记对建设"大运河文化带"做出了重要指示,大运河是祖先留给我们的宝贵遗产,是流动的文化,要统筹保护好、传承好、利用好。2019年,中央全面深化改革委员会第九次会议

图 10-5　京杭大运河（张汉斌　摄）

审议通过了《长城、大运河、长征国家文化公园建设方案》。2020年，党的十九届五中全会审议通过《中共中央关于制定国民经济和社会发展第十四个五年规划和二〇三五年远景目标的建议》，建设大运河国家文化公园被纳入其中。

大运河被不断赋予新的使命，如今，大运河担负着北煤南运、南水北调等一系列功能，在当今社会中的作用可见一斑。大运河相关的保护管理措施也在不断地完善，已取得一定的成果，但在相关保护文件的出台、各部门机构之间的协调、运河文化的挖掘等方面仍有缺陷，需进一步对相关政策措施进行完善。此外，在发展旅游时，也要兼顾大运河文化的挖掘与保护，做好相关规划工作。

（二）湖沼景观

1. 湖泊景观

湖泊是地面上的洼地积水而形成的比较宽广的水域，是陆地上的天然蓄水盆地和陆地水的重要形式。湖泊根据成因主要分为构造湖、火山口湖、堰塞湖、岩溶湖、冰川湖、河迹湖、海迹湖、风蚀湖、人工湖。

构造湖指由于地壳运动，如断裂等产生凹陷而形成的一种湖泊，比较知名的构造湖有贝加尔湖、洱海（见图10-6）、呼伦湖等。

图 10-6　洱海（张汉斌　摄）

火山口湖的形成与火山息息相关,这类湖泊是火山停止喷发后在火山口积水而形成的湖泊,我国最大的火山口湖是长白山天池(见图10-7)。

图 10-7　长白山天池(戴薇　摄)

堰塞湖是指地震、泥石流等物体堵塞河道而形成的湖,这种类型的湖泊主要有西藏的然乌湖(见图10-8)、易贡错等。

图 10-8　然乌湖(张汉斌　摄)

冰川湖是指由冰川的刨蚀等作用形成的湖泊,如我国西藏地区的湖泊。

河迹湖是河流改道而形成的湖泊。

海迹湖是指沿岸海流的沉积作用而形成的封闭海湾,最终形成的湖泊,如我国的杭州西湖(见图10-9)。

风蚀湖是指由风的侵蚀作用而形成的洼地积水,内蒙古的一些湖泊就是风蚀湖。

岩溶湖是指由石灰岩等可溶性岩石被水溶蚀而形成的湖泊,这类湖泊有贵州草海、云南纳帕海。

人工湖不同于其他自然界构成的水域景观,它是通过人为的设计与改造而形成的。人工湖与自然界水域景观最大的区别是人工改造是否占据景观的主要部分。人工湖是水域景观中的重要部分,虽然是人为改造形成,但其中也有诸多的水文化知识、景观美学等。

图 10-9　杭州西湖（戴薇　摄）

湖泊景观通过自身的形、影、声、色、奇等构景要素，与周围的山、林、花、草以及建筑物等人文景观相结合，形成风景名胜区，呈现出优美静谧的美感，吸引游人驻足观赏。

2. 沼泽湿地景观

沼泽湿地是地表及地表下层土壤经常过度湿润，地表生长着湿性植物和沼泽植物，有泥炭累积或无泥炭累积但有潜育层存在的土地。沼泽湿地是地球表面重要的生态系统类型之一，有调节流量、控制洪水，以及娱乐和开展旅游活动的功能。适合娱乐和旅游的沼泽湿地具有以下特点：拥有独特的自然景观、生态系统；地域广阔未受干扰；拥有多样的生物；具有一定的可进入性。习近平总书记在生态湿地考察时强调，要坚持生态湿地蓄洪区的定位和规划，防止被侵占蚕食，保护好生态湿地的行蓄洪功能和生态保护功能，并且提出保护湿地生态的 4 个"不能"：发展旅游不能牺牲生态环境，不能搞过度商业化开发，不能搞一些影响生态环境的建筑，更不能搞私人会所，让公园成为人民群众共享的绿色空间。

我国著名的沼泽湿地有若尔盖湿地、三江平原湿地、黄河三角洲湿地等。其中，被评为"最美六大沼泽湿地"之一且位列第一的是若尔盖湿地。该湿地广袤无垠，水草丰茂，牛羊成群，有许多珍稀动物，可进行科学实验、观鸟活动、普及生态学和生物学等科普教育活动。

（三）地下水景观

地下水景观最主要的是泉。泉是地下水流出地表的天然露头，当含水层或含水通道出露于地表时，地下水涌出成泉。泉的水压、水质、水温和出露状态不同，其景观表现也会不同。泉水有多种分类方式，根据泉水的温度可分为温泉和冷泉。

1. 温泉

温泉的水多是由降水或地表水渗入地下深处，吸收四周岩石的热量后又上升流出地表，以其温度和所含的特殊矿物成分、气体成分、放射性元素等区别于一般常温泉水或地下水。我国台湾、广东、云南等地的温泉较多，其中最多的是云南，约占全国温泉数量的 1/4。大多数温泉中都含有丰富的化学物质，对人体有一定的帮助，是重要的自然资源和旅游资源。

2. 冷泉

冷泉是指水温低于 20℃ 或低于当地年平均气温的出露泉，我国知名冷泉景观有济南的趵突泉（见图 10-10）、杭州的虎跑泉、无锡的惠山泉等。

图 10-10　趵突泉(李江敏　摄)

(四)冰雪地景观

冰雪是水体的固态形式,可成为吸引游客的一种旅游资源。雪可以形成壮观的雪景,高山、森林等与之配合,形成诱人的景观。冰雪地景观包括两种类型:积雪地、现代冰川。

1. 积雪地

积雪地指长时间不融化的降雪堆积面,地面积雪时间受降水状况和气温条件控制,一般来说,积雪时间随着地势增高和纬度增高而延长,积雪时间越长的地区,越有利于开展冰雪旅游。2022 年北京冬奥会举办,冰雪旅游越来越受到大众的关注,在文化和旅游部等引导下,各地纷纷出台相应的政策措施,如在黑龙江哈尔滨体验冰雪世界、在吉林长白山观看飘雪美景、在河北张家口享受滑雪等,各地在号召之下,让"冰天雪地"变成了"金山银山",冰雪旅游迎来前所未有的发展机遇。

2. 现代冰川

现代冰川是一种独特的地表水赋存状态,冰川分布地区常出现冰川、冰缘地貌和植被景观。我国的现代冰川主要分布于青藏高原及西部高山地区。在冰川分布地区,人们可以了解冰川形成与活动的情况,同时通过冰川地貌感受大自然沧桑变化的宏大力量和壮观气势(见图 10-11)。

图 10-11　达古冰川(张汉斌　摄)

(五)海洋景观

1. 游憩海域

游憩海域指可供观光游憩的海上区域,现代旅游倡导的"3S旅游"指的是阳光(Sunshine)、海水(Sea)、沙滩(Sand),实际是以游憩海域为中心的,游憩海域主要集中在滨海和近海,观光游憩海域的环境舒适宜人,有沙滩、海岸、珊瑚、各色海鲜等,是理想的旅游场地。我国著名的游憩海域主要分布在海南三亚(见图10-12)、山东青岛、河北北戴河等。习近平总书记在海南考察时强调,青山绿水、碧海蓝天是海南最强的优势和最大的本钱,是一笔既买不来也借不到的宝贵财富,要像对待生命一样对待这一片海上绿洲和这一汪湛蓝海水。

图10-12 海南三亚(张汉斌 摄)

2. 涌潮和击浪现象

涌潮指海水大潮时潮水涌进的景象,是海水在月球和太阳引潮力作用下产生周期性的涨落运动而形成潮汐。在一些喇叭形的河口地区,受海底地形、气象气候条件的影响,常出现来势凶猛、潮端陡立、水花飞溅、潮流上涌的特殊潮汐现象,称为"涌潮"或"怒潮"。我国有多处著名的潮涌景观,其中以浙江钱塘江大潮最具有代表性。

击浪指海浪推进时的击岸现象,海水无时无刻不在运动之中,因而形成"无风三尺浪"的景象。当海岸边悬崖危倾、礁岩壁立时,常常能欣赏到"惊涛拍岸,卷起千堆雪"的壮观景色。

四、水文化的基本结构

水文化的基本结构是各类水文化的逻辑框架,水文化是人类文化的重要组成部分,早在远古时期,人们就把对水的崇拜与幻想记载下来,我国古代典籍还保留着许多有关人类先祖诞生于水的神话故事。水文化的基本结构可分为物质水文化、精神水文化两个层次。

(一)物质水文化

物质水文化是指人类在水务活动及其与社会实践活动中创造的物质财富,即人们在以水和水事活动为载体的生产过程中所创造的物质产品,这些物质产品是有形的客观存在,是水文化的有形载体,包括管水工具、治水工具、用水工具、保水工具等。从古至今,人类的生存与发展离不开水,为了更好地用水,华夏先民分别从宏观和微观创建了各类水工程。宏观层面的工程有京杭大运河、长江三峡枢纽、都江堰等,微观上的有自己设计组装的水车等。管水工具、治水工具、用水工具、保水工具等凝聚着人类的知识、智慧与创造,是水文化的重要载体,是人类重要的有形财产。

(二)精神水文化

精神水文化是人类在水务实践活动中产生的无形财富,包括价值理念、传统习俗、哲学思想、宗教信仰等。古代文人雅士多借水表达感情,既有南唐李煜"问君能有几多愁,恰似一江春水向东流",也有盛唐李白"抽刀断水水更流,举杯消愁愁更愁",将愁思与水结合起来,使人愁思加倍。古代先哲们也会从水中感悟出为人处世、做人做事的原则,如"水至清则无鱼,人至察则无徒""水能载舟,亦能覆舟"等,无一不显示出古人的智慧与超脱。此外,在长期的治水、管水、用水实践活动中,也孕育出了优秀治水传统和宝贵精神财富,这些都引领着人们不惧困难、勇往直前。

五、水文化的功能

水文化是文化中的主要组成部分,具备传承、教化、规范、适应等功能。

(一)传承功能

文化可以对以前的经验进行复制与传播,突破知识传承的时间和空间限制,在一定程度上避免重复劳动。在长期的水事实践活动中,人们创造了光辉灿烂的水文明,也经历了许多艰辛与磨难,这些文化记载,为当今的水管理奠定了基础。此外,治水中的辩证法思想——分与合、清与浊、修筑与防守等理念也都为后人所传承、借鉴。人们对知识加以利用与升级改变,创新原有的水知识体系,从而完善与丰富着整个水知识体系。

(二)教化功能

大禹治水三过家门而不入的奉献精神,万众一心、众志成城的抗洪精神,滴水之恩涌泉相报的感恩精神……都体现出水文化对人们的正确启示。水文化是价值理念、哲学思想、传统习俗、精神意志的产物,其蕴藏的物质财富与精神财富是人类的宝藏,人们的思想观念、道德情操也会受到其潜移默化的影响,教化和引导人们正确地对待人与水的关系。

(三)规范功能

水文化同其他文化一样,有约束他人生活习惯、思维方式的作用。这种行为规范是受治水理念等文化影响而形成的,除规范和维持人与水和谐相处关系的法律条文外,影响更久远的是观念上的规范。观念形态上的水文化是有情感和意识的,是世代相传而形成的更持久、具有稳定约束力的规范体系,对人们的心理、理念、行为都具有深远的影响。西北地区由于降水量也十分稀少,较为缺水,农民会在水窖中储存雨水,水窖里的水是有限的,这使得人们更加珍惜水,促使当地形成了爱惜水、保护水的水文化,也规范和约束了当地人们的用水习惯。

(四)适应功能

文化具有适应性功能,不同的地理环境、社会环境、经济环境所形成的水文化有所不同。我国与国外的水文化差异明显,在治水实践活动中,如果没有考虑中国的实际治水环境,生搬硬套国外的理念来治理水,或许就会适得其反。水文化是一个地区长期治水实践活动中形成的一种价值观念,这种理念是基于当地实际情况所形成且渗透到了人们日常行为、生产活动中的,因此具有很强的适应性。

六、水文化的主要特色

(一)水文化以水和水事活动为载体

水文化是一个国家或地区治水理念的精华,是人们生存与发展的根基与动力。水文化是以水为载体,通过人与水的关系而形成的一种独特的文化形态。以水为载体,是指水文化需要在水事活动中借助有形物体表达水文化内核。这些水事活动,包括饮水、用水、取水、管水、节水、观水等社会实践活动，自人类开始有记载起，水的相关治理理念和办法就通过文字记载的方式得以流传。

(二) 水文化形式多样，内容丰富

在人类与水的不断接触与了解中，水文化的内容逐渐丰富、深化，水文化形式越来越多样，涉及水生态、水文学、水艺术、水建筑等多个方面。水生态是现代社会赋予水的一个重要概念，强调了加强水的保护是当今社会发展的重要议题。自20世纪六七十年代，土地沙漠化、森林退化、生物多样性减少等生态问题日益凸显，人们感受到生态系统退化的严峻形势。面对出现的生态问题，十八大提出要尊重自然、顺应自然、保护自然，把生态文明建设放在突出位置，将水生态文明作为生态文明建设的重要内容。为推进水生态文明建设，2013年，水利部印发了《水利部关于加快推进水生态文明建设工作的意见》，提出开发利用水资源应维持河流合理流量和湖泊、水库以及地下水的合理水位，充分考虑基本生态用水需求，维护河湖健康生态。

水与文学创作相生相长，水文学是我国文学史上浓重的一笔，古人以水喻性，借水化解心中郁结，如王徽之《兰亭诗》中的"散怀山水，萧然忘羁"。水带给人们的除了直接的生理感受，更多的是深刻的心理体验和智慧启迪，古代文人雅士还会多借水来抒发情感，表达内心的诉求与精神追求，如辛弃疾《菩萨蛮·书江西造口壁》中的"青山遮不住，毕竟东流去"。随着人类发展进程的不断推进，水文化的形式将会越来越多样，内容也将越来越丰富。

(三) 水文化历史悠久

《管子·水地篇》中说："水者，何也？万物之本原也，诸生之宗室也。"人类与水的历史久远，自从人与水产生交集后，水文化便随之产生了。从有甲骨文记载水字到大禹治水的传说，从都江堰水利工程(见图10-13)到三峡大坝(见图10-14)的兴建，治水事业在我国历史上从未停止过，一直延续到今天。

图 10-13　都江堰(戴薇　摄)

(四) 水文化注重人水和谐

在漫长的社会实践中，人们逐渐了解水，对水有了想象、有了感情，在治水、管水的过程中创造并赋予了水价值和意义，水也便有了文化。人类的文明绝大多数都起源于水，我国黄河流域以及长江流域孕育了很多文明，其中黄河被亲切地称为中国的母亲河(见图10-15)。2021年，山东省济南市主持召开深入推动黄河流域生态保护和高质量发展座谈会上，习近平总书记强调，要科学分析当前黄河流域生态保护和高质量发展形势，把握好推动黄河流域生态保护和高质量

图 10-14　三峡大坝（侯林春　摄）

发展的重大问题，咬定目标、脚踏实地、埋头苦干、久久为功，确保"十四五"时期黄河流域生态保护和高质量发展取得明显成效，为黄河永远造福中华民族而不懈奋斗。

图 10-15　郑州黄河古渡（张汉斌　摄）

我国长江经济带沿江经过 11 个省市，其生态地位突出，发展潜力巨大。2016 年以来，习近平总书记从历史和全局的高度、中华民族长远利益出发，在长江上、中、下游，分别召开三次座谈会，亲自谋划、亲自部署、亲自推动长江经济带高质量发展。习近平总书记强调了要增强爱护长江、保护长江的意识，实现"人民保护长江、长江造福人民"的良性循环。这些都为长江经济带的发展进行了把脉定向。2020 年，习近平总书记来到江苏南通五山地区滨江片区考察调研时说到，过去脏乱差的地方变成现在公园的绿化带，说明我们只要下决心，就一定能落实好长江经济带发展共抓大保护、不搞大开发的要求。

放眼整个人类文明，尼罗河流域是古埃及的文明发源地，印度河流域是古巴比伦的文明发源地，河流孕育和产生了人类文明，是人类文明的摇篮。水文化是人与水关系的体现，但水可为利，亦可为害，有地方洪水泛滥，而有地方却干旱成疾，使百姓民不聊生。除了水的不可控系数较高，人对水保护、使用的不当行为，如过度开采水资源或者将工业废水排放到河流中，都将使得人与水的关系失衡，影响到人类的可持续发展，人们要合理用水、开发水，才能真正实现人水和谐。

第二节 瑶池人间,童话九寨

一、九寨沟景区的形成与特色

(一)九寨沟景区的形成

九寨沟在青藏高原东北部、岷山南段弓杠岭东侧,属于青藏高原和四川盆地两大地貌的过渡地带。九寨沟地势南高北低、山峰高耸、河谷深切,是我国知名喀斯特地貌景区,也是人类重要的世界自然遗产。九寨沟沟内有九个寨子(树正寨、则查洼寨、黑角寨、荷叶寨、盘亚寨、亚拉寨、尖盘寨、热西寨、郭都寨),因藏民世代居住于此,故名"九寨沟"。九寨沟平均海拔在2500米以上,沟内育着大熊猫、金丝猴、梅花鹿等珍贵动物,有着原始的生态环境、五彩斑斓的湖泊、一尘不染的空气、高耸入云的山峰、独特的藏族风情,被誉为"童话世界""人间仙境"。九寨沟的形成有神话成因说和地貌成因说。从科学的角度看,九寨沟具备了喀斯特溶蚀作用发育的一切有利条件,通过地壳变化、冰川运动、岩溶地貌和钙华加积等多种因素而造就。随着地壳抬升,地下溶蚀作用加强,区域地下水位下降,伴随着多起强烈的地震、崩塌、滑坡及泥石流等地质灾害,九寨沟的泉、湖、瀑不断地消亡与再生,最终九寨沟在距今2300万年的新近纪形成了地貌雏形,经过后期内外力地质作用对地质景观的多次改造,最终形成现今"层湖叠瀑"的景观。

九寨沟内的湖泊个个古树环绕、奇花拥簇,其形成的最奇妙之处就在于钙华作用。最引人注目的是地表大量钙华沉积形成的钙华堤、钙华池、钙华滩、钙华瀑布等。海拔2800米以下的九寨沟中心区为钙华沉积区,水温较高,为13 ℃左右。较强的蒸发作用、地下水溢出后压力减小、地形陡变处水流流速增大、水生植物的光合作用对二氧化碳的大量吸收,均有利于钙华的沉积,这种"反向"的喀斯特景观是大自然的一大杰作。如果说地质作用变换是大自然这位画师大手笔的浓墨重彩,那钙华作用就是这幅画作的灵魂之笔。

长海是九寨沟海拔最高、湖面最宽的海子,湖深处达百余米,四周森林碧翠,山峰终年积雪。令人惊叹的是长海四周没有出水口,但夏季雨季,水不溢堤,冬季也不干涸,因此被人称为"装不满,漏不干的宝葫芦"。这是因为四周常年积雪的群山融化雪水,使九寨沟水量丰盈(见图10-16)。

图10-16 九寨沟长海(梁枫 摄)

五花海是"九寨沟一绝"和"九寨精华"。地处高寒地区的九寨沟,冬季其他地方都会冰冻,但五花海从不结冰。五花海常年湖水丰盈,也是九寨沟湖泊中鱼类最多的地方。五花海不结冰、不干涸的原因是五花海湖底的最深处,有好似火山口的地方提供着丰富且长期恒温的水源(见图10-17)。

图 10-17 五花海(乔雪 摄)

五花海颜色鲜艳、五彩斑斓与长海密切相关。长海和五花海通过地下断层相互连接,长海通过地下断层流入五花海的水在经过石灰岩岩脉时,带入了大量的石灰钙华物质。由于湖水透明度高,湖底的灰白色钙华、黄绿色藻类对透射光的选择性吸收和反射,也增加了湖水色彩的层次和变化。另外,五花海位于地形起伏很大的峡谷中,不同地段同一时间或同一地段不同时间,太阳光的入射角及入射量、湖水表面对光的反射状况和湖水的透明度都有很大的变化,因而也造成了湖水色彩的变幻多姿,所以彩池就是阳光、水藻和湖底沉积物的"合作成果"。湖中鹅黄、黛绿、赤褐、绛红、翠碧等色彩组成不规则的几何图形,相互浸染,如同抖开一匹五色锦缎,视角移动,色彩亦变,一步一景,变幻无穷。

九寨沟主要的瀑布有珍珠滩瀑布(见图 10-18)、诺日朗瀑布(见图 10-19)、树正瀑布(见图 10-20)等,具有声、色、形之美。其中,诺日朗瀑布宽阔浩大,像一幅无比巨大的银幕,垂挂在九寨沟的河谷断层处,宽近 300 米,是中国最宽的瀑布,在遭遇 2017 年九寨沟地震后,发生部分坍塌,宽度变窄,但经人工干预后基本恢复如初。

图 10-18 珍珠滩瀑布(梁枫 摄)

图 10-19　诺日朗瀑布（梁枫　摄）

图 10-20　树正瀑布（梁枫　摄）

（二）九寨沟景区的特色

1. 水体景观奇特

九寨沟水景的形态之美、规模之大、数量之多令人叹为观止。九寨沟地处长江水系嘉陵江上游，白水江流域的西部，是白水江的一条大支流。九寨沟流域地下水补给充分，地表径流比较稳定，湖水色彩斑斓、五光十色，与森林、瀑布相衬托，给人如梦如幻的美妙体验。九寨沟的水景是九寨沟自然保护区的核心所在，九寨沟的水与其他地方的水差别很大，水体色彩变化万千，让人眼花缭乱。在周围的植被和水生生物、钙华及水体化学元素、清新的空气和纯净的水质等自然环境条件下，水体通过选择性吸收效应及大气和其散射，以及湖底和湖水中物质的反射、透射和色素离子，形成了多而不杂，具有协调美感的颜色。

2. 地貌景观类型多样

九寨沟处于青藏高原与四川盆地的过渡地带，地质背景复杂，地貌景观多样，主要有山岳、峡谷、象形山石、岩溶地貌、冰川地貌。九寨沟的山岳代表性景观有达戈山、扎依扎嘎山、沃洛色嫫山；峡谷代表性景观有则查洼沟、天鹅海；象形山石代表性景观有剑岩、色嫫女神像、宝镜岩；岩溶地貌代表性景观有湖泊、滩流、瀑布、泉水、溪流处的钙华堆积等；冰川地貌的代表性景观有原始森林东侧冰川 U 型谷等。这些地貌景观的和谐组合，构成独具特色的九寨沟风景名胜区。

3. 动植物物种多样

九寨沟的独特景观与其植被状况有关，九寨沟景区地势陡峭，相对温差大，气候垂直变化显著，导致该地区植被类型以及组成植被的种类也呈垂直变化，呈现出一定美感。九寨沟植物物种多样，较常见的种类有菊科、禾本科、莎草科等。此外，不同湖泊的物种差异性较大，在沼泽化严重的湖泊，如芦苇海（见图 10-21）、镜海（见图 10-22）、箭竹海、犀牛海中，水生植物的种类会明显偏多。

图 10-21　芦苇海（梁枫　摄）

图 10-22　镜海（梁枫　摄）

九寨沟气候适宜，地域宽广，丰富的植物物种和多样的生态环境给当地的野生动物提供了得天独厚的繁衍条件。九寨沟的动物活动范围也呈现出垂直分部的特性，在海拔 3500 米以上的区域，有雉鹑、绿尾虹雉、岩羊、白臀鹿等动物，在海拔 3500 米以下的区域主要有大熊猫、豹猫、野猪等动物，且珍稀保护动物大多分布在这一区域，为九寨沟增添了不一样的色彩。

4. 民族风情独具特色

九寨沟一带属于少数民族藏族世居地,这里居住着千余名藏族居民,九寨沟藏族的先民是原始苯教的信仰者,后因受藏传佛教的影响,演变出类似藏传佛教的一个教派,即白教,此教影响着九寨沟居民的日常生活习惯与民风民俗。随着现代社会、旅游业蓬勃发展,许多少数民族村寨的习俗受到冲击,但九寨沟居民的衣食住行、生产方式、婚丧嫁娶还仍然保持着浓郁而古朴的藏族传统。

九寨沟藏族居民从古至今居住在高寒地区,其饮食习惯与其他民族迥然不同,他们对自己的传统食品和食俗有着深厚的情感。其饮食文化历史悠久,主要以熏烤肉为主,辅以青稞酒、酥油茶、酸奶等饮品。较为正式的敬酒场合,客人需用无名指蘸酒向空中弹三次,以此祭拜天、地和祖先,表示对天、地和祖先的尊敬,主人会连续给客人添酒四次,最后一次需一饮而尽。九寨沟藏族饮食以清淡、简朴为主,有代表性的是风干牛肉、烤羊、糌粑、酥油茶和青稞酒。

九寨沟藏民的服饰分为两种:一种是传统生活服饰,另一种是礼仪接待服饰。藏族服饰一般是常衫宽袍,衣长及脚背系长腰带,色彩明快、对比强烈。九寨沟藏族妇女喜戴夸张色彩的金银珠玉饰品,每逢盛大的节日,她们头顶上有巴珠、银币。不管男女,他们都喜欢佩戴镯子、戒指、项链。随着九寨沟旅游业的蓬勃兴起,从事旅游服务业的藏民多穿藏族礼仪服饰,女性礼仪服多为黑色彩边,男性礼仪服为深红色的夹袍。

九寨沟藏民有着别具一格的取名方式,没有姓氏,只有名。常见的是根据出生的星期数取名,星期一至星期日分别对应着不同的名,分别为达娃、米玛、拉巴、普布、巴桑、边巴、尼玛等。一般在名字后,加上表示祝福、赞美的吉祥词组成名,如达娃拉姆、拉姆为仙女的意思。还有许多藏民的名字是用父名中的词与母名中的词组合而成,也有以动植物及一些生活用品命名的,如"莲花"等。

一个民族的建筑总是与其生存环境息息相关。九寨沟的建筑由于受生态环境与气候等影响,多为石(土)木结构。木结构建筑即木楼,通常有三层,第一层用来圈养家禽、牲畜,第二层用来居住和放置贵重物品,第三层用来储藏草料、木制农具等。

宗教民俗方面,九寨沟的路旁、湖边、村寨的出入口或是十字路旁,常堆着刻画着佛像和佛教经文的石头,这堆石头被称为"玛尼堆",也叫"神堆",用于祈福。藏族人民不管男女老少,在玛尼堆前合掌顶礼,口念"八字真言",并且按顺时针方向转圈,同时再往玛尼堆上添一块石头,便可消灾免祸、得到保佑。

二、九寨沟景区的发展概况

(一)九寨沟景区旅游管理现状

九寨沟通过不断地投入人力、财力、物力,经过多年的发展,使得其管理逐渐完善,同时随着旅游业的蓬勃发展,九寨沟景区在生态旅游上也取得不少佳绩,2018年入选西班牙《国家报》评选的"世界上最壮观的国家公园",2019年10月入选"中国森林氧吧",2020年6月入选"2019年度5A级景区品牌100强榜单"。近几年,随着互联网与科技的不断发展,九寨沟的基础设施也不断推陈出新。2020年9月,九寨沟提出启用立体式游客服务设施,包括游客集散中心、展示中心、国际交流中心、智慧管理中心、人防应急避难场所、遗产景观及生态保护国家级综合观测站等。设施的改进有利于改善旅游高峰期造成的交通拥堵情况,同时也能更快地疏散游客,提升游客旅游体验。

(二)九寨沟景区居民参与度较大

九寨沟居民主要在经济和社会服务两方面的参与度较强,通过参股,居民可获得一定的经济收入。通常来说,当地居民参股比重低于管理机构,但通过这种方式,在一定程度上也提高了居民的生活水平,使得当地居民投身于景区管理和环境保护的意识得到了有效的增强,对自觉保护景区、参与宣传和维护的热情也都有了大幅度的提升,提高了当地居民的责任感。当地政府通过建设广场和文化展览中心,举办文化宣传和文化传承活动,鼓励和引导当地居民参与,促进当地文化的发扬与延续,也有助于外来人员感受到当地的文化氛围,提升文化体验感。

(三)重视全域旅游的发展

九寨沟以景区为核心,以"全领域、全时空、全产业、全要素"为理念,全力打造"一核多极"全域旅游新格局,大力实施"全域旅游、生态九寨"战略规划,做大做强特色美食、优质住宿、交通旅游等产业。同时,九寨沟政府通过加大对交通设施的投入,建设"快进慢游"旅游新格局,从根本上解决九寨沟景区可进入性差、交通成本高等突出问题,加快构建"世界只有一个九寨沟,九寨沟不只有九寨沟"的全域旅游格局,推动旅游不断发展。

(四)文化保护逐步引起重视

从九寨沟文化保护和旅游开发的历程来看,九寨沟早期不够重视文化保护。最初,九寨沟较为重视自然景观的打造,造成文化保护工作不全面、不系统、不自觉的局面,加之旅游等外在因素对当地传统文化的冲击,直接导致九寨沟面临传统文化缺失的危机,最直接的体现是文化传承无力、传承人缺失、母语遗失。随着当地居民生活水平提高,在外求学、远离家乡的人越来越多,母语逐渐被淡忘,加之九寨沟藏语是无文字方言,更加让当地文化陷入面临失传的境地。另外,当地传统文化加速变迁,在旅游业发展影响下,当地居民纷纷淘汰以往古朴简单的装饰风格,刷上更为鲜艳的色彩和更为丰富的图案,但聘请的画匠多是来自文化各异的周边地区,这导致图案胡乱嫁接,题材混淆,失去了简单朴素的原始风貌,因此文化保护逐步引起重视。

三、九寨沟景区面临的威胁与存在的问题

(一)九寨沟景区面临的威胁

1. 九寨沟易受自然灾害影响

九寨沟海拔 3800 米以上的裸露山体主要为灰岩,易被风化,会产生大量的岩屑造成崩塌,同时,海拔 3800 米以下的地带残坡积层较厚,因此在出现较大暴雨的情况下,常常引发泥石流。此外,过度放牧、森林火灾、滥伐滥砍等人为因素,也会导致山体裸露、崩塌,进一步加剧泥石流的发生。一旦泥石流暴发,大量的石块涌入湖泊,则会导致湖泊容积减少,生态系统和环境遭到破坏,公路被泥石流堵断或冲毁,从而影响整个景区的发展。九寨沟所处地理位置还易遭受地震的侵害,地震不仅破坏当地的生态环境,还使得人们的人身财产安全受到威胁。2017 年的九寨沟地震诱发了大量同震滑坡,对九寨沟造成了巨大破坏,一度导致五花海水体异常浑浊,难以恢复,后经过三年不间断的保护与管理,五花海才逐渐恢复了往日的风采。

2. 旅游等人类活动的威胁

旅游促进了当地经济的发展,但是也加大了九寨沟的生态环境压力。研究表明,旅游活动会引起地表中的氮、磷流向湖泊,对湖内局部生态系统造成破坏,树林中耐阴喜湿的乡土植物局部消失。此外,旅游活动的蓬勃发展使得当地投入更多精力修缮交通设施,使得景区重金属含量增加、空气质量变差,这些都给九寨沟环境带来了直接或者间接的伤害。

3. 社区居民活动的威胁

居民行为是九寨沟生态环境系统的重要一环,不合理的行为会对九寨沟的生态造成破坏,比如部分居民的滥砍滥伐。资料显示,在 1966—1978 年,九寨沟每年的实际砍伐量高达 10 万立方米,过度的砍伐使得九寨沟的美丽在十几年间呈指数级消失。直到 1979 年九寨沟正式成立自然保护区管理所,砍伐行为有所制止后才逐渐恢复昔日的风采。此外,乱扔垃圾、不合理排放污水等行为也对九寨沟环境造成了一定影响。

4. 资金、技术、人才短缺

九寨沟是我国重要的世界自然遗产,遗产保护的高标准与景区之间的高度敏感和脆弱性之间的矛盾要求在遗产保护过程中需要投入大量的人力、物力、财力以及技术支持。同时由于九寨沟地质环境相对复杂,地震监测等安全措施需要进一步投入,如果要实现九寨沟可持续发展,加大人力、物力、财力投入以及技术支持是十分必要的。

(二)九寨沟景区存在的问题

1. 经营管理有待进一步提高

从九寨沟县的整体来看,全县的旅游发展不平衡,存在着资源配置不合理的现象。九寨沟强大的光环效应对其周边地区的发展产生了遮蔽,使得其他地区的景区开发不及时、设施不完善,给游人造成九寨沟只有九寨沟一个景区或者在九寨沟只能看九寨沟的印象。据测算,在2017年九寨沟地震发生前,到九寨沟旅游的游客在县城平均停留时间不超过两天,游客旅游体验时间不长、深度不足成了九寨沟的"硬伤"。

2. 规划的科学性问题

九寨沟地形地貌复杂,受地理位置和气候等影响,自然灾害频发,这导致规划方案中断,难以进行。资料显示,目前人们对九寨沟县的旅游资源调查还不够深入、具体,缺乏科学的数据支持。例如,目前九寨沟旅游对生态环境的影响究竟是怎样的、影响的机制有哪些、地震发生到景区开始营业后的市场需求情况发生了什么变化等,都需要有关的专业人士进行更深入的论证和更科学的规划。

3. 九寨沟整体游客服务和管理水平亟待提高

随着旅游的不断发展,九寨沟景区的旅游服务功能不断提升,但九寨沟县整体的旅游服务和管理仍有不足,旅游开发较早的区域服务水平较高,开发较晚的区域服务水平偏低。自2017年地震后,九寨沟县旅游接待人数直线下滑,究其根本在于大多数人的观念停留在去九寨沟只看九寨沟的层面上,周边景区的吸引力完全被九寨沟的光芒遮盖。因此,提高周边景区的联动发展,进一步提高周边景区的服务质量与游客接待设施,完善九寨沟的整体旅游接待功能十分重要。

四、九寨沟景区的保护原则与管理及可持续发展

九寨沟在保护、管理与可持续发展等方面一直不断地探索,2017年九寨沟举行的"文化和自然遗产日"系列活动紧扣遗产日主题,进行了琵琶弹唱、火把舞等非遗表演和手工艺品、摄影作品的展示,多角度展示全域九寨旅游资源,加强和推进了地方民俗文化遗产保护,促进了九寨沟旅游可持续发展。2017年地震之后,九寨沟生态环境、基础设施都受到严重损坏,九寨沟景区全力以赴进行恢复,对于震后的科学研究、生态环境保护、基础设施建设、形象提升也有了更高的要求。2020年6月,在四川的文化和自然遗产日主会场上,九寨沟风景名胜区管理局领衔十大"文化和自然遗产活化利用最佳案例"。同年8月27日,九寨沟公众号发布的《打造文旅数字化发展新模式,九寨沟风景区与腾讯云达成战略合作》中提到,九寨沟风景名胜区管理局携手腾讯公司达成战略合作,推动九寨沟风景区首次上"云",双方将共建智慧景区,探索兼顾环境保护与经济效益的九寨沟可持续发展模式,打造"一带一路"世界自然遗产地智慧旅游发展的样板,为游客带来更好的服务体验,探索国内自然遗产的传承与发展新方向。

(一)九寨沟景区的保护原则与管理

1. 坚持保护优先的原则

随着旅游业的不断发展,九寨沟在保护、旅游开发与管理等方面取得了不菲的成绩,但要在科学价值、生态价值上取得更多的突破,还需在九寨沟的开发、保护与管理上下功夫。九寨沟景

观形成演化的过程复杂,生态环境十分脆弱。因此,对九寨沟的开发利用必须坚持以保护为前提,特别是当地的古生物化石、古树名木、非遗、藏族风情等更需加以重视,根据不同性质,进行不同的保护。水作为九寨沟的灵魂,有着不可估量的科学和美学价值,更需严加保护。应重点记录观察九寨沟各湖泊、瀑布的水位变化、水质情况,同时,也要加强科学监测,以及景观、生态、环境本底值调查和中长期变化评估预测,采取有效的预防保护措施。

2. 制定法律法规加以保护

人类的活动会直接或间接地对环境造成破坏,如景区内超负荷接待游客、建筑乱搭乱建、乱扔垃圾等,这些行为都需加以约束。因此,要注重制定相关法律法规,用法律法规来约束破坏性的行为,同时加强环境保护知识的宣传,向人们科普环境对人们生活的重要性,提高人们保护环境的意识,促使人们自觉加入保护环境的行列。

3. 实行分级保护

景区应严格按照核心保护区、实验区、缓冲区的管理条例进行管理,控制旅游合理开发区域。在核心保护区,禁止规划旅游设施、禁止狩猎砍伐,不能开展旅游活动。在实验区可开展旅游活动,但不能破坏实验区内的植被,在建设相关设施设备时不能破坏局部环境景观资源,景区内的游客数量需通过预约的方式加以控制,为景区的保护营造良好氛围。在缓冲区内,则可正常开展相应的旅游活动。

4. 加强科学管理、科学研究和科研开发力度

为了加强九寨沟的保护与管理,九寨沟景区在20世纪末成立了科研处,同时还设立了与保护对象相关的监测站,有水质监测站、水文和地质灾害监测站、气象监测站、环境监测站、森林病虫害监测站、文化监测站等。2021年国庆假期期间,九寨沟风景名胜区管理局利用地质灾害专业预警平台进行隐患观测,同时利用监控系统对游客行程、乘车点、游客集散地等进行实时监控,保证了景区内的各项应急指挥与调度、游客生命财产安全与旅游体验,使景区接待工作更加安全有序。

随着九寨沟交通环境的改善,未来将形成更加快捷的立体化交通网络,使九寨沟的可进入性增强,游客去往景区会更方便,但也会带来新的挑战。所以对九寨沟的科学研究力度也要进一步加强,探索更有效的管理方法。

(二)九寨沟景区的可持续发展

1. 加强文化保护与旅游开发协调发展

当地文化是九寨沟的灵魂所在,目前九寨沟的文化工作有了一定的进展,如建设了树正民俗文化村,恢复了尖盘寨的舞狮、盘亚寨的舞牦牛、热西寨的舞龙等民俗活动,此外景区内的大型藏族原生态歌舞乐表演——《藏谜》,展示了藏族原生态的民族生活、民间民俗、宗教仪式场景等,对推动九寨沟文化的发展起到了积极的作用。

但目前九寨沟由于文化特色被九寨沟自然景色所淡化,文化危机难以得到有效解除,文化建设任重道远。九寨沟需加强实地调研,全面系统地梳理当地文化现状,通过走访等方式找出当地历史文化渊源,挖掘文化特色。虽然游客来九寨沟主要是为了看水景,但把水文化与当地宗教特色等文化融入景区发展中,通过"以文促旅,以旅兴文",更有利于九寨沟文化保护、传承和旅游的协同发展。

2. 加强与景区周边地区的联动发展

加强九寨沟与周边景区的联动发展,提升周边地区的发展力度和旅游接待功能,树立"世界只有一个九寨沟,九寨沟不止有九寨沟"的九寨沟新形象十分重要。九寨沟景区的管理与设施设备较为完善,但周边景区与九寨沟的发展差距较大,知名度与美誉度远不及九寨沟,促进九寨沟的可持续发展,也应加强景区周边地区的建设,以九寨沟景区为核心,带动其他景区共同发展,形成"1+12"的全域旅游格局,共同发力建设新九寨沟。

3. 提高旅游产品质量

在消费者追求个性化和多样化的今天,产品更新的诉求也日益加大,旅游产品也应与时俱进,否则会面临淘汰的境地。在旅游过程中,"食、住、行、游、购、娱"始终贯穿整个旅游活动,从以前的小宾馆到现在国际大酒店入驻九寨沟,从唯一的公路到现在发达的交通网络,九寨沟景区的旅游产品日益更新。但更新的背后却隐藏着恶性竞争的情况,为了吸引游客,2003年旅行社报价竟只有320~340元。此外,由于九寨沟景区的游客较多(2017年地震前),当地居民不断兴建宾馆,使得住宿供过于求,许多经营者打着价格战,给当地的经济和旅游服务都带来了一定的影响。因此,在加强景区旅游产品的管理和更新的同时,九寨沟也要注重挖掘和发扬自身特色,避免因同质化而造成价格战的局面,努力提高旅游产品质量,促进九寨沟可持续发展。

2022年,中国九寨沟第十七届国际冰瀑旅游节在九寨沟景区开幕。九寨沟在坚持生态优先、绿色发展的前提下,不断挖掘冰雪旅游资源潜力、打造世界遗产旅游观光产品,冰瀑旅游节的举办有利于进一步激发其冬季旅游市场活力,推动旅游高质量发展。

4. 加强人才培养

人才是第一资源。九寨沟的发展离不开人才,特别是具有生态旅游专业素养的科研人群。让人才"安"下来,是九寨沟发展的决定性因素,可通过提高相关福利加大人才引进力度,规范人才培养与配置工作,建立科学的考核和补贴制度,同时加强岗前培训,提高其对所从事行业的认识与理解,进一步促进九寨沟可持续发展。

5. 提高九寨沟的可达性,加强基础设施建设

九寨沟地理位置偏远,一般游人需要到达九寨沟附近的火车站或者机场后再坐汽车到九寨沟,交通十分不便,也说明了九寨沟景区的可达性较差,这在一定程度上阻碍了九寨沟的发展。同时由于九寨沟多雨,易发生山体滑坡等自然灾害,也会给游人带来一定的安全隐患。所以,加强完善九寨沟的交通建设,增强可进入性,同时完善相应的配套设施,对九寨沟的发展十分重要。

6. 细分市场,针对性营销

结合细分市场,创新产品内容与形式,建立不同的销售渠道是解决产品不断走向衰退的重要方法。根据细分市场的人口特征变量,如年龄,可分为儿童市场、青少年市场、老年市场;亦可按照消费层次,将市场分为高端市场和低端市场。每种市场的需求是不同的,根据不同目标市场的特点进行有效的销售,是九寨沟走向可持续发展的另一有效方法。

本章小结

我国是一个有着悠久水文化历史的国家,从古至今,人类的命运与水紧密地联系在一起。水在我国的生产活动以及文学艺术中具有重要的地位,自然之水在不断发展的过程中升华为一种情感寄托,人类从最初的崇拜水、敬畏水、利用水、改造水到现在的在文学创作中塑造水,在精神上同化水、内化水,使之成为具有文学色彩、人文特色的象征物体、文化符号。水是水域风光的核心要素,水域风光是中国自然风景的重要组成部分,在人类的发展进程中具有较高的审美价值和文学价值,是人类智慧与创造的具体体现。对水域风光的成因及类型进行研究,既丰富了水文化的研究内容,又深化了水文化的内涵。九寨沟是我国珍贵的世界自然遗产、重要的水域景观,其水景闻名于天下,水体色彩变化万千,多而不杂。九寨沟是地质、气候、生态环境等因素共同造就的,九寨沟水体形态之美、规模之大、数量之多令人叹为观止。九寨沟始终坚持保护优先的原则,秉持"生产发展、生活富裕、生态良好"的理念,开创"三生共赢"的良好局面。

课后练习

一、简答题

1. 中国水域景观吸引要素具体有哪些?
2. 我国的水域景观具体有哪几类?
3. 水文化的功能具体有哪些?
4. 九寨沟面临的威胁具体有哪些?

二、实训题

谈一谈地震对九寨沟的影响,并结合这些影响对九寨沟的旅游发展提出相关建议,思考如何进一步保护九寨沟景区,实现景区的可持续发展。

Chapter 11

第十一章　中国自然遗产之彩：丹霞地貌

学习目标

　　丹霞夹明月，华星出云间。丹霞地貌是我国自然遗产的重要组成部分，不仅在亚洲具有举足轻重的地位，在全世界也独具特色。我国丹霞地貌景观种类丰富、类型多样、数量庞大、分布广泛、景观奇特，不仅在世界具有典型性和代表性，而且具有极大的美学观赏价值和科研价值。本章我们将了解中国丹霞地貌的起源、成因和演化、分布特征，并从地貌类型、地貌特征和资源评价等多个方面深入了解被列入《世界遗产名录》的瑰宝——中国丹霞。

思政目标

　　红色丹霞不仅独具欣赏价值、科研价值，在这篇红色土地上，更流传着文人墨客的家国情怀。这是大自然与先人留给我们的无价之宝。让我们走近中国丹霞，探究它的"前世今生"，在了解它、学习它的过程中感悟传统文化和山水自然的和谐共存，增强文化自信与文化自觉，在敬畏自然、保护自然中树立可持续发展与生态文明观念。

学习重点

1. 中国丹霞地貌的成因。
2. 中国丹霞地貌的演化过程及特点。
3. 中国丹霞地貌的分布情况及分布特点。
4. 中国六大丹霞地貌的不同特点及形成过程。
5. 中国六大丹霞地貌的突出价值。

知识框架

- 中国自然遗产之彩：丹霞地貌
  - 神秘红层，灿若明霞
    - 中国丹霞地貌的起源
      - 名称来源
      - 定义表述
    - 中国丹霞地貌的成因
      - 红层形成
      - 内力地质作用
      - 外力地质作用
      - 生物作用
    - 中国丹霞地貌的演化过程
      - 青年早期
      - 青年晚期
      - 壮年早期
      - 壮年晚期
      - 老年早期
      - 老年晚期
    - 中国丹霞地貌的分类
      - 依据红层物质特性分类
      - 依据地质构造分类
      - 依据主导营力分类
      - 依据形态分类
      - 依据发育阶段分类
    - 中国丹霞地貌的分布
      - 西北部高寒—干旱山地型丹霞地貌区
      - 西南部湿润—红层高原—山地—峡谷型丹霞地貌区
      - 东南部湿润低海拔—峰丛—峰林型丹霞地貌区
      - 其他地区
      - 中国南北丹霞对比
  - 地学国粹，中国丹霞
    - 贵州赤水 —— 地貌类型、地貌特点、资源评价
    - 福建泰宁 —— 地貌类型、地貌特点、资源评价
    - 湖南崀山 —— 地貌类型、地貌特点、资源评价
    - 广东丹霞山 —— 地貌类型、地貌特点、资源评价
    - 江西龙虎山 —— 地貌类型、地貌特点、资源评价
    - 浙江江郎山 —— 地貌类型、地貌特点、资源评价

内容导入

"中国丹霞"被正式列入《世界遗产名录》

新华网巴西利亚2010年8月1日电:"中国丹霞"1日在巴西利亚举行的第34届世界遗产大会上,经联合国教科文组织世界遗产委员会批准,被正式列入《世界遗产名录》。至此,中国的世界遗产地数量已增加到40个。

"中国丹霞"项目即中国将全面展示丹霞地貌形成演化过程的贵州赤水等6个丹霞地貌风景区"捆绑"申报世界自然遗产。这6个申报点分别是福建泰宁、湖南崀山、广东丹霞山、江西龙虎山(包括龟峰)、浙江江郎山、贵州赤水。

六省申遗办公室负责人王智光在现场说:"'中国丹霞'是世界遗产中的一颗明珠,我们一定保护好这颗明珠,让她更加璀璨,为遗产地的可持续发展而做出努力。"

第一节 神秘红层,灿若明霞

在中国这片浩瀚的土地上,存在着数不尽的神奇地貌,它们或巍峨雄伟,或毓秀钟灵,或挺拔险峻,或绵延千里。其中,有一种神秘又美丽的地貌,它们"色如渥丹、灿若明霞",它们是沧海桑田自然造物的重要物证,它们的名字叫"丹霞"。中国是丹霞地貌最集中的国家,东南地区丹霞雄秀兼备,造型奇特;西南地区丹霞瀑布众多,气势磅礴;西北地区丹霞规模宏大,色彩艳丽,令人叹为观止。中国的丹霞地貌景观是由陡峭悬崖、红色山块、密集深切的峡谷、瀑布及河溪构成的景观系统,集地质多样性、地貌多样性、生物多样性及景观珍奇性于一体,不仅具有极大的景观美学价值,而且还具有发展科学考察旅行、科教旅游、观光旅游的良好基础和美好前景。

一、中国丹霞地貌的起源

(一)名称来源

丹霞地貌是我国对于这种具有"赤壁丹崖"特色地貌的称呼,其在国际上被统称为"红层地貌"。那么,为什么我国将其命名为"丹霞地貌"呢?1928年,我国地质学家、矿床学家、地貌学家冯景兰先生在广东韶关市仁化县发现了一处红色砂砾岩层,厚达300~500米的岩层被流水、风力等侵蚀后形成了浑圆的堡垒状的山峰和峰丛以及姿态各异的奇石、石桥和石洞,颜色明艳,造型奇特,风格迥异,让人惊叹不已。冯景兰意识到这是一种独特的、还未被深入研究的地貌景观,又因其鲜亮明艳的像红色霞光一样的岩层,遂引用曹丕的《芙蓉池作》诗中"丹霞夹明月,华星出云间",在《广东曲江仁化始兴南雄地质矿产》一文中以地质学的命名规范,将其命名为"丹霞层"。

(二)定义表述

1938年,构造地质学家陈国达把这种红色岩层上发育的地貌称为"丹霞山地形"。1961年,黄进首次提出丹霞地貌的定义:丹霞地貌是由水平或变动很轻微的厚层红色砂岩、砾岩所构成,因岩层呈块状结构和富有易于透水的垂直节理,经流水向下侵蚀及重力崩塌作用形成陡峭的峰林或方山地形。1977年,地貌学家曾昭璇第一次将"丹霞地貌"按地貌学术语来使用。1983年,《地质辞典》首先提出"丹霞地貌"的定义:指厚层、产状平缓、节理发育、铁钙质混合胶结不匀的红色砂砾岩,在差异风化、重力崩塌、侵蚀、溶蚀等综合作用下形成的城堡状、宝塔状、针状、柱状、棒状、方山状或峰林状的地形。2013年,《旅游地学大辞典》定义丹霞地貌:以中上白垩统红色陆相砂砾岩地层为成岩母岩,由流水侵蚀、溶蚀、重力崩塌作用形成的赤壁丹崖、方山、石墙、石峰、石柱、峡谷、嶂谷、石巷、岩穴等造型地貌的统称。

此后,随着丹霞地貌的实证研究不断深入,新的发现不断涌现,学术界前后对丹霞地貌提出20多种不同的定义,这些定义的关键表述及切入点有所不同。

其一,部分定义认为丹霞地貌只是由中、新生代陆地沉积的巨厚砾岩和砂岩等沉积碎屑岩构成。红层的岩性、岩层厚度、岩相及产状是形成丹霞地貌的物质基础,较为重要;但如果在其漫长的地质演变过程中,缺乏丹霞地貌形成的外动力地质作用条件,如流水切割、重力崩塌、岩溶等侵蚀条件,也是无法形成丹霞地貌的。

其二,缺少对地貌成因的关键内容表述,定义次序应符合科学逻辑。地貌类型定义的学术规范应该是地貌营力+物质类型+地貌发育+坡面形态,不能错乱,否则会造成科学认知与事物发展因果关系的混乱。地貌营力是地貌成因和发育的首要条件,是地貌类型划分最基本的依据和概念框架。

因此,综上所述,丹霞地貌的定义的表述应包含以下四点:一是地貌营力,即以流水侵蚀为主,重力崩塌、差异风化、溶蚀等外营力综合作用下形成的岩石地貌;二是物质构成,即丹霞地貌的物质构成为地史时期形成的红层;三是地貌发育,即丹霞地貌以山地、丘陵的峡谷段和河流的侵蚀岸为主要发育区的常态地形;四是坡面形态,即丹霞地貌的坡面形态为陡崖坡,并发育有岩壁、岩柱、岩峰、洞穴等系列组合地形。

二、中国丹霞地貌的成因

(一)红层形成

红层是丹霞地貌发育的物质基础,红层是指各个地质历史时期沉积的红色岩系的总称。红层地貌中所谓的"红层",是指在中生代侏罗纪至白垩纪沉积形成的红色岩系,一般称为"红色砂砾岩"。红层地貌的形成需要有能形成沉积环境的盆地、提供可沉积陆源碎屑的地貌条件、干燥炎热的气候为风化作用和岩石氧化提供条件。

1.中国红层的形成与分布

全国红层总面积约 8.26×10^5 平方千米,占陆地总面积的 8.61%,广泛分布于我国各省(自治区、直辖市),但主要集中在东南、西南和西北地区。中国红层的形成时间大多在中生代以后,大多形成于中、新生代漫长的地质历史时期,主要沉积时代为三叠纪、侏罗纪、白垩纪、古近纪,分布最广的是白垩纪红层,其次是侏罗纪和古近纪红层,在个别地区,如塔里木盆地南缘、甘肃和山西等地区存在少量泥盆纪和二叠纪早期的红层。

在三叠纪,我国大体以古昆仑—古秦岭—古大别山为界,分为南、北地区。南区基本为海洋所覆盖,无法提供大陆沉积环境。北方为广阔的陆区,分布着稀疏的中小型山间盆地,如古天山前的准噶尔盆地、吐鲁番盆地、古祁连山前的河西走廊盆地及古秦岭以北的陕甘宁盆地、沁水盆地等,形成了"南海北陆"格局。三叠纪早、中世为半干热气候,因此,我国三叠纪的红层主要在这个时期形成,分布在北方的陕甘宁等盆地。中三叠世后期及晚三叠世气候转为温湿气候,红层形成较少。

中、晚三叠纪时期的印支运动和燕山运动,使我国南方许多地区隆起成陆,并与北方古陆连为一体,陆地面积扩大,为红层的形成提供了宽广的大陆沉积环境。中、晚侏罗世时,受新生代的喜马拉雅运动影响,中国内陆地区气候发生改变,由温暖湿润气候转向亚热带干旱—半干旱气候,为岩石氧化提供了气候条件。泥沙中的二氧化铁发生淋溶作用,高价铁离子富集,使盆地中堆积的泥、砂、砾石皆被染成"灿若明霞"的红色,风化作用产生的红色碎屑物开始在许多内陆盆地堆积。在中国西北地区产生内陆盆地型沉积,主要分布于陕甘宁盆地、柴达木盆地、吐鲁番盆地、准噶尔盆地和其他山间盆地中;在中国西南地区的红层,主要分布在四川盆地、滇中地区等。中国侏罗纪红层以西南地区为代表,四川盆地、滇中、滇东地区基本全部为红层;西北地区红层主要为中、上统地层;中南、东南地区侏罗系红层很少。

晚侏罗世至白垩纪,受欧亚板块与太平洋板块间的燕山运动影响,中国大部分古陆块强烈活化,构造格局由原来的南北分异转为东西分异。中国东部受太平洋板块的俯冲挤压,发生强烈褶皱、断陷和岩浆活动,在东部地区形成3条隆起带和3条沉降带相间分布的格局。沉降带形成了以断陷形成的地堑式,或以凹陷形成的中小型山间盆地,主要呈北东—北北东向分布。四周的山地、丘陵的风化碎屑物为红层形成提供了物质来源,盆地不断堆积、下陷,以河湖相和冲积扇相为主。而隆起带则阻挡了来自海洋的水汽,使东部广大地区均处在干旱的气候环境下,经过漫长岁月的堆积,可在盆地中堆积厚达数百米至数千米的红色沉积层,最厚可达8000米。中部是介于东西两大应力场之间的过渡地带,形成了一个北东向的压扭性地带。而中国西部受印度洋板块构造继承性突出,从北向南逐渐形成若干东西向的大盆地,直到新近纪都有红层堆积,但由于印度洋板块北推而北移,气温逐渐降低,红层颜色逐渐变淡。西南地区的红层主要分布在四川盆地和滇中、滇西地区,多为古川滇湖区的河湖相沉积。西北地区的红层主要出露在鄂尔多斯、塔里木、准噶尔等盆地的边缘,形成年代跨度较大,从中生代至新近纪均有。此外,青藏高原亦有大量白垩纪—新近纪红层分布,以冈底斯山脉北侧和青海东部最为集中。

2. 中国红层的岩性特征

我国的红层基本上为典型的红色陆相沉积,这种陆相红层的岩性较为复杂,涵盖了砾岩到泥岩各个粒级的岩石,并可能夹有淡水灰岩、石膏及岩盐层等。

从矿物组成上看,红层的主要碎屑物质一般与其外围山地的物源一致,多为石英和长石,胶结物为铁质、钙质、硅质或泥质。大型红层盆地的沉积分异现象明显,盆地边缘多为洪积相、坡积相、崩积相的砾岩和角砾岩,它们最先接受沉积,粒度较大,往往为硅质、铁质胶结,岩石比较坚硬且透水性强,丹霞地貌便是由这些坚硬的砾岩、砂砾岩和砂岩构成,并受新构造运动强烈抬升的红层;而往盆地中心,沉积物粒度逐渐变小,多为河流相和湖泊相的细砂岩、粉砂岩和泥质岩,夹淡水灰岩或膏盐层,泥质或钙质胶结,黏土矿物含量较高,吸水性强,岩性比较软弱,这些岩层一般形成低缓的红层丘陵。

从颜色上看,红层是一种偏红色的陆相碎屑堆积,主要是因为胶结物中含有高价铁离子。但由于沉积环境的差异、在成岩过程中的物理化学变化、后期地质作用的改造、隆起后各种环境因素后期影响,以及红层砾石的原岩成分、砾石本身的颜色、砾石的含量、胶结物成分和砂质、岩层的含水量等的差异,各地红层的颜色在色度和纯度上有较大差别,主要在棕黄、褐黄、棕红、砖红、紫红、褐红和灰紫等各种偏红色调中变化,也可能有其他颜色的沉积夹层,如白色、灰白甚至暗色岩层。

另外,从形态来看,由于后期构造变动小,红层大部分呈水平排列,垂直节理十分丰富。盆地外围的洪积扇前缘粗碎屑堆积区,岩石粒级的变化很大,常常表现为互层状,即砾夹砂砾岩交互成层,或砂砾岩、砂岩为主夹砾岩,或夹薄层粉砂岩、泥质岩。大部分的粗碎屑红层以厚层或巨厚层甚至块状构造为主。而接近湖盆中心的细碎屑堆积区,岩性的垂直变化一般较小,湖积相或河漫滩相细碎屑红层一般以薄层构造为主。

(二)内力地质作用

丹霞盆地红色岩系发育形成于中生代,受燕山运动控制,发育丹霞地貌的红层盆地开始抬升,形成于新生代,最终成型于喜马拉雅运动时期。

丹霞地貌是一种构造地貌。区域性大断裂控制着沉积盆地的形成，断层节理控制山体布局，岩层产状控制坡面形态，地壳上升控制地貌发育。

1. 断层节理控制山体格局

盆地地区在结束沉积后，由于地壳抬升，湖水外泄，此时沉积区会变成侵蚀区，红层盆地抬升会伴随着盆地内的红层被断层切割，一般少有褶皱。但在青藏高原边缘，由于印度洋板块的挤压也会产生复杂的褶皱。也有许多断陷盆地可能在沉积的同时就受到断层控制。总之，盆地内部的主体构造线始终影响着盆地的演化。

首先，大构造线控制了山体总体的排列方向，小构造线则控制着山体的走向、密度和平面形态。从中国东南部几个丹霞遗产地的地质构造来看，各地均以较稀疏的北北东向和近南北向断层构成主要构造线，导致主要山体的排列格局也是北北东向和近南北向。其次，大部分盆地发育了近东西向和北东向、北西西向小断层和密集的大节理，这些次级构造控制着峡谷和山体的走向、密度和格局。例如，丹霞山的山体基本沿北北东向的大断层排列，而山体的走向、石柱的排列主要沿近东西向的断层和大节理延伸。泰宁盆地总体上受崇安—石城南北向断裂和泰宁—龙岩南北向断裂控制，形成南北向、北东向和北北西向断层、节理及密集节理带。湖南崀山与北北东向的公田—宁乡—新中—资源大断裂组合的北北东向、南北向、北西向和北北西向四组节理控制了多姿多彩的丹霞地貌格局。因此，盆地内部的构造线格局是控制丹霞地貌山体格局乃至山体形态的基本因素。

2. 岩层产状控制坡面形态

岩层产状会对山体顶面和构造坡面的形态产生影响，进而影响丹霞地貌的坡面组合。

岩层倾角小于10°的近水平岩层上一般发育具有"顶平、身陡、麓缓"坡面特征的丹霞地貌。顶面受岩层层面控制，呈微上凸形，四壁陡立，大多发育方山状或城堡状丹霞，也可能形成水平墙状、柱状及锥状丹霞，多分布在构造平缓区或盆地中部。

倾角在10°~30°的岩层叫作"缓倾斜岩层"，一般发育"顶斜"的丹霞地貌，山顶面于单斜层面接近，除顺向坡外，其他三面可发育陡崖，具有单面山的特点，多分布于单层线附近或盆地边缘。

倾角大于30°的岩层叫作"陡倾斜岩层"，若其山顶不是古夷平面，则发育尖顶状或锯齿状丹霞地貌，大多发育侧向—逆向坡陡崖。当倾角大于60°时，顺向坡即为陡崖坡，这类陡倾斜丹霞多分布于构造强烈的地段，如青藏高原外围和天山南北坡等。

3. 地壳升降控制地貌发育

地壳升降对地貌发育的影响主要体现在红层盆地后期上升区，以便为侵蚀提供条件。新构造运动对地貌发育进程的影响巨大，人们现在所看到的丹霞地貌大都处于新构造运动的抬升区，而盆地内部的差异性和间歇性抬升，影响着丹霞地貌的发育进程。如果盆地区域的地壳上升到一定程度而长期相对稳定，有利于丹霞地貌按连续过程从幼年期到老年期逐步演化。而间歇性抬升则可能发育多层性丹霞地貌，可见其多期夷平面，如安徽齐云山的这种陡缓坡组合多达5级；崀山则发育了逐渐向北降低的3级夷平面，级差达200米；丹霞山、泰宁等可见5级夷平面，级差100米左右。

（三）外力地质作用

丹霞地貌也是一种红层侵蚀地貌，其外营力是将红层地貌塑造成形状各异、不同于其他岩石地貌的雕塑者。在喜马拉雅运动中褶皱上升后，作用于陆相红层的外力地质营力主要包括流水侵蚀与溶蚀、风化、重力和生物风化等。其中，流水侵蚀是塑造丹霞地貌形态的主营力，尤其在青年期表现突出；风化与重力作用在丹霞地貌发育的中老年期显得更加重要。在不同的环境下，一些外营力作用的重要性是不同的，如在碳酸钙含量高的红层中，水的溶蚀作用可能导致红层中出现显著的岩溶地质遗迹；在干旱区，主要是由盐风化及风沙吹磨对丹霞地貌的发育起作用；在海岸带和湖岸带的丹霞地貌发育过程中，波浪的作用则是主要营力；在高寒区，则是冻融风化，还有各种环境下的生物风化作用等。

1. 流水作用

流水作用在丹霞地貌发育和演化中的主导性表现为流水的下切和侧蚀。下切作用使沟槽或河床向纵深方向发展，尤其是在河流上游，由于河床的纵比降与流水速度大，导致流水的下切作用强烈，一般一线天和峡谷群等地貌就是由于流水下切形成的；而侧蚀使得沟谷展宽，同时往往在坡脚掏出水平洞穴，为上覆岩块的重力崩塌提供条件。同时，雨水打击和坡面径流对裸露山石的表面破坏改造作用也不可忽视。降雨时坡面水流的汇流系数越大、降雨强度越高，坡度适中的坡面水流侵蚀力越强。而过陡或过缓的崖坡由于水流的压力较小，其侵蚀力变弱，故丹霞陡崖坡上的坡面水流的侵蚀作用一般不大。当坡面水流的营力较弱，坡面侵蚀力也较小时，雨点的溅击作用将会显现。此外，流水又不断地蚀去坡面上的风化物质，可使水动力侵蚀加强和风化作用的进程加速。

在我国南方湿润区域，降水丰沛，地表径流系数大，流水作用占主导，发育很多沿垂直节理发育的块状崩塌面、天生桥以及幽深巷谷、一线天景观。我国西南地区在间歇性抬升作用下形成了多级丹霞悬谷和瀑布。在沿海以及高寒区等气候区，海水波浪、冰川作用也塑造了形态各异的丹霞地貌类型。那么，在干旱的西北地区是否存在流水作用呢？在干旱区，虽降雨总量较少，但降雨集中且强度大，地表无植被缓冲和无法吸收雨水，降雨往往快速形成山洪，侵蚀力极强，往往在崖面塑造了很多微地貌景观。同时，由于作用时间短暂，即使是红岩软层甚至是蒸发岩也能够长期保持陡崖坡，因此流水作用也是干旱区的主要外营力。

2. 风化作用

风化是丹霞地貌发育过程中持续而又重要的作用，包括物理风化和化学风化。尽管风化的速度缓慢，但其漫长持久地对暴露的红层坡面进行经常性破坏的作用能力仍然十分巨大。在陡崖坡上，流水的作用减弱，在直立坡或反倾坡上基本无流水作用，软岩的风化作用（片状、块状、粉末状等）极其明显。红层在垂向上的岩性差异而导致抗风化能力的不同，常使得砂砾岩等硬岩层相对凸出而成顺层岩额或岩脊；而泥质或粉砂质软岩层往往快速凹进而成顺层岩槽或岩洞，顺层岩洞的风化为上覆岩层的崩塌创造了条件。

在物理风化作用中，冻融风化常发生在中高纬度、冰缘地带，以及温度在 0℃ 上下变化的区域和季节，因为裂隙水和孔隙水结冰与融化而导致的周期性胀缩会引起岩石碎裂。在干旱区、海岸带和湖岸带（尤其是新蓄水的水库岸线附近），含盐溶液渗入岩石裂隙或地下水，然后再渗出由于水蒸发而形成盐结晶，对岩石颗粒施加压力并最终破坏岩石。红层特别是粉砂质、泥质软岩中含有较多的可溶盐，因此常发生盐结晶作用或盐风化。此外，由于丹霞地貌以陡崖坡为特点，当边坡表层剥落、崩塌或人工切坡，岩石内压释放，会使得岩石表层下形成卸荷张力，导致岩石结合力松弛而产生裂隙，因此还存在卸荷风化现象。化学风化主要是溶解作用过程，其作用包括碳酸化作用、水合作用、水解作用、氧化作用等。化学风化一般是因为岩石中的水溶解了多种物质，形成含有酸根和氢氧根及大量溶解离子的溶液，其作用于岩石，使其成分发生改变，并致岩石破坏。它多发生在高温多雨的环境。

3. 重力作用

重力作用始终存在于边坡之上，往往发生在流水侧蚀而形成的临空谷坡或软岩风化凹进形成的上覆岩体上，以突变的形式改变地貌。悬空岩体一般沿构造节理或卸荷节理发生崩塌。洞穴、天生桥的顶板也常发生局部崩塌。崩塌岩体在坡脚发生机械破碎，因而陡崖坡脚常堆积由巨大石块构成的崩积堆。

(四) 生物作用

生长在陆相红岩表面的藻类、地衣、苔、藓等低等植物对丹霞地貌的颜色、发育等方面都有一定的影响。植物根系在生长过程中能直接插入岩石裂隙而使其扩大；动物对岩石的挖刨等也能直接破坏岩石。微生物对岩石的作用比较复杂。有研究认为，微生物可以释放化学酶，植物根系和枯枝落叶分解也可能释放有机酸，可增强对岩石的溶解和破坏；也有学者认为，地衣苔藓在光秃秃的岩石表面生长形成更为稳定的化学微环境，可能让下面的岩石减小温湿变化幅度，减缓了岩石表面的风化作用。因此，有低等植物生长的岩石表面，因风化减弱或暂时停止风化而略作高起；没有低等植物生长的岩表，则正常进行风化作用，露出新鲜红岩本色，岩面也相对低下。

另外，因为藻类多为黑色、地衣多为白色或灰白色，以及苔、藓多为绿色（秋冬季一部分为黄色、褐色），使岩壁颜色更为丰富多彩。藻类也可以在有水湿条带的负坡岩壁上或负坡洞顶上生长，形成黑色条带，犹如泼墨。而黑色藻类条带之间的无藻类生长的岩壁，则保留原来红岩本色，形成红色条带。因此，在负坡岩壁上或负坡的洞顶上，便形成了从上而下的红黑相间的平行条带。黑色藻类条带上大下小，而红岩本色条带则下大上小，平行相间，使岩壁更为多彩多姿。

不过，上述的生物作用对我国西北干旱地区发育的丹霞地貌影响较小。

三、中国丹霞地貌的演化过程

从本质上说，地表形态是地球内外力地质营力对地壳综合作用的结果。作为红层侵蚀地貌，丹霞地貌的发育和演化也受控于内动力和外动力两大动力系统，它始于红层堆积，形成红层，后由于红层盆地构造抬升，在流水、风化、重力等外动力作用下，沟谷不断展宽，崖壁崩塌后退，山顶面积不断缩小，最后消失。因此，基于戴维斯的侵蚀循环理论，在假设红层盆地抬升后长期处于稳定状态，暂时忽略地壳运动造成的新营力影响、侵蚀所造成的均衡补偿和由于营力因素变化而产生的"营力平衡"等因素，黄进把丹霞的演化过程划分为幼年期、壮年期、老年期三个阶段及"回春期"。后来，彭华在"中国丹霞"申报世界自然遗产过程中，基于侵蚀量和保留量的对比关系，将"中国丹霞"六个世界自然遗产提名地组成青年早期、青年晚期、壮年早期、壮年晚期、老年早期和老年晚期六个阶段的演化系列（见图11-1）。

(一) 青年早期

青年早期的特征是以高原—峡谷型为代表。地壳抬升、流水下切，使巷谷、峡谷发育，上部保持大面积的原始堆积顶面、古剥离面或弱侵蚀平台。此类丹霞地貌主要分布在红层堆积后或侵蚀后的新抬升区，如地处四川盆地和云贵高原结合部的贵州赤水丹霞地貌，是青年早期高原—峡谷型丹霞的代表。

(二) 青年晚期

青年晚期的特征是高原峡谷进一步切割，山顶呈山原面，除主河谷外，峡谷和巷谷仍为负地貌主体。此类丹霞地貌主要分布在红层盆地抬升后的侵蚀区，如位于福建省泰宁县的泰宁丹霞，是中国亚热带湿润区青年期低海拔山原—峡谷型丹霞的代表。

(三) 壮年早期

壮年早期的特征是主河谷接近区域侵蚀基面，近河谷形成丹霞峰林，远河谷地带发育丹霞峰丛，地表崎岖。此类丹霞地貌主要分布在红层盆地抬升后的长期稳定侵蚀区，如位于湖南邵阳的崀山丹霞，是壮年期峰林型丹霞地貌的代表。

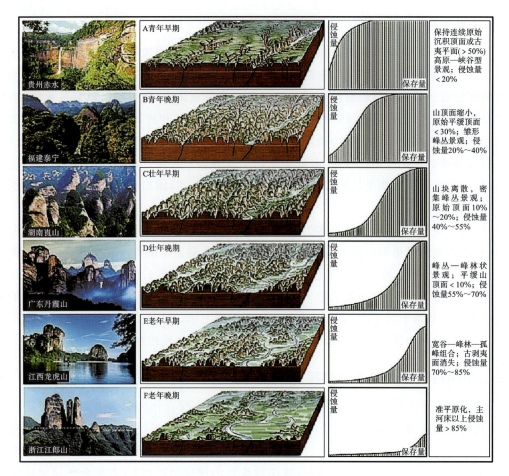

图 11-1 丹霞地貌的演化过程

https://image.cnki.net/detail/107715790.nh0003.html

(四)壮年晚期

壮年晚期,由于侵蚀作用,河谷不断加宽,由疏密相间、峰林宽谷组合而成的簇群式丹霞峰丛峰林组成。此类丹霞地貌主要分布在红层盆地抬升后的长期稳定侵蚀区,如位于广东省韶关市的丹霞山,是簇群式峰丛—峰林型丹霞的代表。

(五)老年早期

老年早期的特征是主河谷与主要支谷接近侵蚀基面,河谷平原、红层丘陵和孤峰相间分布,局部保持峰林状。此类丹霞地貌分布在红层盆地抬升后的长期稳定侵蚀区,如江西省龙虎山的丹霞地貌,是老年期疏散峰林宽谷型丹霞的代表。

(六)老年晚期

老年晚期的特征是波状起伏的准平原面,个别地段保留孤峰或孤石,至此完成一个侵蚀旋回。此类丹霞地貌分布在红层盆地抬升后的长期稳定侵蚀区,如位于浙江省的江郎山,是高位孤峰型丹霞的代表。

四、中国丹霞地貌的分类

(一)依据红层物质特性分类

岩性特征是决定地貌发育最重要的物质因素,红层的物质特性对丹霞地貌的发育有多方面的影响。学者一般将红层定义为红色陆相碎屑岩。而对于红层的分类,在丹霞地貌分类中比较有意义的是红层的碎屑构成,其中主要是粒径构成。而其化学成分则可能影响了红层的本质属性,如碳酸钙含量过多则可能向喀斯特方向发展。因此,丹霞地貌依据红层物质特性,即依据碎屑特征和特殊物质特征,可分为砾岩丹霞、砂岩丹霞、黏土岩丹霞、特殊岩性丹霞四种类型(见表11-1)。

表11-1 依据碎屑特征和特殊物质特征分类

类型	指标依据	特 征	分 布
砾岩丹霞	厚层、巨厚层砾岩、砂砾岩占50%以上	垂直剖面岩性变化较大,石质坚硬,陡崖坡高大,凹凸不平,风化坡面粗糙	接近物源的盆地边缘或小型盆地大部
砂岩丹霞	厚层砂岩占50%以上	岩性较坚硬,可形成较高大的陡崖坡,坡面变化较小且平整	大沉积盆地的中环,或小盆地内部
黏土岩丹霞	粉砂岩、黏土岩占50%以上	岩性较软并含可溶性成分较高,陡崖坡不高、不平整、不连续且坡度较缓	干旱区大盆地中部或沉降缓和的小盆地
特殊岩性丹霞	红层中碳酸盐类含量≤25%为弱岩溶化,>25%为强岩溶化	弱喀斯特化只在局部形成小型石钟乳和钙华结皮;强喀斯特化有明显化学侵蚀和化学沉积,碳酸钙含量越多越近于喀斯特	沉积物源地石灰岩较多的地区,有很大的随机性

(二)依据地质构造分类

地质构造会对丹霞的岩层产状产生影响进而形成的不同的地貌类型。丹霞地貌可依据地质构造,分为近水平丹霞、缓倾斜丹霞、陡倾斜丹霞三种类型(见表11-2)。

表11-2 依据岩层产状特征分类

类 型	指标依据	特 征	分 布
近水平丹霞	岩层倾角<10°	山顶坡面与近水平层面接近,微上凸,四壁陡立,方山状丹霞地貌	构造平缓区或盆地中部
缓倾斜丹霞	岩层倾角在10°~30°(含)	山顶面与单斜层面接近,除顺向坡外,其他三面多为陡崖,呈单面山丹霞地貌	断层线附近或盆地边缘
陡倾斜丹霞	岩层倾角>30°	若其山顶没有古夷平面,则发育尖顶状丹霞地貌,侧向—逆向坡陡崖均较为发育;倾角>60°时,则山顶锯齿状,四面皆陡崖	构造变动强烈区或盆地边缘

(三)依据主导营力分类

主导营力是指对某一类丹霞地貌发育起决定作用的营力。地貌形成的营力往往是多因子综合作用的合力,主导营力的指标依据又较难以确定。因此,将反映区域外营力组合的气候类型作为划分主导营力的主要依据之一。

1.依据气候区分类(见表11-3)

表11-3 依据气候区分类

类型	指标依据	特 征	分 布
湿润区丹霞	按气候区标准海拔<1000米	山顶和缓,坡面植被覆盖度好,流水作用面较光滑,陡崖坡上多竖向流水侵蚀浅槽;半湿润区则向干旱丹霞过渡	东部南部季风性湿润气候区

续表

类型	指标依据	特征	分布
干旱区丹霞	按气候区标准海拔在1000～3500米(含)	基本无植被,物理风化强烈,崖壁可能有风蚀壁龛,表面层状剥落明显,坡面粗糙;半干旱区则向湿润区丹霞过渡	西北内陆干旱气候区
高寒区丹霞	按气候区标准海拔＞3500米	半湿润、半干旱、干旱条件皆有,基本无森林,冻融和温差等物理风化强烈,层状剥落明显,裸岩表面粗糙	青藏高原高寒气候区

2. 依据外营力分类(见表11-4)

表11-4 依据外营力分类

类型	指标依据	特征	分布
水蚀丹霞	主导营力为各种流水,水蚀作用明显	流水侧向侵蚀而形成的凹槽或岩洞;流水下切而形成的沟谷、巷谷或片状水流侵蚀而成的顺坡沟槽;旋转水流形成的壶穴等	沟谷两侧尤其是凹岸,裸露的斜坡;切沟或峡谷
风化丹霞	风化作用为主形成的微地貌	由片状和粉末状风化导致的正地貌的圆化、负地貌的凹进;湿润区坡顶和不透水层化学风化;干旱区盐风化洞穴;软岩风化凹槽、洞穴或石拱穴;软岩风化凹槽、洞穴或石拱	裸露崖壁或顶部,软岩出露带
重力丹霞	重力崩塌与崩积现象突出	崩塌作用形成的崩塌崖壁、崩积岩块、崩积碎屑堆;崖壁上岩块的滑塌、落石、错落	沟谷凹岸陡崖;崖脚;洞顶洞底
风蚀丹霞	风力侵蚀表现强烈的风蚀微地貌	在丹霞地貌的形成过程中,风力主要在水蚀的基础上加剧侵蚀,并造就壁龛状洞穴、风蚀蘑菇和风蚀城堡等	主要在干旱区风口
海蚀丹霞	海岸带红层被海浪侵蚀显著	主要在波浪打击部位侵蚀、溶蚀形成凹槽,上覆岩块崩塌,类似于常规海蚀地貌,如海蚀崖、海蚀台、海蚀柱、海蚀拱等	海岸带
岩溶丹霞	红层中有显著的岩溶现象	碳酸钙含量较少时,局部形成钙华或小型钟乳;可溶砾石溶蚀成凹穴;可溶成分增多,向喀斯特方向过渡	盆地物源地可溶岩较多的地区
人工丹霞	老化消亡的丹霞,再由人工因素而塑造的地貌	在陡崖坡已经不明显的背景下,人工开采重新塑造出陡壁,比较规则整齐,并且具有较高的构景价值	一般在消亡的丹霞地貌区采石场

(四)依据形态分类

形态分类一直是丹霞地貌分类研究的主体,分为群体形态和单体形态。其中,单体形态分类应该首先分为正、负地貌分别处理,然后再考虑主要形态要素,如坡度、尺度等的差别来确定类型。

1. 依据单体地貌形态分类

正地貌是指因地壳抬升而高出或周围侵蚀而突出的各种地貌形态其分类如表11-5所示;负

地貌是指因局部下沉而低下或因风化侵蚀而凹进的各种地貌形态,其分类如表 11-6 所示。

表 11-5　依据单体正地貌形态分类

类　　型		描　　述
坡的类型	直立坡	>80°的悬崖峭壁;由流水侵蚀的崖壁凹凸不平,崩塌崖壁平整直立棱角
	陡崖坡	55°~80°(含)的急陡坡;由流水侵蚀的崖壁凹凸不平,崩塌或滑塌崖壁平整;许多陡崖坡可能因为长期的风化和雨水改造而变缓,棱角消失
	陡坡	30°~55°(含)的陡坡;大部分为流水侵蚀型崖壁,或崩塌崖壁长期受风化影响
	基岩缓坡	30°及以下的基岩缓坡;基岩裸露的平整缓坡,多出现在老年期
丹霞主要地貌	丹霞方山	近水平产状的岩层,山顶平缓,四壁陡立,呈城堡状的山块,长宽比小于 2∶1
	丹霞单面山	一般是缓倾斜产状的丹霞;山顶顺岩层倾向缓倾斜,有 1~3 个陡崖坡
	丹霞石峰	由陡坡围限的锥状山块,有尖顶、平顶和圆顶等差别
	丹霞石墙	长度>2 倍宽度、高度>宽度的墙状山块;低缓者可称"石梁"
	丹霞石柱	方形或圆形孤立石柱,高度>直径;低矮者(高度<直径)可称"石墩儿"
	丹霞丘陵	以基岩陡坡为主,大部分坡度<55°,缓坡上基岩裸露,侵蚀晚期的产物;和红层丘陵不一样,它指红层软岩发育的没有基岩陡坡的丘陵地貌,一般有土壤和植被
	丹霞孤峰	散布于河谷平原和准平原丘岗之上的风化、蚀余山峰;低矮者可称"孤丘"或"孤石"
	丹霞孤丘	散布在河谷平原和准平原之上的残丘;局部有陡崖,山顶浑圆化,基岩陡坡裸露的低丘
	丹霞孤石	发育到老年晚期,准平原面上残余的丹霞石块、石球或石块群
崩积类	丹霞崩积堆	陡崖基部的崩塌堆积体
	丹霞崩积石	陡崖下崩落堆积巨石块;石块大小不同

表 11-6　依据单体负地貌形态分类

类　　型		描　　述
丹霞沟谷	丹霞线谷和巷谷	谷壁直立、两壁基本平行的深谷。谷深>3 米并>5 倍谷宽;谷宽<1 米,仅容 1 人通过或人不能通过的为线谷;谷宽 1~10 米为巷谷;可以是流水下切侵蚀而成或由节理、断层张开所致
	丹霞峡谷	谷深>谷宽,谷底宽度>10 米,两侧谷壁以陡坡为主,谷底可有小型边滩;一般是流水下切侵蚀而成
	丹霞围谷	由弧形或平直崖壁围限构成向一侧开口的红层谷地
	丹霞深切曲流	河道蜿蜒曲折,曲率较大,河谷深切,呈峡谷状,两侧谷坡较陡
	丹霞宽谷	谷深<谷宽,谷底宽度>100 米,有河漫滩或阶地,两侧为峰丛和峰林
丹霞沟槽	竖向沟槽	垂直流水沿崖壁长期冲蚀而成的沟槽;在直立坡上不易发育
	顺层凹槽	顺软岩层风化形成的崖壁凹槽,连续或不连续,槽深<槽高,不可通行
	顺层岩槽	顺软岩层风化或侵蚀的崖壁浅槽,槽深>槽高,连续分布,底平可通行

类型		描述
丹霞洞穴	顺层洞穴	顺软岩夹层风化或侵蚀形成的,顺层面延伸发展的洞穴
	水平洞穴	水平延伸的洞穴,在河流常水位附近侵蚀形成的洞穴;水平软岩风化也可形成;地壳抬升或流水下切后,水平洞穴可悬挂于悬崖上
	穹状洞穴	顶部穹状凸起的洞穴,河流侧蚀,然后顶部崩塌所致
	穿层洞穴	垂直方向穿透不同岩层的洞穴,有平展洞顶,往往与瀑布后方侵蚀有关
	竖向洞穴	竖向发展的洞穴,不一定有平展的洞顶,由垂直水流侵蚀(与穿层类似)
	壁龛式洞群	洞穴集群分布,洞口尺度以小型为主,0.5~10米,洞穴形态各异
	蜂窝状洞穴	大小均匀、密集的微型洞穴群,状似蜂巢;单穴直径<0.5米,一般为5~10厘米
	溶蚀洞穴	红层含碳酸岩砾石和胶结物较多,地下水溶蚀和营力侵蚀而形成的洞穴
	沟谷壶穴	基岩河谷底部及边缘,由携带砂砾的旋转水流磨蚀而成的"口小肚大"洞穴
	崩积洞穴	崖麓或缓坡上的巨大崩积岩块相互堆叠形成的洞穴,可通行者为崩积穿洞
丹霞穿洞	丹霞穿洞(石窗)	洞高<洞顶岩层厚度,穿透山石的洞穴,或叫"丹霞石窗"
	丹霞石拱(天生桥)	洞高>洞顶岩层厚度的穿洞,跨沟谷者为天生桥否则为石拱
	崩积石拱	由较大的崩积石块的两端叠置于山石或崩积石块上而形成的穿透洞穴

2. 依据群体地貌形态分类(见表11-7)

表11-7 依据群体地貌形态分类

类型	指标依据	特 征	分 布
高原台地型丹霞	完整的大面积红层高原,很少有深切割	高原(台地)面上起伏和缓,在高原(台地)边缘或主要沟谷边缘,丹霞崖壁突出	大型红层盆地,大面积整体性抬升区
高原峡谷型丹霞	大面积红层高原(台地)面,沟谷深切	山顶面基本保持起伏和缓的高原面或台地面,无或少有孤立山块,丹崖集中在峡谷两坡	近期地壳强烈块状抬升区
劣地型丹霞	大面积的红层强侵蚀劣地	丹霞软岩被片流和沟谷流强侵蚀导致区内沟壑纵横,以大量的陡坡为特征	大型盆地中部厚层泥质和粉砂质红层区
山岭型丹霞	以起伏较大的梁状山峰为主的红层山地	在网格状断裂不发育的红层区,高原峡谷型的基础上进一步侵蚀形成的红层山地	地壳抬升后侵蚀时间较长的红层区
峰丛型丹霞	群峰基座相连,基座>1/3山高	岩性坚硬,网格状断裂发育,上部形成直立地貌,下部尚未切透或地壳再度抬升,基座较高	地壳抬升后有较长的稳定期红层区
峰林型丹霞	群峰基座分离,基座<1/3山高	岩性坚硬,网格状断裂发育,峰丛进一步受切割,山块分离,柱状、墙状、方山状山块林立	地壳抬升后长期稳定的侵蚀区
孤峰型丹霞	山峰孤立,或山峰间距>山峰高度	丹霞石峰呈孤立状,或峰与峰疏散分布,山峰之间有宽阔的平缓谷地或缓丘	地壳抬升后长期稳定的侵蚀区
丘陵型丹霞	山峰浑圆化,大部分山坡平缓	无突兀石峰,山顶浑圆,局部保持陡崖,丘顶或谷地可见丹霞石球	地壳抬升后长期稳定的侵蚀区

(五)依据发育阶段分类(见表11-8)

表11-8 依据发育阶段分类

阶段	指标依据	特征
初始阶段	完整沉积顶面>70%,基准面以上的侵蚀量<5%	红层盆地抬升,高出当地侵蚀基准面以上后开始沿原始洼地或断层节理带下切侵蚀,发育侵蚀切沟,局部可能成为较深的峡谷。原始沉积面或古夷平面保存完整,面上起伏和缓
青年早期	保持连续原始沉积顶面或古夷平面(50%~70%),侵蚀量5%~15%	红层区抬升,高原峡谷型地貌组合。受地壳抬升、流水下切,巷谷、峡谷发育阶段,上部保持大面积的原始沉积顶面、古夷平面或弱侵蚀平台;峡谷纵剖面呈阶梯状,多瀑布跌水
青年晚期	山顶面缩小,原始平缓顶面50%~30%,侵蚀量15%~30%	整体呈密集峰丛—峡谷型外貌,原始高原面破碎为离散的山块,多方山状或崮状;主河谷以峡谷为主,局部有河漫滩发育;支谷仍然大量发育巷谷和线谷
壮年早期	山块离散,原始沉积顶面比重10%~30%,侵蚀量30%~50%	山块离散,整体呈峰丛状,古夷平面清晰但山顶面已狭小并被侵蚀降低;主河谷峡谷—宽谷相间分布,主河床接近区域性侵蚀基准面;近河谷有峰林,远河谷多峰丛,地表崎岖,高差扩大
壮年晚期	群体峰林—峰丛状,原始沉积面积<10%,侵蚀量50%~70%	主河谷抵达区域性侵蚀基准面,以侧蚀为主,基本呈宽谷,局部可保留峡谷状态;主要支谷也接近区域性侵蚀基准面;整体呈峰林—峰丛状;山顶面不足10%,并且因长期风化侵蚀而降低
老年早期	宽谷—峰林—孤峰型组合,原始沉积顶面消失,侵蚀量70%~85%	主河谷全部为宽谷,主要支谷达区域性侵蚀基准面;山块离散,整体呈宽谷—峰林—孤峰型组合,局部保持小范围峰丛;山块缩小,山顶面降低,无原始沉积顶面
老年晚期	孤峰残丘平原,主河床以上侵蚀量85%~95%	主河谷与主要支谷均以侧蚀为主,红层区域形成波状起伏的准平原面,一些地段残留小范围峰林、孤峰、孤丘或孤石组合;红层区域的正地貌保留不到15%
消亡阶段	准平原面,主河床以上侵蚀量>95%	区域性侵蚀基准面以上的红层95%以上被侵蚀,地表残存红层缓丘或孤石,个别孤峰、残丘耸立在准平原上

五、中国丹霞地貌的分布

中国的丹霞地貌主要集中在江西、四川、甘肃、广东、浙江、湖南、青海、西藏、新疆、贵州、重庆等省、市(自治区)。包括青藏高原半干旱区、半湿润区、中温带湿润区、半湿润区、半干旱区、干旱区,暖温带半湿润区、半干旱区、干旱区,北亚热带湿润区,中亚热带湿润区、半湿润区,南亚热带湿润区,北热带湿润区、中热带湿润区15个气候区。

中国丹霞地貌根据空间组合关系,可分为西北部高寒—干旱山地型丹霞、西南部湿润—红层高原—山地—峡谷型丹霞、东南部湿润—低海拔峰丛—峰林型丹霞,以及其他丹霞地貌区。

(一)西北部高寒—干旱山地型丹霞地貌区

本区主要分布在甘肃及周边省区,尤其以甘肃省和青海省东部地区最为集中,大量分布在海拔3000~4000米乃至更高的高寒—半干旱—干旱型地区。本区丹霞地貌发育时空跨度大、类型丰富、数量多、干旱区特征典型、崩塌作用明显强烈、特色鲜明。与东南和西南区相比,大型丹霞地貌都发育在黄河及其大支流区域。

兰州周边是青藏高原向黄土高原的过渡带，新近纪以来的地壳抬升量大，河流下切剧烈，又处于半湿润区向半干旱—干旱区过渡，中低海拔向高海拔过渡，青藏高原向二级阶梯过渡的边缘地带，发育了多种岩石类型、干湿类型和覆盖类型的丹霞地貌；河西走廊的祁连山麓至新疆的天山南北麓，则发育了典型的半干旱山地型丹霞地貌（见图11-2）。

图11-2　甘肃张掖祁连雪山下的丹霞景观（雪罩丹霞）（祝鹏先　摄）

（二）西南部湿润—红层高原—山地—峡谷型丹霞地貌区

本区主要分布在四川盆地外围的盆地—高原过渡带和云贵高原。以四川为主，其次是重庆和云南境内，贵州主要分布在北部的赤水和习水，高原上还有一些分散的小盆地中发育的丹霞地貌。和其他丹霞地貌区相比，本区地壳抬升差异最为强烈，因此由深切峡谷形成的丹崖赤壁规模宏大。常年瀑布众多，且因地势高差大及不同岩层的差异侵蚀，形成规模宏大的多级瀑布（群）。云贵高原上的丹霞地貌海拔可达2000～2500米，高耸的赤壁丹崖常常与激流瀑布相伴相生，形成大气磅礴的丹霞地貌自然景观（见图11-3）。

图11-3　贵州赤水佛光岩的沟谷丹霞（徐世球　摄）

在四川盆地与云贵高原、横断山区过渡带，地形起伏剧烈，以深切割的高原—峡谷型、红层山地型丹霞地貌为主，峡谷两侧的陡坡地带，重力崩塌十分强烈，山体易出现近乎垂直的陡崖绝壁。而四川盆地内部由于岩性以大盆地中部特有的细砂、粉砂和泥质软岩组合为主，较少有大型的红层陡崖坡，多以分散、小型的陡崖坡构成的丹霞为主。到了北部的剑阁剑门关和江油窦团山,可见由砾岩构成的典型的丹霞地貌。云南境内广布三叠纪和侏罗纪红层,但一般岩性较软,常构成平缓山岭,局部相对较硬的厚层砂岩亦可发育丹霞地貌。比较著名的丹霞大多发育在古近纪红层上,如丽江老君山丹霞地貌区主要发育在古近纪宝相寺组红色砂砾岩中,形成海拔超过 3000 米的山岭型丹霞(见图 11-4)。

图 11-4　云南丽江老君山的山岭型丹霞(张汉斌　摄)

(三)东南部湿润低海拔—峰丛—峰林型丹霞地貌区

本区在中国大地貌单元中,属于江南丘陵区,包括浙、闽、赣、粤、湘、桂等省(自治区),尤其集中在武夷山脉—南岭—罗霄山脉两侧。本区红层盆地抬升量不大,仍然保持盆地形势,丹霞山块海拔多在 500 米以下,局部抬升较高的一般也在海拔 800 米左右,大多是中小型红层盆地发育的砾岩和砂砾岩丹霞。本区为亚热带湿润气候,森林覆盖良好,东南部丹霞分布区多发育幽深曲折的溪流,故形成临溪峰丛—峰林式丹霞地貌,雄秀兼备,风景优美,构成丹山、碧水、绿树风景组合。中国丹霞世界自然遗产的 6 个遗产地有 5 个位于该区。

(四)其他地区

长江以北的中国中东部和东北部地区的中生代大盆地(大平原),在新生代期间以下沉为主,目前只在盆地边缘有零星的红层分布,且因为抬升量不大,丹霞地貌发育不良;或因地壳长期稳定,红层遭受长期侵蚀而形成老年期甚至消亡的丹霞地貌。

陕北黄土高原区大多红层被黄土覆盖,但切割较深的沟谷底部往往可见红层出露,局部有发育良好的丹霞沟谷或上部被黄土覆盖的半埋藏型丹霞;局部抬升较高的地段也可能有红层直接暴露地表(见图 11-5)。山西高原因为抬升量较大,地表切割破碎,红层可直接暴露形成丹霞地貌。介于晋陕之间的黄河谷地,有多段切割在三叠纪红层中,形成丹霞峡谷地貌带。

青藏高原的东部也发现丹霞地貌,但由于高原本身整体性抬升,加上干旱少雨,切割较弱,其大多分布在山地及沟谷盆地边缘,总体上这一地区的丹霞地貌发育不太典型(见图 11-6)。

(五)中国南北丹霞对比

南方丹霞地貌分布集中于浙、闽、桂、皖、湘、赣、粤等地,这些地区降雨量丰富,地表水系发育,所以通常流水经裂隙、节理发生冲刷、溶蚀作用,将红层切割成大小不一的岩体,并在重力崩塌的长期作用下,形成千姿百态的丹霞地貌。这里地处温湿气候带,常有大大小小的溪流蜿蜒其间,使得丹崖、秀水、青山相互衬托,山水林洞多样统一,造型与呈色瑰奇绚烂,富有绮丽清婉与雍容祥和的韵味。

图 11-5　陕北黄土高原黄土剥离后发育的丹霞地貌（张汉斌　摄）

图 11-6　甘肃碌曲丹霞地貌（鄢志武　摄）

纵观南方地区的丹霞地貌，可以发现，南方丹霞因不同地区的丹霞所处的演化期不同，所以具有不同的地貌景观（见表 11-9）。例如，分布于福建武夷山的丹霞地貌以发育线谷、峡谷为特色，主体处于幼年期；湘、桂、粤北一带的丹霞地貌，如湖南崀山，以发育峰林、峰丛、丹崖及岩洞为特色，整体处于中年期；江西龙虎山丹霞地貌则以石柱、孤峰、岩洞群、天生桥和造型石为特色，主体处于老年期。

三大集中分布区丹霞地貌分布特征如表 11-9 所示。

表 11-9　三大集中分布区丹霞地貌分布特征

丹霞地貌分区	数量/处	占比/(%)	分布特色
东南、中南区 （广东、江西、浙江、福建、湖南、湖北、海南、香港）	400	39.9	沿仙霞岭—武夷山—南岭弧状地带分布；呈现"丹山碧水，风景如画"的景象
西南区 （重庆、四川、云南、广西、贵州、西藏）	338	31.7	四川盆地东部—南部—西部马蹄形盆地边缘分布；是"丹霞盆景，大佛之乡"

续表

丹霞地貌分区	数量/处	占比/(%)	分 布 特 色
西北区 (陕西、甘肃、青海、新疆、宁夏)	224	22.2	陇山周围—河西走廊 T 形分布;可谓"丝绸之路,丹霞画廊"
其他地区 (安徽、江苏、河南、山东、山西、内蒙古、河北、辽宁、黑龙江)	62	6.2	盆地镶嵌、零星分布,较少集中连片;个别发育了典型丹霞地貌景观,如河北承德地区、江苏与山东马陵山一带,内蒙古的狼山—阴山山前红层盆地等
合计	1024	100	

北方地区丹霞地貌以甘肃张掖最为典型。石柱、石峰等一般发育于构造线密集的较大沟谷两侧,各支流沟谷多分布呈现一线天、巷谷等景观,宽阔的河谷两侧发育有气势宏伟的窗棂状、宫殿式、峰丛状等不同类型的丹霞地貌,延伸长度达数千米,是国内罕见的丹霞地貌景观与彩色丘陵景观复合区(见图 11-7),既有类似广东丹霞山的悬崖峭壁、峰林石柱的奇特景观,又有类似于新疆五彩城的斑斓色彩景观。同时,丹霞奇景与石窟艺术(见图 11-8)和宗教文化紧密结合,旅游价值更上一层楼。

图 11-7　甘肃张掖彩色丘陵景观(祝鹏先　摄)

图 11-8　甘肃张掖丹霞石窟(鄢志武　摄)

第二节 地学国粹,中国丹霞

中国是一个丹霞最被认可的国家,而且可能是唯一一个拥有暖湿和干旱丹霞地貌完整发育序列和完整地貌类型的国家。

中国丹霞是中国境内陆相沉积盆地红色砂砾岩层在内力和外力地质作用下形成的各种地貌景观的总称。这一遗产包括中国西南部亚热带地区的 6 处遗址。它们的共同特点是:有红色悬崖以及一系列侵蚀地貌,包括雄伟的天然岩柱、岩塔、沟壑、峡谷和瀑布等。这里跌宕起伏的地貌,对保护约 400 种稀有物种以及多种珍稀植物起到了重要的作用。

中国丹霞之所以能够申遗成功,最重要的原因是:在中国,人们既可以找到地貌不太显著、下切不太发育的青年期丹霞地貌,也可以找到峰群和峡谷发育较好的壮年期丹霞地貌,还可以找到以孤峰为特征的老年期丹霞地貌。总体来说,中国丹霞是一个包含完整地貌类型的总称。

一、贵州赤水

贵州赤水是中国丹霞青年早期的典型代表。以典型的阶梯式河谷与壮观的丹霞瀑布群闻名(见图 11-9)。赤水无处不丹霞,佛光岩景色最为美丽。佛光岩景区素有"世界丹霞之冠""世界丹霞第一园"之美誉,以"丹霞绝壁、天下奇观"的大白岩和"天造地设、鬼斧神工"的五柱峰为主体景观。我国著名的丹霞地貌专家、中山大学原地理系主任黄进教授到赤水考察后这样说:"赤水丹霞地貌面积之大,发育之成熟典型,壮观美丽之程度,当属全国第一。"

图 11-9 贵州赤水丹霞瀑布景观(徐世球 摄)

(一)地貌类型

赤水南部地区丹霞地貌类型多样,具有明显的地域特征,由于形成时间较长,这里地貌出露比较广泛,地质类型较为丰富,可以说是全中国丹霞地貌出露最为完整和最具代表性的地区,区域内丹霞地貌分布密集。这些变化多端的地貌类型在这片红色的土地上不断发展和进化,最终形成了丰富多彩的丹霞地貌。公园内的丹霞地貌是亚热带巨厚红层在新构造运动作用下丹霞地貌发育演化的杰出范例,是晚新生代以来地球历史演化的突出例证,包括生命的记录、重要的和正在进行的地貌演化,以及重要的地貌形态与自然地理特征。这些沉积层经历了区域地壳抬升、剧烈的断裂、流水的深度切割侵蚀、块体运动、风化和溶蚀作用,塑造了崖壁、石峰、洞穴等有着极大观赏价值的绝妙景观。

(二)地貌特点

地质构造因受川黔南径向构造体系和横向构造体系的交错影响,剥蚀强烈,既有"背斜成山、向斜成谷"的顺构造地形,也有"向斜成山、背斜成谷"的逆构造地形。其中,象鼻场向斜自北西西向至南东东向横穿赤水南部地区,岩层倾角在 $3°\sim 10°$。断层多在地表至地下 1000 余米的志留纪时期形成的地层中,区内未发现挽近构造运动所生成的构造形迹,总体上构造活动以大面积上升为主,有短暂间歇。构造活动控制着赤水南部地区丹霞地貌的类型和空间格局。从丹霞地貌组合形态上看,除卡奈马国家公园外,赤水—习水丹霞景观组合比其他对比地更丰富和有层次,加上植物物种丰富,森林覆盖率高,形态齐全,富于变化,有明显的特色。

贵州赤水丹霞最突出的特征是正、负地貌发育完全,包括丹霞岩壁、丹霞石峰、丹霞石柱、顺层岩槽、大型单体洞穴、蜂窝状洞穴、崩积叠置洞穴、天生桥、壶穴等。正地貌在地表出露显现为高山红岩和陡峭的断崖,负极景观在地下的景观中具有很高的研究价值。因风力剥蚀和侵蚀作用明显,这里的丹霞地貌保存完好,与我国东南部的其他几处丹霞地貌区可共同构成一个完整的丹霞地貌景观序列。

(三)资源评价

1. 科研价值

贵州赤水丹霞地质公园是 2012 年国土资源部(现自然资源部)正式授予的第六批国家地质公园。公园地貌类型丰富多样,生物资源也当属全国前列。

公园位于贵州赤水市,属于中国最大的丹霞地貌连续分布区,以丹霞山为中心,拥有多级瀑布风光景观及各种小型地貌构造。公园地质遗产资源丰富,包括丹霞地貌和瀑布景观遗迹、植物、古崩塌沉积物、典型沉积相、峡谷地貌、中小型建筑、古生物活动遗迹。公园中丹霞地貌和瀑布的有机结合,在丹霞地貌开发区实属罕见。

2. 美学价值

贵州赤水丹霞地质公园里最突出的特色是飞瀑与红色丹霞相映成趣,互为表里,相互映衬。红色的丹霞地貌为此地保留了红色的文化特征,飞奔而下的瀑布造就了流动的景观,动静结合,为游客带来了极为震撼的视觉体验。公园内的丹山、赤壁、流泉、飞瀑有机融合,在某种程度和风格上,清晰地向人们展示出奇异而又显著的自然美感。

公园内的丹霞地貌是我国西南温带地区由不同景观特征、不同发展阶段、水平岩层构成的丹霞地貌代表区。同时,河流切割高原表面,形成了典型的单瀑和气势磅礴的阶梯瀑布群,丹山、碧水、绿树、蓝天、白云相映成趣,风景秀丽。从意境和美学上看,赤壁丹崖的雄伟与险峻,地貌的神奇与细腻,田园的优雅与宁静,山谷密林的幽深与宁静,云雾缭绕的神秘与奇幻,使公园的地质遗迹与山水相结合,井然有序,错落有致,意境非凡。

3. 科普价值

贵州赤水的丹霞地貌面积广泛,在此地貌基础上,形成了多种多样的植被类型,使得这里成为大自然的天然氧吧,空气中的负氧离子水平显著高于其他地区。本区靠近热带地区,海拔的垂直地带性造就了丰富多彩的自然景观,各种生物在此处相互依存、相互包容,保留了大部分珍稀植物及动物。河流的崩塌和原生的土质中含有丰富的钙离子与铁离子,为生物的繁衍奠定了良好的物质基础。

赤水珍稀物种多,是生物多样性保护的重点地区,有全国第一个以桫椤为保护对象的国家级桫椤保护区,并有国家保护的野生动植物数十种,为研学旅行的开发及中小学生物的科普打下了坚实的物质基础。

二、福建泰宁

福建泰宁地区的丹霞景观是青年期丹霞地貌的典型代表。福建泰宁拥有最宏大的水上丹霞,在这里,丹霞地貌与湖、溪、潭、瀑完美结合,形成山环水绕、绿水丹崖的秀丽风光,拥有国内外罕见的水上丹霞景观(见图 11-10)。

图 11-10　福建泰宁水上丹霞景观(张汉斌　摄)

(一)地貌类型

福建丹霞地貌分布在政和(福建)大埔(广东)大断裂带以西,呈北东—南西走向,断续出露于坳陷盆地中。据不完全统计,福建丹霞地貌分布在西部山区的南平、三明及泰宁。白垩纪红层盆地出露上白垩统沙县组紫红色中—薄层粉砂岩、粉砂质泥岩和崇安组紫红色厚层砾岩、砂砾岩。红层发育北东,北北东向等多组不同走向断裂及节理。经外动力地质作用形成青年期丹霞地貌,崖壁上千姿百态的丹霞洞穴构成独特的微地貌景观。丹霞洞穴发育受岩性及节理、裂隙控制,崇安组粉砂岩、砂岩及含砾砂岩夹层是形成洞穴的主要层位,岩层的厚度及节理、裂隙控制洞穴产出的规模。

大气降水汇集到峰层顶端逐步剥离外表层,砂砾岩横隔板外缘被侵蚀后,相邻的两个洞穴则联结为外缘呈一大洞口,内具弧形横隔板的椭圆形洞穴,或大洞穴中呈叠层状、串珠状镶嵌着数个小凹洞的套叠洞。当横隔板被完全侵蚀,则成为一个大型的椭圆形、半圆形洞穴。当岩壁发生垂直地带性脱落和构造时,人们能够从水流节理的方向上大致判别地貌的发育及成熟情况。

(二)地貌特点

福建泰宁白垩纪红层盆地发育由上白垩统崇安组紫红色砾岩、砂砾岩构成的青年期丹霞地貌,风光旖旎。丹霞地貌中的洞穴发育较好,崖壁上分布着大小不同、深浅不一、千姿百态的洞穴,堪称"丹霞洞穴博物馆",构成独具特色的丹霞地貌景观。不仅极具观赏性,更是研究丹霞洞穴不可多得的理想场所,许多地学工作者曾在此开展过工作。为丹霞洞穴成因研究奠定了基础。丹霞洞穴是与丹霞山体近于同步发展的一种微地貌深入研究丹霞洞穴类型及成因,既有助于了解泰宁丹霞地貌发展与演化,完善丹霞地貌理论,亦可进一步提高泰宁世界地质公园科学内涵和开发丹霞洞穴旅游资源,福建省泰宁世界地质公园以典型的青年期丹霞地貌为地质特色,丹霞地貌由上白垩统沙县组和崇安组红层构成。考察确认在金湖风洞一带的崇安组红层底部含较厚的流纹质火山岩夹层,这在福建全省境内是唯一的,从而为确定丹霞红层的准确时代提供了可能。

(三)资源评价

1. 科研价值

地貌类型丰富多样,为地学研究工作者提供了完整广阔的研究尺度,在一定程度上拓宽了丹霞地貌研究的维度。此处丹霞地貌类型完整且丰富,具有极高的科研价值。福建泰宁的丹霞地貌是喜马拉雅板块后期抬升的重要证据之一,为后续中国东南沿海丹霞地貌的集中成片分布打下了坚实的基础,为学者研究沿海地区地质状况提供了新的思路和方向。

2. 社会价值

福建泰宁丹霞地貌的保护与开发在一定程度上促进了当地经济的发展,保护了当地原始的社会形态与风俗文化制度,促进了传统文化的继承与发扬。乡村振兴与旅游发展相融合,也使得福建泰宁的丹霞景观得到进一步的保护和挖掘。丹霞地貌的保护一方面留住了当地原始的生活环境,另一方面,在某种意义上留住了本地人才,为当地的开发注入了原始的生命力与活力。

3. 人文价值

福建泰宁的丹霞地貌有其独特的文化气息和内涵。最突出的特征是山体溶洞往往和宗教景观相融合。由于岩体的特殊性,早在古代,就有僧人和道家学者常驻此地开展道家文化学说研究。此处独有的红色丹霞地表使当时的人们误以为是上天所赐,因此在此开展宗教佛法的传播是很普遍的。红色丹霞与神秘的宗教文化互为表里,在此地相互交融,最终形成美丽的画卷。

三、湖南崀山

湖南崀山是壮年早期的典型代表。崀山以圆顶密集式丹霞峰丛—峰林为特点,并且拥有丹霞喀斯特混合地貌。崀山风景区位于湖南省新宁县境内,地处湘桂边陲、资水上游的走廊地带。湖南丹霞地貌景观数量多、类型较全、品位独特,以崀山、万佛山、飞天山、石牛寨、便江等为典型代表。

(一)地貌类型

作为国家典型的风景名胜区,湖南崀山独有的资源特色便是其优美的自然环境和丰富的地貌景观相结合。规模完整,且多种地表类型在此出露,其丰富水平和规模都是世界上极为罕见和稀缺的。最为宝贵的是此地的丹霞地貌分布面积可达到 100 平方千米以上,是全国第二大丹霞地貌集中分布区。

该地区最典型的特征是笋状地貌的分布,地貌景观十分的引人注目,在全国乃至全世界都是极为罕见的。区域内岩石千奇百怪,石峰和山林地貌层峦叠嶂,高耸入云,直插云霄,实在令人叹服。

崀山以圆顶密集式丹霞峰丛—峰林为特点,如万笋插天,若万马奔腾;巷谷、线谷和天生桥规模宏大,丹霞喀斯特独特;植被"生态孤岛效应"和生境狭窄特有现象突出,是丹霞植物群落演替系列最完整的地区和动植物协同进化的代表地,其丹霞景观具有罕见的自然美和原始属性。崀山是湖南最早开发丹霞地貌景观旅游的地区、湖南丹霞地貌景观的旅游第一品牌景区、湖南在全国同类丹霞地貌景观旅游地知名度最高的景区。郴州苏仙的翠江、资兴的程江和永兴的便江这"三江"沿岸都属于丹霞地貌区域,沿岸丹霞峰林耸立,如屏如障,连绵起伏,石岩斧劈刀削,石状千奇百怪,具有雄、秀、险、幽等特色,并且都形成了具有代表性的景区(点),如翠江的飞天

湖南崀山
丹霞地貌的
形成过程

山、程江的程江口以及便江的龙华山、一线天等。2007年始,郴州市旅游部门已着手以翠江、程江、便江三大丹霞旅游景区为基础,充分挖掘、整合景区的自然与人文旅游资源,通力打造"百里丹霞景区",其现已成为郴州旅游的靓丽名片,以及郴州旅游产业扩容提质的核心工程,实现了旅游发展由数量型向质量型、规模型的转变。因此,根据湖南全省丹霞地貌景观旅游发展现状,拟构建以崀山丹霞旅游地为中心,以万佛山、思蒙、夸父山、武陵、五雷山、星德山为重要节点的湖南西部丹霞地貌景观旅游带;构建以"百里丹霞"为龙头,以八角寨、渡口、浣溪、严塘、石牛寨为重要节点的湖南东部丹霞地貌景观旅游带。

(二)地貌特点

崀山风景区由于其独特的地理位置和优秀卓越的地貌条件,乃是全国所独有,地貌条件及类型都是独树一帜的,其中最突出的特点是喀斯特地貌的分布,喀斯特与彩色丹霞相辅相成,交相辉映,构成一幅绝妙的地貌景观图。

崀山风景区中,大气磅礴的将军石、形神具备的骆驼峰、如从天降的天下第一巷、浩浩荡荡的鲸鱼闹海、险象环生的天生桥,以及天造地设的辣椒峰,六大景观在丹霞地貌构建过程中起到了景观重构的作用,在不同的地貌景观上表现出不同的丹霞地貌类型。在此处,能够看到多样的地貌类型分布,集秀、险、奇、壮于一体,在国内的风景地貌景致中独一无二。

崀山风景区是全国壮年地表出露最典型的例证,在此基础上形成的丹霞地貌景观具有突出的地域特色。"雄奇、壮丽、伟岸"是地质学家对此处地貌的评价,由此可见,崀山风景区地貌特色在全国是独树一帜的。

(三)资源评价

崀山风景区内自然景观独特优美、人文景观底蕴深厚,被丹霞地貌学术创始人陈国达誉为"丹霞之魂""国之瑰宝"。崀山风景区以雄、奇、险、峻、秀的丹霞峰林地貌旅游资源称著于世。这里较具代表性且能征服人的景点有八角寨的"鲸鱼闹海"(见图11-11)等。

图11-11 崀山八角寨的"鲸鱼闹海"(张汉斌 摄)

1. 美学价值

崀山风景区以其独特的一线天景观(见图11-12)一字排开,此种地貌完整出露,为后续的研究及考察都提供了极为丰富的地学景观。景区内古村落排列有序,在丹霞地貌的山谷地形中独居一格,别具特色,高耸林立的山川与河谷交相辉映,形成一幅百年难遇的壮丽图景。古朴的村落与豪放的丹霞地貌为崀山的旅游发展提供了良好的先决条件。扶夷江从旁边悄然流过,动态的水流景观与静态的山石景观结合在一起,为游客提供了丰富的资源保障。

图 11-12　崀山一线天景观（张汉斌　摄）

2. 科研价值

崀山在形成丹霞地貌的过程中鲜有喀斯特地貌演变，这使得崀山丹霞地貌景观具有非凡的研究价值和观赏价值。除此之外，由于内力作用的单方向作用，造成崀山在地表出露的形态暂时处一线排开的架势，这为地质学家研究此处丹霞地貌的形成及演变提供了新的思路和方向，以及为验证地球内动力变化对于丹霞地貌的决定作用这一理论提供了新的思路和方向。崀山丹霞地貌及其气候、生物群落的演变过程，在国内和国际丹霞地区具有典型的代表性和罕见性。遗产地丹霞地貌岩溶现象明显，形成了独特的丹霞岩溶地貌，以漏斗、洼地、陷坑、溶洞和溶洞碳酸钙沉积景观为标志。这种地貌景观和地貌演变过程在是非常罕见和稀少的。

3. 生物价值

崀山风景区由于开发较晚，区域内生物景观都得到了较为完备的保护，有珍稀植物 300 多种，国家一、二、三级保护植物 60 多种。它是大量珍稀濒危植物和古代植物的重要栖息地，特别是当地的古代物种对研究生物进化具有非常重要的价值。此外，由于峡谷特殊的气候环境，植物起源古老，植物新种分布密集，是现代研究生物多样性及物种多样性的理想之地。由于此地远离市区，区域内的景观及物种都得到了较为完备的保护。各种生物资源在这片神奇的土地上繁衍生息，为当地资源的开采和合理利用建立了比较完整的保护体系。21 世纪后期，当地政府也着眼于打造具有生态文化特性的文化旅游景观，以满足当代人放松身心和归隐田园的精神文化需求。

4. 人文价值

崀山风景区的人文价值突出展现在其拥有较多的文化景观及文人墨客留下的诗文足迹，这些诗篇在现在看来还具有崇高的艺术价值和人文价值。此地隶属少数民族聚居地，景区内瑶族、侗族、壮族等少数民族杂居，民族风情异彩纷呈，资源价值开发的过程中可以结合人文景观一并挖掘，突出资源特色的同时，加强文化保护，为资源的利用和保护提供支撑。

四、广东丹霞山

丹霞山是"丹霞地貌"命名地（见图 11-13），是中国丹霞最重要的基本理论、基本类型和基本特征构建的模式地，并具有单体地貌类型的多样性和地貌景观的珍奇性，是世界红层地貌的代表。2010年第34届世界遗产大会上，以广东丹霞山为首的中国6个丹霞地貌风景区构成的"中国丹霞"自然遗产项目以一种特殊的景观类型列入《世界遗产名录》。

图 11-13　丹霞命名地（崔庆明　摄）

丹霞山位于广东韶关境内，自古就是岭南旅游胜地，被誉为"广东四大名山之首"，其总面积约290平方千米，主要包括长老峰风景区、阳元石风景区、锦江长廊风景区、翔龙湖游览区、韶石山生态旅游区，是韶关市最具代表性的旅游景区。20世纪30年代，我国地质学者通过考察研究，将丹霞山及华南地区的红石山地确立为一种新发现的地貌类型"丹霞地貌"。作为这一地貌类型的命名地，广东丹霞山也由于赤壁丹崖的地貌景观特色而被称为"中国丹霞"壮年期中晚期的典型代表（见图11-14、图11-15）。

图 11-14　丹霞山典型地貌景观（王晓倩、崔庆明　摄）

图 11-15　丹山碧水(谢锦树　摄)

丹霞山主峰景区分上、中、下三个景观层。下层为锦石岩景层,有始建于北宋的锦石岩石窟寺、梦觉关、通天洞、百丈峡及典型的赤壁丹崖等景点。中层为别传寺景层,有岭南十大禅林之一的别传寺,还有一线天、双池碧荷等景点。登丹梯铁索即上至顶层,是登高望远,饱览丹霞秀色,以及观日出、赏晚霞的好去处。

1988 年以来,广东丹霞山先后获得国家级风景名胜区、国家级自然保护区、国家级地质公园、国家 5A 级旅游景区等多项国家级称号;2004 年,被联合国教科文组织批准为全球首批世界地质公园。广东丹霞山风景区由丹霞山景区、韶石山景区、巴寨景区、仙人迹景区、飞花水景区及锦江、浈江风光带组成,目前仅对外开放丹霞山景区。

丹霞山景区规划面积 36 平方千米,由长老峰、翔龙湖、阳元石、锦江游览区组成,丹霞地貌是以赤壁丹崖为特征的红色陆相碎屑岩地貌。

(一)地貌类型

丹霞山单体丹霞地貌类型齐全。其中,较具代表性的单体形态有丹崖赤壁、石柱、竖向洞穴、凹槽和岩穴。崩岩和危岩丹霞盆地各种地层比较齐全,内部及外缘出露的地层有古生界、中生界和新生界,是华南地区地层对比的重要区域。丹霞盆地内的地层包括下白垩统伞洞组、马梓坪组、长坝组、丹霞组等,这些地层经古生物学、同位素地质年代学及古地磁学的研究,各条界线的时代清楚。丹霞山的红色岩系,是中国中生代红色岩系中研究程度较深的地区之一,一直是华南地区丹霞地层对比的标准地层。

丹霞山园区地层丰富多彩,界线清楚,露头良好,易于考察和研究,是中生代、新生代地层学研究的理想区域。丹霞山区在地质构造上属于丹霞盆地,处于韶关盆地内。盆地内层积的红色

广东丹霞山丹霞地貌的形成过程

碎屑岩因受到喜马拉雅运动以来的新构造运动的影响,经过了内生力量的隆起和抬升及外来力量的风化和侵蚀的共同作用,形成了丹霞地貌。丹霞地貌是由陆相红色砂砾岩形成的各种地貌景观的总称,其自然景观特点表现为壮观的红色悬崖以及一系列侵蚀地貌,包括雄伟的天然岩柱、岩塔、沟壑、峡谷和瀑布等。这种地形以广东北部的丹霞山最早受到关注,由已故地质学家、中国科学院院士冯景兰和陈国达教授以此为典型,并命名为丹霞地貌。

丹霞山园区最具特色的单体丹霞地貌类型主要有赤壁丹崖、石柱、凹槽和岩穴、崩岩和危岩等。其中,赤壁丹崖是丹霞地貌类型的重要特征之一,主要分布在丹霞山锦石岩、晒布岩等地。阴元石为石柱类型的典型代表,分别分布在锦江东、西两岸的阴元石和阳元山景区。目前发现崩岩比较集中的区域有翔龙湖南岸、腾蛇坳和锦石岩等地。凹槽和岩穴在丹霞山分布广泛,垂直凹槽以晒布岩尤为突出,大型洞穴以锦石岩寺规模巨大。这些单体丹霞地貌类型的空间分布,在宏观上主要受控于晚侏罗世末到早白垩世期间,沉积的一系列内陆盆地相—火山盆地相红色碎屑岩沿着北北东向展布。

(二)地貌特点

丹霞山的形成在地理位置上极具优越性,地处亚热带和热带的交界处,其地理环境兼具两种气候带的特点,丹霞山地质资源可分为地层遗迹、岩石遗迹、地质构造遗迹、沉积遗迹、水文地质景观、地貌遗迹和人文遗迹 7 种类型。地层遗迹是在内力作用下形成的大环境构造下形成的岩壁类型,特点是壮、实、高;岩石遗迹是在后期风化或流水侵蚀作用下形成的景观,岩壁的陡峭性及多样性是此地貌的突出特点;地质构造遗迹是由于喜马拉雅造山运动的兴起所产生的一系列运动轨迹;沉积遗迹是溶有碳酸氢钙的水在搬运的过程中形成的地层分化景观,其地貌类型突出表现为地层分异明显,地层景观在颜色分布上由深及浅逐步递进;水文地质景观是在前期造山运动的基础上形成的,地表规律遵循内部下凹、外部突出的分异规律,在形态上表现为剥蚀作用极为明显,多呈谷状分布;地貌遗迹是在综合作用结果后形成的具有突出地理标识的风景景观;人文遗迹是在丹霞地貌基础上形成的极具当地特色的人文景观。

(三)资源评价

中国地学界半个多世纪以来的研究表明,丹霞山的丹霞地貌发育具有典型性、代表性、多样性和不可替代性。目前,国内已发现的 600 多处丹霞地貌中,丹霞山是发育典型、类型齐全、造型丰富和科学研究价值极高的丹霞地貌之一。

1. 经济价值

作为我国的丹霞地貌名山,丹霞山在地学研究历史上具有深远的作用和意义,广东作为中国瞩目的旅游大省,在此基础上向形成的丹霞地貌极具开发价值。当地政府在丹霞山被命名后的几年着力打造具有文化特色及内涵的丹霞山品牌,为当地创造了不小的经济价值,促使当地旅游发展步入全国旅游发展前列。政府注重丹霞山与周边景点的协同打造,运用全域旅游优势,响应乡村旅游号召,在发展科普旅游和研学旅行的道路上旗开得胜。

2. 科普价值

广东丹霞山是全国丹霞地貌的杰出代表,研究此地的价值对于研究整体丹霞地貌的形成与发展都具有非常深远的意义,此地的研究成果能够很好地为后续丹霞地貌的研究提供理论支撑和科学判断。此地的丹霞地貌形成时间久远且各种地貌显现较为完整,各个历史时期的岩层特征都能在此处挖掘到踪迹。更加难得的是,由于当地政府开发及保护得当,丹霞地貌景观保护完好,为后续的开发打下了坚实的基础。当地政府在发展科普旅游的过程中把握了时代的发展规律,积极建设丹霞山研学旅行目的地,将考察、科普、教育、研究融为一体,形成了比较完备的科学研究及教育体系,为丹霞山后续的发展奠定了良好的基础,为之后储备地学人才做了铺垫。

3. 人文价值

丹霞地貌属于东南地区典型的地貌代表,从古时候起,文人墨客对于此地的歌颂便源源不断,包括清初"丹霞四浙客"、屈大均、廖燕、袁枚等文人通过自己的文章或诗篇表达自己对时事政治的看法与感受。丹霞山是古代通往沿海地区的必由之路,古时候的诗人在此地抒发胸怀抱负,面对高山林立的丹霞景观与神奇绝妙的大自然,诗人将自己的远大理想寄托于山水之间,造就了丹霞山独特的文化气息与文化内涵,许多文化踪迹隐藏于石刻和墓碑之中,将丹霞的文化景观的价值发挥到极致。

五、江西龙虎山

龙虎山位于江西鹰潭东南 20 千米处的贵溪境内,是中国第八处世界自然遗产、世界地质公园、国家 5A 级风景名胜区、国家森林公园、全国重点文物保护单位。2010 年 8 月 2 日,江西龙虎山被列入《世界自然遗产名录》。

龙虎山分为龙虎山景区和仙女岩景区。仙女岩因神似一名翩若惊鸿的少女在漫天山水中翩翩起舞而得名。龙虎山以其变化多端的姿态、齐心怪状的怪石和宛若丝带的河水作为代表性景点,以刚性美(岩体的雄壮性)和柔性美(水流的流动性)为代表,在全国的丹霞地貌中有其独特的景观特色。

相传东汉末年有一位道士在此处炼丹,名为正一道创始人张道陵,他把炼丹的地方称为"龙虎观","龙虎山"由此得名。还有另外一种说法是,龙虎山从远处看神似盘旋在空中的飞龙和一只俯卧地面的猛虎,由此得名"龙虎山"(见图 11-16)。

图 11-16 龙虎山景观(张汉斌 摄)

(一)地貌类型

江西龙虎山地区以发育老年期丹霞地貌为特色,其成景地层为上白垩统河口组红层,目前对此红层的沉积相认识程度还比较低。由于地处盆地中部,受到边界断层活动影响较弱,而河流的地质作用相对较强,受到流水的长期侧侵蚀,在信江一带形成一些相对较矮的岩壁。在河流凹岸,常因河流侧面侵蚀作用发生溶蚀,形成岩洞,并成群出现,这是信江盆地最典型的特征。由于溶蚀作用不断加强,石头峰的顶部形成圆形的丹霞地貌。

龙虎山仙人城景区河口组出露厚度达百余米,沉积构造发育,且人工开凿的台阶可以直达山顶,这为沉积相分析提供了便利条件。根据野外露头岩性组成、沉积构造等特点,识别出 6 种岩相单元:无沉积构造砾岩、正粒序层理砾岩、逆粒序层理砾岩、平行层理砾岩、含砾砂岩、古土

江西龙虎山丹霞地貌的形成过程

壤。砾石统计结果表明,砾石粒径范围主要为3～4厘米,最大可达12.5厘米,成分以紫红色凝灰岩为主,砂岩、花岗岩和石英次之,变质岩(主要是片岩)较少,磨圆度主要为次棱角状,其次为棱角状。在显微镜下,砂岩碎屑颗粒主要呈次棱角—棱角状,分选性较差,粒径为0.05～2毫米,主要由石英、长石和岩屑组成,总体具有结构和成分成熟度中等偏低的特点。野外露头宏观和室内显微分析结果表明,仙人城丹霞地貌的成景地层为河流主导的冲积扇沉积体系的产物。在龙虎山地区,丹霞地貌的空间分布与盆地冲积扇沉积相的平面展布具有较好的一致性,盆地边缘冲积扇成因的厚层砾岩为后期丹霞地貌的形成和演化提供了物质基础。龙虎山仙人城景区的丹霞地貌类型包括丹霞崖壁、方山、石墙、石峰、石柱、丹霞洞穴、丹霞沟谷及奇绝罕见的象形丹霞等,群体地貌类型以侵蚀残余的平顶型和圆顶型峰丛、峰林与孤峰残丘并存为特色。成景地层为上白垩统河口组砾岩为主的红层,其中砾岩发育底冲刷侵蚀面、粒序层理和叠瓦状构造等。砾岩的砾石成分以紫红色凝灰岩为主,主要为次棱角状、棱角状,次圆状次之。

(二)地貌特点

这一地区受边界断层活动影响,介于盆地边缘和盆地中部之间,在一些断层带附近,地层的产状也发生明显变化,而大部分地区变化不大,水系的分布也较少,河流的地质作用相对较弱,丹霞地貌演化速率较慢,大都处于幼年期,只有部分地区受到构造或者河流的影响,地貌演化进入青年期甚至是壮年期,以平顶的方山、峡谷、石崖等组合景观为典型特征。

龙虎山丹霞地貌主要以砂岩、砾岩、泥岩等岩层组成,岩壁陡峭,节理错综,发育众多外形奇特,有突出旅游观光及美学欣赏价值的不稳定岩体,即景观危岩。龙虎山景观危岩经历了漫长的地质演变过程,是多因素耦合作用的结果,其主要影响因素有地形地貌、地层岩性、构造应力、水文地质条件及雕蚀作用(包括流水侵蚀溶蚀、温度差异风化、微观化学风化等),其中雕蚀作用是景观危岩形成的核心要素。

(三)资源评价

1. 经济价值

根据龙虎山风景旅游区管理委员会评出的龙虎山十大自然美景中,有6处存在不同程度的稳定性问题,分别为象鼻山、金枪峰、排衙峰、僧尼峰、文豪峰、仙桃石。它们外观柔美,形象突出,造型绝特罕见,是丹霞地貌最具观赏性的特色景观,并开设了专门的旅游线路,如象鼻山景区游道。象鼻山景区游道有8处地质景观、2处民俗文化景观。实地调查发现,有7处为地质灾害景观,占地质景观总数的87.5%;有5处为潜在地质灾害(象鼻山、福地门、百岁岩、仙丹盒、一线天);有2处为崩塌堆积景观(拇指石、脸谱石)。这条游览线上,除象鼻山外,其余景观很平常,特点不明显,吸引力不大。但每年游览这条路线人数约占景区游客总数的40%,近30万人,这说明象鼻山这个危岩景点的轴心作用突出。若象鼻山失稳,这条旅游路线游客人数可能会骤减,经济价值降低。

2. 科研价值

龙虎山原名云锦山,因横空有一片高达数百尺、宽约数百米的五彩石山形似云锦而得名;它的另一个出处是"状若龙虎",即一山像龙,一山像虎,龙盘虎踞,相依相偎,形成龙虎并峙的壮丽景观。20世纪末以来,随着我国地质公园建设启动,研究区内已建设以"丹霞地貌"为主要保护对象的地质公园。龙虎山已经成为丹霞地貌世界遗产的主要保护地,地质公园及遗产地的成功申报不仅有利于提升景区知名度,更有利于景区丹霞地貌的研究与开发。

龙虎山是典型的丹霞地貌,是我国丹霞地貌发育程度非常好的地区之一,地质构造上属于信江断陷盆地,有九十九峰、二十四岩、一百零八处自然景观和人文景观,以及二十多处神井丹池和流泉飞瀑。同时,明净秀美、婀娜多姿的泸溪河,由南向北似一条玉带,将上清宫、龙虎山、仙水岩等旅游景点串连在一线。泸溪河清澈见底,一年四季都是碧青色。拿泸溪河与漓江比,可得出"形似漓江"的评语,但论开阔、论天然、论野趣、论水质,泸溪河又被公认"胜似漓江"。从上清千年古镇乘竹筏顺泸溪河而下,沿途有"十不得"独特美景,几十里山水宛若人间仙境,丹霞地貌景观丰富多彩、各具独特、内容丰富、形态逼真,凸显了幽、奇、绝、秀、险之神奇与瑰丽,具有很高的旅游观赏和美学鉴赏价值,是我国重要的旅游景观,为当地旅游及区域经济的发展做出了巨大的贡献。龙虎山是丹霞地貌景观危岩特征研究的良好基地。

3. 美学价值

根据龙虎山风景旅游区管理委员会评出的龙虎山十大自然美景是龙虎山丹霞地貌的精髓和典型,尤其是象鼻山号称"天下第一神象",举世无双,弥其珍贵。景观危岩有的形象奇特壮观、气势磅礴,有的形体小巧精致、清净优美,有的形态幻怪离奇、轮廓柔和,是崇高美与优柔美的统一,往往具有人心与物游的审美境界。看到这些景观,人们会惊叹大自然的精雕细琢、神奇奥妙。这些特殊的景观给人力量之美、刚毅之美、精神之美,令人心与物游,不仅是自然美的体现,更是人类精神的好归处。

龙虎山自然景观以丹霞地貌为主,兼有流泉飞瀑、多种植被等多样性景观,既具有雄、奇、险的形态美,又具有云雾飘动、气象变化的动态美,比其他地貌类型更富有造景功能和美学观赏价值。

(1)形态美。龙虎山丹霞地貌景观类型丰富齐全,造型地貌景观属世界绝景,令人叹为观止。

(2)色彩美。蜿蜒曲折的泸溪河纵穿于龙虎山地区,碧波粼粼的天然湖泊、跌宕千尺的流泉飞瀑,映衬着千岩万壑的丹霞地貌景观,造就了龙虎山碧水丹山交相辉映之色彩美。

(3)艺术美。龙虎山的自然风光为历代文人雅士所赞颂,艺术作品、摩崖石刻等层出不穷,是对龙虎山自然美的好诠释。

(4)和谐美。各种景观有机组合、高度和谐,动静得体,疏密相宜,形成统一而连续的构图格局。

4. 文化价值

东汉中期,第一代天师张道陵在龙虎山肇基炼九天神丹,因此龙虎山也被称为"道教第一山"。张天师在龙虎山承袭63代,历经1900多年,是我国一姓嗣教最长的道派,素有"北孔南张"("孔"即孔夫子,"张"即张天师)之称。"百神授职之所"的大上清宫,始建于东汉,为祖天师张道陵修道之所。道教最兴盛时期,龙虎山建有10大道宫、81座道观、36座道院,其中以"上清宫"规模最大,宫内伏魔殿和镇妖井就是施耐庵笔下的"水泊梁山一百零八将"的出生地。

源远流长的道教文化,是龙虎山独有的一大特色旅游资源,现在龙虎山作为道教圣地,在海内外道教界备受推崇,来此朝圣、观光者络绎不绝。

龙虎山的崖墓群堪称一绝,在泸溪河两岸的崖壁上,一个个山崖墓穴,形态各异,高低不一,有的单洞单葬,有的连洞群葬,淡黄色的古棺木和堑底封门之间的泥砖清晰可见。据考证,这是春秋战国时期古越人的墓,距今已有2600多年的历史,堪称中国崖墓文化的发源地和自然考古博物馆。历时2000多年的春秋战国时期的崖墓,以其分布广、数量多、位置险、造型奇特、文物丰富而成为研究古越族史及中国纺织史、乐器史、音乐史的珍贵资料,在人类崖墓文化中龙虎山崖墓堪称中国之最、世界一绝,被誉为"天然考古博物馆"。

龙虎山的丹霞地貌,千古文明的古越民族文化,春秋战国时期的古崖墓群,源远流长的道教文化等都是龙虎山的特色。龙虎山景区在开发中应把独特优美的自然资源同道教文化、古越文化有机地结合起来,以实现自然资源和历史文化资源的有机衔接与整合。龙虎山的道教文化对游客具有极强的吸引力,因此必须突出道教的文化特色,彰显其文化内涵,以道教文化为主体,以景区设施和游览环境为辅助,以秀美山水和古文化为依托,以保护环境为基础,对龙虎山合理有序地开发。如每年十月在龙虎山举行的道教文化节就是彰显其道教文化特色的一项重要举措。

六、浙江江郎山

江郎山位于浙江江山县城以南 25 千米的江郎乡,是江郎山国家级风景名胜区五个景区之一。此地的突出特征是具有三座南北走向"一"字形排开的山峰,分别是郎峰、亚峰、灵峰,又被称作"三爿石"(见图 11-17)。

图 11-17　江郎山三爿石远景及近景(张汉斌　摄)

浙江江郎山是"中国丹霞"老年期的典型代表。江郎山郎峰被中外游客称为"神州丹霞第一峰"。雾锁层林烟笼山,锦江碧水绕其间。群峰百态争斗艳,无愧万古冠岭南。江郎山位于仙霞岭山脉北麓,浙、闽、赣三省交界处。江郎山以"壁立万仞"的三神峰而闻名于世。其中,郎峰被誉为"神州丹霞第一峰"。"一线天"被认为是"中国丹霞一线天之最"(见图 11-18)。自古以来,白居易、王安石、陆游、辛弃疾、徐霞客等许多文人墨客到此游览观光,并写下了很多脍炙人口的赞美诗篇。

图 11-18　江郎山一线天(张汉斌　摄)

(一)地貌类型

1. 墙状地貌

墙状地貌的突出表现形式为峰林景观,在此基础上形成的峰林高耸入云,且在位置方向上具有"一字"形排开的特点和规律。区域内具有代表性的景观为郎峰、亚峰和灵峰三座奇峰异石,在地质构造上相得益彰,互相映衬。由于地质作用的频频发生,此地的山峰呈现出巍峨高耸的特点,再加上外力作用的侵蚀,此地的郎山地貌发育十分密集。江郎山"三爿石"沿着东南—西北方向延展,俯瞰这段地形极具美感,给人们带来强烈的视觉感受。不同于其他丹霞地貌的特点,此处"一线天"景观也十分密集,在此处能看到十分和谐的山林共存景观。

2. 象形地貌

象形地貌,顾名思义,是在外观上具有描述事物特征的相关地貌,如能够从外部刻画出栩栩如生的形象特征,或者是从某个角度十分的相似,由于其造型奇特,位置呈现整齐排开的架势,形态各异姿态万千,有的像坐在地上的人,有的神似一对母子,还有的像各种动物,象形地貌的形成为此地的丹霞地貌增加了几分趣味性和实践操作性,在光影的映衬下十分可人,憨态可掬,栩栩如生。

3. 块状地貌

块状地貌是在平台裸露区域基础之上形成的裸露分布,其地貌类型呈现出丰富多彩的地貌景观。在地表将面积暴露在外界的情况下,丹霞红层景观分布极为完整和平坦,由于地势较为低缓,有利于泥沙的堆积和层叠。山顶比较平缓的块状地貌区域,一般与不同高度古夷平面直接相关。江郎山景区内,属丹霞地貌景观的有两个古夷平面,其高度分别约 800 米和 500 米,前者为江郎山"三爿石"峰顶的高度,后者相当于江郎山庄、江郎书院和开明禅寺一带的高度,也即江郎山"三爿石"拔起的基点高度。

4. 崩塌景观

山体的断裂构造为后期的流水侵蚀创造了绝佳的条件,由于流水在外表面进行作用力,砂石在内外部受力不均匀的情况下容易发生崩塌和腐蚀,崩塌之后会有地表土出露,在这里的风化岩层之中,有大小不等的岩块崩塌,会有沧海桑田的既视感。

此外,崩塌景观还集中体现在峡谷方面,大峡谷的断层谷,阶梯状地貌的分布,一级一级的不断抬升和压迫,最终实现地貌类型的完全版分布,由于地形起伏较大,外力作用的侵蚀和剥蚀对于外部的塑造是非常强的。小弄峡为流水冲刷拉张节理形成的裂谷,大弄峡为断层谷。根据郎峰两级岩床和两级侵蚀"阶地",再现了江郎山的隆升和演化历史。

(二)地貌特点

有学者认为,具有区域特征的隆起河谷可能是记录区域地貌演化历史的重要地貌遗迹,江郎山丹霞地貌以"三峰""一河谷"为主要特征。最具代表性的"三爿石"是地质二代变化、三代变化甚至是四代变化的较好产物。江郎山丹霞地貌这种发育演化阶段上的复杂性和独特性值得从地貌学上做深入研究。

(三)资源评价

1. 生物价值

由于此地岩石陡峭,且季风海洋性气候特征明显,苔藓等地景观岩生植物分布十分广泛,山体顶端平缓,有利于水分的存储及堆积,以及为后续植物的生长创造良好的外部条件。海洋性的气候特征为此地带来了丰富的降水,为植物的生长提供了完美的生存环境。除此之外,江郎山高且陡峭,其植被分布具有垂直地带性,从矮状灌木丛到地衣苔藓都有较为广泛的分布。

2. 科研价值

江郎山丹霞地貌应属于丹霞地貌发育的晚期阶段或老年期。江郎山有着得天独厚的研究价值和地学背景,成为全国地学研究者不断探寻的对象。根据新闻记载,曾在这里发现湖泊相的蚌类、叶肢介、介形虫等。不仅如此,这里还是恐龙化石赋存区,对研究恐龙灭绝以及地层对比研究具有十分重要的意义和价值。1977年10月26日,江郎山麓礼贤金交椅村发掘出一组恐龙化石,从中获取骶骨、椎骨、趾骨等化石标本30余块,重200多千克;1999年6月27日,江山市环城西路发现了一处恐龙蛋化石。因此,江郎山地区对研究地球演化史和古生物的进化发展具有重要科学研究意义。

3. 美学价值

江郎山地处沿海城市,丹霞地貌与海岸景观相辅相成,互为表里。最突出的景观是"一线天"景观,这里的地貌被誉为是"中国丹霞一线天之最"。"三爿石"即郎峰、亚峰和灵峰,被誉为"雄奇冠天下,秀丽甲东南"。三座石峰整齐排开,是一字形排列,像是张开的翅膀。如此密集和近距离的丹霞地貌实属罕见,因为在地貌抬升的过程中,背斜板块会随着地壳的抬升运动不断远离,但是江郎山却形成了如此绝妙的构图,其美学价值不言而喻。

4. 文化价值

江郎山位于浙江衢州江山市,传说是古时候三个姓江的兄弟登上山顶变成为三大巨石而形成,素有"雄奇冠天下,秀丽甲东南"之誉。唐朝诗人白居易曾到此处留下诗篇:"安得此身生羽翼,与君来往醉烟霞。"众多英杰名士为江郎山留下了大量的游踪遗墨:有饮誉东南的江郎书院,有堪称八闽咽喉的仙霞关,有黄巢义军开辟的仙霞书院、仙霞古道,有保留完整的廿八都明清古建筑,有黄巢义军开辟的仙霞书院、仙霞古道,有保留完整的廿八都明清古建筑……陆游、黄公望、杨万里、沈九如、徐渭、刘基、郁达夫等文人墨客都到此地驻足并留下壮丽诗篇。

本章小结

本章通过对中国乃至世界丹霞地貌进行梳理,得出丹霞地貌分布规律的结论。丹霞地貌的形成过程大致都经过了幼年到中年再到成熟的转变。在丹霞地貌形成之后,外力作用的不断加强,塑造了形态各异的丹霞景观。中国的丹霞景观在世界上具有举足轻重的地位,无论是从外观还是体量上来看,都具十分钟重要的研究价值。在中国,有六大著名的丹霞地貌景观,是中国地质研究的瑰宝和中国地图上壮丽的红色图景。研究丹霞地貌,人们不仅能了解岩层在各个时期的发展变化规律,更能为当地丹霞地貌的保护开发提供新的思路和建议。

课后练习

一、简答题

1. 丹霞地貌形成的物质基础——红层的形成需要什么条件?
2. 中国丹霞地貌演化分为几个阶段?其特征是什么?
3. 简述中国丹霞地貌分布情况和特征。
4. 丹霞地貌形成的内、外力作用都有哪些?
5. 丹霞地貌分别表现出哪些地貌类型及景观?
6. 简述丹霞地貌的形成过程。

二、实训题

根据本章所学内容绘制丹霞地貌青年早期、青年晚期、壮年早期和壮年晚期的特征图。

Chapter

12

第十二章　中国自然遗产之奇：喀斯特地貌

学习目标

喀斯特地貌是中国自然遗产的奇迹，神秘的溶洞、地下河，巍峨的峰丛、峰林，自然形成的天生桥、形态各异的石钟乳，无一不体现着喀斯特地貌的神奇。本章我们将了解喀斯特的定义、喀斯特地貌的形成条件、喀斯特地貌的形态，并从"中国南方喀斯特"的一期和二期项目具体了解喀斯特地貌的鬼斧神工。最后，我们将探讨"中国南方喀斯特地貌"的保护措施与建议。

思政目标

通过本章学习，引导学生感悟大自然的魅力，品味经过漫长的地质演变形成的灵山秀水，为祖国壮丽山河感到自豪，增强家国情怀。

学习重点

1. 喀斯特地貌的形成条件（水的条件、岩石条件）。
2. 喀斯特作用的化学公式。
3. 地表的喀斯特形态。
4. 地下的喀斯特形态。
5. "中国南方喀斯特"一期、二期项目。
6. 保护喀斯特地貌的措施与建议。

知识框架

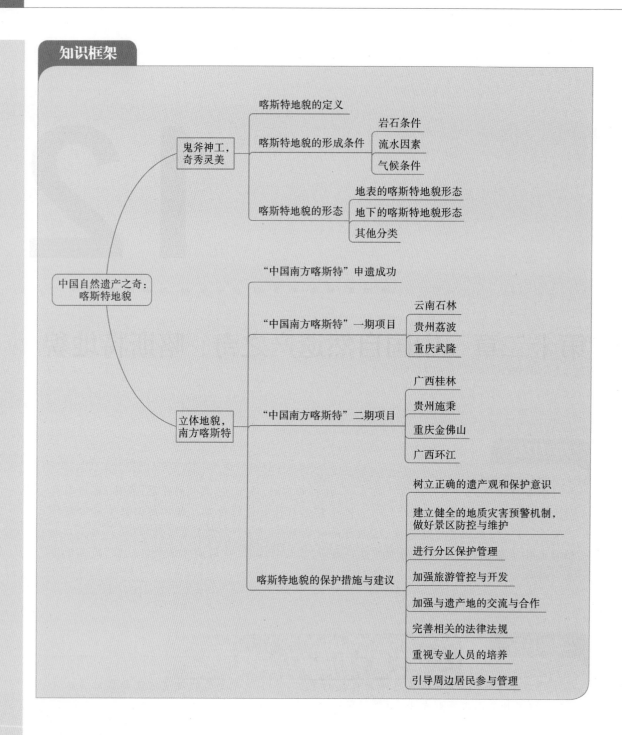

内容导入

桂林山水甲天下

有人说,去旅游的话先去第五套人民币背后的图案看看:1元人民币背后的杭州十景之一——三潭印月;5元背后的全国名山之冠——泰山;10元背后的长江山峡的瞿塘峡口;20元背后的"甲天下"——桂林山水;50元背后的拉萨的标志性建筑——布达拉宫;100元人民币背后的北京的地标性建筑——人民大会堂(见图12-1)。这些景点无一不彰显着中国的大好河山和深厚的历史文化底蕴。

图 12-1　第五套人民币背面图案

其中,桂林山水是世界上规模最大、风景最美的岩溶山水游览区,一向以"山青""水秀""洞奇"三绝闻名中外,享有"桂林山水甲天下"的美誉,是山水组合的经典之地。桂林位于广西壮族自治区东北部、湘桂走廊南端。2014年6月23日,广西桂林和环江、贵州施秉、重庆金佛山联合申请的"中国南方喀斯特"二期项目通过评审,被列入《世界自然遗产名录》。

很多人只知桂林山水壮美,却不知此处漓江两岸孕育着喀斯特地貌景观,特有的峰丛和峰林矗立在漓江两岸,这才塑造了中国独有的绝世美景。然而,在几亿年前,这个地方只是一片汪洋大海,经过极其漫长的地壳运动,大自然才打磨出如此惊天动地之作。

第一节　鬼斧神工,奇秀灵美

一、喀斯特地貌的定义

"喀斯特"原是欧洲斯洛文尼亚共和国境内伊斯特里亚半岛上的石灰岩高原的地名,意思是岩石裸露的地方。因为近代喀斯特研究发源于此地,所以得名喀斯特地貌。

"喀斯特地貌"是指可溶性岩石被具有溶蚀力的水溶解与侵蚀而形成的地表和地下形态的总称。

喀斯特地貌还可以理解为可溶性岩石的破坏和转化主要由地下水引起,地表水为辅,主要由化学过程(溶解和沉积)引起,辅之以机械过程(水侵蚀和沉积、重力塌陷和堆积),而形成的地表和地下形态的总貌。

二、喀斯特地貌的形成条件

(一)岩石条件

1. 岩石的可溶性

可溶岩是岩溶地貌形成的基本条件。岩石溶解度是由岩石的成分和结构决定的。

依据岩石的成分,它可以被分为碳酸盐类岩石、硫酸盐类岩石和卤盐类岩石。其中,卤盐类岩石溶解度最大,碳酸盐类岩石溶解度最小,硫酸盐类岩石介于两者之间。由于硫酸盐类岩石和卤盐类岩石的分布少、岩石体量小,碳酸盐类岩石分布较多、岩石体量较大,碳酸盐岩发育的岩溶较为普遍。

2. 岩石的透水性

岩石的透水性主要受孔隙度和裂隙度的影响。其中,裂隙度对岩石透水度的影响比裂隙度的影响更大。一般来说,可溶性岩石都存在一定的裂隙度,但如果裂隙少,没有张开贯通,岩石的透水性比较差。多数情况下,厚层的可溶性岩隔水层较少,那么岩层裂隙张开就会比较大,透水性就较好。相反,薄层的可溶性岩隔水层较多,岩层裂隙张开较小,透水性较差。一些断层和褶皱也会增强透水性,在一些褶皱地区,地表岩溶沿褶皱呈带状分布。此外,可溶岩石本身的溶解程度也会影响岩石的透水性。

(二)流水因素

1. 流水的溶蚀作用

水的溶蚀能力主要指的是水与水中的二氧化碳发生化学反应,最终形成碳酸化合物。其中,二氧化碳主要来自大气流动、水中有机物的溶蚀和矿物风化。

(1)溶解过程:

$$CaCO_3 + CO_2 + H_2O \longrightarrow Ca^{2+} + 2(HCO_3)^-$$

即主要以碳酸钙组成的岩石,重碳酸钙溶液物质被水带走,在可溶性岩石上留下溶洞、空洞等,这是第一个过程。

(2)淀积过程:

$$Ca^{2+} + 2(HCO_3)^- \longrightarrow CO_2 \uparrow + H_2O + CaCO_3$$

即当重碳酸钙溶液遇到环境发生变化时,二氧化碳和水的逸出,然后使重碳酸钙溶液重新又变成碳酸钙沉淀下来,这些碳酸钙多以石钟乳、石笋、石柱等形式沉淀下来。

2. 流水的流动作用

流动的水比静止的水更具溶蚀性。水中的二氧化碳在流动中的水中可以得到及时的补充,推动溶蚀作用的不断进行。另外,流动的水中携带的砂石对可溶性岩石不断进行冲刷,可以加速岩石的溶解速度。

(三)气候条件

在我国,喀斯特地貌主要分布在西南地区。我国西南地区气候湿润,降水充足,地表径流较为稳定,有降水进行补充,可以不断进行下渗,因此,岩溶反应可以不断进行,喀斯特地貌发育较为完善。

三、喀斯特地貌的形态

(一)地表的喀斯特地貌形态

地表的喀斯特地貌形态可分为两种:溶蚀形态和堆积形态。

1. 溶蚀形态

喀斯特地貌依据侵蚀的程度不同,可形成溶沟、石芽、溶蚀漏斗、溶蚀洼地、溶蚀谷地、落水洞、干谷、盲谷、峰林、峰丛、孤峰、天生桥等。

(1)溶沟。

溶沟是指碳酸盐岩表面的一种溶蚀现象,雨水沿着岩石坡面进行流动,溶蚀岩体而成的沟槽。沟槽的深度一般数厘米至数米，多分布于碳酸盐岩坡面上，呈平行状、树枝状和格状的交叉系统(见图12-2)。

图 12-2　溶沟(鄢志武　摄)

(2)石芽。

溶沟间突起的部分叫"石芽"。石芽的地表部分露出顶尖端，下部分为粗体，因此又被称为"石笋"。石芽的高度一般只有十几厘米至几百厘米，可以形成于岩溶地貌发展的各个阶段。石芽有多种形态，如尖脊、尖山刀、棋盘、车辙、石柱状等(见图12-3)。

图 12-3　石芽(鄢志武　摄)

根据裸露地表的程度不同，石芽可以分为埋藏石芽、半裸露石芽和全裸露石芽。在岩溶作用的影响下，一般分布在西南岩溶地貌的斜坡上，从斜坡上部到下部，由全露石芽过渡到半露石芽和埋藏石芽。

石芽和溶沟相辅相成，在地形坡度较大的地方，石芽与溶沟呈平行状分布；在地形较为平缓的地区，石芽和溶沟纵横交错；在灰岩节理发育区，溶蚀沟根据节理溶蚀情况呈网格状分布。

(3) 溶蚀漏斗。

溶蚀漏斗是由沿节理和裂隙收集在低洼地区的雨水持续溶解形成的,呈漏斗状或者蝶状,深几米至几百米,直径长几米至数百米(见图12-4)。

图 12-4　溶蚀漏斗——湖北利川(鄢志武　摄)

溶蚀漏斗依据成因分为沉陷漏斗和塌陷漏斗。

沉陷漏斗是指在覆盖着厚松散沉积物或砂岩的岩溶地区,如果有裂缝通向地下,水流在渗入过程中会带走一些细粒砂和黏土物质,导致地面沉降,形成沉陷漏斗。有些沉陷漏斗底部有落水洞。

塌陷漏斗主要由洞顶雨水的溶蚀渗透或地震引起的塌陷形成,截面为筒状,又称"岩溶漏斗""盘坑""盆坑""灰岩坑"。在重庆奉节等地,巨型的塌陷漏斗被称为"天坑"(见图12-5)。

图 12-5　重庆奉节小寨天坑(陈伟海　摄)

(4) 溶蚀洼地。

溶蚀洼地是指石灰岩区经溶蚀作用而形成具有一定面积的闭塞盆地。溶蚀凹陷的形状与溶蚀漏斗的形状相似,但其规模远大于溶蚀漏斗的规模。溶蚀洼地一般有十米至数百米宽,数千米至数十千米长。溶蚀洼地内有孤峰、溶蚀漏斗、落水洞、残丘等喀斯特地貌。溶蚀洼地一般底部平坦,有松散堆积物存在。面积比较大的溶蚀洼地被称为"坡立谷"。有些溶蚀洼地和坡立谷的形成与断层分布相关。溶蚀洼地和峰林同时形成。开始时,在峰丛之间可能会形成一些包含岩溶漏斗和天坑的小洼地。随着雨水的积累,地表和地下岩溶作用加强,溶蚀漏斗不断扩大,导致相邻溶洞发生崩塌合并,形成溶蚀洼地和坡立谷。溶蚀洼地积水,可形成岩溶湖。溶蚀洼地主要分布在我国西南地区,以云贵高原和广西一带较多(见图12-6)。

图 12-6　湖北利川岩溶洼地(何端傭　摄)

(5)溶蚀谷地。

溶蚀谷地是指由于溶洞或地下河流的崩塌而形成的裸露地表在两岸形成的陡峭深谷(见图 12-7)。

图 12-7　溶蚀谷——由腾龙洞支洞崩塌而成(鄢志武　摄)

溶蚀洼地和溶蚀谷地最本质的区别在于它们的形成原因。溶蚀洼地是由溶蚀作用形成的，而溶蚀谷地是地面塌陷作用形成的。

(6)落水洞。

落水洞是地表水流入地下的进口，表面与溶蚀洼地相似，形成于潜水面以上。刚开始，落水洞沿垂直节理以溶蚀为主，随着时间流逝，洞口逐渐扩大。当遇到暴雨时，大量雨水流入洞内，且雨水中的大量泥沙和石砾对洞口进行冲刷,落水洞不断扩大。因此,落水洞是沿垂直裂缝的水溶解和侵蚀的产物,并伴随着部分坍塌。但有些落水洞是由塌陷形成的。落水洞通常与地下溶蚀作用相伴而生。落水洞有裂隙状、筒状、锥状、袋状等多种形状(见图12-8)。

(7)干谷。

干谷是指喀斯特地区干涸的河谷,又称"死谷"。干谷底部较为松散,常有沉积物分布。干谷的沿岸常有呈串状的溶蚀漏斗和落水洞成群分布,因此干谷常常作为寻找地下河的一大标志。

干谷的形成原因有很多,我国南方的喀斯特地貌地区因为地壳上升,岩溶水的水平循环带下降,或是因为上游河道水流流入落水洞成为地下河,原来由地下水和上游河道补给的河流失去了水源,因而变成干谷。我国北方的部分喀斯特地区河谷受气温和降水的影响,在洪水期是地表河,而到了枯水期,河谷又变为干谷(见图12-9)。

图12-8　落水洞——腾龙洞水洞入口(鄢志武　摄)

(8)盲谷。

河流在到达干流之前,径流水就在吸水岩溶区被吸入地下而消失,形成盲谷。在落水洞处顺着岩溶通道流入地下暗河,有时会重新流出地表,这种由喀斯特陡壁下流出的喀斯特泉或地下河,在地表出露形成的河流,称为"断头河"。地表河下游消失于落水洞或溶洞中形成的无出口的河谷称为"断尾河"。转入地下的河流暗流段,叫"伏流"。

盲谷多发育于我国广西地区以及云贵高原,如湖北利川腾龙洞伏流洞穴系统的观彩峡盲谷(见图12-10)。

图12-9　古河床干谷(鄢志武　摄)

图12-10　观彩峡盲谷(鄢志武　摄)

(9)峰林。

峰林,国外称锥状或塔状喀斯特,是分布在喀斯特地区的一组喀斯特山峰,基底分离,相对高度为100~200米,坡度大于45°。峰林分布地区常分布有石芽、洞穴和洼地。

峰林主要分布在热带亚热带地区,国内主要分布在我国的广西、贵州、云南和广州北部等地,国外主要分布在越南、老挝、菲律宾、马来西亚、古巴、波多黎各、牙买加和墨西哥等地。峰林分布地区年平均温度在20℃以上,年降水量达到1500毫米,满足峰林发育环境。

《中国国家地理》是以介绍中国地理为主,兼具展示世界各地不同区域的自然、人文景观,并揭示其背景和奥秘,另亦涉及天文、生物、历史和考古等领域的中国有关地理知识的杂志。2005年,《中国国家地理》杂志选出了中国最美的五大峰林,分别是:桂林阳朔——山水相依的画廊(见图12-11)、武陵源——失落深山的丹青、万峰林——高原上的心跳、三清山——西太平洋边缘最美的花岗岩、罗平峰林——金色的花园。

图 12-11　桂林阳朔峰林(韩道山　摄)

(10)峰丛。

峰丛是岩溶地区发育的一种连座峰林,基部完全相连,顶部为圆锥状或尖锥状的山峰,相对高度为200~300米。峰丛多分布于碳酸盐岩山区的中部,或靠近高原、山地的边缘部分(见图12-12)。

图 12-12　峰丛地貌命名地——桂林草坪(鄢志武　摄)

峰丛与峰林不是从属关系,而是横向关系,是喀斯特地貌发育的不同阶段。峰丛进一步侵蚀峰林,为岩溶地貌发育的早期阶段。

(11)孤峰。

孤峰是喀斯特地区一个孤立的石灰岩山峰,常分布在喀斯特平原或喀斯特盆地(见图12-13)。

图 12-13　孤峰景观（鄢志武　摄）

（12）天生桥。

天生桥是典型的喀斯特岩溶地貌景观，是地下河长期溶蚀、侵蚀等水流作用导致地下河及洞穴的顶板崩塌后，残留部分的两端与地面连接而中间悬空的桥状地形。在喀斯特造就的众多景观中，天生桥是其中一颗璀璨的"明珠"（见图 12-14）。

图 12-14　湖北恩施盛家坝"飞龙"天生桥（鄢志武　摄）

2. 堆积形态

堆积形态的地表喀斯特地貌，主要有钙华瀑布和岩溶泉华等，这是一类典型的地表喀斯特地貌。

地热流体上升至地表沉淀出碳酸钙矿物，形成钙华（泉华）。岩溶泉华主要是指在泉口附近从泉水中沉淀下来的疏松多孔的物质化学淀积物。泉华按其所含的成分主要分为钙华、硅华、硫华、盐华和金属华五类，但以钙华多见。当泉水溢出地表之后，形成的泉华呈现出淡白色、黄绿色及红色等多种颜色。

黄龙钙华景观（见图 12-15），类型齐全，钙华边石坝彩池、钙华滩、钙华扇、钙华湖、钙华塌陷湖、坑，以及钙华瀑布、钙华洞穴、钙华泉、钙华台、钙华盆景等一应俱全，是一座名副其实的天然钙华博物馆。

图 12-15　四川黄龙钙华景观（乔雪　摄）

（二）地下的喀斯特地貌形态

地下的喀斯特地貌也可以分为两种：蚀空形态和堆积形态。

1. 蚀空形态

蚀空形态的喀斯特地貌包括溶洞、地下河（湖）等。

（1）溶洞。

地下水溶蚀地貌最引人瞩目的就是溶洞。溶洞是指可溶性的石灰岩被含有二氧化碳的流水所溶蚀，最后形成的天然洞穴（见图 12-16）。

溶洞一般广泛分布于山地区域，通常位于潜水面附近，地下水沿潜水面附近的大裂隙流动，同时发生强烈的化学溶蚀和机械潜蚀作用。如果潜水面呈倾斜状态，溶洞主体多呈水平状态或略倾斜状态，这主要与潜水面的形态有关。

溶洞景观大体上可以分为滴水石景观、流水石景观和其他景观。滴水石景观是指滴水形成的岩石景观，较为著名的是湖北利川玉龙洞中的石钟乳、石笋、石柱和鹅管（见图 12-17）。流水石景观是指由流水形成的景观，常见的流水石景观有石幔、石旗、石盾、边石坝等。除滴水石景观和流水石景观外，还存在一些其他的溶洞景观，如由水汽凝结而形成的石花和多原因催生的穴珠等。

图 12-16　天然洞穴——腾龙洞支洞（何端傭　摄）

图 12-17　玉龙洞中的石钟乳、石笋、石柱和鹅管（鄢志武　摄）

溶洞可以有多种分类：按洞体形态，其可以分为竖洞、平洞、层洞；按所在位置，其可以分为边洞、腹洞、穿洞；按石景特点，其可以分为乳石洞、响石洞、晶石洞；按水景特点，其可以分为瀑布洞、泉溪洞、河湖洞；按光象特征，其可以分为天光洞、异光洞、发光洞；按气象特征，其可以分为暖洞、冷洞、冰洞、风洞、气洞；按洞内栖息的生物，其可以分为燕子洞、蝙蝠洞、鱼洞；按文化特征，其可以分为猿人洞、遗址洞等。

(2) 地下河（湖）。

当地下水流继续沿岩石的孔隙和裂缝溶解时，裂缝继续扩展，并发生重力塌陷，使孔隙通道扩展成溶洞，形成管道式水，称为"地下河"。我国的地下河主要分布在南方地区，面积从几平方千米到上千平方千米。根据地下河在平面上的分布形态和发育的模式图形，可以将其分为单管形、人字形、树枝形和网络形（见图12-18）。

图 12-18　地下河河道形态图（鄢志武、何端傭、唐超斌　摄影绘制）

2. 堆积形态

堆积形态的喀斯特地貌包括石钟乳、石笋、石柱、石幔等。

(1) 石钟乳。

石钟乳，又名"钟乳石"。石钟乳的生成是岩溶反应的结果。含有二氧化碳的水渗入石灰石的缝隙，与碳酸钙反应形成水溶性碳酸氢钙。含有碳酸氢钙的水从洞顶向下滴落的过程中，又发生分解反应，分解为二氧化碳、碳酸钙和水。在此过程中，碳酸氢钙又进行固化。因此形成由上而下生长的石钟乳（见图12-19）。

石钟乳主要分布在我国的广西和云南等地。由于其形状奇特、光泽鲜艳，因此具有很高的科学价值和欣赏价值。

(2) 石笋。

石笋为碳酸钙成分组成的岩石，指在溶洞洞底地面形成的尖锥或圆尖锥体，是喀斯特地形的一种自然现象（见图12-20）。石笋形如竹笋出土，自下向上生长，与石钟乳一样生长得非常缓慢。

石笋是由于含碳酸的水不断点滴到一处，碳酸钙沉淀而形成的，自下向上生长的是石笋，从上往下生长的是石钟乳。石笋可以有不同的形状，水滴的流量、滴水的高度以及地面的状况均

图 12-19　玉龙洞中线状分布的石钟乳和石笋（鄢志武　摄）

会影响石笋的形状。假如滴水和里面含的矿物质均匀的话会形成比较细长且粗细均匀的石笋，它们均匀的直径达到数米的高度。假如滴水比较强，而且是来自渗入洞里的雨水的话，那么会形成圆锥状的石笋，它们在根部可以达数米直径。滴水高度会影响石笋顶部的形状，高度小的话石笋的顶是圆的，高度越大它越平，在极限状态下甚至可能是凹的。

如上所说，石笋的形状受水滴的影响较大。而随着季节的变化，水滴中的物质也会发生变化，石笋的形状和组成成分也会随之而改变。这样一来，石笋和树木一样，也拥有了属于自己的年轮。专家们通过研究石笋，来推测石笋生长的年代，并复原气候的变化情况。但是，一些因为滴水消失而停止生长的石笋无法用来推测其生长年代。

（3）石柱。

石钟乳自上而下生长，与对应的石笋相连接而形成石柱（见图 12-21）。石柱的形成时间较漫长，往往需要上万年甚至几十万年的时间。石柱、石钟乳和石笋共同构成了洞穴的主要景观。随着石柱的发育，最后会把洞穴整个填封起来。

（4）石幔。

石幔，又称"石帘""石帷幕"。当大量的水从洞顶渗出，且在均匀倾斜的洞顶和陡峭的洞壁上有大面积的水流时，充满碳酸钙的薄层水流沉积，形成布幔状的褶皱流石（见图 12-22）。

图 12-20　隐水洞中的石笋
　　　　（鄢志武　摄）

图 12-21　石柱（鄢志武　摄）

图 12-22　隐水洞中的石幔
　　　　（鄢志武　摄）

(三) 其他分类

1. 根据埋藏条件、形成时代和区域气候条件分类

通过多次实验、猜想和不断取证，地质学家们根据石芽的埋藏条件、形成时代和区域气候条件对岩溶地貌进行了如下分类(见表 12-1)。

表 12-1 岩溶地貌类型表

划分依据	基本类型	主 要 特 征
埋藏条件	裸露型	岩层主要部分出露地表，在低洼处，第四纪覆盖层厚度不超过 10 厘米
	浅覆盖型	岩层绝大部分被第四纪覆盖层覆盖，厚度不超过 30 米
	深覆盖型	岩层基本被第四纪覆盖，厚度一般大于 30 米，基本上看不到岩溶景观出露地表
	埋藏型	可溶岩层被不可溶岩层覆盖，地表看不到岩溶景观，地下水与地表水联系不大
形成年代	古岩溶型	岩溶形成早于新生代，溶洞中填有新生代以前的沉积岩石
	近代岩溶型	岩溶形成晚于新生代，溶槽和溶隙呈空洞状或者填有第三、第四纪沉积物
区域气候	寒带型	地表地下岩溶发育强度小、规模小
	温带型	地表岩溶发育有强度较弱、规模较小等特点，地下岩溶较发育
	亚热带型	地表岩溶发育面积大，见地下溶洞、暗河
	热带型	地表岩溶发育强度大、分布范围广，多见地下暗河、溶洞
	干旱型	受干旱气候的影响，没有岩溶作用

2. 按岩性进行分类

根据可溶性岩石的形成地貌，可以将岩溶地貌分为白云岩喀斯特、石灰岩喀斯特、盐喀斯特以及石膏喀斯特。

第二节 立体地貌，南方喀斯特

一、"中国南方喀斯特"申遗成功

2007 年，云南石林、贵州荔波、重庆武隆联合申请了世界自然遗产，成为"中国南方喀斯特"一期项目。到了 2014 年，又补充增加了广西桂林、贵州施秉、重庆金佛山和广西环江四处景观，构成了"中国南方喀斯特"二期项目。自此，"中国南方喀斯特"一期项目的三处遗产和后补充的四处遗产才构成了一个较为完整的系列。作为一个完整的喀斯特自然遗产，"中国南方喀斯特"一期和二期项目包括了高原和平原各种形态，有着喀斯特发育的早期、中期、晚期的各个阶段，丰富多样、形态各异，各个遗产的品质都是世上少有，是中国喀斯特地貌的名片，展示着中国的大好河山。世界遗产委员会是这么评价它的："中国南方喀斯特"在喀斯特特征和地貌景观方面的多样性是无与伦比的，代表了世界上湿润热带到亚热带喀斯特景观最壮观的范例，因而具有突出价值。

"中国南方喀斯特"中的各个景点虽说都是喀斯特，可是它们特色各异，如云南石林是高原剑状喀斯特、贵州荔波属于高原斜坡锥状喀斯特、重庆武隆属于天坑峡谷喀斯特、广西桂林属于平原塔状喀斯特、贵州施秉属于白云岩峰丛峡谷喀斯特、重庆金佛山属于切割高原方山喀斯特，以及广西环江属于锥状喀斯特是荔波喀斯特遗产地的拓展，即六个遗产组成地和一个拓展地。

中国南方喀斯特景区众多,且面积广,不仅向世界展示了优越的地质地貌价值,见证了地球的演化过程,也展示了自然的审美价值,加深了世界对中国独特自然资源禀赋的认识,增强了公众对自然资源特别是特殊遗产资源的保护意识。

二、"中国南方喀斯特"一期项目

(一)云南石林

云南石林喀斯特遗址位于云南昆明石林彝族自治县境内。它包含着丰富的剑岩形态,形成于大约2.7亿年前的二叠纪。如今令人叹为观止的景观不是一朝一夕形成的,它经历了时间的打磨,见证了沧海桑田,岩石在时间的缝隙中一点点沉淀,这才形成了如今的地貌。含有各种类型的喀斯特景观是云南石林的一大标志,来到这里,仿佛见到了全世界各种类型的喀斯特地貌。其石芽、峰丛、喀斯特丘陵、喀斯特洞穴、喀斯特湖泊、瀑布和地下河流星罗棋布。云南石林是典型的高原喀斯特地貌,包含着完整的喀斯特谱系,是同类型高原喀斯特中较有特色的特征。

1. 自然地理特征

(1)地势地貌。

云南石林喀斯特地貌区(见图12-23)位于昆明的东南部,境内地势东北高西南低,呈阶梯状下降。圭山山脉位于区域北部,中部有九潘山。区域西部为巴江流域,地势平坦。

云南石林喀斯特地貌区几乎囊括了所有的喀斯特类型。石林、洼地、地下、谷地、泉和瀑布,主要属于高原剑状喀斯特类型,被誉为"世界喀斯特博物馆"(见图12-24)。

图12-23　路南石林(张汉斌　摄)

图12-24　剑状石林(张汉斌　摄)

云南石林景区的代表景观有很多,大小石林、乃古石林、长湖等,都让人流连忘返,且较为典型,名声在外。表12-2为云南石林喀斯特地貌区主要景观。

表12-2　云南石林喀斯特地貌区主要景观

景 观 名 称	景 观 特 色
大小石林	大小石林分布有剑状喀斯特地貌,是云南石林中典型的喀斯特类型。较著名的当属小石林的"阿诗玛"和大石林中的"石林胜景"。小石林的石壁将景区分为若干园林;大石林的"望峰亭"为林海的最佳观赏处。一般的石林高25米左右,大石林的岩柱最高可达40米
步哨山	步哨山位于大石林之东、小石林之南,以景区环林东路为界,呈南北向带状分布,地貌上属大石林溶蚀洼地东部斜坡平台。山顶海拔1796.7米,高出大石林"望峰亭"近50米,为石林景区海拔最高处。有"步哨五石门""步哨松涛"等独特景观。景点中有巨型腹足类化石、珊瑚化石等海洋生物化石,记录着2.7亿年前石林地区生机勃发的海底世界

续表

景观名称	景观特色
长湖	长湖是著名的熔岩湖,水质清澈无污染,植物覆盖率高达95%,空气清新,是"天然的氧吧"。长湖坐落在群山的环抱之中,湖面的形状酷似少女。传说长湖为"阿诗玛"的故乡,人迹罕至,护体隐藏在群山之中,因此又被称为"藏湖"
李子园箐	李子园箐在环林路以外,方圆数十里的荒山野丘上,布满了奇柱异石,有聚有散,有起有伏,而且没有过多的高树与石林争高,保持着自然的风貌。在环林路东南约300米处的丛林石壁上,有一片古崖画,画着奔放粗犷的人、兽、物、星月等图形,据有关专家考证后认为,这属原始宗教内容,与广西左江崖画的人物极为相似
石林芝云洞	石林芝云洞在大小石林西北6千米,安石公路东侧的一座石灰岩大石山中。洞长400米,宽3~15米,高5~30米,呈"丫"字形,两段洞由一低矮狭窄的洞门连为一体。洞内多石钟乳、石笋、石柱等溶洞景观,形态多样,异彩纷呈。明代以后称"仙迹胜景",以"石硐仙踪"之名号独居"石林八景"之首

(2)气候资源。

云南石林喀斯特地貌区属于亚热带高原气候区,年降水量964.3毫米,每年的5—10月为雨季,雨季明显,具有"冬无严寒,夏无酷暑,四季如春,干湿分明"的特点。

(3)水资源。

该区内的大叠水、巴江河、路南盆地、石林以及地表和地下水构成了区域内高原小流域系统。受该地地质构造的影响,喀斯特湖泊和大泉密集,有大小80多个湖泊,沿路南盆地边缘有50多个大小龙潭和泉眼。湖泊由湖心到湖岸的生态系统发展较为完善。有高原湖泊海菜花群落,是典型的高原喀斯特湖泊生物群落。

(4)生物资源。

云南石林喀斯特地貌区有常绿阔叶林、硬叶常绿阔叶林、落叶阔叶林、暖性针叶林、稀树灌草丛、灌丛以及草甸7种陆生植被类型;有金铁锁、黄牡丹、海菜花等8种国家重点保护植物,云南皂荚、大果枣、网膜木等20余种省级保护植物,以及路南凤仙花、短隔鼠尾草等近百种云南特有植物和珍稀植物。

区内目前发现多种脊椎动物和国家二级保护动物兽类。该地洞穴生物丰富,对环境具有极强的适应能力。洞穴动物的类群主要有蝙蝠类、蜘蛛类、属昆虫纲的斑灶马和马陆及螺类。1991年3月,在尾博邑洞穴的暗河浅滩发现石林盲高原鳅,属首次发现,属于中国已发现的11种洞穴鱼类,属于条鳅亚科。

2.喀斯特地貌保护的影响因素

(1)自然因素。

地震、崩塌、火灾和病虫害是石林喀斯特地貌区的主要影响因素。1733年和1833年的地震导致云南石林石柱的倒塌;区域内喀斯特崩塌和陷落是该区域的潜在性威胁;小蠹虫和松毛虫危害是区域内主要的病虫害;由于该地旱季雨季分明,旱季时易发生火灾。

(2)人为因素。

区内周边居民要求扩大耕地面积,这无疑会对区域内环境和生态造成影响。另外,人为活动的增加也增加了污水净化和垃圾处理的难度。传统的采石活动对植被造成破坏,使区内水土流失加剧。

(二)贵州荔波

贵州荔波喀斯特遗产地位于贵州荔波境内,包含了众多高耸的锥峰和深陷漏斗,以及地下河和地下溶洞,其锥状喀斯特也是世界上同类喀斯特的模式地。荔波遗产地南部为贵州与广西的交界处,第二期入选的广西环江喀斯特就是作为荔波遗产地的拓展。荔波喀斯特的原始森林、水上森林和"漏斗"森林,合称"荔波三绝"。

1. 自然地理特征

(1)地势地貌。

贵州荔波喀斯特地貌区位于贵州省东南的荔波县,地势西高东低,海拔在385～1109米,是一个内部差异较大,受河流切割较多的亚热带喀斯特高原。

贵州荔波喀斯特区域属于扬子地台的黔南古断褶束,地层间多不整合接触。本区没有三叠系和侏罗系,在山间断陷盆地中发现部分中生界红层。该地构造以南北向构造带为主,为彼此平行的隔槽式褶皱系。喀斯特山地土层浅薄,富含钙质,偏碱。

贵州荔波喀斯特地貌区的景观主体为高原斜坡锥状喀斯特地貌(见图12-25),由50～250米的锥状石峰组成,有些是孤立的、基座不相连的孤峰,有些是基座相连的峰丛。

图 12-25　荔波高原锥状喀斯特地貌(肖时珍　摄)

(2)气候资源。

贵州荔波喀斯特地貌区位于中亚热带季风湿润气候区,春暖夏凉,四季如春,降水充沛。荔波喀斯特区域年均气温为15 ℃,1月均温5 ℃,7月均温23 ℃;年均降水1752毫米,集中分布在4—10月。

(3)水文资源。

荔波喀斯特地貌区处于打狗河中游地区,主要河流有西部的打狗河水系以及东南部的三岔河水系。地表河流以樟江为主,泉水和地下暗河为补给源,地下水赋存状态是明显的二元结构。上层水流量小且动态稳定,下层水则相反,流量大且动态变化较大。

(4)生物资源。

贵州荔波喀斯特地貌区的植被主要有常绿落叶阔叶混交林、常绿落叶阔叶(含针叶)混交矮林、落叶阔叶林,以及竹丛、灌丛和草丛等。在山脚和漏斗洼地及其边缘处,分布有常绿落叶阔叶混交林和落叶阔叶林;山坡及山腰处,分布有常绿落叶阔叶混交林和落叶阔叶林;在山顶,常为山顶常绿落叶阔叶(含针叶)混交矮林。

该地的洞穴分支较多、分层较少。洞穴生物主要有陆生贝类、蜘蛛类、鱼类和蝙蝠类。分布有盲目步行虫属、荔波盲目步行虫属和穴居单棒美肢马陆属3个特有属17个特有种。

2. 喀斯特地貌保护的影响因素

（1）自然因素。

各种资料表明，贵州荔波喀斯特地貌区曾经遭受过旱灾、洪涝与山洪泥石流灾害，目前，全球变暖也会使该类自然灾害发生的可能性变大，是桂林喀斯特地貌区的隐性危机。

（2）人为因素。

由于周边人口全部搬迁，贵州荔波喀斯特地貌区受人类发展及其工业污染的影响较小。但自提名世界地质公园之后，贵州荔波喀斯特地貌区的旅游压力增大，商业店铺生产的垃圾以及游客随手丢弃的废弃物品对景区的生态环境造成了破坏。

（三）重庆武隆

武隆喀斯特遗产地位于重庆市武隆区，属喀斯特中山深切割峡谷喀斯特景观。武隆喀斯特遗产地碳酸盐岩厚度大、喀斯特地块深切、地表水及地下水丰富，因此，相应的地表地下喀斯特地貌发育完全。武隆代表和经历了显著抬升的内陆喀斯特高原，其巨大的塌陷漏斗（天坑）（见图12-26、图12-27）和天生桥峡谷（见图12-28）是中国南方天坑、天生桥景观的代表。

图12-26　武隆青龙天坑（戴薇　摄）

图12-27　武隆神鹰天坑（陈伟海　摄）

图12-28　武隆天生桥峡谷——天龙桥（陈伟海　摄）

1. 自然地理特征

(1)地势地貌。

重庆武隆喀斯特地貌区总面积 380 平方千米,区域范围包括中北部的天生三桥、东南部的芙蓉江和东北部的后坪三个相对独立的喀斯特系统。天生桥为该地的典型喀斯特地貌。除了天生桥外,该地还发育有大型漏斗(天坑)、峡谷等地表喀斯特,以及大型溶洞、伏流和洞穴次生化学沉积等地下喀斯特地貌,体现了亚热带深切峡谷喀斯特多类型、多层次的特点。

武隆所在的区域属于鄂西黔北中山和低山区,处于四川盆地东部平行岭峡谷和巫山娄山中山区的过渡带。区域的天生三桥区受中梁子背斜和武隆向斜的影响,形成了倾向南东的单斜构造。区域内羊水河比降较大,深切割发育形成了典型的喀斯特峡谷。在峡谷发育中,洞顶崩塌后残留的部分形成了天龙桥、青龙桥和黑龙桥,俗称"三桥"。峡谷、三桥与其间分布的青龙天坑和神鹰天坑共同构成了武隆喀斯特地区"三桥、二坑、一峡谷"的峡谷喀斯特体系。

重庆武隆喀斯特地貌区的出露地层均为沉积岩类,除泥盆系、石炭系、白垩系、古近系和新近系缺失之外,自寒武系到第四系的各系均有出露。天生三桥喀斯特系统就发育在三叠纪碳酸盐岩地层中。近 2000 米厚度的碳酸盐岩总厚度为喀斯特地貌发育提供了良好的条件。

重庆武隆喀斯特地貌区所属的扬子地台是中国南部相对稳定的大地质构造单元。寒武纪-志留纪、二叠纪-三叠纪是碳酸盐岩的建造时段。印支运动结束了海相沉积的历史,燕山运动使已有的沉积形成了褶皱断裂,奠定了区域的构造基本格局。喜马拉雅运动形成的多级剥蚀面及深切的峡谷,构成了目前遗产区的喀斯特系统。

(2)主要景观。

表 12-3 所示为重庆武隆喀斯特地貌区的主要景观及其各自特色。

表 12-3 重庆武隆喀斯特地貌主要景观

景 观 名 称	景 观 特 色
芙蓉洞	芙蓉洞全长 2700 米,竖井众多、沉积物类型齐全、形态完美。洞内的竖井是国内外目前发现的最大竖井群。芙蓉洞作为中国列入世界自然遗产的唯一洞穴,具有"天下第一洞"的美誉
仙女山	仙女山总面积 8910 平方千米,平均海拔 1900 米,最高峰可达 2033 米。仙女山具有优质的高山草原、林海雪原和丛林碧野,被称为"东方瑞士"。同时,仙女山由于地势优势,温度比主城区低 15 ℃,具有"山城夏宫"的别称
天生三桥	天生三桥是该区最典型的喀斯特地貌景区。天龙桥、青龙桥和黑龙桥属于亚洲最大的天生桥群,具有雄、奇、险、秀、幽、绝等特点
龙水峡地缝	龙水峡地缝由入口地缝、中途穿洞和出口地峡三部分组成。全长 5 千米,谷深 200~500 米,是重庆武隆典型的喀斯特地貌景观

(3)气候资源。

重庆武隆喀斯特地貌区属于中亚热带季风气候区,气候较温和,降水充沛,四季明显,垂直地带性明显。平均气温 11.2~18.5℃,年均降水量 870~1215 毫米。夏季(6—8 月)的降水量占了全年的 40.5%,降水分配不均。

由于天生桥的地势相对较高,与区域内其他地带相比,气温低且降水量较大。

(4)水文资源。

武隆地区属于长江流域乌江水系,地表河流十分发育。乌江和芙蓉江流经区域,羊水河、木宗河在此发育,乌江自西而东贯穿区域中部。天生三桥和后坪两处区域地下河发育良好,地表河经常被地下河袭夺,明流和暗流偶尔会交替其间。

重庆武隆喀斯特地貌区的含水层分为碳酸盐岩喀斯特含水层和砂页岩裂隙非喀斯特含水

层两大类型,后者常常作为外源水补给前者。其中,碳酸盐岩喀斯特含水层包含渗流带和饱水带等。渗流带和饱水带之间存在一个季节变动带,其水量随着季节的变化而变化。季节变动带能够储存大量水资源,并且排出到喀斯特泉。大量的降水和碳酸盐岩喀斯特含水层为地下暗河与洞穴的发育提供了良好的环境。

(5)生物资源。

重庆武隆喀斯特地貌区内植被以针叶林和灌木林为主,其次为杂木林和草甸。区内植被类型多样,有类如银杉、珙桐和桫椤等地方特有植物和古老孑遗物种。

区内动物种类丰富,野生动物有鱼类、鸟类、兽类、两栖爬行动物多种。有黑猴、豹、红腹锦鸡等多种国家保护野生动物,具有潜在的生物多样性世界遗产价值。在芙蓉江中,有大量栖息在急流河段的鱼类,如中华倒刺鲃、白甲鱼、云南光唇鱼等底栖鱼类。在区域内洞穴中,发现有蜘蛛、蝴蝶、蝙蝠、蝌蚪和盲鱼等洞穴生物。但在龙泉洞、仙人洞中的蝌蚪和盲鱼,由于长期生活在洞内黑暗的环境下,眼睛已经严重退化,体色变浅且透明,可以看到内脏和骨骼。

2. 喀斯特地貌保护的影响因素

(1)自然因素。

影响重庆武隆喀斯特地貌区保护的因素主要为自然因素。

由于区域位于乌江下游,受季风气候影响较大,降水季节性差异明显,具有春雨、夏洪和秋干的特点。天生三桥所处的地势较高,区域气温低且降水量较大;后坪片区冬季阴冷,降雪较多。受复杂地形和多样气候的影响,气候灾害具有多变性和不确定性。

在发展过程中,武隆地区受第四季以来的新构造运动的间歇期抬升的影响,裂隙侵蚀与褶皱断裂强烈,易发生侵蚀、溶蚀和崩塌。该地地下暗河发育较多,容易导致局部崩塌。地质灾害具有范围广、类型多、规模小、危害大的特点。

(2)人为因素。

武隆喀斯特地貌区发展旅游业以来,在区内修建了大量的基础设施和观光电梯,以及速滑、滑道等设施,对喀斯特地貌区的景观造成了一定的视觉影响,破坏了遗产地的真实性和完整性。

三、"中国南方喀斯特"二期项目

(一)广西桂林

桂林喀斯特遗产地位于广西,以塔状喀斯特为特征,包括了峰林和峰丛地貌,是世界上发育较完美的塔状喀斯特地貌。由于独特的地质背景和气候、水文条件,桂林喀斯特成为世界上早已公认的塔状喀斯特(峰林)的模式地,桂林喀斯特一直以来都是中国的世界名片,是世界上非常优美且独特的喀斯特山水景观。

1. 自然地理特征

(1)地势地貌。

广西桂林喀斯特地貌区,地势西北高东南低,中间比两侧低。中部地区为河谷平原、丘陵及低山,周边被中山所环绕。区域内山脉海拔均在1000米以上,有湘江、漓江以及靖江流过。中部的漓江谷地有溶蚀侵蚀平原、峰丛洼地和峰林平原分布,大量溶洞和石峰分布于溶蚀侵蚀平原和峰丛洼地上(见图12-29)。

广西桂林喀斯特地貌区属于华夏褶皱区湘桂褶皱带,该地区自中生代以来因为长期差异性抬升而不断受侵蚀,经历了晚二叠世和三叠世的印支运动和燕山运动。弧形构造是该区域在特定边界条件下形成的构造变种,北起全州绍水,南至平乐青龙,西达永福罗锦,东到恭城栗木。弧形构造带南北长150千米,东西宽70千米,自北而南由窄变宽。

图 12-29　桂林山水（张汉斌　摄）

该地的岩层组主要有泥盆纪灰岩、白云岩组成的全碳酸盐岩组合和夹含泥质、硅质及非可溶岩的灰岩、白云岩层构成不纯的间互夹层型碳酸盐岩组合两种。

(2) 主要景观。

表 12-4 所示为广西桂林喀斯特地貌区内主要的景观及其特征。图 12-30 所示为桂林象鼻山景观。

表 12-4　广西桂林喀斯特地貌主要景观

景观名称	景观特色
漓江风景区	漓江风景区的风光有山青、水秀、洞奇和石美"四胜"之誉。从桂林至阳朔的漓江河段，是漓江精华，还有"深潭、险滩、流泉、飞瀑"的佳景，是岩溶地形发育典型、丰富和集中地带，集中了桂林山水的精华，令人有"舟行碧波上，人在画中游"之感
兴坪古镇	阳朔素有"山水甲桂林"之名，而阳朔的美景则尽集于兴坪古镇。第五版人民币 20 元人民币背后的图案——黄布倒影就在此产生。九马画山、相公山、大面山、古渔村、螺丝山等，这些都是桂林山水的精华所在。1998 年，美国总统克林顿曾到此访问，使该地名扬海外
象山景区	象山景区是桂林的"城徽"、桂林山水的代表之一。象山景区因有一座酷似大象的象鼻山而得名，象鼻山以其独特的山形和悠久的历史成为桂林的标志。位于象鼻与象身之间的水月洞与水中倒影宛如一轮明月，自古有"象山水月"的美誉，宋代蓟北处士有诗赞："水底有明月，水上明月浮，水流月不去，月去水还流。"诗句形象地描绘了这一景致
银子岩	桂林岩溶洞穴众多，其中银子岩是桂林最大的岩溶洞穴。贯穿 12 座山峰的银子岩，现已开发游程 2000 米，分为下洞、大厅、上洞 3 个部分，洞内绚丽、幽美的景点共 28 处，奇特的自然景观堪称鬼斧神工，色彩缤纷且形象各异的石钟乳构成了世界岩溶艺术万般奇景，被世人誉为"世界溶洞奇观"

(3) 气候资源。

广西桂林属于亚热带季风气候区，冬无严寒，夏无酷暑。该区域全年平均气温 19℃，年降水量 1838～1941.8 毫米，年均相对湿度 76%。降水量主要受季风气候的影响，区域四季分明，自古便有杜甫"五岭皆炎热，宜人独桂林"的赞誉。

(4) 水资源。

广西桂林喀斯特地貌区属于广西的三大降水中心之一。该区域降水充沛，发育了大量河流，如漓江和湘江。因为地处山区，河流比降大，水流速度快，激流险滩和瀑布众多，所以此区域塑造了美丽的峡谷景观，这是该地成为著名游览胜地的原因之一。

图 12-30　桂林象鼻山（唐海波　摄）

(5) 生物资源。

广西桂林喀斯特地貌区域历史悠久、地貌类型丰富、生物种类繁多、植被类型多样。桂林的生物种类多于一部分世界遗产地，且众多动物被列入 IUCN（世界自然保护联盟），是珍稀濒危动物的重要栖息地。表 12-5 总结了广西桂林喀斯特地貌区的植被资源特色。

表 12-5　广西桂林喀斯特地貌区的植被资源特色

植被型组	植被类型	群　落
针叶林	暖性常绿阔叶林	马尾松+柏木
阔叶林	常绿落叶阔叶混交林	青冈+山楝 青冈+紫弹树 青冈+黄连木 青冈+青檀林
	常绿硬叶林	乌冈栎林
灌草和灌草丛	常绿阔叶灌丛	红背山麻杆+龙须藤
	落叶阔叶灌丛	黄荆、小果蔷薇、火棘+檵木 铜钱树
	灌草丛	五节芒 白茅

2. 喀斯特地貌保护的影响因素

(1) 自然因素。

影响广西桂林喀斯特地貌完整性的自然因素主要体现在气象灾害和地质灾害两方面。

气象灾害方面，受季风气候的影响，本区存在雨季和旱季。雨季时，漓江出现大量洪水，冲刷能力强，容易造成水土流失；而洼地也会由于排水不畅产生洪涝灾害。旱季时，该地水资源匮乏，地下水位下降，漓江河道变窄，滩石裸露，影响喀斯特景观。

地质灾害方面，该地会出现崩塌和塌陷。由于该地石峰陡峻，节理缝隙发育，崩塌和滑坡时有发生；峰林地区人为活动频繁，地下水位浅，容易发生土层崩塌。洪水和行船会加剧河岸冲刷，从而发生塌岸。

(2) 人为因素。

人为活动过于频繁对于广西桂林喀斯特自然景观的保护增加一定困难。近年来，该地政府为自然环境的保护做了一定的努力。

发展方面,政府对缓冲区的基础设施建设采取了相应措施,使人为活动对景观视觉、水文和生物的活动影响降到最低;另外,政府制定并实行三个月的禁渔期保护漓江鱼类,同时严禁猎杀野生动物以保护生物多样性。对于污染比较严重的大型矿工企业,政府对其进行撤地搬迁,使景区污染活动的影响降到最低。

(二)贵州施秉

贵州施秉喀斯特遗产地位于贵州中东部的施秉县。贵州施秉喀斯特是在古老的白云岩上发育的典型而完整的白云岩喀斯特地貌,以白云岩峰丛峡谷喀斯特最为典型,是全球热带、亚热带地区白云岩喀斯特的典型范例(见图 12-31)。

图 12-31　贵州施秉白云岩峰丛地貌(肖时珍　摄)

1. 自然地理特征

(1)地势地貌。

贵州施秉喀斯特地貌区属于黔东南苗族侗族自治州,位于贵州中东部地区。该地处于黔中丘原向黔东低山丘陵的过渡地带,山脉呈北东走向,与构造线的方向一致。地区平均海拔 526 米,地势起伏较大,岩溶地貌发育完全。

本区核心区面积 102.80 平方千米,缓冲区面积有 180.15 平方千米。地势由西北向东南逐渐降低。最高海拔为 1869 米,最低为 486 米。区域成土母岩为寒武纪纯白云岩,土壤主要为白云岩风化的薄层石灰土。

贵州施秉喀斯特地貌区具有亚热带地区独特而典型的白云岩峰丛峡谷喀斯特地貌景观,从分水岭至峡谷区呈现了峰林洼地—峰林谷地—峰丛谷地—峰丛峡谷喀斯特地貌逆向回春演替规律,记录了古生代以来 3 次较大的碰撞运动,即早古生代的加里东运动、晚古生代的海西造山运动,以及中、新生代以来的印支运动、燕山运动和喜马拉雅山运动。

(2)主要景观。

表 12-6 所示为贵州施秉喀斯特地貌区的主要景观。

表 12-6　贵州施秉喀斯特地貌区的主要景观

景 观 名 称	景 观 特 色
施秉云台山景区	施秉云台山景区由云台山、外营台、轿顶山及大田墉等群峰组成,面积 210 平方千米。因山形"四面削成,独出于云霄之半",故名云台山。云台山以原始自然生态、天象奇观、奇峰丽水、佛教遗址、道教古刹为特色。该景区有珍稀植物近 400 种、珍贵动物近百种,因此有"植物宝盆、动物宝库"之称

续表

景观名称	景观特色
㵲阳河风景名胜区	㵲阳河风景名胜区以㵲阳河为轴,分为上㵲阳和下㵲阳两部分。上㵲阳以"太公钓鱼"石为标志,分布有无路峡、老洞峡、观音峡等地;下㵲阳包括诸葛峡、龙王峡、东峡和西峡,以"孔雀开屏"石为标志。这部分风格各异,上㵲阳看山,下㵲阳看峡
黑冲景区	黑冲景区位于地壳运动的断层边缘,形成了峡谷、峰丛等景观。"冲"即山谷,因为植被丰富,遮阳蔽日,因此名为"黑冲"
金钟山景区	金钟山景区位于清水江北岸,主峰海拔 977 米,全由石沙结成,上削下广,形圆肖钟,无草木,可谓通体无毛

(3)气候资源。

贵州施秉喀斯特地貌区属于亚热带季风气候区,具有高原性特点,夏无酷暑,冬无严寒,四季如春。1 月均温为 6.4℃,7 月均温为 26.6℃,年均温为 16℃。区域降水充沛,集中在 4—10 月,年均相对湿度为 80%。

(4)水文资源。

区域内有乌江、㵲阳河和清水江三大水系,属于长江流域。其中,主要以㵲阳河为主。整个河道总长 44 千米,流域面积 242 平方千米,天然落差 640 米。区域河滩多、水流湍急,河流向下侵蚀,河床狭窄,地表水发育。流域支流呈树枝状分布,地下洞穴不发育。地下水主要为岩溶裂隙水,主要靠大气降水和外源水补给。

(5)生物资源。

遗产地植被除天然露头外实现了全覆盖,植被覆盖率高达 93.95%。主要有常绿阔叶林、常绿落叶阔叶林、针叶林、针阔混交林以及常绿硬叶林等植被类型。该区有上千种高等植物,包括珍稀濒危植物,有许多被列入 IUCN 红色名录,以及国家重点保护野生植物名录,如大叶榉树、银杏、黄杉、南方红豆杉、水青树、楠木、红豆树等国家一级和二级保护植物。受区域环境影响,藻类、苔藓、地衣植物作用强烈,常会出现植物根穿石、树抱石的现象。

区域内气候温和、地形复杂、生物多样、人为干扰少,成为动植物天然的避难所,是一处十分珍稀的物种基因库。遗产地内共有脊椎动物 298 种,有丰富的蓝藻、昆虫,洞穴动物比较少,有云豹、猕猴、藏酋猴、林麝、鬣羚等珍稀动物种类。

2.喀斯特地貌保护的影响因素

贵州施秉喀斯特地貌保护的困难主要在人为方面,政府也为此做了很多努力。

当地百姓"靠山吃山"的观念较为严重,申遗以后,云台山景区内的城关镇牌楼冲、白垛乡黑冲等村寨的村民由原始的砍柴卖草转变为经营农家乐、提供相关旅游服务,经济收入不仅上去了,村民的环保意识还大大增强。

另外,政府也建立健全了法规体系,制定了《施秉喀斯特提名地保护管理办法》,不仅加大对提名地的执法检查工作力度,严肃查处各种违法行为,还加大景区巡查,积极开展生态环境监测,随时掌握遗产地环境变化情况。通过一系列的管理措施,有效保护遗产地的完整性。

(三)重庆金佛山

重庆金佛山喀斯特遗产地位于重庆市南川区,金佛山是切割高原喀斯特台地地貌的典型代表,东与武隆为邻,南与贵州接壤。由于特殊的地理位置和气候条件,远古时期,本区缓冲了第四纪冰川的袭击,较为完整地保持了古老而又不同地质年代的原始生态,喀斯特地貌特征明显,是长江三峡地区喀斯特发育的典型代表。

贵州施秉的民俗风情

1. 自然地理特征

(1)地势地貌。

重庆金佛山位于重庆市大娄山脉北部,面积大约为 1300 平方千米,最高海拔为 2238 米,位于凤凰岭,是金佛山最高峰。金佛山属于典型的切割高原喀斯特台地地貌,是世界台原喀斯特地貌的典范(见图 12-32)。

图 12-32　金佛山高原喀斯特台地地貌(刘兴鑫、史玲　航摄)

本区有不少天然溶洞,其中,以古佛洞最为出名,洞中有山、有河、有坝,并且洞中有洞。

金佛山的顶部 1800~2100 米处,发育了 3 个古老而巨大的高海拔地下河洞穴系统:古佛洞—仙女洞—燕子洞洞穴系统、金佛洞—羊子洞洞穴系统、观音洞洞穴系统。这 3 个洞穴系统探测长度大于 25 千米,宽 20~120 米,高 10~80 米。洞体规模巨大、形成时代久远、发育层次清晰,反映了金佛山地区水文地质和古喀斯特地貌演化环境的重大变迁。

本区的地质构造运动形成了溶丘洼地、落水洞、穿洞、石林、岩柱、瀑布、峡谷、悬谷、单面山等喀斯特地貌景观,并伴有冰雪、雾凇、云海、日出、佛光等自然天象景观。

(2)主要景观。

表 12-7 是重庆金佛山喀斯特地貌区的主要景观。

表 12-7　重庆金佛山喀斯特地貌区的主要景观

景观名称	景观特色
碧潭幽谷景区	碧潭幽谷景区位于全新开发的金佛山国家级风景名胜区西部,属溪口峡谷型生态旅游景区,碧潭幽谷风景区是金佛山溪口峡谷型生态旅游的代表景区之一,分为幽谷听泉、石崖意禅、归去来园、绝壁览胜、地质奇观五大体验段
绝壁栈道	绝壁栈道是金佛山最为雄奇的景观,栈道全长有 3.5 千米,其中 1.5 千米几乎是在垂直的 90°崖壁上建成,离地面 40~50 米。这条栈道串连起了金龟朝阳、箭竹海、灵官洞、生态石林等景点
金龟朝阳	金龟朝阳是金佛山西坡绝壁与山上的缓坡构成的奇妙景观。缓坡为大、小两座山,大坡恰似椭圆形的龟背,极为饱满,小坡较为狭长,很像龟的头部前伸,山体形似等待千年的神龟,伸着脖子凝望远方,看日出、晚霞,望云海、佛光,故称为"金龟朝阳"

景观名称	景观特色
世界野生杜鹃公园	世界野生杜鹃公园是金佛山核心景区之一，面积约6平方千米，行走的游客道总长约4千米，主要旅游线路长2.2千米，由众多景点及景观构成，其中包含绝壁栈道、灵官洞、金佛寺、方竹林海、杜鹃王庭、观花全景平台、九莲宝顶、金山之巅、凌空栈桥、金山日出、九递云海、西天佛光、杜鹃花雨等
生态石林	生态石林为充满生命活力的石树共生奇观，如韬光养晦的智者，掩藏于遮天蔽日的原始林海中，这是金佛山较具特色和代表性的景点之一

(3) 气候资源。

金佛山喀斯特地貌区处于亚热带季风气候区，冬短、春早、夏长，雨热同季，气候垂直变化明显，温度最高不会超过20℃。每年的11月至次年的3月，是这里的冰雪期。

(4) 水资源。

金佛山喀斯特地貌区内的河流属长江流域的乌江水系和綦江水系，地表水以河流、水库等形式分布，河流树枝状遍布于区域内的腹心地带，主要河流有鱼泉河、龙岩江、半溪沟、石梁河、凤咀江等。区域内存在一巨大水库——金佛山水库，位于綦江河一级支流柏枝溪上游南川区境内，主要发挥发挥工程灌溉、供水、生态及发电等功效。

(5) 生物资源。

金佛山喀斯特地貌区植被覆盖率很高，素有"植物王国"之称，是同纬度喀斯特地区生物多样性较为丰富的地区之一。金佛山的原始常绿林中，有多种植物，被誉为"东方的阿尔卑斯山"，有银杉、珙桐、金佛山兰、白颊黑叶猴、金佛山拟小鲵等多种罕见的生物。其中，银杉、银杏、大叶茶、方竹、杜鹃王树被称为"金山五绝"，是国家重点保护植物。

金佛山喀斯特地貌区有野生动物100多种，包括珍稀禽兽，以及国家保护动物金钱豹、华南虎、龟纹豹、红腹角鸡、黑叶猴、穿山甲、猕猴、毛冠鹿、林麝、黑熊等。

2. 喀斯特地貌保护的影响因素

(1) 自然因素。

金佛山喀斯特地貌保护的主要自然因素影响为山体自身引起的崩塌、森林火灾、病虫害以及泥石流和山洪。本区在连续日降水量大于100厘米的情况下极易发生山洪及小型泥石流。

金佛山喀斯特遗产地有着喀斯特地貌常见的问题，受到自身溶蚀作用以及自然风化作用，形成了金佛山中山台地周围的两级梯级陡崖，大量的不稳定边坡以及危岩，导致崩塌和坍塌事故极易发生。

金佛山喀斯特地貌区夏季炎热干燥，降水量低，以及人事活动等因素使得森林火灾风险上升。遗产地的林木检测体系不完善以及森林病虫害的防护不及时是另一个威胁。

(2) 人为因素。

人类对金佛山地区药材需求量的增加以及人类活动频繁，对遗产地的保护造成了压力。另外，随着经济的发展，周边酒店的大量修建，以及基础设施的建设都会对景区的完整性和真实性造成一定的影响。

(四) 广西环江

广西环江喀斯特地貌区位于广西环江毛南族自治县川山镇，是2007年在贵州荔波喀斯特地区的扩展，广西环江与贵州荔波喀斯特共同组成了锥状（峰丛）喀斯特地貌（见图12-33），这是一种从高原到低地斜坡地形上的喀斯特地貌。

金佛山多样的植物类型

金佛山药池坝的趣味小故事

图 12-33　广亚环江锥状峰丛喀斯特地貌（卢万举　摄）

在本区,可以看见丰富多样的地表和地下喀斯特地貌形态特征,是大陆湿润热带－亚热带锥状喀斯特的杰出代表。荔波喀斯特与环江喀斯特并无地理上的边界,仅由贵州与广西行政划界将其分开,因此,环江喀斯特作为荔波的拓展部分,也充分符合遗产地完整性的要求。

1. 自然地理特征

（1）地势地貌。

广西环江喀斯特地貌区位于云贵高原的南延地区,环江东部及东北部是以土山为主的九万大山山区,金坳山脉位于西北部,地势上北高南低,中部地区地势稍平,也多为石山。环江毛南族自治县喀斯特地貌占全县总面积的 39.9%,境内碳酸盐岩分布广泛。

环江毛南族自治县最高海拔为 1693 米,位于东乡区标山村的无名峰,最低海拔为 149 米,位于南部长美乡八福村的拉现河。从北到南分布有见送岭、遥望岭、金坳岭、大望山,中部则为大石山,环江西部则分布有龙头山、上乐山、高岭山等。环江有一条由东向西的古道,即黔桂古道,从环江县到黔、桂两省交界处的板寨屯,保存完好,是环江科斯特遗产地的一处著名景观。

（2）主要景观。

表 12-8 所示为广西环江喀斯特地貌区的主要景观。

表 12-8　环江喀斯特地貌区主要景观

景观名称	景观特色
木论喀斯特森林保护区	木论喀斯特森林保护区位于环江西北部木论、川山乡境内。最早发现于木论乡,距县城 72 千米,面积约为 90 平方千米,于 1998 年被国务院批准为国家级自然保护区。经中科院及国家林业局（现自然资源部）专家考察论证,木论喀斯特森林保护区属于中亚热带石灰岩区常绿落叶阔叶混交林生态系统,是世界上喀斯特地貌区幸存连片面积最大、保存最完好、原始性最强的喀斯特森林
东兴杨梅坳避暑旅游风景区	东兴杨梅坳景区位于东兴镇九万大山久仁林场内,距县城 120 千米,与融水县接壤。它是一种山岳型的自然风景旅游区,位于广西北部连绵不断的九万大山腹地,平均海拔 1200～1400 米,山峰重叠,峡谷众多,地势上从北到南由高到低。全县最高海拔为 1689 米,是位于北部的主峰无名峰
环江牛角寨瀑布景区	环江牛角寨瀑布景区又被叫作"凤凰山瀑布景区",位于环江毛南族自治县明伦镇八面村牛角屯,是国家 3A 级旅游景区和广西生态旅游示范区。此瀑布属于原生态旅游观光瀑布群,于 2009 年在环江毛南族自治县被发现。景区海拔为 700～900 米,气候温暖舒适

续表

景观名称	景观特色
黔桂古道	黔桂古道是一条隐藏在茂密的原始森林之中的古代贸易之路,也称"环江汉代古道",古道由东向西,从环江县川山镇社村旧屯开始,最终到达黔、桂两省交界处的黎明关,黎明关北就是贵州荔波的洞塘乡板寨屯。古道全长25千米,整体路面都用石块铺砌而成,平均宽度1.2米,保存完好,直到如今路面上的石板还平整光滑

(3)气候资源。

本区气候从南向北为南亚热带向中亚热带过渡的季风气候区。最南端为南亚热带气候;南部、中部以及河谷地区则属于中亚热带谷地气候,气候温和湿润,年降水量充足;北部由于多山地,气候为中亚热带山地气候,气候潮湿,年降水量较多。总体上冬短夏长,春、秋两季时间相等,不受酷暑严寒影响,气候温和湿润,但易受灾害性天气影响。

(4)水资源。

本区水资源主要包含河流以及地下水。河流主要为三条自北向南流经本区的大环江、小环江及打狗河。其中,打狗河为环江和南丹的界河,环江位于其东侧,两县交界处河长26千米。大环江全长164.8千米,县内河段长147.2千米,是县内最大的河流,其主要支流为驯乐河、古宾河。小环江全长136.5千米,县内河段长为94.1千米。两河共有支流130多条,且各形成"丰"字形流域流布境内。本区地下水丰富,地下多溶洞,地下水以地下河、泉水、地下湖、水溶洞等形态在地表出现。

(5)生物资源。

环江动植物资源丰富,生物多样性完好。西北部有着地球同纬度下自然生态保存最完好的木论喀斯特国家自然保护区,留存有喀斯特森林的原始性。保护区内留存于国家重点保护的稀有珍贵树种,如罗汉松、白豆杉、马尾松、黄枝油杉等,还有大量的药用植物、观赏植物、庭院绿化植物等,并有许多林副产品,如楠竹、木耳、香菇、板栗等。有大量的野生珍贵动物在原始森林中活跃,如蟒、黑熊、松雀鹰、虎纹蛙、水鹿等。

2. 喀斯特地貌保护的影响因素

(1)自然因素。

环江喀斯特保护管理受自然因素的影响,主要包括地震、森林火灾、旱灾以及其他自然灾害。其他自然灾害主要包括受到多由贵州荔波转移来的冰雹以及短时间的大风极度天气的轻微影响。

由于环江喀斯特遗产地及周边区域是具有发生破坏性地震背景的地区,遗产地易受地震影响,1998年发生于木论乡一带的5.3级中强度地震,造成了少量洞穴沉积物坍塌。1998年至2010年还曾发生四次地震,但均位于缓冲区外围,遗产地未受影响。

环江喀斯特遗产地森林火灾统计显示,本区2007年至2012年平均每年发生一次森林火灾,主要原因为人为烧荒或偷猎夜宿走火导致,但地点均在缓冲区外围,且都及时发现扑灭,未对遗产地造成损害。

环江喀斯特遗产地所在自治县可能在夏秋季节出现旱灾。其中,夏季出现旱灾的概率为23.4%,每4年一次成灾;秋季的概率为30%,每3年成灾一次。

(2)人为因素。

环江喀斯特遗产地核心区域人口迁移到保护区外围,人口压力小,退耕还林工作进展好,绿化发展进度喜人,但是在大规模旅游开发上不足,目前仅有遗产地缓冲区外围处于初级开发阶段,在遗产展示方面面临一定的压力。

环江喀斯特遗产地植被覆盖率高,未出现水土流失,仅缓冲区西北部部分出现土地轻度石漠化,遗产地内少量坡立谷底部出现一些外来物种,但未能入侵到原始森林地区。遗产地原始森林的自然环境和景观环境保存完好,许多动植物被列入IUCN物种红色名录,如白花兜兰、铁皮石斛、香木莲、小叶兜兰、金钱豹和猕猴等,具有较高的保护价值。遗产地周围人口压力小,无工业污染,大气和水体环境优良,环境压力小。

环江喀斯特遗产地拥有高质量的旅游资源,自然景观资源以喀斯特地貌所形成的喀斯特峰丛、喀斯特洞穴为主,还包含峡谷、河流、瀑布、森林等景观以及丰富的原始野生动植物资源。当地旅游资源丰富,但由于该保护区长期以来都是以生态保护为主,并没有大规模开发旅游产业,且已开发的旅游地的游客人流量远低于游客容量,旅游设施开发不完善,因此可以在最近数年对此地适当进行旅游开发。

四、喀斯特地貌的保护措施与建议

(一)树立正确的遗产观和保护意识

遗产资源开发不当,产生损坏,最根本的原因在于对自然遗产的认识不足。一方面,我们要树立对自然遗产的正确意识,立足于长远,强调开发和保护并重,保证世界遗产的真实性和完整性。另一方面要加强对自然遗产的研究,加大相关的科研投入力度,进行遗产形成演化、遗产价值等的深入研究,以保证政策执行的科学性和正确性。

(二)建立健全的地质灾害预警机制,做好景区防控与维护

喀斯特地区受岩溶作用的影响,洞穴具有较多的岩溶堆积物。而岩溶堆积物具有松软、含水量高、松散、多孔、稳定性较差等特点,对桥梁、隧道等工程的危害性较大,极易发生洪水冲刷、坍塌等灾害。我国是一个岩溶地貌多发的国家,岩溶塌陷是一个较大的地质灾害,有必要进行研究和防治。动态监控、科学防控、加固工程、有效控水等都是必要措施。

应根据各景区的特点,以"以防为主,防治结合"为原则,建立健全景区地质灾害的管理体制,认真开展基础设施建设的影响评估工作,建立健全地质环境监测机制,完善地质灾害数据库的建设,设立地质灾害专项基金,建立减轻地质灾害的社会保障体系,确保喀斯特地貌的完整性和真实性。

(三)进行分区保护管理

严格按照《实施〈世界遗产公约〉操作指南》和《保护世界文化和自然遗产公约》的要求,将喀斯特地貌区划分为核心区与缓冲区进行分区管理。核心区作为世界遗产价值最直接的保护区,除少数当地居民居住外,应禁止一切建设施工项目实施,以及严禁开山采石、伐木、渔业与偷猎等活动,仅允许开展部分科考活动。缓冲区作为包围在核心区外部的区域,区域内也有少量的价值保护区,可以进行旅游观光和科普教育。但是缓冲区也应严禁开山采石、伐木、渔业和偷猎,以确保喀斯特地貌区的完整性和美观性。

(四)加强旅游管控与开发

在"中国南方喀斯特"一期项目与二期项目7处喀斯特地貌区,均出现了由于旅游人数过多,影响了喀斯特地貌区的保护与开发的事实。因此,在前置保护的前提下,应对旅游活动进行调控和管理,使旅游活动对遗产地的影响降到最低。

在对游客数量的调控上,应根据遗产地的情况,分季节计算旅游地合理容量,通过价格等措施调控进入景区的游客量等,以此来避免景区因游客太多而造成的破坏。另外,在旅游项目开发方面,要使旅游设施规范化、简单化和自然化,以不影响旅游区真实性和完整性为原则。对于景区的环保,要配备垃圾转运车,修建垃圾中转站,做好垃圾的回收与处理工作。游客安全方

面,要做好游客的宣传工作,提高安全警觉意识,避免在景区发生安全事故,以及避免与当地居民发生冲突。

(五)加强和遗产地的交流与合作

世界自然遗产是世界的共同财富,应该加强国际合作,多与其他国家的世界自然遗产保护与管理组织沟通,共同探讨遗产保护的相关经验。并且,要加强与联合国教科文组织的合作,按照《保护世界文化和自然遗产公约》的要求,进行保护管理规划的实施和管理。同时,国内有关遗产管理的各部门间也应该加强沟通与合作,做到加强宏观统筹,力求部门合作。

(六)完善相关的法律法规

要加快立法进度,形成一套完整的遗产保护的法律体系。相关领导及工作人员要认真学习法律,敢于行使法律所赋予的职权。对于违法乱纪行为,要敢于制止。敢于揭露问题,敢于督促和解决问题。以法律制约违法行为,做到有法可依、有法必依、执法必严、违法必究。

(七)重视专业人员的培养

目前,在西南地区,缺少专业人员从事遗产保护与管理的工作是目前我国喀斯特自然遗产所存在的一大问题。可以借助高等学校的力量,有计划地培养专业人员加入保护与管理队伍,或聘请专业教授作为顾问参与遗产的管理与保护。另外,对于已有的工作人员,应该加强技能和专业知识培训,提高其专业素质。

(八)引导周边居民参与管理

在遗产保护中,周边居民随意修建基础设施、"靠山吃山"、农耕问题也是影响遗产保护的一大因素。因此,做好对周边居民的科普教育和保护措施的宣传非常重要。可以动员周边居民一起参与管理,作为遗产保护的一分子;也可以开展技能培训,使周边居民可以更加科学、合理地开展保护活动。

本章小结

第十二章
阅读推荐

喀斯特地貌,指的是具有溶蚀力的水对可溶性岩石进行的溶蚀、侵蚀等作用所形成的地表和地下形态的总称,又称"岩溶地貌"。喀斯特的形成条件包括岩石条件和流水因素。岩石的可溶性和透水性都会影响喀斯特地貌的发育。流水的溶解和沉积过程是重要的岩溶反应。湿润的气候条件为喀斯特地貌的发育奠定了环境基础。喀斯特地貌可以分为地表喀斯特地貌和地下喀斯特地貌两种形态。地表喀斯特地貌有溶沟、石芽、岩溶漏斗、溶蚀洼地、落水洞、干谷、盲谷、峰丛、峰林、孤峰和天生桥等的溶蚀形态,还有钙华瀑布和岩溶泉华之类的堆积形态。地下喀斯特地貌分为蚀空形态和地下河两种。蚀空形态分为溶洞和地下河(湖),堆积形态有石钟乳、石笋、石柱、石幔等类型。除上述的分类方法外,喀斯特形态还可以根据埋藏条件、形成时代和区域气候条件进行分类,也可以根据岩性分为白云岩喀斯特、石灰岩喀斯特以及石膏喀斯特等。

"中国南方喀斯特"一期项目于2007年入选世界自然遗产,到2014年又增补4处,即"中国南方喀斯特"二期项目。一期项目包括云南石林、贵州荔波和重庆武隆。二期项目包括广西桂林、贵州施秉、重庆金佛山和广西环江。本章分别从他们各自的地势地貌、气候资源、水资源、生物资源和影响喀斯特保护的自然和人为因素等方面了解了喀斯特地貌的独特之处。最后,总结出八点喀斯特地貌保护的措施与建议:树立正确的遗产保护观和保护意识;建立健全的地质灾害预警机制,做好景区防控与维护;进行分区保护管理;加强旅游管控与开发;加强和遗产地的交流与合作;完善相关的法律法规;重视专业人员的培养;引导周边居民参与管理。

课后练习

一、简答题

1. 喀斯特地貌的定义是什么？
2. 喀斯特地貌的地表形态有哪些？
3. 喀斯特地貌的地下形态有哪些？
4. "中国南方喀斯特"一期和二期项目分别有哪些？
5. 喀斯特地貌形成的条件有哪些？
6. 喀斯特地貌保护应该从哪些方面进行？

二、实训题

小小讲解员比赛：在课程结束之后，全班同学组成七个小组，以小组为单位，对"中国南方喀斯特"一期项目——云南石林、贵州荔波、重庆武隆和"中国南方喀斯特"二期项目——广西桂林、贵州施秉、重庆金佛山和广西环江进行汇报。采取小组代表抽签的方式进行汇报顺序和汇报地点的决定。汇报内容主要介绍喀斯特景区的发展现状、主要景观特色、保护现状以及影响因素，并开动智慧，为当地景观的进一步保护提出宝贵意见。希望通过汇报深入了解喀斯特景区的发展优势和发展现状，了解发展瓶颈，并且建立保护喀斯特地貌的基本意识。

参考资料

1. 参考文献

[1] UNESCO. Convention Concerning the Protection of the World Cultural and Natural Heritage[R]. Paris:UNESCO,1972.

[2] UNESCO World Heritage Committee. Operational Guidelines for the Implementation of the World Heritage Convention2021[R]. Paris:UNESCO World Heritage Committee,2021.

[3] [英]费尔登·贝纳德,朱卡·朱可托.世界文化遗产地管理指南[M].刘永孜,刘迪,等译.上海:同济大学出版社,2008.

[4] 吕舟.变化中的世界遗产 2013—2019.[M].北京:中国建筑工业出版社,2020.

[5] 吕舟.文化遗产保护[M].北京:科学出版社,2016.

[6] 马勇,余东林,周宵.中国旅游文化史纲[M].北京:中国旅游出版社,2008.

[7] 李江敏,苏洪涛.中国旅游文化与非物质文化遗产[M].武汉:武汉大学出版社,2017.

[8] 张朝枝.旅游与遗产保护——基于案例的理论研究[M].天津:南开大学出版社,2008.

[9] 张朝枝.旅游与遗产保护:政府治理视角的理论与实证[M].北京:中国旅游出版社,2006.

[10] 吴必虎,王梦婷.遗产活化、原址价值与呈现方式[J].旅游学刊,2018(9).

[11] 吴必虎,黄潇婷.旅游学概论[M].3版.北京:中国人民大学出版社,2019.

[12] 保继刚,楚义芳.旅游地理学[M].3版.北京:高等教育出版社,2012.

[13] 陈耀华.中国自然文化遗产的价值体系及其保护利用[M].北京:北京大学出版社,2014.

[14] 邹统钎.中国遗产旅游可持续发展模式创新与体制改革[M].北京:旅游教育出版社,2013.

[15] 孙克勤,孙博.世界遗产[M].北京:北京大学出版社,2020.

[16] 邓爱民,王子超.中国世界遗产与旅游[M].武汉:华中科技大学出版社,2020.

[17] 吴承照,王婧.遗产保护性利用与旅游规划研究[M].北京:中国建筑工业出版社,2019.

[18] [澳]劳拉·简·史密斯.遗产利用[M].苏小燕,张朝枝,译.北京:科学出版社,2020.

[19] 杜晓帆.文化遗产价值论探微:人是文化遗产的灵魂[M].北京:知识产权出版社.2020

[20] 张朝枝,郑艳芬.文化遗产保护与利用关系的国际规则演变[J].旅游学刊,2011(1).

[21] 吕舟.文化遗产视野下的"丝绸之路"[J].遗产与保护研究,2016(1).

[22] 李江海,王盟楠.我国世界自然遗产发展概述[J].自然与文化遗产研究,2020(1).

[23] 彭顺生.世界遗产旅游概论[M].2版.北京:中国旅游出版社,2017.

[24] 李江敏,李志飞.文化旅游开发[M].北京:科学出版社,2000.

[25] 郭凌,周荣华,陶长江.世界遗产旅游概论[M].成都:西南财经大学出版社,2017.

[26] 薛岚,吴必虎,齐莉娜.中国世界遗产的价值转变和传播理念的引出[J].经济地理,2010(5).

[27] 梁保尔,张朝枝."世界遗产"与"非物质文化遗产"两种遗产类型的特征研究[J].旅游科学,2010(6).

[28] 苏明明.世界遗产地旅游发展与社区参与[J].旅游学刊,2012,27(5).
[29] 王晨,王媛.文化遗产导论[M].北京:清华大学出版社,2016.
[30] 马明飞.自然遗产保护的立法与实践问题研究[M].北京:知识产权出版社,2020.
[31] 魏晓霞,晁增华,陈中华.世界自然遗产保护对我国自然保护地体系建设的启示[J].西部林业科学,2021(2).
[32] 梁思成.中国建筑的特征[M].武汉:长江文艺出版社,2020.
[33] 傅熹年.中国古代建筑概说[M].北京:北京出版社,2016.
[34] 王晓华.中国古建筑构造技术[M].2版.北京:化学工业出版社,2019.
[35] 梁思成,林洙.古拙:梁思成笔下的古建之美[M].北京:中国青年出版社,2016.
[36] 何宝通.中国古代建筑及历史演变[M].北京:北京大学出版社,2010.
[37] 王旭东.使命与担当——故宫博物院95年的回顾与展望[J].故宫博物院院刊,2020(10).
[38] 单霁翔.单霁翔带你走进故宫[M].北京:故宫出版社,2020.
[39] 王旭东.基于新发展理念的故宫世界文化遗产保护实践与探索[J].故宫博物院院刊,2023(1).
[40] 贾洪波.中国古代建筑的屋顶曲线之制[J].故宫博物院院刊,2000(5).
[41] 周维权.中国古典园林史[M].3版.北京:清华大学出版社,2008.
[42] 刘珊.苏州园林[M].南京:译林出版社,2013.
[43] 朱光亚,余惟佳.中国传统园林遗产保护的理念初探[J].建筑遗产,2021(4).
[44] 顾至欣,张青萍.近20年国内苏州古典园林研究现状及趋势——基于CNKI的文献计量分析[J].中国园林,2018(12).
[45] 黄龙妹,金荷仙,李胜男,等.论避暑山庄声景营造[J].中国园林,2019,35(6).
[46] 顾至欣,张青萍.园曲同构视角下网师园旅游演艺体验与空间关系研究[J].地域研究与开发,2020(2).
[47] 莫纪灿,张青萍.基于网络文本分析的苏州古典园林活化策略研究——以网师园为例[J].资源开发与市场,2021(5).
[48] 薛林平.建筑遗产保护概论[M].2版.北京:中国建筑工业出版社,2017.
[49] 余治淮,余济海.皖南古村落——黟县西递·宏村[M].广州:广东旅游出版社,2004.
[50] 廖冬,唐齐.解读土楼——福建土楼的历史和建筑[M].北京:当代中国出版社,2009.
[51] 开平碉楼:2001年申报世界文化遗产文本[M].北京:中国大百科全书出版社,2001.
[52] 杨世光.丽江史话[M].昆明:云南人民出版社,2001.
[53] 夫巴.马蹄踏出的辉煌——丽江古城与纳西族历史探秘[M].昆明:云南民族出版社,2000.
[54] [德]米歇尔·奥皮茨,[瑞士]伊丽莎白·许.纳西、摩梭民族志:亲属制、仪式、象形文字[M].刘永青,骆洪,等译.昆明:云南大学出版,2010年.
[55] 邓章应、郑长丽.纳西东巴经践语及践语用字研究[M].北京:人民出版社,2013年.
[56] 秦继仙.丽江纳西古乐——纳西社会的人文图标[J].中国民族博览,2015(10).
[57] 张巍.以旅游开发为主导的丽江古城遗产保护案例研究[D].重庆:重庆大学,2007.
[58] 杨宽.中国古代陵寝制度史研究[M].上海:上海人民出版社,2016.
[59] 张卫星.礼仪与秩序:秦始皇帝陵研究[M].北京:科学出版社,2016.
[60] 樊锦诗.莫高窟史话[M].南京:江苏美术出版社,2016.
[61] 李萍.莫高窟旅游开放新模式的构建与实践[J].敦煌研究,2018(2).
[62] 樊锦诗.简述敦煌莫高窟保护管理工作的探索和实践[J].敦煌研究,2016(5).

[63] 内维尔·阿根纽,王平先.客观真实性:莫高窟保护与管理中的文化与合作问题[J].敦煌研究,2016(5).

[64] 彭晓静.丝绸之路上的宗教传播与融合[J].中国宗教,2014(7).

[65] 卿希泰,唐大潮.道教史[M].南京:江苏人民出版社,2021.

[66] 吉宏忠.道教大辞典[M].上海:上海辞书出版社,2020.

[67] 王卡.道家与道教思想简史[M].郑州:中州古籍出版社,2019.

[68] 曾仕强.易经的奥秘[M].西安:陕西师范大学出版社,2009.

[69] 宋晶.大岳品鉴——武当山道教建筑鉴赏[M].北京:中国建筑工业出版社,2020.

[70] 冯伟民.奇妙的澄江动物群[M].北京:中国科学技术出版社,2018.

[71] 贾兰坡,张树政,殷鸿福,等.生命的历程[M].桂林:广西师范大学出版社,2000.

[72] [美]丹尼斯·艾崔奇.灭绝与演化:化石中的生命全史[M].董丽萍,周亚纯,译.北京:北京联合出版公司,2018.

[73] 徐世球.地球生命的起源与进化[M].武汉:中国地质大学出版社,2019.

[74] 徐世球.地球的来龙去脉[M].武汉:中国地质大学出版社,2019.

[75] 舒德干.澄江化石:"进化"达尔文进化论[J].生命世界,2004(4).

[76] 朱茂炎.动物的起源和寒武纪大爆发:来自中国的化石证据[J].古生物学报,2010(3).

[77] 王云庆,赵润.世界自然遗产"澄江化石地"的保护与可持续发展[J].遗产与保护研究,2017(1).

[78] 佚名.澄江化石地"申遗"成功填补我国古生物化石遗产空白[J].中国矿业,2012(7).

[79] 楠谷.世界古无脊椎动物研究的重大成果——我国云南发现稀世珍宝—澄江化石动物群[J].地球科学进展,1987(5).

[80] 陈均远,周桂琴,朱茂炎,等.澄江生物群——寒武纪大爆发的见证[M].台湾:国立自然科学博物馆,1996.

[81] 宋永全,杨海令.澄江化石地世界自然遗产生态治理模式探讨[J].防护林科技,2015(4).

[82] 徐世球.大地宝藏——中国地质大学逸夫博物馆馆藏精品画册[M].武汉:中国地质大学出版社,2012.

[83] 张晓燕.山岳型世界文化遗产地旅游环境质量评价与优化研究[M].武汉:武汉大学出版社,2014.

[84] 裴晴晴,陈钧锴.泰山文化与品牌联名发展可行性研究[J].天工,2021(7).

[85] 王磊,解华顶,张裕童.水文化遗产生存状态及解决办法初探[J].中国水利,2019(12).

[86] 李宗新.何为水文化[J].中国三峡,2014(4).

[87] 王苏民,窦鸿身.中国湖泊志[M].北京:科学出版社,1998.

[88] 刘冠美.中外水文化比较[M].北京:中国水利水电出版社,2015.

[89] 章小平,吴必虎.智慧景区管理与九寨沟案例研究[M].北京:清华大学出版社,2013.

[90] 康承业,詹茂华.中国中冶水环境治理技术发展报告[M].南京:南京大学出版社,2017.

[91] 叶欣梁,温家洪,邓贵平.基于多情景的景区自然灾害风险评价方法研究——以九寨沟树正寨为例[J].旅游学刊,2014(7).

[92] 陈安泽.旅游地学大辞典[M].北京:科学出版社,2013.

[93] 潘志新,彭华.国内外红层分布及其地貌发育的对比研究[J].地理科学,2015(12).

[94] 彭华,潘志新,闫罗彬,等.国内外红层与丹霞地貌研究述评[J].地理学报,2013(9).

[95] 赵汀,赵逊,彭华,等.关于丹霞地貌概念和分类的探讨[J].地球学报,2014(3).

[96] 郭福生,陈留勤,严兆彬,等.丹霞地貌定义、分类及丹霞作用研究[J].地质学报,2020(2).

[97]　彭华.丹霞地貌学[M].北京:科学出版社,2020.

[98]　李永春,胡春元,李志强,等.丹霞地貌定义的认知路线图[J].中国科技术语,2021(3).

[99]　黄进.丹霞山地貌考察记[M].广州:中山大学出版社,2004.

[100]　彭华.中国红石公园丹霞山[M].北京:地质出版社,2004.

[101]　徐光富.岩溶地貌的形成及演化[J].西部探矿工程,2017(12).

[102]　陈诗才.中国最大的旅游洞系——腾龙洞研究[J].旅游学刊,1990(3).

[103]　孙克勤.中国南方喀斯特世界自然遗产地存在的问题和保护对策[J].资源开发与市场,2010(11).

[104]　龚克.桂林喀斯特区生态旅游资源评价与开发战略管理研究[D].北京:中国地质大学(北京),2012.

[105]　陈伟海.重庆武隆喀斯特地质遗迹评价及形成演化研究[D].北京:中国地质大学(北京),2011.

[106]　霍斯佳,孙克勤.中国南方喀斯特地质遗产的可持续发展研究[J].中国人口·资源与环境,2011(S2).

[107]　鄢志武,罗伟,杨镇全,等.震撼腾龙洞雄奇大峡谷——恩施腾龙洞大峡谷国家地质公园探秘[M].武汉:中国地质大学出版社,2022.

[108]　熊康宁,池永宽.中国南方喀斯特生态系统面临的问题及对策[J].生态经济,2015(1).

2.网站及其他资料

联合国教科文组织世界遗产中心 https://whc.unesco.org/

国际古迹遗址委员会 https://www.icomos.org/

世界自然保护联盟 https://www.iucn.org/

亚太世界遗产网 https://www.sinowh.org.cn/

中国非物质文化遗产网 http://www.ihchina.cn/

央视网、长江云、武当山旅游经济特区管理委员会以及丹霞山、九寨沟、泰山、故宫、苏州园林、福建土楼、莫高窟、开平碉楼、秦始皇陵及兵马俑、丽江古城、西递宏村等世界遗产地保护管理机构相关网站提取的资料。

教学支持说明

普通高等学校"十四五"规划旅游管理类精品教材系华中科技大学出版社"十四五"规划重点教材。

为了改善教学效果,提高教材的使用效率,满足高校授课教师的教学需求,本套教材备有与纸质教材配套的教学课件(PPT 电子教案)和拓展资源(案例库、习题库等)。

为保证本教学课件及相关教学资料仅为教材使用者所得,我们将向使用本套教材的高校授课教师免费赠送教学课件或者相关教学资料,烦请授课教师通过电话、邮件或加入旅游专家俱乐部 QQ 群等方式与我们联系,获取"教学资源申请表"文档并认真准确填写后发给我们,我们的联系方式如下:

地址:湖北省武汉市东湖新技术开发区华工科技园华工园六路

传真:027-81321917

E-mail:lyzjjlb@163.com

旅游专家俱乐部 QQ 群号:758712998

旅游专家俱乐部 QQ 群二维码:

群名称:旅游专家俱乐部5群
群　号:758712998

电子资源申请表

填表时间：_____年____月____日

1. 以下内容请教师按实际情况写，★为必填项。
2. 根据个人情况如实填写，相关内容可以酌情调整提交。

★姓名		★性别	□男 □女	出生年月		★职务	
						★职称	□教授 □副教授 □讲师 □助教

★学校		★院/系	
★教研室		★专业	
★办公电话		家庭电话		★移动电话	
★E-mail（请填写清晰）			★QQ号/微信号	
★联系地址		★邮编	

★现在主授课程情况	学生人数	教材所属出版社	教材满意度
课程一			□满意 □一般 □不满意
课程二			□满意 □一般 □不满意
课程三			□满意 □一般 □不满意
其 他			□满意 □一般 □不满意

教 材 出 版 信 息			
方向一		□准备写 □写作中 □已成稿 □已出版待修订 □有讲义	
方向二		□准备写 □写作中 □已成稿 □已出版待修订 □有讲义	
方向三		□准备写 □写作中 □已成稿 □已出版待修订 □有讲义	

　　请教师认真填写表格下列内容，提供索取课件配套教材的相关信息，我社根据每位教师填表信息的完整性、授课情况与索取课件的相关性，以及教材使用的情况赠送教材的配套课件及相关教学资源。

ISBN（书号）	书名	作者	索取课件简要说明	学生人数（如选作教材）
			□教学 □参考	
			□教学 □参考	

★您对与课件配套的纸质教材的意见和建议，希望提供哪些配套教学资源：